7860

BAC STMG

Réflexe

Terminale

Mercatique

Toutes les matières en FICHES

Les fiches « Je gère mon BAC »
Jean-Louis CARNAT
Jean-Luc DIANOUX
Muriel DOREMBUS
Anne-Sophie GROSSEMY
Mathilde IROLLO
Tatiana ZUZIC

Mercatique
Karine CHARLIER
Tatiana ZUZIC

Économie
Nancy BARANÈS
Olivia LENORMAND

Droit
Patrick MERCATI

Management des organisations
Patrice GILLET
Xavier LE VEN

Mathématiques
Jean-Luc DIANOUX
Muriel DOREMBUS

Anglais
Claire DELAROCQUE
Marie-Hélène FOUGERON

Espagnol
Soledad SAN MIGUEL
Martine TEILLARD

Histoire - Géographie
Jean-Louis CARNAT

Philosophie
Mathilde IROLLO

Nathan

Crédit photographique

p. 296 : établissements d'enseignement français à l'étranger

Édition : Aude Benkaki, Julie Besné, Clarisse Léon
Fabrication : Isabelle Guerrier
Coordination artistique : Évelyn Audureau
Couverture : Vincent Rioult
Maquette intérieure : Graph'm : Aude Paradis/Évelyn Audureau
Composition : Nord Compo
Cartographie : Légendes cartographie

Nathan – 25 avenue Pierre de Coubertin – 75013 Paris – 2015
ISBN : 978-2-09-163948-2

Sommaire

Je gère mon bac

MERCATIQUE

Savoirs

ÉCONOMIE

Savoirs

Sommaire

DROIT

Savoirs

MANAGEMENT DES ORGANISATIONS

Savoirs

MATHÉMATIQUES

Savoirs

Sommaire

ANGLAIS

ESPAGNOL

HISTOIRE-GÉOGRAPHIE

Sommaire

PHILOSOPHIE

Les épreuves de Terminale

Intitulé de l'épreuve	Nature de l'épreuve	Coefficient	Durée	Dates de mes épreuves
Sciences de gestion, spécialité Mercatique	Écrite	6	4 h	
	Pratique : • Conduite du projet (CCA, sur 12 points)	6	–	
	• Soutenance du projet (sur 8 points)		20 min	
Économie-Droit	Écrite	5	3 h	
Management des organisations	Écrite	5	3 h	
LV1	Écrite (50 % de la note)	3	2 h	
	Orale : • Compréhension (CCA, 25 % de la note)		–	
	• Expression (CCA, 25 % de la note)		–	
LV2	Écrite (50 % de la note)	2	2 h	
	Orale : • Compréhension (CCA, 25 % de la note)		–	
	• Expression (CCA, 25 % de la note)			
Histoire-Géographie	Écrite	2	2 h 30	
Mathématiques	Écrite	3	3 h	
Philosophie	Écrite	2	4 h	
EPS	CCA	2	–	

CCA : contrôle en cours d'année

Comment organiser votre année ?

Installez une dynamique de travail

Il est important de travailler dès le début de l'année, et ce, très régulièrement. Cela signifie qu'il faut travailler un peu tous les soirs – et de manière plus importante le week-end – dans un endroit calme, en éliminant toute source de distraction (votre téléphone portable par exemple). Cela vous permettra de vous mettre dans une dynamique de travail jusqu'au bac.

Révisez

Il est indispensable de réviser régulièrement vos cours. Pour cela, les fiches Savoirs de cet ouvrage seront vos plus fidèles alliées ! En effet, suffisamment détaillées, ces fiches vous donnent l'essentiel du cours ainsi qu'un plan facilitant l'apprentissage des notions. Insistez particulièrement sur les notions qui figurent dans la rubrique mots-clés à la fin de chaque fiche. Ce travail doit se faire tout au long de l'année, au fur et à mesure de l'avancement des chapitres dans les différentes matières.

Rangez vos cours

Vous devez être très vigilant quant au classement de vos cours. En effet, rien de plus stressant que de découvrir quelques jours avant l'examen qu'il vous manque un chapitre ! Rassurez-vous, les fiches présentes dans cet ouvrage vous aideront là encore à structurer votre rangement. S'il vous manque un chapitre dans une matière, vous avez de toute façon en votre possession la fiche de révision correspondante. Petit conseil : n'hésitez pas à y ajouter des exercices faits en classe, des corrections de sujets, des articles de presse...

Fixez-vous un planning de révision

Planifier vos révisions est indispensable, car l'année va défiler à toute allure... Commencez dès le début de la terminale pour bien revoir les contenus de première. Pour que votre travail de révision porte ses fruits, il vaut mieux prévoir un planning alternant matières technologiques (éco-droit, management et spécialité) et matières générales. En période de vacances, vous disposerez de plus grandes plages horaires pour travailler. Pour cela, inutile de passer une journée entière sur une matière, cela serait totalement contre-productif ! Il est plus judicieux d'alterner des séquences de deux heures, en faisant tourner les matières. Et cochez les cases de l'encadré « Lu, su, revu » au fur et à mesure pour savoir où vous en êtes.

Entraînez-vous

Enfin, une bonne préparation au bac repose sur un entraînement régulier. Vous devez soigner la préparation de chacune des évaluations auxquelles vous serez soumis(e) pendant l'année. Plus important encore, vous devez être très à l'écoute des éléments de correction fournis par vos enseignants. La clé de la réussite réside dans une écoute attentive et une prise en note rigoureuse des corrections. Durant celles-ci, vos professeurs prodiguent des conseils essentiels pour progresser. Pour consolider vos acquis, cet ouvrage vous propose des exercices complémentaires, les corrigés vous aidant à faire le point sur vos acquis !

Construisez votre orientation

Bien sûr, votre travail de préparation au bac est essentiel et sera très intense, mais il ne faut pas perdre de vue qu'après le bac, vous allez continuer vos études ! S'informer, se rendre à des portes ouvertes, contacter d'anciens élèves, des professionnels, poser des questions autour de vous... sont autant de pistes à explorer. Attention, vous n'avez pas toute l'année devant vous puisque vous aurez des délais à respecter pour enregistrer vos vœux sur l'application APB (admission post-bac).

Comment préparer votre admission post-bac ?

« Admission post-bac » (APB), c'est quoi ? !

L'APB est une plateforme internet mise en place afin de rendre plus faciles et efficaces vos démarches de pré-inscription dans l'enseignement supérieur.

La poursuite d'études après une terminale STMG

DSCG Diplôme supérieur de Comptabilité et de Gestion		Master 2	GRANDES ÉCOLES
		Master 1	
DCG Diplôme de Comptabilité et de Gestion	Licence professionnelle	Licence 3	
	BTS ou DUT 2	Licence 2	CGPE classe préparatoire aux grandes écoles
	BTS ou DUT 1	Licence 1	

Terminale STMG

Vous êtes attiré(e) par des études courtes ?

Le BTS

Les études en BTS durent deux années. Elles se déroulent au sein d'un lycée. Ce type de formation vous permet de bénéficier d'un bon encadrement et d'un suivi similaire à celui que vous avez connu pendant vos années au lycée.

À vocation professionnelle, ce type d'études vous permet d'acquérir les compétences nécessaires à l'exercice d'un métier, notamment grâce à des cours théoriques et périodes assez longues de stages. Intégrer un BTS permet donc de s'insérer rapidement dans la vie active. Toutefois, si vous avez envie de continuer vos études, vous aurez la possibilité, une fois le diplôme en poche, d'accéder à une licence professionnelle (en gestion, marketing... en 1 an) !

Exemples de formations : Assistant de manager, Assistant de gestion de PME-PMI, Négociation et relation client, Comptabilité et gestion, Management des unités commerciales, Commerce international...

Taux de réussite : environ 77 % pour les bacheliers technologiques.

Le DUT

Les études en DUT durent deux années et se déroulent au sein d'un Institut Universitaire de Technologie.

Les études en DUT sont plus généralistes qu'en BTS. Elles permettent de poursuivre ses études, que ce soit en licence professionnelle ou en école de commerce, mais il est aussi possible de s'insérer dans la vie active après l'obtention du diplôme. L'IUT permet de bénéficier des avantages de l'université comme l'accès à la bibliothèque universitaire, par exemple, tout en bénéficiant d'un encadrement plus important que celui accordé à un étudiant qui poursuit des études « classiques » à la fac : en particulier sous la forme de projets tutorés. D'ailleurs, cette formation s'articule autour de cours magistraux, de travaux dirigés (TD) et de travaux pratiques (TP).

Exemples de formations : Carrières juridiques, Techniques de commercialisation, Gestion des entreprises et des administrations (options : ressources humaines / gestion comptable et financière / gestion et management des organisations / Information et communication)...

Taux de réussite : 60 à 65 % pour les bacheliers technologiques.

Vous êtes attiré(e) par des études longues ?

Suivre des études à l'université

Articulé autour de cours en amphithéâtre (pas forcément obligatoires) et de TD en groupes lus restreints, ce type d'études requiert de votre part un fort niveau d'autonomie et de responsabilisation. En effet, personne ne vous dira à quel moment faire votre travail ! Il faut donc être particulièrement motivé pour envisager de poursuivre ses études à la fac !

Autre élément important à prendre en considération : il vous faudra rattraper tout ce que vous n'avez pas acquis au lycée, notamment sur le plan des méthodes : dissertation... Il s'agit donc d'une poursuite d'études à envisager avec précaution si on est un élève moyen en STMG.

Exemples de formations : licence AES (administration économique et sociale), licence de sciences économiques, licence de droit...

Taux de réussite : faible d'une manière générale, environ 9 % en droit, 5 % en économie.

Suivre des études en classe préparatoire

Il existe une classe préparatoire réservée aux bacheliers technologiques : la prépa ECT (économique et commerciale, voie technologique). Ce type de formation vous permet de bénéficier d'un très fort encadrement et d'une remise à niveau dans les disciplines générales tout en continuant votre découverte des matières technologiques comme le droit, l'économie et la gestion.

Le rythme de ces études est particulièrement intense : devoirs à rendre toutes les semaines et interrogations orales (appelées « colles » dans le jargon des classes prépa).

Soif d'apprendre, capacité de travail, curiosité intellectuelle seront des atouts pour entreprendre ces études exigeantes qui vous préparent aux concours d'entrée des écoles de commerce. Les chances d'intégrer ce type d'école après avoir suivi une classe prépa ECT sont très fortes puisque que quasiment tous les élèves arrivent à décrocher une place en école de commerce !

Les conseils pour réussir son orientation

S'y prendre très tôt

En principe, vous aurez démarré votre réflexion sur l'orientation, notamment dans le cadre de l'APB, dès la seconde. Réfléchir tôt est l'un des gages de réussite de votre orientation.

Se renseigner

Les journées portes ouvertes ou les salons de l'étudiant sont le meilleur moyen pour récupérer un maximum d'informations et décider ainsi de son orientation en toute connaissance de cause.

Rencontrer le conseiller d'orientation

Un rendez-vous (ou plusieurs) vous permet de découvrir quels métiers et donc formations pourraient le mieux vous correspondre.

Participer à des dispositifs de bancs d'essai ou de tutorat

Certaines écoles ou universités, voire certaines classes prépas, organisent des bancs d'essai vous permettant d'aller vivre une journée de cours dans ces formations. De plus en plus d'universités développent des systèmes de tutorat qui permettent de faire « parrainer » un élève de terminale par l'un de leurs étudiants. Renseignez-vous auprès de votre lycée !

Élargir ses vœux au maximum

Plus vous formulez de vœux, plus vous avez de chance d'obtenir satisfaction.

Le calendrier APB

Inscription et saisie des vœux
Janvier-mars pour toutes les formations

↓

Modification éventuelle du classement hiérarchisé de vœux
Janvier-mai

↓

Date limite de confirmation et d'envoi des dossiers papier
Début avril

↓

Notification aux candidats par les établissements destinataires de la réception de leur(s) dossier(s) de candidature
Début mai

↓

Phases d'admission (consultation et réponse des candidats)
Mi-juin à mi-juillet : 3 phases d'admission successives de 5 jours

La réponse aux propositions d'orientation

À partir de la mi-juin, trois phases d'admission de cinq jours se succèdent. À chacune de ces phases, vous devez impérativement vous connecter afin de répondre à la proposition qui vous est faite. Si vous ne donnez pas de réponse, vous serez considéré(e) comme démissionnaire et exclu(e) de la procédure. Tant que vous n'avez pas donné d'avis définitif, vous devez vous connecter et consulter votre dossier à chaque phase d'admission. Vous disposez de trois possibilités de réponse :

OUI définitif	Vous acceptez définitivement la proposition. Par conséquent, aucune autre proposition ne vous sera faite. La procédure APB est terminée pour vous !
OUI mais...	Vous acceptez la proposition pour l'instant, mais vous maintenez votre candidature pour les vœux mieux classés dans votre liste. Si une formation mieux placée vous est proposée ensuite, vous n'aurez bien sûr plus droit à la proposition précédente.
NON mais...	Vous refusez la proposition qui vous est faite et maintenez votre candidature pour les vœux mieux placés dans votre liste. Attention, vous n'êtes pas certain(e) d'avoir d'autres propositions. Vous ne pourrez donc plus être admis(e) dans cette formation.

Que faire si vos premiers choix sont refusés ?

Pas de panique, trois possibilités s'offrent à vous !

– **Postuler en procédure complémentaire.** En effet, les candidats qui n'ont pas obtenu ce qu'ils souhaitent peuvent voir la situation se débloquer lors des deux phases d'admission suivantes, en juillet, puisqu'il arrive que des élèves démissionnent des formations ou qu'ils n'obtiennent pas leur bac. Les vœux que vous avez formulés lors de la procédure classique restent valables et prioritaires. Il est essentiel de rester à l'affût en vous connectant chaque jour pour suivre les évolutions !

– **Faire évoluer votre projet professionnel.** Il est prudent de placer en dernier vœu une demande dans une licence non sélective. Dans l'hypothèse où tous vos premiers vœux seraient refusés, vous aurez une place en licence. Certes, il s'agit d'un choix par défaut, mais il est fréquent que les élèves suivant une licence pourtant objet de leur dernier vœu découvrent qu'au final elle leur correspond. Rassurez-vous, si vous vous retrouvez dans ce cas de figure mais que la licence ne vous plaît vraiment pas, vous pouvez vous réorienter en fin de premier semestre. Les universités ont en effet généralisé ce système de changement de filière à mi-année, afin d'éviter de perdre une année.
– **S'inscrire dans un établissement qui ne figure pas dans APB.**

Que faire si votre choix ne vous convient pas ?

Les différents cas	Que faire ?	Comment faire ?
Je suis en fac : cours trop abstraits, trop éloignés du monde professionnel, besoin d'être davantage encadré, difficulté à suivre…	S'orienter en DUT ou en BTS.	S'adresser au SCUIO (Service Commun Universitaire d'Information et d'Orientation) pour savoir s'il y a des accords et des passerelles vers certains DUT ou BTS. – La **rentrée accélérée en DUT** est possible s'il existe un dispositif de passerelle licence/IUT. – Pour le BTS, il vous faudra rattraper de manière autonome les cours que vous n'avez pas suivis. – Si aucune de ces possibilités n'existe, contactez les IUT proposant des **rentrées décalées en février.**
La licence choisie ne me plaît pas.	Intégrer une autre licence dans une autre filière universitaire.	Renseignez-vous auprès de l'université que vous voulez rejoindre pour savoir si elle gère les situations de réorientation *via* le portail APB. Si tel est le cas, formulez vos vœux sur APB. Sinon consultez le site de l'université pour connaître la procédure à suivre.
Je suis en BTS et la formation ne me convient pas.	Changer de spécialité.	Contactez le conseiller d'orientation de votre établissement, il pourra vous conseiller utilement et voir s'il reste des places dans d'autres spécialités.
	Changer d'orientation.	La rentrée universitaire se faisant en octobre, il est encore temps de s'inscrire à l'université. Vous pouvez également tenter une rentrée en décalé en IUT.
Je suis en prépa, c'est trop difficile.	Se réorienter vers un premier semestre de licence.	Renseignez-vous auprès de l'administration de votre établissement car certaines classes prépas ont un partenariat avec l'université et proposent des inscriptions en cumulatif (vous êtes inscrit(e) en fait aux deux cursus). Vos démarches administratives s'en trouvent simplifiées !
	Attendre la fin de l'année.	Vous disposerez de 60 crédits ECTS (*European Credit Transfer and Accumulation System*) pour vous réorienter en L2. Votre candidature sera examinée par une commission composée des responsables de la classe prépa et de l'université.

La mercatique

LA DISCIPLINE

Les objectifs de la discipline

La mercatique fait partie des sciences de gestion et fait appel à plusieurs autres domaines tels que les mathématiques (calculs statistiques), la psychologie, le droit, les sciences économiques et sociales... C'est donc une matière très complète.

La mercatique (en anglais *marketing*) consiste essentiellement pour une organisation (entreprise, association ou organisation publique), à développer une offre de produits et/ou de services cohérente avec les attentes du marché, et à la commercialiser par la mise en œuvre d'actions et de techniques adaptées.

Le but de la discipline est non seulement de développer votre connaissance des notions et des techniques de la matière, mais aussi de vous amener à réfléchir à l'impact de ces pratiques sur les différents acteurs économiques (consommateurs, producteurs...).

Cette approche implique, dans le programme de terminale, l'étude de 3 grands thèmes : mercatique et consommateurs ; mercatique et marchés ; mercatique et société.

Par l'observation de situations dans votre environnement, vous serez en mesure de comprendre et d'analyser les moyens dont dispose l'entreprise pour influencer le marché (en particulier les consommateurs) et s'adapter au cadre légal dans lequel elle évolue.

Comme elle mobilise des compétences polyvalentes, la mercatique va développer votre sens de l'observation, votre esprit d'analyse mais aussi votre sens critique, ainsi que vos capacités à mettre en œuvre des méthodes et des outils afin de résoudre un problème mercatique.

Les débouchés de la discipline

La maîtrise de cette discipline vous donnera accès à de nombreuses formations en études supérieures relevant du domaine commercial. Elle vous facilitera l'accès à différents métiers tels que conseiller de vente, négociateur, directeur des achats, manager de rayon, directeur marketing, chargé de clientèle, chef de publicité, chef de produit ou chef de projet marketing. La plupart des grandes entreprises sont organisées autour de fonctions commerciales et marketing distinctes et offrent de belles perspectives de carrière dans ces domaines.

La boîte à outils de la discipline

En classe de terminale, vous approfondirez toutes les notions du programme de sciences de gestion de 1re qui sont relatives à la spécialité (valeur perçue, cycle de vie, rentabilité, etc.) ; à celles-ci vont s'ajouter les notions spécifiques du programme de mercatique.

Cette boîte à outils de la discipline va être alimentée tout au long de l'année par des savoirs, des méthodes et des compétences spécifiques aux exigences de l'examen.

Maîtrisez le vocabulaire technique

Vous devez connaître la définition de l'ensemble des concepts de la discipline. Chaque fiche Savoir de cet ouvrage dresse la liste des notions clés à maîtriser et le lexique vous en donne les définitions N'hésitez pas à utiliser des schémas pour décomposer les notions à facettes multiples ou les mettre en lien, afin d'en faciliter la mémorisation. Ce vocabulaire technique vous permettra d'appréhender toutes les situations mercatiques et d'élaborer les réponses aux questions de l'épreuve écrite.

Mettez en œuvre les méthodes et les outils d'analyse

Le programme de mercatique propose de nombreux outils et méthodes d'analyse dynamique, statique ou prospective qui sont de véritables supports pour la prise de décision mercatique. Les plus importants sont : les calculs commerciaux (prix d'achat, marge, prix de vente), la méthode des moindres carrées, la méthode 20/80, les calculs d'évolution, les calculs des parts de marché, le seuil de rentabilité, le calcul d'indicateurs variés tels le résultat, la valeur à vie du client, le taux d'attrition, le taux de rétention, l'audience utile, le coût utile. Il est primordial pour vous de les maîtriser car vous devrez les mettre en œuvre lors des différentes épreuves (écrite et pratique).

L'ensemble des outils d'organisation et de planification tels que tableaux, plannings, grilles d'analyse, liste de tâches, cartes heuristiques, *pearltrees* et schémas vous seront particulièrement précieux pour l'élaboration de votre projet et la restitution orale que vous devrez en faire.

Construisez une réponse argumentée aux questions de gestion

Dans chacun des 3 thèmes étudiés, 2 ou 3 questions de gestion illustrent des problématiques auxquelles sont confrontées la plupart des organisations. Vous devez être capable de fournir une réponse argumentée à chacune de ces questions.

La méthodologie de l'argumentation consiste à construire des arguments structurés selon le schéma : 1 FAIT + 1 EXPLICATION + 1 ILLUSTRATION, et à articuler ces arguments par des mots de liaison et/ou des phrases de transition révélant le schéma logique de votre raisonnement.

Par exemple, pour le thème 1 « Mercatique et consommateurs », vous devez pouvoir construire une réponse à la question « Le consommateur est-il toujours rationnel dans ses choix ? ». Répondre à cette question de gestion suppose :

– dans un premier temps, de connaître les éléments d'analyse du comportement du consommateur en qualité d'individu évoluant au sein d'une société, individu qui adopte des stratégies d'achat pour satisfaire ses besoins en respectant ses contraintes ;

– dans un deuxième temps, de connaître toutes les notions en matière de facteurs explicatifs du comportement et facteurs d'influence divers (psychologie, culture, facteurs de situation, processus en matière d'achat, etc.) ;

– et enfin, d'être en mesure de trouver et de rédiger des arguments qui apportent une réponse pertinente à la question.

Analysez les documents et les supports

Vous apprendrez à réfléchir à partir des différents supports (texte, vidéo, affiche, graphique, données chiffrées, etc.) afin de répondre aux questions des études de cas. Là encore, vous ne serez capable d'analyser les documents que si vous en maîtrisez parfaitement les notions.

Analyser tout type de document c'est en prendre connaissance, puis en tirer les apports essentiels, et enfin reformuler ces apports pour construire votre réponse.

Proposez de solutions pertinentes dans le respect des contraintes

Lors des différentes épreuves liées à cette matière, vous devrez proposer des solutions en vous inspirant des exemples découverts en cours ou observés autour de vous, et en définissant des pistes obtenues après analyse et mise en œuvre de vos outils. Restez « en veille informationnelle » sur l'actualité mercatique des enseignes : une entreprise de votre région s'est fait connaître pour une action originale en matière d'événementiel ? Vous avez entendu parler d'une action ayant fait un « buzz » positif pour une enseigne ? Ces exemples peuvent constituer des pistes de solutions à proposer.

L'ÉPREUVE ÉCRITE

Le format de l'épreuve et ses objectifs

Durée : **4 heures** – Coefficient : **6**

Cette épreuve se décompose en deux parties :
– une partie opérationnelle sous forme d'étude de cas (environ 3/4 de la note finale) destinée à vérifier vos connaissances de mercatique ;
– une partie rédactionnelle qui vous invite à produire une réflexion sur une question de gestion du programme de T^le^ (environ 1/4 de la note finale).

Que faire pour se préparer avant l'épreuve ?

Révisez le programme de première en sciences de gestion

Les épreuves du baccalauréat valident également votre maîtrise de ce programme. Révisez donc les notions de première en sciences de gestion en relisant vos cours ou en travaillant avec le *Réflexe Toutes les matières en fiches – 1re STMG*.

Révisez le programme de terminale Mercatique

Les fiches Savoirs, le lexique, les exercices et les corrigés de cet ouvrage vous permettront de faire le point sur vos connaissances. Entraînez-vous en parallèle sur des sujets d'annales afin de bien gérer votre temps le jour de l'épreuve.

Que faire pendant l'épreuve ?

La partie opérationnelle prend appui sur un dossier d'une quinzaine de pages avec :
– une présentation de l'organisation qui fait l'objet de l'étude ;
– une introduction qui pose la problématique des dossiers et des questions à traiter ;
– des annexes qui vous donnent des informations à exploiter pour les dossiers.
Commencez par lire l'intégralité de la présentation de l'organisation et des dossiers. Puis parcourez rapidement les annexes. Après cette découverte du sujet, vous pouvez vous focaliser sur les questions : prenez le temps de bien analyser les termes de la question avant de répondre, repérez les verbes d'action et soyez vigilant sur les questions multiples dans la même phrase (« *Montrez que*... et *justifiez*... »). Respectez le plan qui vous est parfois suggéré (par exemple « *Analysez la demande en matière de facteurs d'influence du comportement, de profil type, et d'attentes des consommateurs* »). Recensez l'ensemble des outils de votre boîte et tel un mécanicien, utilisez celui ou ceux qui vous paraissent adaptés pour traiter la question (par exemple pour « *Analysez la concurrence...* », il vous faudra utiliser les outils de calcul des parts de marché mais aussi ceux de l'évolution des ventes en valeur et en volume, et ensuite commenter l'ensemble de ces calculs).
Traitez toutes les questions pour être évalué sur le maximum de points (si vous butez sur une question, passez à la suivante, vous y reviendrez plus tard...).

La partie rédactionnelle consiste à répondre à une question de gestion en utilisant vos connaissances et en vous inspirant de l'organisation de la partie opérationnelle et des exemples d'entreprise que vous connaissez. On vous demande « une ou deux pages maximum », donc une argumentation dense... Et vous aurez une heure maximum. Votre façon de présenter les arguments pour répondre à la question et de les enchaîner est très importante. Attention à bien respecter la structure d'un argument (FAIT, EXPLICATION, ILLUSTRATION). Soignez l'expression écrite, utilisez les notions apprises pendant l'année, employez des mots de liaison... Et traquez les fautes d'orthographe !

L'ÉPREUVE PRATIQUE : LA SOUTENANCE DU PROJET

Le format de l'épreuve et ses objectifs

Forme et durée : **oral de 20 minutes** – Coefficient : **6**

Vous devez soutenir devant un examinateur le projet que vous avez réalisé pendant l'année.

L'épreuve pratique de soutenance permet de vérifier votre capacité à :
– mettre en œuvre une démarche et des outils spécifiques aux sciences de gestion et à la mercatique ;
– maîtriser les technologies de l'information et de la communication ;
– communiquer et argumenter sur les choix réalisés pour mener à bien ce projet.

Que faire pour se préparer avant l'épreuve ?

Menez à bien le projet

Pour le projet, vous allez réaliser un ensemble d'activités coordonnées destinées à répondre à un besoin ou un problème rencontré par une organisation. Vous allez y travailler en groupe plusieurs semaines, avant l'examen, sous le conseil et l'autorité de votre professeur.

En interaction avec les autres membres de votre groupe, vous devez vous constituer un dossier qui présente les tâches réalisées en collaboration avec vos camarades et celles réalisées de façon individuelle pour répondre au problème de départ. Le dossier comprend une fiche de travail synthétique qui sera signée par votre professeur.

Préparez l'oral

Ce n'est pas le dossier qui est évalué, c'est la façon dont vous le présenterez à l'oral. Il s'agit essentiellement d'une épreuve de communication ce qui implique que vous devez structurer votre présentation en préparant votre discours et en utilisant des outils numériques et des supports visuels pertinents : par exemple un diaporama présentant votre travail, avec des captures d'écran de vos productions, sera apprécié et efficace pour dérouler votre démarche de projet pendant les 10 minutes de présentation.

Préparez l'entretien avec l'examinateur

Vous devez maîtriser l'ensemble des notions de cours qui s'inscrivent dans votre projet et être capable d'en donner des définitions claires et précises si votre examinateur le demande.

Vous devez anticiper les éventuelles questions de l'examinateur (précisions sur la démarche, prise de recul par rapport à une solution peu argumentée, etc.).

Que faire pendant l'épreuve ?

L'épreuve se déroule en deux phases :
– première phase : vous présentez le fruit de votre travail pendant 10 minutes, durant lesquelles vous ne serez pas interrompu : exposé du contexte et du besoin de l'entreprise, des contraintes, des objectifs, de la répartition des tâches au sein du groupe, des tâches que vous avez réalisées individuellement, des solutions envisagées par le groupe ;
– seconde phase : vous répondez aux questions posées par l'examinateur pour préciser certains points, élargir votre réflexion ou expliquer comment vous avez réalisé vos travaux (évaluation du degré de réussite du projet, pertinence des solutions, atteinte des objectifs, bénéfices de ce travail sur le plan méthodologique et/ou personnel...). La composante « communication » étant essentielle, il vous faudra développer les qualités d'un bon communicant... À vous de jouer !

L'économie

LA DISCIPLINE

Les objectifs de la discipline

En terminale, le cours continue à construire votre culture économique et votre compréhension des mécanismes économiques. Il est davantage centré sur la nécessaire régulation de l'activité économique par l'État ou des institutions internationales. Vous étudierez donc les thèmes suivants :

- le chômage ;
- la politique économique ;
- les raisons de la mise en œuvre d'une croissance soutenable ;
- l'efficacité de l'intervention de l'État ;
- la régulation des échanges internationaux.

La boîte à outils de la discipline

Analysez bien la question

Chaque sujet d'économie comporte la question suivante : « rédigez une argumentation permettant de répondre à la question suivante... »
À titre d'exemples, voici quelques questions posées à l'examen :
– *Le développement durable repose-t-il nécessairement sur une intervention de l'État ?*
– *Un niveau élevé de chômage peut-il s'expliquer par une faible croissance ?*
– *La politique sociale est-elle efficace aujourd'hui ?*
Vous devez dans un premier temps analyser la question pour en voir les tenants et les aboutissants. Pour cela, il est conseillé de :
– vous concentrer sur la question posée : identifiez les mots-clés et définissez-les : *développement durable* et *État* dans le sujet 1 ; *chômage* et *croissance* dans le sujet 2 ; *politique sociale* et *efficacité* pour le sujet 3.
– vous focaliser ensuite sur les mots (verbes notamment) indiquant le type de travail à mener : *reposer* dans le sujet 1, *s'expliquer* dans le sujet 2, *être efficace* dans le sujet 3.

Recherchez les arguments

Cette recherche se fait en deux temps :
1. Rassemblez vos connaissances sur le sujet. Vous pouvez vous aider de la méthode des questions clés : qui, quoi, où, quand, comment, pourquoi, combien ? Cette phase doit vous permettre de faire émerger les points de cours concernés par la question. Vous noterez donc les idées qui vous reviennent sur un brouillon.
2. Lisez attentivement les documents en surlignant les éléments importants et en les reformulant sur un brouillon.
En première, vous vous êtes déjà initié(e) au repérage d'arguments. Votre entraînement se poursuivra en terminale et vous serez de plus en plus à l'aise avec les grands procédés de l'argumentation. Vous pouvez vous aider de la typologie suivante pour repérer les arguments :
– les arguments d'autorité (lorsqu'on se réfère à une personne ou à un organisme qui fait autorité dans le domaine économique, comme par exemple l'INSEE) ;
– les arguments analogiques (fondés sur une comparaison) ;
– les liens de cause à effet ;
– la mise en évidence d'avantages et/ou d'inconvénients ;
– l'utilisation de données à caractère quantitatif, historique...
Vous devez aussi structurer vos arguments en les présentant. Pour cela, vous devez trouver un plan qui comporte généralement deux parties.

L'ÉPREUVE ÉCRITE

Le format de l'épreuve et ses objectifs

Durée : **3 heures** – Coefficient : **5**

Cette épreuve comprend deux parties distinctes c'est-à-dire qu'elles peuvent être traitées indépendamment : l'une est consacrée à l'économie, l'autre au droit. Un sujet comportant ces deux parties, à traiter en 3 heures, vous est remis. Attention à bien gérer votre temps afin de consacrer un temps équivalent (1 h 30) à chaque partie !
La partie « économie » permet d'évaluer vos capacités à analyser un problème économique d'actualité et à construire une argumentation pertinente. Elle comporte elle-même deux parties (évaluées sur le même nombre de points) :
– une partie méthodologique qui suppose un repérage d'arguments ;
– une partie analyse qui suppose la mobilisation d'arguments.

Que faire pour se préparer avant l'épreuve ?

Maîtrisez le vocabulaire

Il est nécessaire de consolider le vocabulaire acquis en première et de s'approprier celui découvert en terminale : constituez votre propre lexique en vous aidant des mots-clés figurant à la fin de chaque fiche Savoir de cet ouvrage.

Informez-vous

S'intéresser aux événements traités dans l'actualité économique et sociale ainsi qu'aux problématiques qui y sont liées (croissance économique, chômage, inflation...) est un plus ! En effet, le sujet d'économie repose toujours sur un problème économique actuel. Si vous suivez l'actualité, vous vous sentirez donc plus à l'aise.

Entraînez-vous à l'argumentation

Faites les exercices proposés dans cet ouvrage et contrôlez vos réponses avec les corrigés. Complétez en retravaillant les corrigés des sujets type bac donnés par votre professeur.

Que faire pendant l'épreuve ?

Vous prenez connaissance du dossier traitant du problème économique grâce à une série de documents. Lisez d'abord les questions, afin de situer les points du programme qu'on vous demande de mobiliser. Procédez ensuite à une première lecture des documents. Munissez-vous d'un stylo surligneur afin de mettre en évidence les informations qui vous semblent spontanément importantes.
Ensuite, commencez par répondre aux questions simples. En effet, les premières questions sont généralement des questions de cours dans lesquelles on vous demande soit de donner une définition, soit d'exposer des concepts économiques, ou encore de présenter des évolutions de phénomènes économiques. Pas de panique, il est fort à parier que vous aurez déjà traité ce type de questions dans vos devoirs pendant l'année !
Enfin, vous pouvez passer à la question d'argumentation. Pour cela, appliquez bien les méthodes que vous avez apprises depuis la première et structurez bien vos arguments.

Qu'attend de vous le correcteur ?

Que vous lisiez bien les questions pour ne pas faire de hors sujet ! Surtout ne paraphrasez pas les documents, construisez correctement vos phrases : sujet + verbe + complément. Relisez-vous pour éliminer les fautes d'orthographe et soignez la présentation : écriture lisible, copie propre et sans ratures. Essayez toujours de définir les notions contenues dans la question du sujet afin d'introduire votre réponse.

Le droit

LA DISCIPLINE

Les objectifs de la discipline

En terminale, vous poursuivez votre découverte des concepts juridiques. Plus précisément, vous étudierez les thèmes suivants :
– la responsabilité civile (juridictions compétentes, dommage, réparation) ;
– l'encadrement du travail salarié par le droit (contrat de travail, rupture du contrat de travail...) ;
– l'organisation de l'activité économique par le droit (la liberté du commerce, la protection de la concurrence, la protection de la marque...) ;
– comment entreprendre ? (seul, à plusieurs, les contrats de société...).

La boîte à outils de la discipline

Analysez un contrat

Étudier un contrat suppose de repérer les éléments suivants :

- le type de contrat ;
- la date du contrat ;
- les clauses particulières ;
- les parties au contrat ;
- les obligations des parties ;
- la durée du contrat.

Analysez une décision de justice

L'étude d'une décision de justice nécessite d'en repérer les éléments constitutifs :
– les faits c'est-à-dire les événements qui ont conduit les parties à se retrouver devant la justice ;
– les prétentions des parties, c'est-à-dire ce qu'elles demandent ;
– les arguments des parties : quels sont les faits et/ou les règles de droit sur lesquels s'appuient les parties dans leurs revendications ;
– le problème juridique posé : quel est le problème qu'il s'agit de résoudre, quelle règle de droit fait l'objet d'une application, à quelle question de droit le juge doit-il répondre ?
– le dispositif de la décision et les motifs de la décision : de quelle façon le juge a-t-il tranché le litige, sur quels arguments s'est-il fondé ?

Résolvez un cas pratique

Prenez connaissance de la documentation qui vous est fournie : un contrat, une décision de justice par exemple. Durant cette phase, vous appliquez la méthodologie d'analyse du contrat ou de décision de justice.
Donnez ensuite une qualification juridique à la situation afin de voir dans quelle catégorie juridique elle entre. Pour cela, vous devez repérer les parties en présence, le lien juridique qui les unit et enfin les faits. Ensuite, vous devez déterminer quelle est la règle de droit applicable à cette situation.
Enfin, appliquez le syllogisme juridique (appelé aussi argumentation juridique) qui se fonde toujours sur trois étapes :
– constater les faits présentés dans la situation et leur qualification (la mineure) ;
– déterminer la ou les règles juridiques applicables (la majeure) en prenant appui sur les règles de droit et la jurisprudence ;
– conclure en appliquant la règle ou les règles de droit à la situation juridique présentée (par exemple on peut conclure en l'existence d'un droit pour telle ou telle partie).

L'ÉPREUVE ÉCRITE

Le format de l'épreuve et ses objectifs

Durée : **3 heures** – Coefficient : **5**

La partie « droit » vise à évaluer vos capacités à :
– analyser une ou plusieurs situations juridiques ;
– construire une argumentation pertinente au regard du problème posé.
La partie « droit » se présente sous la forme d'un dossier comprenant une ou plusieurs situations juridiques concrètes accompagnées de ressources documentaires. Le dossier comporte des questions vous invitant notamment à donner une qualification juridique. En effet, les situations que vous devez étudier supposent que vous parveniez à les qualifier juridiquement afin de déterminer la règle applicable et de proposer une solution au problème posé. Ces éléments constituent une argumentation.

Que faire pour se préparer avant l'épreuve ?

Maîtrisez le vocabulaire

Contrat de travail, convention collective, dommage patrimonial/extrapatrimonial, dommage corporel/moral/matériel, liberté d'entreprendre, liberté du commerce et de l'industrie, liberté de la concurrence, licenciement économique, licenciement abusif, SARL, SA, SCOP... Quelques exemples parmi d'autres des nombreuses notions que vous apprendrez à maîtriser. Aidez-vous de la liste de mots-clés présente à la fin de chaque fiche Savoir.

Entraînez-vous à la qualification juridique

Il faut que vous développiez des réflexes en termes de qualification juridique. Pour cela il faut vous habituer à passer du langage courant au langage juridique. Faites les exercices des pages S'entraîner au bac de cet ouvrage et vérifiez votre degré de maîtrise de cette technique avec les corrigés.

Relisez les décisions de justice

Reprenez celles étudiées pendant l'année afin de vous familiariser avec le langage employé dans ce type de document et de vous entraîner à identifier les arguments des parties.

Tenez-vous informé(e)

Le suivi de l'actualité (réforme du droit du travail par exemple) permettra de consolider votre culture juridique et de vous sentir plus à l'aise le jour J !

Que faire pendant l'épreuve ?

Prenez le temps de bien lire les consignes afin de bien cerner la question pour éviter le hors sujet. Ensuite, prenez connaissance de la documentation juridique. Si vous devez analyser un contrat ou une décision de justice, préparez-vous un tableau de deux colonnes au brouillon. Vous y reportez à gauche les éléments à repérer, et dans la colonne de droite, au fur et à mesure de votre lecture, les éléments de réponse. Il peut être judicieux d'ébaucher vos réponses au brouillon. Mais attention, vous n'avez qu'1 h 30 car vous devez aussi traiter la partie économie !

Qu'attend de vous le correcteur ?

Le correcteur attend des réponses claires et précises qui mobilisent le vocabulaire juridique. Il est aussi essentiel d'être rigoureux et de bien appliquer les règles pour conclure sur une solution adaptée. Mais rassurez-vous, si vous êtes à l'aise avec votre cours et que vous connaissez bien les différentes méthodologies applicables en droit, l'épreuve ne vous semblera pas difficile.

Le management des organisations

LA DISCIPLINE

Les objectifs de la discipline

En terminale, le management a pour objectif de vous fournir des clés de compréhension en matière de gestion de compétences, de motivation et d'animation des ressources humaines. Vous découvrirez aussi comment les organisations construisent et conduisent leur stratégie. Comme en première, vous allez acquérir à la fois des connaissances et des méthodes.

Sur le plan des connaissances, les thèmes suivants sont abordés :
- Le management stratégique : les choix en matière d'animation et de mobilisation des hommes ;
- Le processus et le diagnostic stratégique ;
- La stratégie des organisations.

Sur le plan des méthodes, cette matière vous permet de continuer à apprendre à :
- analyser des situations managériales ;
- analyser des propositions d'amélioration ;
- identifier et expliquer les stratégies des organisations.

La boîte à outils de la discipline

Maîtrisez le vocabulaire du management

La maîtrise du vocabulaire de base constitue un minimum (stratégie, avantage concurrentiel, forces, faiblesses, opportunités, menaces...). Pour vous aider, vous disposez à la fin de chaque fiche Savoir de management d'une liste des mots clés incontournables.

Conduisez un diagnostic stratégique

Vous devez repérer les forces et les faiblesses de l'organisation (diagnostic interne) et les opportunités et menaces contenues dans l'environnement de l'organisation (diagnostic externe). Dans le diagnostic interne, vous ne devez faire figurer que les informations relatives à l'organisation (ses atouts comme par exemple son savoir-faire, son image de marque et ses points faibles comme par exemple des ressources insuffisantes). Dans le diagnostic externe, figurent des éléments plus généraux qui peuvent concerner toutes les organisations du même secteur. Beaucoup d'élèves manquent de rigueur dans la conduite du diagnostic et font figurer en externe des éléments internes et vice-versa. Soyez donc très précis dans votre analyse !

Repérez les choix stratégiques faits par l'organisation

Vous devez maîtriser parfaitement la typologie des stratégies. Le premier grand choix stratégique qu'a à faire une entreprise est celui du nombre de domaines d'activité stratégique (DAS). Un seul DAS ? Il s'agit de spécialisation. Deux ou plusieurs DAS ? On parle de diversification. Le deuxième choix est relatif à la façon dont l'entreprise va lutter contre la concurrence. Par les prix ? Il s'agit d'une stratégie de domination par les coûts. Par la qualité, l'innovation, l'image de marque ? On parle alors de différenciation. Enfin le dernier choix concerne la façon dont sera réalisée l'activité productive. L'entreprise fait le choix de « faire » elle-même ? On parle de stratégie d'intégration. Au contraire, si elle choisit de « faire faire », on sera en présence d'une stratégie d'externalisation (sous-traitance).

L'ÉPREUVE ÉCRITE

Le format de l'épreuve et ses objectifs

Durée : **3 heures** – Coefficient : **5**

Cette épreuve consiste à analyser une situation de management. Elle prend appui sur un dossier documentaire relatif à une ou plusieurs organisations. Cette analyse s'articule autour de 6 ou 7 questions auxquelles vous devez répondre grâce aux notions et aux méthodes que vous avez apprises pendant l'année de première et de terminale.

Cette épreuve permet d'évaluer vos capacités à :

– analyser et exploiter une documentation portant sur une ou plusieurs organisations ;

– analyser une organisation, c'est-à-dire en repérer les finalités, les caractéristiques, le fonctionnement, les pratiques de management, les choix qu'elle opère et éventuellement la façon dont elle évolue ;

– identifier une situation ou un problème de management et en proposer une analyse ou un diagnostic raisonné et argumenté.

Que faire pour se préparer avant l'épreuve ?

Revoyez les mots clés présents dans les fiches de première et de terminale et révisez-les régulièrement afin de consolider vos connaissances.

Entraînez-vous régulièrement à l'application des méthodes en réalisant les exercices proposés dans cet ouvrage.

Que faire pendant l'épreuve ?

Une fois que le sujet vous est remis, vous devez procéder à une première lecture pour repérer les thèmes et le type d'organisation dont il est question. Durant cette phase, notez les éléments d'information qui vous semblent avoir de l'intérêt.

Dans un deuxième temps, analysez les questions en repérant les verbes qui sont employés. La bonne connaissance de ces verbes vous évitera le hors sujet.

D'une manière générale, une réponse correcte ne paraphrase pas les documents. C'est là la partie la plus délicate, il faut que vous soyez capable de tirer des annexes les informations qui vont alimenter la réponse à la question. Il faut aussi vous appuyer sur les définitions que vous avez apprises. Une bonne réponse rappelle tout d'abord la définition du ou des termes importants de la question et présente ensuite les éléments qui permettent de répondre à la question posée. Il faut enfin l'illustrer par des exemples tirés du cas, il faut absolument éviter une réponse trop générale. Par ailleurs, vous devez être très rigoureux sur les mots que vous utilisez et faire attention à ne pas mélanger les notions entre elles. Par exemple, vous ne devez pas parler d'entreprise si le sujet porte sur une organisation publique. Enfin, vous devez accorder beaucoup de soin à la présentation de votre copie qui se doit d'être très structurée. Vous relirez votre travail afin d'éliminer les fautes d'orthographe.

Qu'attend de vous le correcteur ?

Des réponses claires, précises, mobilisant les termes appropriés à la matière seront appréciées par votre correcteur. Essayez toujours de rappeler la définition d'une notion de cours qui figure dans la question ou que vous utilisez dans votre réponse. Mais faites le à bon escient ! Il ne s'agit pas de réciter son cours mais de se servir de celui-ci pour traiter les questions. Autre point essentiel : recopier les annexes est une erreur, vérifiez toujours que vous n'avez pas paraphrasé les documents.

Les mathématiques

LA BOÎTE À OUTILS DE LA DISCIPLINE

Ces conseils sont valables pour chaque partie du programme.
Le programme vise le développement des compétences suivantes :
- mettre en œuvre une recherche de façon autonome ;
- mener des raisonnements ;
- avoir une attitude critique vis-à-vis des résultats attendus ;
- communiquer à l'écrit.

Le cours
Le cours doit être su : il y a des connaissances sans lesquelles on ne peut pas faire les exercices proposés !
Certaines formules sont à connaître par cœur. L'antisèche électronique qu'est votre calculatrice ne doit être qu'une roue de secours en cas de trou de mémoire.
On utilise correctement une formule que lorsqu'on la connaît bien.

Exercices et situations types
Vous ne devez pas vous contenter de relire les exercices corrigés, il faut les refaire pour vous confronter à d'éventuelles lacunes qu'il faudrait combler.
« Parcourir et relire » simplement un exercice, sans le refaire, sans passer par l'écrit ne sert à rien ; il donne l'illusion de « savoir faire ». La feuille et le stylo sont indispensables en mathématiques.

Affinez votre entraînement en faisant plusieurs exercices portant sur un même thème.

À PROPOS DE LA CALCULATRICE

La calculatrice est un outil indispensable et très performant.

Vous devez savoir l'utiliser parfaitement.

Utilisez durant l'année la calculatrice que vous aurez le jour du Bac.
Chaque « marque » et modèle de calculatrice s'utilise différemment ; il faut donc s'être entraîné toute l'année avec sa calculatrice, c'est-à-dire avec celle que l'on utilisera le jour du bac.

L'ÉPREUVE ÉCRITE

Le format de l'épreuve et ses objectifs

Durée : **3 heures** – Coefficient : **3**
L'usage des instruments de calcul est autorisé.
Le sujet comporte quatre exercices ; le barème de chaque exercice est indiqué.
Un des exercices peut se présenter sous la forme d'un QCM ; seule la réponse choisie doit figurer sur la copie. Une réponse fausse n'enlève pas de point, donc on peut tenter la réponse au hasard (si on ne trouve pas...).

Que faire pour se préparer avant l'épreuve ?

Vérifiez votre matériel : prenez des piles de rechange... une règle, des stylos, un correcteur, des crayons...).

Ne révisez pas la veille, surtout si vous êtes sujet au stress : cela n'apporte rien de plus, sinon d'éventuels doutes. Vous auriez peut-être l'impression de ne plus rien savoir, vous pourriez paniquer si vous n'arrivez pas à résoudre les exercices. Passez une bonne nuit pour être en confiance le lendemain.

Que faire pendant l'épreuve ?

Pour la réalisation des exercices

Concentrez-vous avant même la distribution du sujet, en commençant par exemple à remplir le cartouche de vos copies (ce sera d'ailleurs autant de temps d'économisé pour la suite).

Commencez par les exercices que vous savez faire, afin de vous mettre en confiance.
Il est important de bien lire la totalité des questions : celles-ci sont souvent liées entre elles, et comprendre où l'on veut vous amener peut vous donner des indications sur la démarche à suivre. Il faut avoir une vision globale de l'exercice ; souvent, certains éléments de réponses figurent dans l'énoncé.

Pour la rédaction de la copie

La présentation doit être claire. Les résultats et/ou les conclusions doivent apparaître nettement.

Il faut **rédiger** : on annonce ce que l'on va faire, par exemple : « Calculons la dérivée de *f* ». On enchaîne les raisonnements par « on sait que... », « alors », « on en déduit ». On conclut par « donc », « d'où »...

Préférez les phrases courtes et faîtes attention à l'orthographe, même pour l'épreuve de mathématiques.

Qu'attend de vous le correcteur ?

En cas de blocage, **n'hésitez pas à passer les questions auxquelles vous ne savez pas répondre** ; on peut y revenir plus tard dans l'épreuve.
Dans un exercice, si on n'a pas réussi à faire la question 1, on peut quand même faire la question 2.et s'approprier les éléments de réponses qui figurent tout au long de l'exercice.

Notez les éléments de votre raisonnement.
Pour les questions qui vous semblent difficiles, faites apparaître les éléments de votre recherche, même s'ils ne sont pas aboutis. Sachez que le correcteur cherche à mettre des points et non pas à en enlever.

Les langues

L'épreuve de langues est décomposée en trois étapes :
- compréhension de l'oral ;
- expression orale ;
- compréhension et expression écrites.

OBJECTIFS

Compréhension écrite

- Identifier le thème des différents documents.
- Repérer les informations importantes, les argumentations ou les événements essentiels présents dans les documents.
- Comprendre les liens logiques, chronologiques ou thématiques entre ces informations.
- Cerner le comportement des personnages, narrateur ou auteur.
- Percevoir les différents points de vue exprimés (LV1 uniquement).

Expression écrite

- Rédiger dans une langue correcte et compréhensible un ou des textes cohérents et clairement articulés.
- Exprimer une opinion dans une langue correcte, en présentant clairement les avantages et inconvénients d'une proposition ou les points forts et les points faibles d'une prise de position (LV1 uniquement).

CONTENU

Compréhension orale (LV1 et LV2)

Elle est organisée en CCF (Contrôle en Cours de Formation) au cours du deuxième trimestre de l'année de terminale, sur des supports audio ou vidéo. Elle s'appuie sur des documents liés aux notions du programme. Cette compréhension est notée sur 20 et correspond au quart de la note finale de l'épreuve de langues vivantes.

Les documents proposés peuvent être des extraits d'émissions de radio, de documentaires, de films, de journaux télévisés. La durée de l'enregistrement ne peut pas excéder 1 minute 30 :
- trois écoutes sont proposées, chacune séparée d'une minute ;
- vous pouvez prendre des notes durant tout le temps imparti à l'écoute ;
- vous disposez ensuite de dix minutes pour rendre compte par écrit (sur copie d'examen et en français) de ce que vous avez compris.

Expression orale (LV1 et LV2)

Elle est organisée en CCF au cours du dernier trimestre de l'année de terminale, et porte sur l'une des notions du programme qui sera tirée au sort par le candidat. Cette partie de l'épreuve est notée sur 20 et correspond au quart de la note finale. Le temps de préparation est de 10 minutes et le temps de prise de parole est aussi de 10 minutes : 5 minutes de présentation de la notion tirée au sort par le candidat et 5 minutes maximum d'interaction avec le jury.

Compréhension et expression écrites (LV1 et LV2)

Chacune est notée sur 10, pour un total sur 20 correspondant à la moitié de la note finale de l'épreuve de langues vivantes. Cette épreuve ponctuelle intervient en fin d'année de terminale, conjointement aux autres épreuves du Baccalauréat.

– La compréhension de l'écrit s'appuie sur un, deux ou trois documents (dans la langue vivante choisie) qui renvoient à des notions du programme. Certains documents peuvent comporter des éléments iconographiques.
– L'expression écrite comprend une ou plusieurs tâches selon si vous êtes LV1 ou LV2. Les LV1 et LV2 doivent rédiger un ou plusieurs textes construits qui prendront appui sur les documents supports à l'épreuve de compréhension écrite.
Les LV1 devront aussi construire une argumentation personnelle nuancée à propos d'un thème en relation avec les documents supports.

CRITÈRES DE L'ÉVALUATION

Compréhension orale

LV1

– 02/20 : le document n'est pas compris ; seuls des éléments isolés ont été repérés ; le sujet n'est pas identifié.
– 06/20 : (niveau A1), amorce de compréhension grâce à des mots/expressions courantes mis en relation ; les idées les plus simples ont été comprises.
– 10/20 : (niveau A2), certaines informations ont été comprises mais elles sont incomplètes. La compréhension du document n'est que partielle.
– 16/20 : (niveau B1), les informations principales ont été relevées ; compréhension satisfaisante (avec des éléments d'information détaillés).
– 20/20 : (niveau B2), des détails significatifs ont été relevés et retranscrits selon la logique du document ; l'attitude du locuteur (ton, point de vue, etc.) a été identifiée.

LV2

– 04/20 : le document n'est pas compris ; seuls des éléments isolés ont été repérés ; le sujet n'est pas identifié.
– 08/20 : (niveau A1), amorce de compréhension grâce à des mots/expressions courantes mis en relation ; les idées les plus simples ont été comprises.
– 12/20 : (niveau A2), certaines informations ont été comprises mais elles sont incomplètes. La compréhension du document n'est que partielle.
– 20/20 : (niveau B1), les informations principales ont été relevées ; compréhension satisfaisante (avec des éléments d'information détaillés).

Expression orale

LV1 et LV2 : Le total des points est ramené à une note sur 20.
L'évaluation est répartie selon trois critères et les points ne peuvent être fractionnés :
– capacité à s'exprimer en continu lors de l'exposé de l'élève : /6 ;
– capacité à prendre part à une conversation lors de l'entretien avec le jury : /6 ;
– qualité de la langue : /8.

Compréhension de l'écrit et expression écrite

• Les questions de compréhension globale et détaillée de l'écrit sont notées sur 10. Vos réponses à ces questions permettent d'évaluer votre compréhension du ou des documents.
• La note d'expression écrite sur 10 se décompose en deux parties :
– pour le contenu de votre production écrite : /4 ;
– pour la qualité de la langue : /6.
Le correcteur peut attribuer des points supplémentaires pour des références culturelles pertinentes.

L'histoire – géographie

LE PROGRAMME D'HISTOIRE ET DE GÉOGRAPHIE

À raison de deux heures hebdomadaires d'enseignement, chacun des programmes d'histoire (3 thèmes) et de géographie (3 thèmes) est conçu pour être traité dans une fourchette de 25-30 heures soit 8 à 10 heures pour chacun des 6 thèmes.

Histoire : 3 thèmes

Chacun comporte une question obligatoire, des notions, un sujet d'étude à choisir parmi deux propositions.

Géographie : 3 thèmes

Chacun comporte une question obligatoire, des notions, un sujet d'étude à choisir parmi deux propositions.

Le programme	
Questions obligatoires (A) et sujets d'étude (B)	**Notions associées**
Histoire thème I – Les relations internationales	
A. Le jeu des puissances dans un espace mondialisé de 1945 à nos jours **B.** Un sujet d'étude au choix : – Le Moyen-Orient et le pétrole – L'Amérique latine : entre domination traditionnelle des États- Unis et remise en cause du leadership nord-américain	- Guerre froide - Monde bipolaire/ multipolaire - Terrorisme - Nationalités
Histoire thème II – Décolonisation et construction de nouveaux États	
A. De la décolonisation à la mise en place de nouveaux États depuis 1945 **B.** Un sujet d'étude au choix : – L'Algérie de 1954 à 1962 – L'Union indienne à partir de 1947	- Anticolonialisme - Décolonisation - Développement - Impérialisme - Non-alignement - Tiers monde/Sud
Histoire thème III – La France sous la Ve République	
A. L'évolution politique de la Ve République **B.** Un sujet d'étude au choix : – Les femmes dans la société française – L'élection présidentielle, un enjeu majeur de la vie politique française	– Alternance – Constitution – Cohabitation Droite / Gauche – Parti politique
Géographie thème I – Les territoires dans la mondialisation	
A. Centres d'impulsion et inégale intégration **B.** Un sujet d'étude au choix : Une ville mondiale : – Londres – Shanghai	– Aire de puissance – Centre d'impulsion – Interface – Intégration / Marginalisation – Mégalopole
Géographie thème II – La mondialisation : acteurs, flux et réseaux	
A. Mondialisation et firmes transnationales **B.** Un sujet d'étude au choix : – Les migrations internationales – Transports et routes maritimes	– Acteurs spatiaux – Division internationale du travail – Firmes transnationales – Flux – Mondialisation – Réseaux

Géographie thème III – La France dans le monde	
A. La présence de la France dans le monde **B.** Un sujet d'étude au choix : – Les engagements militaires et humanitaires de la France et des Français dans le monde – Les Français dans le monde : de nouvelles mobilités	– Francophonie – Géostratégie – Puissance – Zone économique exclusive

L'ÉPREUVE ÉCRITE

Durée : **2 heures 30** – Coefficient **2**

Structure et notation de l'épreuve

L'épreuve comporte deux parties, chacune notée sur 10 points. La note attribuée au candidat, sur 20 points, est la somme des notes attribuées à chaque partie.

La première partie porte sur les 6 questions obligatoires du programme d'histoire et du programme de géographie.
Elle est composée de 5 à 7 questions centrées sur la vérification des connaissances et des notions du programme. **Les réponses doivent être courtes.**
Dans cette première partie de l'épreuve, le candidat peut être conduit à :
– caractériser un espace, une période, un événement, une situation ou un personnage ;
– citer des acteurs ;
– justifier une affirmation en proposant ou choisissant des arguments ;
– localiser ou compléter un croquis ;
– proposer ou choisir les dates-clefs ou les périodes-clefs d'une évolution ;
– proposer ou choisir une définition pour une notion.

La seconde partie porte sur les sujets d'étude au choix du programme d'histoire et du programme de géographie.
Elle consiste en un exercice, **à choisir parmi quatre propositions**, qui porte sur un ou deux documents. Des notes explicatives peuvent éclairer le ou les documents. Des questions guident le candidat.
Les réponses font appel à des capacités de rédaction.
Cette partie de l'épreuve conduit le candidat :
– à dégager l'apport d'un document à la connaissance d'une question figurant dans les programmes ou à la compréhension d'une notion ;
– ou à mettre en relation deux documents, pour en dégager les points communs, les différences, les oppositions ou les complémentarités.

L'ORAL DE CONTRÔLE (SECOND GROUPE D'ÉPREUVES)

20 minutes de préparation, 10 minutes d'exposé suivies de 10 minutes de questions.

L'épreuve orale porte sur les questions obligatoires étudiées dans l'année. Elle fait appel à votre capacité à produire un exposé oral de plusieurs minutes et à répondre ensuite à des questions.

Si vous êtes amené à passer les épreuves de second groupe, le choix de l'histoire géographie doit être motivé uniquement par un écart important entre votre note d'écrit et les notes obtenues dans l'année ; compte tenu des coefficients, il est déconseillé de faire ce choix si vous avez obtenu 8 ou 9 à l'écrit.

La philosophie

LA DISCIPLINE

La philosophie est enseignée deux heures par semaine en terminale STMG. L'objectif de l'année de philosophie est de vous apprendre à émettre des questionnements, utiliser votre esprit critique, remettre votre opinion en question, structurer votre pensée et comprendre un texte philosophique.
Le programme comporte **neuf notions** sur lesquelles vous serez susceptible d'être interrogé(e) à l'épreuve du baccalauréat :

- La culture
- L'art et la technique
- Les échanges
- La vérité
- La raison et la croyance
- L'expérience
- La liberté
- La justice et la loi
- Le bonheur

Ces notions sont assorties de **repères** que vous devez maîtriser :

Absolu/Relatif – Abstrait/Concret – Cause/Fin – Contingent/Nécessaire – En fait/En droit – Légal/Légitime – Objectif/Subjectif – Obligation/Contrainte – Persuader/Convaincre – Principe/Conséquence – En théorie/En pratique – Universel/Général – Particulier/Singulier

L'ÉPREUVE ÉCRITE

Le format de l'épreuve

Durée : **4 heures**. Coefficient : **2**.

L'épreuve de philosophie présente trois sujets au choix : deux sujets de dissertation et un sujet d'explication de texte.

La dissertation

Les sujets de dissertation se présentent sous la forme d'une question. Vous devez être capable d'en étudier toutes les dimensions de façon méthodique et structurée. Le but est de formuler le problème philosophique que soulève la question posée. Le sujet renvoie toujours à une ou plusieurs notions du programme étudiées en classe.
La dissertation doit être rédigée de façon soignée et cohérente, dans un français correct.
L'objectif est que vous montriez au correcteur que vous êtes capable de mener un raisonnement logique et structuré. La dissertation doit mener à une véritable réponse – claire, approfondie et justifiée – au problème posé par le sujet.

L'explication de texte

C'est un texte de 10 à 20 lignes qui est accompagné de trois questions. Ces questions doivent vous permettre de réfléchir sur le texte et de guider votre explication. Elles doivent être traitées dans l'ordre. Il s'agit de dégager les enjeux philosophiques du texte et de le mettre en perspective à l'aide de vos connaissances conceptuelles.
Les questions ont toujours le même objectif :
– la **première question** vous invite à dégager l'idée principale du texte, ainsi que les grandes parties qui le composent, la façon dont le texte est organisé.
– la **deuxième question** vous invite à expliquer deux ou trois moments particuliers du texte (sens d'une phrase ou d'un terme précis dans le texte).
– la **troisième question** est posée sous la forme d'une question de dissertation. Elle vous invite à discuter l'idée centrale du texte, à la mettre en perspective et à faire apparaître clairement et de manière organisée le problème que pose le texte.
Les réponses aux questions doivent toutes être intégralement rédigées dans une syntaxe correcte. La réponse à la question trois doit prendre la forme d'un développement structuré et cohérent et comporter une introduction, un développement (parties et sous-parties), et une conclusion.

L'ÉPREUVE ORALE DE RATTRAPAGE

Temps de préparation : **20 minutes**. Temps de passage : **20 minutes**.

Pour passer l'oral de rattrapage en philosophie, vous devez présenter une liste de textes étudiés en classe. L'épreuve porte sur l'un des textes présentés. Vous devrez montrer quel est le problème posé par le texte, quelle est sa thèse, sa structure, et le mettre en perspective.

CONSEILS POUR RÉUSSIR L'ANNÉE

Ne négligez pas la philosophie, car malgré la difficulté apparente de cette discipline un minimum de travail peut vous permettre d'avoir des résultats très satisfaisants !
Il faut veiller pour ce faire à :
– apprendre son cours ;
– apprendre les citations extraites des œuvres étudiées ;
– comprendre les repères et savoir les utiliser à bon escient ;
– soigner l'orthographe et la syntaxe dans la rédaction des copies ;
– être curieux, et être capable de remettre ses représentations habituelles en question.
Enfin, une bonne culture générale permet d'enrichir les copies de philosophie grâce à des exemples pertinents. Il faut donc lire, aller au cinéma, aller au musée, etc. Bref se cultiver !

Savoir 1

Le comportement du consommateur

LU ☐
SU ☐
REVU ☐

Dans son acte de consommation, le consommateur est soumis à des influences conscientes et inconscientes. L'entreprise doit les décrypter pour mieux répondre aux attentes du marché.

MERCATIQUE

1 Les facteurs explicatifs du comportement du consommateur

1.1. Les facteurs psychologiques

FACTEURS	CARACTÉRISTIQUES
Les besoins	Ils naissent d'une sensation de manque qui entraîne la nécessité de la faire disparaître. La pyramide hiérarchisée de Maslow classe les besoins en besoins physiologiques (manger, dormir…), besoin de sécurité (se protéger), besoin d'appartenance, besoin d'estime et besoin d'accomplissement de soi. D'autres classifications existent : besoins innés/acquis, besoins rationnels/irrationnels, etc.
Le désir	Le besoin devient désir lorsqu'il se matérialise par un produit ou un service précis.
Les motivations	Ces pulsions psychologiques positives, en réponse aux besoins ou désirs, poussent l'individu à l'achat et peuvent être : – **hédonistes** : le consommateur veut se faire plaisir ; – **oblatives** : l'acheteur veut faire plaisir aux autres (cadeau) ; – **d'autoexpression** : le consommateur cherche à s'exprimer au travers de l'image qu'il associe à son achat.
Les freins	Ce sont des pulsions négatives qui empêchent l'achat, tels des inhibitions (blocage psychologique, pudeur, retenue…), des peurs (réelles ou irraisonnées), des freins rationnels liés au prix ou aux risques potentiels.
La perception	La perception passe par un processus lié à l'attention, à l'interprétation, à la compréhension et à la mémorisation. Elle peut être biaisée par des préjugés, des stéréotypes, etc.
L'attitude	L'attitude résulte de l'ensemble des facteurs psychologiques ; c'est la prédisposition à porter un jugement ou à adopter un comportement. Elle présente une **composante affective** (sentiment), une **composante cognitive** (connaissance) et une **composante conative** (action). Le comportement adopté dépendra donc de l'attitude.

1.2. Les facteurs individuels

LA SITUATION PERSONNELLE	Influences liées à l'âge, au sexe, au cycle de vie familiale (célibat, couple, couple avec enfants, retraite…), au style de vie (activités, centres d'intérêt), aux ressources et à la situation économique, etc.
EXPÉRIENCES DE CONSOMMATION	Influences directes ou indirectes émanant d'expériences positives ou négatives qui se réactivent au moment de l'achat.

1.3. Les facteurs socioculturels

L'APPARTENANCE OU LA RÉFÉRENCE À UN GROUPE	L'individu adopte des modèles de comportement et de mode de vie en conformité avec ceux revendiqués par les membres de ce groupe (imitation, influence des leaders d'opinion, etc.).
LA CULTURE	La culture regroupe l'ensemble des valeurs, croyances et règles enseignées aux membres d'une société par les institutions (famille, école, etc.). Au sein de cette culture, des sous-groupes sont constitués selon la nationalité, l'ethnie, la situation géographique, l'âge, etc.

1.4. Les facteurs situationnels

Certaines situations influencent le consommateur :

- la configuration du lieu de vente et l'ambiance (mercatique sensorielle) ;
- les actions promotionnelles et de communication (période de soldes, lancement d'un nouveau produit, etc.) ;
- un contexte d'achat particulier : le moment de la journée (qui fait varier le degré de fatigue ou le temps disponible), l'amabilité du vendeur, etc.

2 Les étapes du processus d'achat

Révélation du besoin
↓
Recherche d'informations
↓
Évaluation des différents choix possibles
↓
Décision d'achat
↓
Sentiment post-achat

Selon le type d'achat, ce processus sera plus ou moins développé : s'il s'agit d'un achat impulsif ou routinier, le processus sera court et le consommateur s'impliquera moins que dans le cas d'un achat réfléchi ou raisonné.

mots clés

Facteurs explicatifs du comportement ◆ Besoins ◆ Motivations ◆ Freins ◆ Perception ◆ Attitude ◆ Processus d'achat

S'entraîner au Bac
Exercices 1, 10, 32 : p. 83-85-92

Savoir

2

LU ☐
SU ☐
REVU ☐

L'expérience de consommation et l'analyse de la valeur

Au-delà de l'achat du produit, l'organisation s'efforce de faire vivre une expérience de consommation positive au client afin de générer de la valeur et de la satisfaction.

MERCATIQUE

1 L'expérience de consommation

1.1. Définition

L'expérience de consommation repose à la fois sur des composantes :

- cognitives et rationnelles, grâce aux informations collectées sur le produit ;
- affectives, c'est-à-dire axées sur les stimuli sensoriels (faisant appel aux cinq sens : ouïe, goût, toucher, odorat et vue) et sur les émotions vécues lors du processus d'achat.

EXEMPLE

Les magasins Nespresso sont conçus pour créer du lien avec les clients et leur faire vivre une expérience positive à travers leurs sens : la vue avec les dosettes colorées intégrées aux murs, l'odorat avec l'arôme du café, le goût avec les dégustations offertes, le toucher avec la possibilité de manipuler les produits, et l'ouïe avec le bruit de la machine qui prépare le café...

1.2. Les étapes de l'expérience de consommation

À travers le processus d'achat, le consommateur vit une succession d'étapes, depuis la reconnaissance du besoin jusqu'au sentiment post-achat. L'organisation s'efforce d'acquérir un avantage concurrentiel en créant tout au long de ce processus des expériences d'achat, afin d'amener ses clients à vivre positivement leur achat dans le but de le renouveler.

a) Avant l'achat

Le consommateur vit tout d'abord une expérience d'anticipation au cours de laquelle il prévoit, voire idéalise, son achat. À ce stade, l'organisation doit faciliter la recherche d'informations et rendre son produit désirable.

b) Pendant l'achat

Le client vit ensuite une expérience d'achat, fondée essentiellement sur les émotions vécues pendant l'achat (contact avec les vendeurs, possibilité d'essayer le produit, temps d'attente aux caisses, ambiance du magasin...).

c) Après l'achat

Enfin, le consommateur connaît une expérience d'usage et de souvenir, pendant laquelle il utilise le produit acquis et se rappelle de l'expérience d'achat positive ou négative qu'il a vécue, et qu'il peut être tenté de partager avec son entourage.

EXEMPLE

Les magasins Abercrombie proposent à leurs clients de se faire prendre en photo avec leurs mannequins ; ces photos sont souvent partagées sur Facebook, preuve du bon moment passé dans la boutique.

2 La valeur perçue et la satisfaction

2.1. Les composantes de la valeur perçue

a) Définition

La valeur perçue est la valeur d'un produit estimée par le client sur la base d'une comparaison entre les bénéfices perçus liés à son utilisation et l'ensemble des coûts perçus associés à son acquisition :

- le coût monétaire lié au prix du produit ;
- le coût de transaction lié aux efforts fournis pour acheter le produit ;
- le coût psychologique, expliqué par les efforts nécessaires pour dépasser les freins à l'achat. La valeur perçue est une notion en grande partie subjective : même si elle repose sur les caractéristiques fonctionnelles et objectives du produit, elle dépend également d'éléments émotionnels vécus pendant l'expérience de consommation.

b) Les composantes essentielles de la valeur perçue

La valeur perçue repose sur les attributs fonctionnels et psychologiques du produit.

CARACTÉRISTIQUES DU PRODUIT	VALEUR INDUITE	EXEMPLE
Caractéristiques fonctionnelles (objectives)	Valeur d'usage (à quoi sert le produit ?)	La Porsche Carrera 911 a une puissance de 350 chevaux et une vitesse pouvant aller jusqu'à 287 km/h.
Caractéristiques psychologiques (subjectives)	Valeur hédonique (quelles sensations sont procurées au client ?)	Sensations de vitesse et de puissance.
	Valeur de signe (qu'est-ce que ça dit du client ?)	Posséder ce modèle donne des indications sur le statut social.

2.2. La satisfaction

La satisfaction repose sur la comparaison entre les bénéfices perçus et les coûts :

<table>
<tr><td rowspan="2">Bénéfice perçu
Il est basé sur l'expérience de consommation vécue et sur les caractéristiques fonctionnelles et psychologiques du produit</td><td>Satisfaction
= bénéfice perçu – coût perçu</td></tr>
<tr><td>Coût perçu
= coût monétaire
+ coût de transaction
+ coût psychologique</td></tr>
</table>

Pour accroître la satisfaction de ses clients, l'organisation s'efforce d'augmenter le bénéfice perçu et/ou de réduire les coûts perçus. Elle doit également comparer la valeur qu'elle génère à celle dégagée par ses concurrents.

mots clés

Expérience de consommation ◆ Expérience d'anticipation ◆ Expérience d'achat ◆ Expérience d'usage ◆ Valeur perçue ◆ Satisfaction ◆ Bénéfice perçu ◆ Coût perçu

S'entraîner au Bac
Exercices 2, 3, 4, 10, 32 : p. 83-85-92

Savoir 3

Le recueil et le traitement de l'information

LU ☐
SU ☐
REVU ☐

Les entreprises placent les consommateurs ainsi que leur environnement au cœur de leur stratégie. La collecte systématique d'informations devient incontournable.

1 La veille informationnelle

Afin de réduire l'incertitude liée à la prise de décision, l'entreprise s'efforce de collecter de manière continue des informations sur son environnement. On distingue :

- la veille commerciale, qui s'intéresse aux informations concernant les acteurs en relation directe avec l'entreprise : clients, concurrents, fournisseurs, distributeurs... ;
- la veille mercatique, qui permet de collecter des informations sur le marché, les entreprises en présence, les comportements des consommateurs, etc. Elle repose sur une veille concurrentielle, technologique et environnementale.

Cette observation systématique renseigne l'entreprise sur les composantes du marché que sont l'offre, la demande et l'environnement.

2 Le système d'information mercatique (SIM)

Le SIM est un système organisé de collecte, traitement, stockage et diffusion des informations. Il est mis en place pour faciliter la prise de décision de l'entreprise.

2.1. La collecte des informations

La veille peut être passive si elle repose sur des informations déjà existantes, qu'elles soient internes ou externes à l'entreprise. L'entreprise peut également opter pour une veille active : c'est elle-même qui sera alors à l'origine de l'information grâce à la réalisation d'études quantitatives donnant lieu à des traitements chiffrés (sondages, panels...) et d'études qualitatives permettant d'obtenir des informations comportementales (tests, entretiens semi-directifs, observations...).

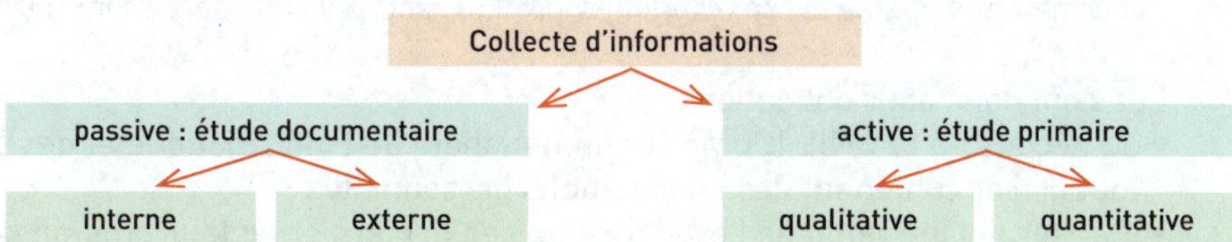

2.2. Le traitement des informations

L'essor d'Internet et l'utilisation croissante des réseaux sociaux par les consommateurs pour partager leurs sentiments post-achat placent les entreprises face au phénomène du *big data* : le volume d'informations à traiter complexifie le travail d'analyse. Seules sont conservées les données qui satisfont les critères d'actualité, de fiabilité et de pertinence liés au problème à traiter.

2.3. Le stockage des informations

Les données récoltées sont stockées dans des *datawarehouses* (entrepôts de données) et gérées grâce à des logiciels performants (*datamining*). Cette opération repose essentiellement sur la constitution de bases de données afin de permettre la réalisation d'opérations mercatiques personnalisées et efficaces.

MERCATIQUE

2.4. La diffusion des informations

L'objectif du SIM est de simplifier la prise de décision, qu'elle soit stratégique, tactique ou opérationnelle. Tous les membres de l'entreprise doivent donc avoir accès aux informations dont ils ont besoin, par le biais d'un réseau intranet ou de rapports.

3 Les bases de données (BDD) commerciales

3.1. La BDD clients

Une BDD clients est un ensemble organisé d'informations signalétiques et comportementales portant sur les clients et prospects de l'entreprise.

EXEMPLE
Les informations signalétiques renseignées sont notamment les nom, prénom, adresse, âge, e-mail, téléphone... Les informations comportementales portent sur les moyens de paiement, la manière d'utiliser les produits achetés, la fréquence des achats...

Une BDD clients est constituée d'informations recueillies soit en magasin (lors de la souscription d'une carte de fidélité, d'un bulletin de participation à un concours...), soit sur Internet (lors du paiement en ligne, d'une inscription à la *newsletter* du site...). L'entreprise peut également utiliser des bases de données louées ou vendues par des organismes privés ou publics. Quelle que soit l'option retenue, la BDD doit être mise à jour régulièrement afin d'assurer une gestion efficace de la relation client.
La BDD clients peut également être mise en relation avec d'autres tables (produits, fournisseurs...), affinant le ciblage et les actions mercatiques. L'interrogation des tables se fait alors par le biais de requêtes (généralement sous langage SQL).

3.2. La protection des individus

Les entreprises adoptent des pratiques parfois intrusives, voire illégales, pour leur recherche d'informations, qui peuvent être exploitées à des fins commerciales.

EXEMPLE
De plus en plus d'entreprises utilisent la géolocalisation pour envoyer des publicités et des promotions via les smartphones, pratique souvent considérée comme intrusive.

Elles ont donc pour obligation :
- de déclarer à la CNIL (Commission nationale de l'Informatique et des Libertés) tout fichier contenant des informations personnelles ;
- d'aviser les individus de l'existence de ces fichiers et de leur droit de consulter, rectifier ou supprimer les données les concernant.

Enfin, certaines informations sensibles telles que la religion ou les orientations politiques ne peuvent pas être collectées.

mots clés
Veille mercatique et commerciale ◆ *Datawarehouse* ◆ *Datamining* ◆ Base de données commerciale (BDD) ◆ CNIL

S'entraîner au Bac
Exercices 5, 6, 10, 32 : p. 84-85-92

Les études commerciales

LU ☐
SU ☐
REVU ☐

Les méthodes de collecte des informations sont nombreuses et complémentaires, combinant recherches documentaires et enquêtes sur le terrain.

1 Les différents types d'études

ÉTUDE	TYPE	OBJECTIF	MOYENS	AVANTAGES	FAIBLESSES
Secondaire (recueil d'informations déjà existantes)	**Interne** à l'entreprise	Analyser les données disponibles dans l'entreprise	Chiffres d'affaires, bilans, rapports des vendeurs…	Facilité et rapidité d'obtention (données déjà traitées, études peu onéreuses)	– Fiabilité à vérifier – Données facilement accessibles ne permettant pas d'obtenir un avantage concurrentiel
	Externe à l'entreprise	Analyser les données déjà disponibles sur le marché	Données de l'INSEE, annuaires professionnels (Kompass), foires, presse spécialisée, Internet…		
Primaire (recueil d'informations sur commande)	**Quantitative**	Obtenir des données quantifiées représentatives de la cible	Enquêtes, panels, baromètres	Rapidité, bonne couverture géographique	– Coût parfois élevé – Faible taux de retour – Risque de saturation
	Qualitative	Étudier les motivations et comportements des consommateurs	Tests, entretiens individuels ou collectifs, observations en magasin	Meilleure connaissance des consommateurs et de leurs besoins	– Études onéreuses – Traitement peu rapide

2 Les études primaires quantitatives

2.1. Définitions

- Le sondage est une enquête ponctuelle par questionnaire réalisée sur un échantillon tiré de la population mère sur laquelle porte le sondage.
- Le panel est une enquête répétée régulièrement sur un échantillon permanent dans le but d'étudier l'évolution d'un phénomène.
- Le recensement est une enquête portant sur l'ensemble de la population mère.

2.2. La méthodologie des sondages

a) Définir le thème et les objectifs du questionnaire

b) Identifier les contraintes de réalisation (humaines et financières)

c) Choisir les méthodes d'échantillonnage

- La méthode probabiliste consiste en un tirage au sort des personnes interrogées à partir d'une liste préétablie.

- La méthode non probabiliste repose soit sur des quotas (permettant une représentativité de la population mère sur la base de critères tels que l'âge, le sexe...), soit sur des itinéraires (un itinéraire à suivre obligatoirement est imposé aux interviewers pour retrouver la représentativité de l'échantillon).

d) Choisir le mode d'administration

Les modes les plus courants sont : le face-à-face (dans la rue, en magasin...), qui permet une meilleure rapidité de réponse, le téléphone (qui permet une bonne couverture géographique mais qui est affaibli par la saturation des personnes interrogées), le courrier, ou l'autoadministration *via* Internet, ces deux derniers modes ayant toutefois un faible taux de retour.

e) Rédiger le questionnaire

Le questionnaire débute par une introduction présentant les objectifs de l'enquête. Il est structuré en plusieurs parties – avec les questions de signalétique à la fin – et se termine par une conclusion.
Il comportera plusieurs types de questions (question filtre placée en début de questionnaire pour vérifier que la personne interrogée appartient bien à la population mère, questions fermées à choix unique ou multiple, à échelle, ou encore ordonnées pour lesquelles des réponses préétablies sont proposées, et questions ouvertes sans réponse préétablie). Enfin, il sera testé pour vérifier qu'il est compréhensible et adapté aux personnes interrogées.

f) Analyser les résultats

Une fois les réponses saisies sur le logiciel de traitement (Sphinx, Ethnos...), il est possible d'effectuer des tris à plat (analyse question par question) et des tris croisés (association d'une question à une autre question).

3 Les études primaires qualitatives

Elles permettent de mieux cerner les comportements et motivations des consommateurs (généralement face à de nouveaux produits, emballages ou publicités) par le biais d'entretiens individuels (directifs ou semi-directifs) ou collectifs (*focus group*) ou encore d'observations.
Ces techniques traditionnelles sont désormais complétées par des études en ligne plus rapides et moins coûteuses, par le biais de forums de discussion, de communautés ou encore d'enquêtes, sur Internet ou sur smartphone.

mots clés
Étude secondaire ◆ Étude primaire ◆ Étude qualitative ◆ Étude quantitative ◆ Sondage ◆ Panel ◆ Méthode d'échantillonnage ◆ Mode d'administration

S'entraîner au Bac
Exercices 6, 7, 10, 32 : p. 84-85-92

Savoir 5

Le marché et l'analyse de l'offre

LU ☐
SU ☐
REVU ☐

L'entreprise doit analyser le marché sur lequel elle va évoluer au travers d'éléments divers qui lui assureront un positionnement pertinent et rentable.

1 Les caractéristiques du marché

1.1. Définition

Au sens mercatique, le marché est constitué de l'ensemble des vendeurs et acheteurs concernés par l'échange d'un bien et/ou d'un service. Cet échange est soumis aux contraintes respectives des acteurs : ressources, législation, etc.

Un marché peut s'apprécier selon plusieurs critères :

CRITÈRES	EXEMPLES
La dimension géographique	Marché local, international
La catégorie de produits	Marché de la téléphonie mobile
Les occasions de consommation	Marché du petit déjeuner
La nature de l'offre	Marché des biens de consommation

1.2. Les composantes du marché

Le marché est composé de :

L'offre
Elle comprend :
- les producteurs ou fabricants qui produisent le bien et/ou le service ;
- les distributeurs qui en assurent la distribution sur le marché ;
- l'ensemble des biens et services offerts par ces acteurs.

La demande
Elle englobe tous les acteurs qui contribuent directement ou indirectement à la consommation d'un bien et/ou d'un service.

L'environnement
Il comprend l'ensemble des contraintes et opportunités pouvant altérer les conditions d'échange sur un marché :
- environnement économique et social ;
- environnement technologique ;
- environnement légal...

2 L'analyse de l'offre

2.1. La nature de la concurrence

La concurrence peut être :
- directe : elle concerne des produits ou services de même nature ;
- indirecte : elle vise à satisfaire les mêmes besoins génériques mais par une offre de produits ou services substituables, par exemple le train au lieu de l'avion.

2.2. La définition des positions concurrentielles

L'entreprise se situe sur le marché en fonction de la position de ses concurrents.

LE *LEADER* (OU CHEF DE FILE)	Il détient la plus forte part de marché, ce qui lui octroie la première place sur le marché.
LE *CHALLENGER* (OU PRÉTENDANT)	Il occupe la deuxième place et talonne le leader, ce qui l'incite à mettre en œuvre diverses actions afin de prendre sa place.
LES SUIVEURS	Ils détiennent de faibles parts de marché et ne peuvent que s'adapter aux évolutions du marché sur lequel ils n'ont aucune influence.
LE NOUVEL ARRIVANT	Il présente une offre nouvelle sur le marché et connaît à ses débuts une forte croissance des ventes.

MERCATIQUE

2.3. L'analyse des performances commerciales

LES INDICATEURS QUANTITATIFS	
Les **ventes en valeur** (CA de l'entreprise)	= Quantités vendues × Prix unitaire HT
Les **ventes en volume**	= Quantités écoulées par l'entreprise
La **part de marché** : PDM en valeur	$= \frac{\text{CA de l'entreprise sur le marché}}{\text{CA total du marché}} \times 100$
PDM en volume	$= \frac{\text{Volume ventes de l'entreprise sur le marché}}{\text{Volume de ventes total du marché}} \times 100$
LES INDICATEURS QUALITATIFS	
La notoriété	Degré de connaissance des personnes interrogées par rapport à une entreprise, une marque, etc.
L'image de marque	Manière dont les consommateurs perçoivent l'entreprise au regard de certains critères et des représentations qu'ils s'en font.
Le positionnement	Image que l'entreprise veut véhiculer dans l'esprit du consommateur, par rapport à celle de ses concurrents.

2.4. L'analyse des performances financières

a) La marge commerciale

Elle concerne les entreprises qui revendent des produits sans transformation.

Marge commerciale = CA HT – coût d'achat des marchandises vendues HT*

* Prix d'achat HT + frais accessoires liés à l'achat (transport, stockage, etc.).

b) Le résultat

Résultat = CA HT – coût de revient* des produits ou services vendus HT

* Coût d'achat + coût de production + coût de distribution des produits vendus.

mots clés

Marché ◆ Part de marché ◆ Positionnement ◆ Image ◆ Notoriété ◆ Position concurrentielle ◆ Concurrence directe/indirecte ◆ Marge commerciale ◆ Résultat

S'entraîner au Bac
Exercices 8, 10, 32 : p. 85-92

Le marché et l'analyse de la demande

LU ☐
SU ☐
REVU ☐

Pour évaluer son marché, l'entreprise doit analyser la demande afin de prévoir son potentiel de ventes futures.

1 Les critères d'analyse de la demande

1.1. La structure de la demande

a) Les différents types de consommateurs

On distingue :

- le consommateur qui achète le produit et/ou service afin de satisfaire ses besoins ;
- le non-consommateur relatif (NCR), qui ne consomme pas encore le produit et/ou service mais qui est susceptible de le consommer un jour ;
- le non-consommateur absolu (NCA), qui ne consommera jamais le produit ou service pour des raisons d'ordre matériel, physique, éthique, culturel ou religieux.

Ces catégories servent de base à la construction des différents niveaux de la demande.

b) Les différents niveaux de la demande

Demande théorique = population totale

Demande potentielle = demande théorique – NCA | **NCA**

Demande effective = demande potentielle – NCR | **NCR**

Clients actuels de l'entreprise | Clients de la concurrence

1.2. La mesure de la demande

VENTES EN VOLUME	= quantités vendues
VENTES EN VALEUR (CHIFFRE D'AFFAIRES)	= quantité × prix de vente unitaire HT
NOMBRE D'ACHETEURS	= quantité de clients ayant procédé à l'achat
FRÉQUENCE D'ACHAT	= temps moyen entre 2 achats d'un produit
TAUX DE PÉNÉTRATION	$= \dfrac{\text{nombre de consommateurs}}{\text{nombre de consommateurs potentiels}}$

Ces indicateurs de mesure de la demande permettent une analyse statique de la demande. Une analyse dynamique apportera des précisions en termes d'évolution en permettant la comparaison entre deux périodes.

$$\textbf{Taux d'évolution} = \frac{\text{(valeur d'arrivée – valeur de départ)}}{\text{valeur de départ}} \times 100$$

2 Les outils de prévision de la demande

2.1. La prévision par la méthode des moindres carrés

Il s'agit de calculer statistiquement l'équation d'une droite d'ajustement de type $y = ax + b$, qui permet de prévoir les ventes futures à partir des ventes antérieures, avec $X = (x$ – moyenne des x ou $\bar{x})$ et $Y = (y$ – moyenne des y ou $\bar{y})$ et $b = \bar{y} - a\bar{x}$.

On réalise le tableau suivant à partir des années (*x*) et des chiffres d'affaires (*y*). On calcule les moyennes de *x* et *y*, puis X et Y, le produit XY et le carré de X.

EXEMPLE

ANNÉES	*x*	*y* (en k€)	$X = x - \bar{x}$	$Y = y - \bar{y}$ (k€)	XY (en k€)	X^2
2010	1	810	- 1.5	- 71,25	106,88	2,25
2011	2	862	- 0.5	- 19,25	9,63	0,25
2012	3	950	0.5	68,75	34,38	0,25
2013	4	903	1,5	21,75	32,63	2,25
Total	10	3 525	0	0	183,50	5
Moyenne	$10/4 = 2{,}5 = \bar{x}$	$3\,525 / 4 = 881{,}25 = \bar{y}$			$\sum XY$	$\sum X^2$

$\bar{x}$ et $\bar{y}$ correspondent à la moyenne respective des valeurs de *x* et de *y*.
À partir des résultats des deux dernières colonnes, on calcule la valeur de *a* :

$$a = \frac{\sum XY}{\sum X^2} = \frac{183{,}50}{5} \text{ soit } a = 36{,}7.$$

Ensuite, pour calculer *b*, on remplace *a* par sa valeur dans l'équation $b = \bar{y} - a\bar{x}$ soit $b = 881{,}25 - (36{,}7 \times 2{,}5)$, soit $b = 789{,}5$.
On en déduit l'équation de la droite : $y = 36{,}7x + 789{,}5$.
Pour prévoir les ventes ultérieures, il suffit de donner à *x* la valeur correspondant à la précision souhaitée dans l'équation de la droite d'ajustement.

2.2. La prévision par l'élasticité

On peut calculer des coefficients d'élasticité qui permettent de mesurer l'incidence de la variation du revenu d'un ménage sur les dépenses de consommation d'un poste budgétaire (ou la demande par rapport au prix) :

$$e = \frac{\Delta \text{ dépense } (\%)}{\Delta \text{ revenu } (\%)} = \frac{(\text{dépense } 2 - \text{dépense } 1) / \text{dépense } 1}{(\text{revenu } 2 - \text{revenu } 1) / \text{revenu } 1}$$

2.3. La prévision par le taux d'évolution

Le calcul des taux d'évolution permet d'évaluer les ventes futures en se référant à la tendance générale ou à la tendance moyenne des dernières années.

EXEMPLE

ANNÉES	2010	2011	2012	2013
VENTES (K€)	756	789	815	858
TAUX D'ÉVOLUTION	-	4,36 %*	3,29 %	5,27 %

* [(789 – 756) / 756] × 100

mots clés

Demande théorique ◆ Demande potentielle ◆ Demande effective ◆ Coefficient d'élasticité ◆ Taux d'évolution

S'entraîner au Bac
Exercices 9, 10, 32 : p. 85-92

MERCATIQUE

La segmentation

LU ☐
SU ☐
REVU ☐

Afin de satisfaire au mieux des consommateurs aux caractéristiques et aux besoins hétérogènes, les entreprises procèdent à la segmentation.

1 Définition

La segmentation consiste à découper une population hétérogène en segments, c'est-à-dire en groupes d'individus présentant des comportements et des besoins homogènes. Cette stratégie permet aux entreprises d'affiner l'approche de leur cible, en proposant non pas un produit susceptible de satisfaire un client moyen mais une offre précisément adaptée au segment choisi.

2 Les critères de segmentation

2.1. La segmentation de la demande

La demande est segmentée à partir de critères traditionnels et comportementaux.

CRITÈRES TRADITIONNELS	
Démographiques	Âge, sexe, taille du foyer, cycle de vie familiale (célibataire, marié, sans ou avec enfants, « nid vide » lorsque les enfants ont quitté la maison…), caractéristiques physiques (type de cheveux…), génération (génération Y : individus nés entre 1980 et 1999 et caractérisés par un rapport intuitif à l'informatique, à Internet ainsi qu'à l'électronique portable tel que les mobiles ; *papy-boomer*)…
Géographiques	Région d'habitation, taille de l'agglomération, type d'habitat (rural / urbain, ville / banlieue, individuel / collectif), climat…
Socioéconomiques	Revenu, profession, catégorie socioprofessionnelle (PCS), niveau d'études…
CRITÈRES COMPORTEMENTAUX	
Psychographiques	Personnalité, style de vie : catégories d'individus aux opinions et systèmes de valeur proches. En 2010, le Centre de communication avancé distinguait trois catégories : – les « Confiants » : fidèles aux marques familiales ; – les « Corsaires » : amateurs de bonnes affaires ; – les « Marco Polo » : méfiants à l'encontre des marques tout en recherchant des nouveautés.
Comportementaux	Comportements d'achat et d'utilisation des produits, statut d'acheteur ou d'utilisateur, quantité consommée, fréquence et montant des achats, avantages recherchés à travers l'achat (économies, praticité…), occasions de consommation, fidélité…

EXEMPLE

De nombreuses entreprises couplent les critères comportementaux avec des informations issues de leurs BDD, afin d'élaborer une segmentation RFM (Récence : date du dernier achat, Fréquence, Montant total ou moyen des achats). Elles ciblent ainsi les clients appartenant au segment le plus intéressant pour leur proposer des offres adéquates.

2.2. La segmentation de l'offre

L'entreprise peut également segmenter son offre en utilisant des critères tels que les caractéristiques du produit (composition, type d'emballage, utilisation prévue : consommation à domicile ou produits nomades…) ou encore le prix (produit d'entrée de gamme, milieu de gamme, haut de gamme…).

2.3. Les qualités de la segmentation

À travers la segmentation, les entreprises recherchent un avantage concurrentiel susceptible de leur procurer une bonne profitabilité. Pour cela, elles doivent s'assurer que les critères de segmentation sont :

- pertinents avec la nature du marché que l'entreprise cherche à atteindre ;
- discriminants afin d'associer un individu à un segment ;
- combinables avec d'autres critères ;
- universels pour pouvoir être applicables à un grand nombre de marchés.

Ces critères aident à déterminer des segments, qui doivent eux-mêmes s'avérer :

- mesurables : afin de quantifier les ventes potentielles ;
- substantiels : de taille suffisante pour générer une rentabilité suffisante ;
- accessibles et clairement identifiables : les entreprises doivent pouvoir cerner les segments qui les intéressent afin de prévoir des actions mercatiques ciblées.

Les principaux risques de la segmentation résident dans la constitution de segments trop étroits pour être rentables ou encore dans une offre différenciée associée à un trop grand nombre de segments, créant ainsi une confusion dans l'esprit des individus. De plus, il faut noter que la demande évolue très vite, rendant provisoire tout succès mercatique et forçant les entreprises à étudier sans cesse les consommateurs pour mieux les comprendre, les segmenter et les satisfaire.

3 Les méthodes de segmentation

3.1. La méthode descendante (structurelle)

Les entreprises peuvent constituer leurs segments sur la base de critères choisis a priori. La méthode la plus courante est la méthode des 20/80 (basée sur le diagramme de Pareto) : l'entreprise vérifie que 20 % de ses clients réalisent 80 % de son chiffre d'affaires. Cela lui permet d'identifier le segment de clientèle le plus intéressant et de proposer des actions de fidélisation efficaces, sans toutefois oublier les 80 % de clients restants, qui peuvent s'avérer indispensables en cas de perte d'un gros compte.

3.2. La méthode ascendante (typologie)

S'il est difficile de choisir les critères a priori, l'entreprise peut regrouper les individus sur la base de leurs ressemblances : c'est la méthode des associations.

EXEMPLE

À partir de l'analyse des tickets de caisse, la grande distribution regroupe les clients présentant des comportements d'achat identiques. Cette approche permet d'organiser les linaires en rapprochant les produits généralement achetés en même temps.

mots clés

Segmentation ◆ Segment ◆ Critères traditionnels ◆ Critères comportementaux ◆ Méthode des 20/80 (diagramme de Pareto) ◆ Méthode des associations

S'entraîner au Bac
Exercices 11, 12, 32 : p. 86-92

Le couple produit/marché

LU ☐
SU ☐
REVU ☐

Segmenter son marché permet à l'entreprise de cibler différents segments, via la construction de couples produit/marché qui répondent aux attentes de sa cible, en cohérence avec son positionnement.

1 Les stratégies de ciblage

La segmentation et le ciblage permettent à l'entreprise de prendre en compte l'hétérogénéité de la demande tout en arbitrant entre standardisation et personnalisation de son offre, au travers des stratégies suivantes.

1.1. La mercatique concentrée

L'entreprise se consacre à un segment unique pour lequel elle met en œuvre un plan de marchéage spécifique ; on parlera de « niche » lorsque le segment est étroit mais rentable. Cette approche s'apparente avec la notion de mercatique *one to few*.

1.2. La mercatique indifférenciée

L'entreprise propose une offre standard et uniformisée afin d'attirer le maximum de clients, sans différenciation de segments. On parlera ici de mercatique *one to many*.

1.3. La mercatique différenciée

L'entreprise cible plusieurs segments auxquels elle propose un produit différent avec un plan de marchéage spécifique pour chacun de ses produits.
Cette différenciation peut devenir de la mercatique individualisée lorsque l'entreprise recherche la personnalisation de l'offre pour répondre aux besoins d'un client unique, pour les produits ou services susceptibles de customisation. Cette technique s'appelle la mercatique *one to one*.

2 Le positionnement

2.1. L'élaboration du positionnement

Le positionnement de l'offre de l'entreprise se définit comme la place qu'occupe l'entreprise dans l'esprit du consommateur par rapport à ses concurrents.

EXEMPLE
La marque américaine de vêtements Abercrombie & Fitch est perçue comme une marque jeune et branchée.

On distingue le positionnement perçu (l'image de l'entreprise telle qu'elle est perçue par le consommateur par rapport aux entreprises concurrentes) et le positionnement voulu (l'image spécifique que l'entreprise veut donner au consommateur et qui l'identifie et la différencie par rapport à ses concurrents).
L'entreprise décide, dans son plan stratégique, du positionnement qu'elle compte adopter et elle construit l'ensemble de son plan de marchéage selon le positionnement choisi, dont les critères peuvent varier selon le produit :

- soit en termes de niveau de gamme,
- soit en termes de spécialiste d'un domaine (sport, santé…) ou d'une cible (seniors…),
- soit en termes de qualité issue d'un mode de fabrication ou d'une origine géographique (artisanat, innovation, terroir…),
- soit en termes de modes de consommation (professionnel, amateur…).

2.2. La carte de positionnement

Cet outil permet d'analyser le positionnement de l'entreprise par rapport à celui de ses concurrents.
La carte se construit à partir de deux axes auxquels on associe deux critères déterminants et révélateurs de la perception des consommateurs en termes de positionnement (qualité, prix, fabrication artisanale ou industrielle, léger ou gourmand, etc.) selon le type de produit.

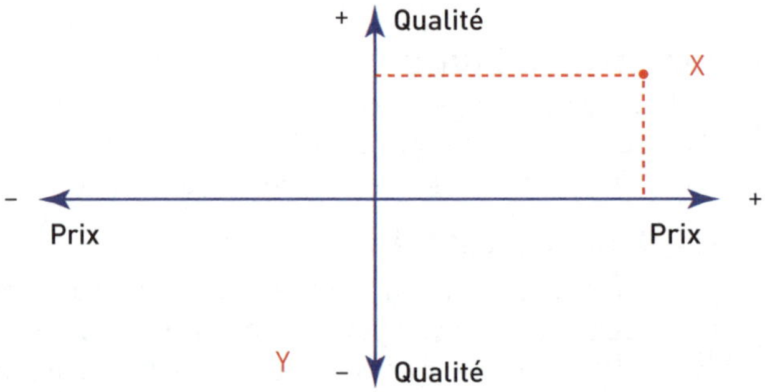

Grâce à des études réalisées auprès des consommateurs, on estime la place occupée par les entreprises ou les marques en les situant dans l'une des quatre zones significatives de la carte.
Ici, on observe que l'entreprise X est positionnée prix élevé/produit de qualité, alors que l'entreprise Y est positionnée prix bas/qualité moindre.
Outre l'intérêt de vérifier son positionnement par rapport à ses concurrents, on peut souligner la possibilité pour l'entreprise de repérer les espaces libres qui pourraient constituer une opportunité de lancement d'une nouvelle offre.

3 Le couple produit/marché

Pour répondre à la question « quels produits pour quels marchés ? », l'entreprise construit un portefeuille de produits et/ou de services adaptés à chaque segment de marché. Pour définir les couples produit/marché, elle doit connaître les attentes des cibles auxquelles elle s'adresse, afin d'adapter ses actions mercatiques en cohérence avec son positionnement.

mots clés
Ciblage ◆ Mercatique concentrée (*one to few*) ◆ Mercatique indifférenciée (*one to many*) ◆ Mercatique différenciée (*one to one*) ◆ Positionnement ◆ Couple produit/marché

S'entraîner au Bac
Exercices 12, 32 : p. 86-92

La démarche mercatique

LU ☐
SU ☐
REVU ☐

Les entreprises cherchent à satisfaire les besoins des consommateurs grâce à leur offre. L'approche choisie influence leur démarche mercatique.

1 Les différentes approches mercatiques

TYPE D'APPROCHE	STRATÉGIE ADOPTÉE	EXEMPLE
Approche réactive	L'entreprise réagit à un besoin exprimé et pour lequel il existe souvent déjà une offre. Dans ce cas, elle prend peu de risques mais rencontre une concurrence sur le marché.	Free répond au besoin d'économies en proposant un forfait mobile à 2€.
Approche anticipatrice	L'entreprise a identifié un besoin latent auquel elle répond de manière originale. Cela lui permet de se démarquer mais nécessite des investissements importants.	Les mobiles sont une réponse au besoin latent d'être joignable partout, à tout moment.
Approche proactive	À travers une innovation radicale, l'entreprise cherche à faire apparaître un nouveau besoin. Cela peut se traduire par une place de leader sur le marché mais les risques d'échec sont nombreux.	Facebook
Approche médiatrice (interactive, cocréation)	L'entreprise fait intervenir le consommateur dans la création de la valeur en le faisant participer au choix de production ou en lui laissant la possibilité de personnaliser le produit (*crowdsourcing*). Un lien fort peut être créé avec le client mais cela nécessite d'adapter la production.	Danette ou Lego font voter les clients sur des innovations produit. Disneyland les fait participer aux publicités.

Le choix d'une approche mercatique aura une forte influence sur le niveau des coûts et sur les risques encourus. La manière d'appréhender le besoin sera également au cœur de la démarche mercatique.

2 La démarche mercatique

La démarche mercatique correspond à une succession d'étapes qui permettent à l'entreprise de passer de l'identification d'un besoin à la mise sur le marché d'une offre adéquate. Cette démarche se fait en deux temps.

2.1. La mercatique stratégique

Les entreprises doivent tout d'abord collecter des informations sur les besoins et les comportements des consommateurs, mais aussi sur le marché et les concurrents en présence, par le biais d'études primaires et secondaires. Ces données alimentent le SIM et aident à la prise de décision stratégique (lancement d'un nouveau produit, ouverture aux marchés étrangers...). Une approche mercatique réactive accordera plus d'importance à l'analyse des besoins, tandis qu'une approche proactive laissera plus de place à l'imagination et à l'innovation.

2.2. La mercatique opérationnelle

Cette deuxième étape correspond à la mise en place concrète des décisions stratégiques, à travers l'élaboration d'un plan de marchéage (*marketing mix* ou 4P), qui repose sur quatre éléments de base : le produit, le prix, la place (distribution) et la promotion. Le succès du produit dépend de la cohérence entre ces éléments.

EXEMPLE
Un bien haut de gamme combine prix élevé, distribution spécialisée et communication de luxe. Un bien banal est souvent distribué en grande surface à prix bas avec des promotions.

a) La construction de l'offre : produit et prix

- Un produit est défini à la fois par ses caractéristiques techniques et fonctionnelles (ingrédients, conditionnement, dimensions…) mais aussi symboliques : ce sont des caractéristiques d'image (*design*, marque…).
- Le prix tient compte de contraintes (coût de production, concurrence, réglementation) et doit permettre de réaliser un profit tout en étant cohérent avec la stratégie.

b) La distribution de l'offre : place

Elle tient un rôle essentiel dans le plan de marchéage car elle vise à mettre le produit à disposition des consommateurs, tout en prenant en compte une multitude d'éléments (proximité, spécialisation des points de vente, choix…). La distribution devient aujourd'hui multicanale en combinant unités commerciales réelles et virtuelles.

c) La communication de l'offre : promotion

Les entreprises cherchent à faire connaître, aimer et acheter leurs produits grâce à diverses techniques : communication de masse, mercatique directe, promotion des ventes… Internet et les smartphones occupent ici une place croissante.

2.3. L'évaluation des actions mercatiques

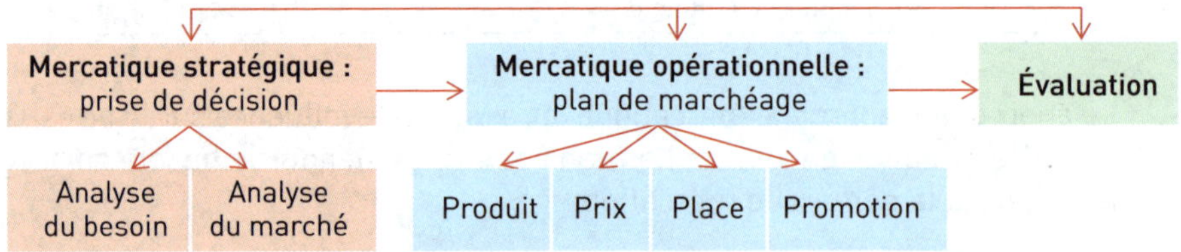

L'évaluation des actions mercatiques menées repose sur des critères quantitatifs (chiffre d'affaires, parts de marché gagnées, nombre de visites sur le site Web…) et qualitatifs (notoriété, image de marque, fidélité des clients…). Si les écarts entre les objectifs fixés et les résultats obtenus sont trop importants, les entreprises doivent revoir leur stratégie et/ou leur plan de marchéage.

mots clés
Approche mercatique réactive/anticipatrice/proactive/médiatrice ◆ Démarche mercatique ◆ Plan de marchéage

S'entraîner au Bac
Exercices 12, 32 : p. 86-92

Savoir 10

Les composantes de l'offre

LU ☐
SU ☐
REVU ☐

L'offre correspond au produit mis sur le marché. Elle se matérialise à travers des caractéristiques matérielles et immatérielles, créatrices de valeur.

MERCATIQUE

1 Le produit

La notion de produit englobe celle de bien et de service.
Le bien est un objet physique, tangible et stockable.

	TYPE DE BIEN		EXEMPLES
CLASSIFICATION SELON LA DURÉE DE VIE	Durable	Utilisation sur une longue période	Voiture, ordinateur
	Semi-durable	Bien courant, durée de vie moyenne	Vêtement, iPod
	Non durable	Bien détruit lors de sa consommation	Produit alimentaire
CLASSIFICATION SELON LA FRÉQUENCE D'ACHAT	Banal	Bien de consommation courante, correspondant à un achat routinier ou peu impliquant	Lait, baguette de pain, tee-shirt…
	Anomal	Achat exceptionnel et impliquant en raison de son prix (processus d'achat complet)	Voiture, maison, TV écran plat…

Le service est un bien immatériel, non stockable par nature. Il est détruit simultanément à sa production et nécessite la participation du client.

EXEMPLES Une coupe de cheveux, un cours particulier, une séance de cinéma…

Afin de satisfaire au mieux les attentes du client tout en se différenciant des concurrents, les entreprises complexifient de plus en plus leur offre en ajoutant des services ou des biens associés à l'offre principale : on parle d'offre globale, capable d'augmenter la valeur perçue du produit.

EXEMPLE Une extension de garantie (service associé) lors de l'achat d'une voiture (offre principale).

2 Les composantes matérielles de l'offre

2.1. Les caractéristiques fonctionnelles

Elles correspondent à l'ensemble des caractéristiques techniques objectives (ingrédients, puissance, dimensions…) qui permettent au produit d'être performant, c'est-à-dire de répondre aux exigences des consommateurs.

2.2. Le conditionnement et l'emballage

Le conditionnement est la première enveloppe, en contact direct avec le produit.
L'emballage correspond aux enveloppes ajoutées au conditionnement.
Les fonctions de l'emballage sont à la fois techniques (contenir et protéger le produit, faciliter sa manutention…) et commerciales (l'emballage doit attirer l'attention, déclencher l'achat et permettre de se différencier des concurrents).

EXEMPLE Les paquets de céréales Crunch sont constitués d'un conditionnement (enveloppe en plastique contenant les céréales) et d'un emballage (boîte en carton rectangulaire, facile à placer en linéaire et présentant des offres attractives pour les jeunes de 10-25 ans).

3 Les composantes immatérielles de l'offre

3.1. La marque

La marque est un signe distinctif, susceptible d'être représenté graphiquement. Elle permet aux entreprises de se différencier des concurrents, de créer de la valeur et de rassurer le consommateur en diminuant le risque perçu.

EXEMPLE Les clients d'Apple sont prêts à acheter plus cher ses produits, qu'ils associent à la qualité.

a) Les représentations de la marque

La marque peut prendre différentes formes : un nom commun (Amazon), un nom patronymique (Renault) ou géographique (Roquefort), une abréviation (radio NRJ), un chiffre (jeans 501), une expression (La Vache qui rit), un logo (le crocodile Lacoste), un slogan (le contrat de confiance Darty), un personnage (le lapin Duracel), une couleur (rouge Ferrari) ou une forme (la bouteille Coca-Cola).

b) Les qualités de la marque

Pour être valide, une marque doit présenter des qualités juridiques : être distinctive de celle des concurrents et être disponible auprès de l'INPI, ne pas tromper les consommateurs ni être contraire aux bonnes mœurs...

Elle doit également avoir des qualités commerciales pour assurer son succès : être déclinable (Danette, Danao, Danonino de Danone), euphonique (agréable à prononcer), mémorisable, significative (assouplissant Soupline) et internationale (en Chine, Coca-Cola se traduit par Keke-Kele qui signifie « bonheur dans la bouche »).

3.2. La stylique

La stylique (ou *design*) est également un élément de différenciation qui permet de renforcer et valoriser l'identité d'une entreprise à travers différents éléments (forme, couleur, ergonomie du produit, architecture des magasins...).

EXEMPLE Dyson a révolutionné le *design* des aspirateurs, en les rendant plus beaux, plus performants et plus pratiques.

3.3. La qualité

La qualité est la capacité d'un produit à répondre aux besoins des consommateurs grâce à ses caractéristiques. Elle est porteuse de valeur perçue et réduit les freins à l'achat à travers l'utilisation de signes officiels tels que les labels (Label Rouge), les normes (NF, ISO) ou les sigles (EnR : énergies renouvelables, AB, AOC...).

mots clés Bien banal/anomal ◆ Service ◆ Offre globale ◆ Conditionnement ◆ Emballage ◆ Marque ◆ Stylique (*design*) ◆ Qualité

S'entraîner au Bac
Exercices 13, 32 : p. 87-92

Savoir
11

La stratégie de l'offre

LU ☐
SU ☐
REVU ☐

Une fois le plan de marchéage établi, l'entreprise doit vérifier qu'il est cohérent avec sa gamme, sa politique de marque et son positionnement.

MERCATIQUE

1 Le produit dans la stratégie de l'offre

L'offre globale (une offre principale complétée par des biens et des services associés) permet aux entreprises de se différencier et d'acquérir un avantage concurrentiel. Elle doit cependant trouver sa place dans la gamme existante.

1.1. La gamme

La gamme correspond à l'ensemble des produits homogènes offerts pour répondre à un même besoin sur un marché. Une entreprise proposant une offre très diversifiée peut développer plusieurs gammes.

EXEMPLE Virgin propose des gammes de produits dans chaque activité (médias, transport ferroviaire et aérien, téléphonie, sodas, et même le voyage touristique dans l'espace !).

1.2. La dimension de la gamme

La dimension de la gamme est caractérisée par :

- sa largeur : elle correspond au nombre de lignes de produits de la gamme, chaque ligne regroupant les produits qui satisfont un même besoin ;
- la profondeur de ligne : nombre de variantes dans une ligne de produits ;
- son étendue (ampleur) : nombre total de produit offerts par l'entreprise.

EXEMPLE

Largeur de la gamme MBK

Ligne 1 : scooters (26) [...]

Ligne 2 : cyclos électriques (1)

Ligne 3 : vélos électriques (5)

Profondeur de ligne

Étendue : 26 + 1 + 5 = 32 produits

À travers sa stratégie de gamme, l'entreprise doit veiller à ne pas offrir un trop grand nombre de produits pour un même besoin, au risque d'entraîner une confusion dans l'esprit des consommateurs ou une cannibalisation des produits.

1.3. Les niveaux de gamme

L'entreprise a le choix entre trois niveaux de gamme :

- une offre entrée de gamme : produits qui ont une qualité moindre et des prix bas ;
- une offre milieu de gamme : produits ayant un bon rapport qualité/prix ;
- une offre haut de gamme : produits de bonne qualité ou très différenciés, associés à des prix élevés.

La stratégie choisie doit être cohérente avec l'ensemble du plan de marchéage.

1.4. Les produits dans la gamme

Il est également possible d'étudier une gamme selon le type de produit :

- produits leaders : ils contribuent le plus au chiffre d'affaires et à l'image ;

- produits d'appel : leurs prix bas attirent les clients pour faire découvrir la gamme ;
- produits régulateurs : ils atténuent les variations saisonnières des autres produits de la gamme ;
- produits contributeurs : ils contribuent de manière stable à l'activité.

Le cycle de vie est également important, car les entreprises doivent prévoir des innovations pour remplacer les produits en fin de maturité ou en phase de déclin.

2 La politique de marque

2.1. Les types de marques

STRATÉGIE	DÉFINITION	EXEMPLES
Marque produit	Une marque est associée à chaque produit.	Axe, Knorr (groupe Unilever)
Marque gamme	Une marque est associée à une gamme.	Les plats Marie
Marque ombrelle	Une marque sert à plusieurs produits hétérogènes.	TV, téléphonie, électroménager (groupe Samsung)
Marque caution	Une « marque mère » est associée à plusieurs « marques filles » auxquelles elle sert d'assurance.	Fitness, Crunch, Lion, Chocapic, Nespresso, Smarties (groupe Nestlé)

Parallèlement aux marques de fabricant se sont multipliées les marques de distributeur (MDD), de qualité équivalente mais à prix inférieur.

EXEMPLE Dans ses unités commerciales, Carrefour développe des marques enseignes (Carrefour Home, Carrefour Bio...), des marques propres (Tex pour le textile, Reflets de France pour le terroir...) et des marques premier prix (Carrefour Discount).

2.2. Les politiques de marque

Le développement de la marque peut également être organisé à travers :

- l'extension de marque (*brand stretching*) : l'entreprise utilise sa notoriété pour lancer des produits sur un nouveau marché, proche ou non de son métier de base ;

EXEMPLE Après ses confitures, Bonne Maman décline les yaourts, les desserts pâtissiers, les biscuits et les pâtisseries, en misant toujours sur son savoir-faire et la qualité de ses produits.

- l'alliance de marque (*co-branding*) : deux entreprises associent leur expertise ;

EXEMPLE Krups (électroménager) et Nestlé sont alliées pour la gamme Nespresso.

- le développement à l'international peut se faire de manière globale (une marque unique dans le monde) ou à travers des marques locales adaptées à chaque pays.

À travers ses actions, l'entreprise cherche à jouer sur son image (c'est-à-dire sur les représentations mentales qu'ont les individus de ses produits et de ses marques) ainsi que sur son positionnement (c'est-à-dire sur la place qu'elle occupe dans l'esprit des consommateurs par rapport aux concurrents).

mots clés Gamme ◆ Dimension et niveau de gamme ◆ Produit leader/d'appel/régulateur/contributeur ◆ Marque ombrelle/caution ◆ Extension/alliance de marque

S'entraîner au Bac
Exercices 4, 32 : p. 83-92

Savoir

12

Les politiques de prix

LU ☐
SU ☐
REVU ☐

L'entreprise doit fixer ses prix de vente en suivant une politique en cohérence avec ses objectifs, son positionnement et sa cible.

MERCATIQUE

1 La politique de prix unique

La politique de prix unique consiste à proposer à un moment déterminé, un produit ou un service à un prix unique, sans discrimination liée à la personne ou au produit.

EXEMPLE Les grandes surfaces alimentaires vendent au même prix à tous leurs clients.

Une autre approche consiste à appliquer un prix unique à tous les articles de l'assortiment d'une même unité commerciale.

EXEMPLES Les magasins « Tout à 2 € ».

AVANTAGES	INCONVÉNIENTS
– Facilité et simplicité de gestion – Maintien d'une marge globale fixe car non soumise à des remises commerciales diverses (cette politique peut être ponctuellement modifiée par le recours à une action promotionnelle)	– Captage des acheteurs de gros volumes improbable. – Absence de discrimination pouvant restreindre la cible (par exemple, les clients professionnels attendent des prix inférieurs à ceux pratiqués pour les particuliers).

2 La politique de prix différenciés

La politique de prix différenciés consiste à définir des prix différents pour un même produit ou service, sans justification réelle des différences par des écarts de coûts.

Cette différenciation (ou discrimination) se fait généralement sur la base de la segmentation de marché (profil client), des quantités achetées (prix dégressifs lorsque les quantités augmentent), des quelques modifications du produit (packaging, label…), selon le canal de distribution (site Internet ou magasin) ou selon le moment de consommation (*happy hour*).

AVANTAGES	INCONVÉNIENTS
L'entreprise peut augmenter son chiffre d'affaires et sa rentabilité en élargissant sa cible par des conditions adaptées à la capacité financière et au statut de chacun.	Les prévisions de chiffre d'affaires et la gestion commerciale sont plus complexes compte tenu des divers cas de tarification.

3 La gestion des capacités (*yield management*)

La gestion des capacités, qui est aussi une politique de prix différenciés, est une tarification « en temps réel », qui s'observe essentiellement dans les secteurs de capacité soumis à des coûts fixes importants comme l'hôtellerie, la restauration, le spectacle ou le transport (billet avion/ train).

AVANTAGES	INCONVÉNIENTS
L'intérêt pour l'entreprise est d'optimiser au maximum sa gestion et son revenu : – en ajustant ses prix en fonction du remplissage, en couvrant ses frais fixes ; – en considérant la capacité de contribution de chaque segment (la clientèle d'affaires, par exemple, est apte à payer le prix fort).	– Le système doit rester opaque car les clients paient des prix différents sans réelle logique de tarification. – Cette politique complexe implique un coût de gestion considérable.

4 La politique de prix forfaitaire

Le prix forfaitaire offre au consommateur la possibilité d'acquérir un ensemble de produits et/ou services à un prix global inférieur à l'addition des prix unitaires des éléments constitutifs de l'offre.

Cette technique fonctionne souvent grâce au raisonnement dit « marginaliste », qui implique que le consommateur est tenté par l'économie résultant de l'offre globale.

EXEMPLES Un pack « billet d'avion, transfert, hébergement » ; un forfait « téléphone, Internet, TV ».

AVANTAGES	INCONVÉNIENTS
– Possibilité d'inciter à l'achat pour développer les ventes – Réduction du coût de production par les économies d'échelle	– Réduction de la marge potentielle – Perte de repères pour les clients sur les prix unitaires

5 La politique de gratuité

La gratuité, initialement associée aux services non marchands, s'inscrit désormais dans de nombreux domaines. Elle consiste à offrir tout ou partie du produit ou service au niveau de certaines offres associées (livraison, accessoires…).

Internet a révolutionné la politique de gratuité pour de nombreux produits numériques (logiciels libres) ; le monde de la presse (quotidiens gratuits) et de la culture (expositions, musées) se sont aussi ouverts à ce principe.

AVANTAGES	INCONVÉNIENTS
– Permet de faire découvrir un produit de base dont le consommateur devra ensuite payer les accessoires ou les fonctionnalités avancées – Possibilité de transférer le coût de la gratuité à la charge des partenaires professionnels (recettes publicitaires…)	– Manque à gagner induit par le budget consacré à la politique de gratuité – Risque de créer une habitude chez le consommateur qui va exiger toujours plus de prestations gratuites.

mots clés

Prix unique ◆ Prix différenciés ◆ *Yield management* (gestion des capacités) ◆ Prix forfaitaire ◆ Gratuité

S'entraîner au Bac
Exercices 14, 32 : p. 87-92

Savoir
13

La fixation du prix de vente

LU ☐
SU ☐
REVU ☐

La fixation du prix de vente par l'entreprise conditionne sa rentabilité et s'appuie sur divers facteurs d'ordre stratégique et opérationnel.

MERCATIQUE

1 L'approche du prix de vente par la demande

1.1. La sensibilité-prix

La sensibilité-prix est une notion subjective ; c'est la perception du prix par le consommateur, qui dépend de divers éléments :

- le type de produit : la marque, l'image de qualité qui caractérise le produit, sa durée de vie, son degré de technologie, etc. ;
- le positionnement de l'entreprise et la valeur perçue ;
- la part du revenu disponible pour l'achat et l'échelle de prix du consommateur ;
- l'existence ou non de produits de substitution…

1.2. La mesure de la sensibilité-prix

a) Calcul du coefficient d'élasticité

Le coefficient d'élasticité permet de mesurer la réaction de la demande suite à une modification (hausse ou baisse) du prix de vente, sur une période de référence.

$$e = \frac{\Delta \text{ demande } (\%)}{\Delta \text{ prix } (\%)} = \frac{(\text{demande } 2 - \text{demande } 1) / \text{demande } 1}{(\text{prix } 2 - \text{prix } 1) / \text{prix } 1}$$

b) Interprétation du coefficient d'élasticité

L'interprétation est liée à deux éléments : le signe et la valeur du coefficient.

SIGNE DU COEFFICIENT	INTERPRÉTATION	EXEMPLE
Positif	La demande et le prix varient dans le même sens.	Quand le prix d'un produit de luxe augmente, la demande augmente.
Négatif	La demande et le prix varient en sens inverse.	Quand le prix d'un produit de loisirs augmente, la demande baisse.

VALEUR DU COEFFICIENT	INTERPRÉTATION	EXEMPLE
$e = 0$	L'élasticité est nulle.	Baguette de pain
$-1 \leq e \leq 1$	L'élasticité est faible : la demande est peu sensible au prix.	Essence
$e \geq 1$ ou $e \leq -1$	La demande est élastique et plus ou moins sensible aux évolutions de prix.	Voyage

1.3. Le prix-cible

La méthode du prix-cible consiste à définir le prix de vente en fonction du prix acceptable par le marché, c'est-à-dire soit en référence aux prix des offres concurrentes, soit en référence au prix d'acceptabilité défini par des études de marché lorsqu'il s'agit d'un produit nouveau.

Cette fixation du prix par l'aval consiste à déterminer, en fonction de la marge souhaitée, un coût de fabrication maximal auquel l'entreprise devra se limiter.

Les entreprises doivent veiller à respecter la réglementation qui commande de préserver l'équilibre entre les partenaires commerciaux (pas de conditions abusives, pas de revente à perte...) et l'intérêt du consommateur (pas d'entrave à la concurrence comme des ententes sur les prix...).

2 L'approche du prix par les coûts

Le prix est obtenu après le calcul du coût de revient, auquel on ajoute la marge.

2.1. Le coût de revient

Le coût de revient comprend l'ensemble des charges que l'entreprise a engagées au cours du cycle de fabrication du produit jusqu'à sa mise à la vente.

Coût de revient = coût d'achat + coût de production + coût de distribution

COÛT D'ACHAT DES MARCHANDISES/ MATIÈRES PREMIÈRES	= prix d'achat HT + frais accessoires liés à l'achat (transport, manutention, stockage...)
COÛT DE PRODUCTION POUR LES ENTREPRISES INDUSTRIELLES	= frais ayant contribué à la transformation de la matière première en produit fini (matériels, main-d'œuvre...)
COÛT DE DISTRIBUTION	= frais liés à la mise à disposition du produit auprès du consommateur (manutention, salaires des vendeurs...)

2.2. La marge, le taux de marge et le prix de vente

La marge nette met en évidence la différence entre le chiffre d'affaires et le coût de revient et se calcule toujours à partir du montant hors taxes (HT) :

Marge globale = chiffre d'affaires HT – coût de revient global HT

Marge unitaire = prix de vente unitaire – coût de revient unitaire (HT)

Le taux de marge nette correspond à la marge exprimée en pourcentage à partir du coût de revient :

Taux de marge = (marge / coût de revient HT) × 100

Une fois que l'entreprise a défini ce taux comme susceptible de dégager le bénéfice souhaité, elle l'applique pour établir directement son prix de vente :

Prix de vente HT = coût de revient + marge

Prix de vente HT = coût de revient × (1 + taux de marge)

Le prix de vente toutes taxes comprises intègrera la taxe sur la valeur ajoutée :

Prix de vente TTC = prix de vente HT × (1+ taux de TVA).

mots clés

Sensibilité-prix ◆ Coefficient d'élasticité ◆ Prix d'acceptabilité ◆ Prix-cible ◆ Coût de revient ◆ Marge nette ◆ Taux de marge ◆ Prix de vente

S'entraîner au Bac

Exercices 15 à 20 et 32 : p. 87-88-92

Savoir 14

Les stratégies de distribution

LU ☐
SU ☐
REVU ☐

Le producteur se trouve face à plusieurs alternatives pour distribuer son offre et peut s'interroger sur le caractère incontournable de la grande distribution.

MERCATIQUE

1 Le circuit de distribution

La distribution sert d'intermédiaire entre le producteur et le consommateur. Le producteur se trouve alors face à plusieurs alternatives, qui dépendent directement des contraintes auxquelles il est confronté. Il doit ainsi faire des choix quant à la longueur ou la complémentarité des canaux de distribution sélectionnés.

1.1. Définition

Le circuit de distribution est constitué par l'ensemble des canaux de distribution utilisés par le producteur pour acheminer son offre jusqu'au consommateur. Le canal de distribution correspond à la voie suivie par l'offre depuis le producteur jusqu'au consommateur, grâce aux intermédiaires physiques et virtuels.

EXEMPLE Le circuit de distribution choisi par Nestlé pour sa machine « Special.T » (l'équivalent de la machine Nespresso pour le thé) est composé d'un canal unique : Internet. Pour le café Nespresso, le circuit comprend Internet et des magasins propres.

1.2. Les intermédiaires de la distribution

Les grossistes et les détaillants remplissent une série de tâches tout au long du circuit de distribution afin de proposer au consommateur les bons produits, au bon moment, au bon endroit et dans les bonnes quantités.

- Le grossiste achète aux fabricants des produits en grande quantité, à des prix négociés, pour les revendre ensuite aux détaillants.
- La centrale d'achat fait de même pour le compte d'une entreprise de détail au sein de laquelle elle est intégrée.
- Le détaillant achète des produits (soit au fabricant, soit au grossiste ou à un autre intermédiaire) pour les revendre ensuite au consommateur final.

Tous ces intermédiaires assurent également les fonctions de transport des marchandises, de stockage, d'allotissement (fractionnement des palettes en format adapté à la consommation finale) ou encore de mise en rayon.

2 Les stratégies de distribution

2.1. Distributions directe et indirecte

Le premier choix opéré par le fabricant pour distribuer son offre concerne le nombre d'intermédiaires et donc la longueur du canal jusqu'au client :

- dans la distribution directe, le producteur distribue lui-même son offre par le biais de ses propres unités commerciales (physiques et/ou virtuelles), sans intermédiaire entre lui et le consommateur : on parle de canal direct. Cette stratégie est adaptée aux produits à forte valeur ajoutée ;
- la distribution indirecte repose sur la présence d'un intermédiaire, le détaillant (canal court), ou de plusieurs intermédiaires : au moins le grossiste et le détaillant (canal long). Cette stratégie est utilisée pour les produits de grande consommation

(PGC) et permet une bonne couverture géographique. Mais elle se traduit souvent par une perte de contact avec le consommateur final.

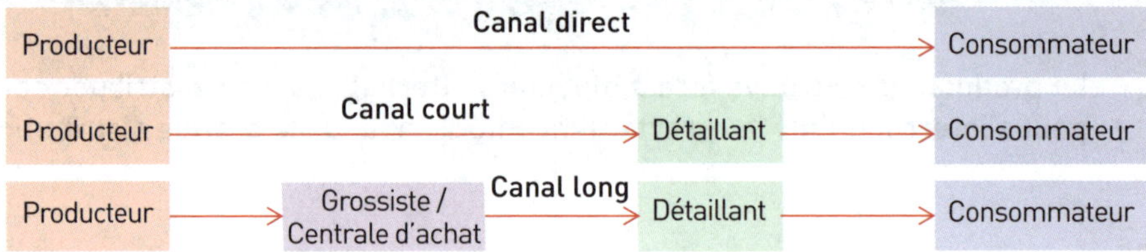

2.2. Distributions intensive, sélective et exclusive

Le deuxième choix du fabricant concerne le nombre de points de vente participant à la distribution de son offre. On distingue :

- la distribution intensive : elle concerne les PGC qui doivent être distribués dans un grand nombre de points de vente afin d'être achetés par la clientèle la plus large possible et dans une multitude de situations ;

EXEMPLE Les bouteilles d'eau Evian sont distribuées en GMS, épiceries, stations-service, distributeurs automatiques, cinémas, cafés-hôtels-restaurants (CHR)...

- la distribution sélective : elle permet au producteur de sélectionner les revendeurs selon leurs compétences et selon la cohérence des points de vente avec l'image de marque et le positionnement souhaités ;

EXEMPLE Les parfums sont distribués dans les parfumeries (Séphora, Marionnaud...) et non dans les GMS pour permettre le conseil et favoriser une image de produit haut de gamme.

- la distribution exclusive est encore plus restrictive : le producteur accorde le droit de vendre son offre à une seule entreprise sur un territoire donné.

EXEMPLE Les concessionnaires automobiles.

2.3. Les critères de choix des canaux de distribution

Le choix des unités commerciales et de leur nombre par le producteur repose sur une série de critères pouvant augmenter la valeur perçue de son offre, tels que la proximité avec le consommateur, la couverture géographique, le choix proposé, l'accueil et le savoir-faire des vendeurs, la cohérence avec le plan de marchéage ou encore les services associés. Il tient également compte des objectifs financiers et commerciaux fixés et des contraintes financières et humaines.

De plus, la stratégie de distribution est rarement monocanal : les entreprises optent de plus en plus pour une complémentarité entre les canaux de distribution, notamment entre unités commerciales physiques et virtuelles : on parle de distribution multicanal.

mots clés

Circuit de distribution ◆ Canal de distribution ◆ Grossiste ◆ Centrale d'achat ◆ Détaillant ◆ Distribution directe/indirecte ◆ Distribution intensive/sélective/exclusive ◆ Distribution monocanal/multicanal

S'entraîner au Bac
Exercices 21, 22, 32 : p. 89-92

Savoir

15

Les unités commerciales

LU ☐
SU ☐
REVU ☐

On distingue plusieurs types d'unités commerciales, selon leur degré d'indépendance ou selon leur nature (physique ou virtuelle). Les entreprises misent désormais sur leur complémentarité pour distribuer leur offre.

1 L'indépendance des unités commerciales (UC)

1.1. Le commerce indépendant isolé

Ce type de commerce est caractérisé par l'indépendance juridique et commerciale de l'exploitant, qui est libre de prendre les décisions nécessaires à son activité. Cependant, son caractère isolé face aux fournisseurs ne lui permet pas de négocier des prix d'achat intéressants, ce qui limite sa compétitivité.
Ces UC sont généralement de petite taille et sont situées en centre-ville pour favoriser la proximité avec les clients.

EXEMPLES Les boulangeries, les boucheries de quartier.

1.2. Le commerce indépendant organisé

Afin de rester compétitifs face aux géants de la grande distribution, les commerçants indépendants peuvent s'associer et profiter d'un effet de synergie.

a) Le commerce associé

Des commerçants indépendants s'associent au sein d'un groupement afin de mutualiser leurs achats, leurs moyens financiers, leur enseigne et leurs opérations commerciales ;

EXEMPLE La coopérative des commerçants Leclerc.

b) La franchise

Cette forme de commerce repose sur l'existence d'un contrat passé par un franchiseur, qui met sa marque, son savoir-faire et des services (aide à la gestion, à la communication…) à la disposition d'un franchisé indépendant, en contrepartie d'une rémunération pouvant prendre la forme d'un droit d'entrée et/ou d'une redevance (pourcentage du chiffre d'affaires).

EXEMPLES Quick, Générale d'Optique, Yves Rocher, hôtels Ibis, 5 à sec.

AVANTAGES POUR LE FRANCHISEUR	INCONVÉNIENTS POUR LE FRANCHISEUR
– Multiplication des points de vente à moindre coût – Bonne couverture géographique (y compris à l'international) – Risques financiers supportés par le franchisé – Perception de redevances	– Frais occasionnés par l'aide à la gestion et par la formation des franchisés – Contrôle nécessaire des franchisés pour vérifier la conformité aux principes définis dans le contrat (qualité, conseil…)

AVANTAGES POUR LE FRANCHISÉ	INCONVÉNIENTS POUR LE FRANCHISÉ
– Indépendance du franchisé – Aide à la gestion et au démarrage de l'activité – Enseigne connue garantissant un chiffre d'affaires et permettant de bénéficier de la notoriété et du savoir-faire du franchiseur.	– Investissement financier important – Perte d'autonomie au niveau de la décoration, des commandes, etc. – Versement du droit d'entrée et des redevances – Participation aux coûts de communication

1.3. Le commerce intégré ou succursaliste

Cette forme de commerce cumule la fonction de gros, grâce à la centrale d'achat intégrée qui achète les marchandises aux producteurs, et la fonction de détail avec les unités commerciales qui vendent les marchandises. Les points de vente sont dirigés par des salariés de l'enseigne et non par des commerçants indépendants.

EXEMPLES
Carrefour pour la grande distribution, Darty pour les grandes surfaces spécialisées.

MERCATIQUE

2 La diversité des unités commerciales

2.1. Les UC physiques

Elles nécessitent un déplacement réel du client pour accéder à l'offre. On distingue :

- le commerce traditionnel de proximité (épicerie...) ;
- les grands magasins au positionnement haut de gamme (Galeries Lafayette...) ;
- les magasins populaires (Monoprix) ;
- les grandes surfaces alimentaires (GSA), comme Carrefour ;
- les grandes surfaces spécialisées (GSS), comme Darty, Toys'R'us ;
- les maxidiscomptes (*hard-discount*) : Leader Price...

On observe actuellement la multiplication de « magasins éphémères » (*pop-up store*), qui permettent de créer l'évènement autour de l'ouverture d'un magasin pour une courte durée dans un lieu bénéficiant d'une notoriété ou d'un fort passage.

2.2. Les UC virtuelles

Elles permettent aux clients d'accéder à l'offre sans se déplacer physiquement. L'essor du e-commerce est lié aux évolutions technologiques (équipement en micro-informatique, généralisation d'Internet, sécurisation des paiements...).
Pour les ventes en situation de mobilité, on parle désormais de « m-commerce » pour les achats via les smartphones et tablettes, et de « f-commerce » (via Facebook).

On distingue deux approches :

- les *pure players* distribuent leur offre uniquement grâce à des sites marchands ;

EXEMPLE
Amazon pour les produits culturels, eBay, Rue du Commerce...

- les *click and mortar* allient le commerce physique et la vente en ligne (ex. : FNAC) ou développent la solution *drive* (achat sur Internet et retrait en magasin).

mots clés

Commerce indépendant isolé/organisé ◆ Franchise ◆ Commerce intégré ◆ Unité commerciale physique/virtuelle

S'entraîner au Bac
Exercices 22, 32 : p. 89-92

La réponse optimale au client

LU ☐
SU ☐
REVU ☐

Parfois conflictuelle, la relation producteur/distributeur tend à se renforcer et à s'orienter vers une cogestion visant une plus grande satisfaction du client.

1 L'intérêt de la relation producteur/ distributeur

Les distributeurs et les producteurs ont des intérêts réciproques : de leur bonne collaboration dépend la réduction de leurs coûts respectifs et une meilleure rentabilité s'ils partagent certains frais (gestion de l'information, publicité, actions de promotion).

APPORTS DU PRODUCTEUR AU DISTRIBUTEUR	APPORTS DU DISTRIBUTEUR AU PRODUCTEUR
– Image de marque, notoriété, qualité des produits, qualité de service – Compétence technique en matière de production et de connaissance des produits – Capacité à offrir des prix négociés – Actions de communication – Organisation logistique	– Débouché pour la vente des produits, avec un volume conséquent – Contribution au chiffre d'affaires – Remontée d'informations sur le marché et sur ses produits via les panels – Mise en avant des produits au sein de l'unité commerciale

2 Les caractéristiques de l'ECR

2.1. Présentation et enjeux

L'ECR (*Efficient Customer Response*) ou « réponse optimale au client » vise la satisfaction du consommateur : toutes les actions visent une meilleure réponse aux attentes du client et tous les maillons de la chaîne logistique sont tournés vers cet objectif central.

Le partenariat entre producteurs et distributeurs repose ainsi sur une cogestion des approvisionnements, des promotions et des produits en rayon, par la connaissance en temps réel du niveau des ventes. Cette gestion se base sur les éléments suivants :

ÉLÉMENTS STRATÉGIQUES	AXES D'AMÉLIORATION
Partage de l'information en temps réel	Raccourcissement des délais de réaction du producteur qui anticipe la réponse au client
Optimisation de la gestion de l'assortiment	– Gestion en flux tendus des marchandises – Réassort pertinent par rapport à la demande constatée – Niveau de stock optimal (pas de rupture de stock)
Gestion de l'espace de vente	– Intervention directe du producteur dans la mise en rayon et la mise en valeur des produits (marchandisage...)
Ciblage des promotions	Identification électronique instantanée du client lors du passage en caisse
Optimisation dans la planification des actions de promotion et de communication	– Connaissance en temps réel de l'évolution des opérations en cours au vu des données chiffrées instantanées – Développement des volumes de production en cours pour pouvoir faire face à une plus forte demande
Valorisation des nouveaux produits	– Implication et intérêt de tous les maillons de la chaîne – Participation directe du producteur aux opérations de lancement (ajuste les volumes de production, voire son produit en fonction des réactions des consommateurs)

MERCATIQUE

2.2. Les principaux outils de l'ECR

a) L'EDI (échange de données informatisées)

L'EDI est un procédé destiné à supprimer les échanges de documents papier (bons de commande, factures…) en les remplaçant par des informations numériques échangées selon un protocole spécifique (via une norme technique internationale d'échange) entre postes informatiques interconnectés.

L'intérêt est de permettre le « zéro-papier » et l'envoi instantané pour une information immédiatement reçue et gérée par le système du producteur.

b) La CAO (commande assistée par ordinateur)

La CAO est une application informatique permettant de calculer automatiquement les quantités d'articles à commander, en s'appuyant sur les données des ventes recueillies en caisse ou sur les données relatives aux sorties de stock.

Ce système facilite l'approvisionnement optimal des magasins en réduisant les coûts de stockage, les coûts et les erreurs de traitement des commandes, ainsi que les ruptures de stock.

c) La GPA (gestion partagée des approvisionnements)

La GPA est une collaboration entre le producteur et le distributeur dans la gestion conjointe des approvisionnements. Le producteur prend l'initiative de réapprovisionner les stocks selon les informations qu'il reçoit en temps réel. Les livraisons se font donc juste avant la rupture de stock au lieu d'être programmées à des dates précises.

La GPA réduit les délais et les coûts de traitement des commandes et permet au producteur une meilleure planification en amont.

2.3. Les limites de l'ECR

La mise en place de l'ECR permet, à terme, de réaliser des économies importantes, mais elle ne se fait pas sans difficulté. Le succès de cette stratégie repose sur l'adhésion de l'ensemble du personnel, sur la mise aux normes techniques, et sur la transparence de l'information entre distributeur et producteur. Les conflits de fond demeurent, malgré le climat collaboratif de l'ECR (conflits de marge, de réseau concurrent, d'intérêts, etc.).

mots clés

Réponse optimale au client ou *Efficient Consumer Response* (ECR) ◆ EDI ◆ CAO ◆ GPA

S'entraîner au Bac
Exercices 23, 31, 32 : p. 89-92

LU ☐
SU ☐
REVU ☐

La publicité

La communication commerciale sert à créer ou maintenir une relation avec une cible et à l'influencer. La publicité est une forme de communication commerciale, utilisée en complément d'autres techniques.

1 La communication commerciale

1.1. Définition

La communication commerciale est l'ensemble des signaux émis par une organisation vers une cible, que ce soit des consommateurs ou des prospects, des prescripteurs ou encore des revendeurs. Elle peut porter sur plusieurs objets :

- sur l'organisation elle-même (communication institutionnelle), afin de promouvoir son image et augmenter sa notoriété ;

EXEMPLE Le distributeur de gaz italien Eni a réalisé une campagne en France pour se faire connaître en tant qu'alternative au fournisseur français GDF-Suez.

- sur la marque (communication de marque) : l'entreprise communique sur ses valeurs ;

EXEMPLE Patagonia communique sur ses valeurs de marque responsable à travers sa publicité « N'achetez pas cette veste – N'achetez pas ce dont vous n'avez pas besoin ».

- sur le produit (communication produit) : l'entreprise en présente les performances.

EXEMPLE La publicité pour le canard WC de Johnson présente la praticité du conditionnement pour verser efficacement le produit nettoyant sous la cuvette des toilettes.

1.2. Les objectifs de la communication commerciale

La communication commerciale repose sur trois objectifs complémentaires :

- un objectif cognitif : faire connaître l'entreprise, la marque ou le produit et ses caractéristiques ;
- un objectif affectif : à travers les messages émis, créer un lien fort avec le consommateur et le fidéliser, lui faire aimer la marque ou le produit ;
- un objectif conatif : déclencher l'acte d'achat, par exemple en proposant des bons de réduction ou des animations en magasin.

2 La publicité

2.1. Une communication de masse

La publicité est une communication de masse dans le sens où elle adresse un message indifférencié à une large cible, par le biais des médias de masse. Elle est utilisée par un annonceur pour influencer sa cible et lui faire adopter un comportement précis (fidélité à la marque, achat du produit…).

2.2. Les médias et les supports de communication

- Un média est un moyen de communication d'un message (TV, presse…).
- Un support est un vecteur du message au sein du média (ex. : M6 pour la TV, *Libération* pour la presse…). Les supports sont choisis en fonction de la cible visée.

MÉDIAS	AVANTAGES	INCONVÉNIENTS
La télévision (TF1, M6, D8, Canal+...)	Mise en valeur du produit grâce à la qualité des images et des spots, bonne mémorisation de la marque et bonne couverture géographique.	Média très onéreux, important délai de réservation, faible sélectivité (sauf dans le cas d'émissions très ciblées : jeunesse...).
La presse quotidienne (*Le Monde*...)	Bonne adéquation entre le support et la cible, forte réactivité, bonne couverture géographique.	Message de courte durée, présentation du produit de qualité médiocre (papier journal).
La presse magazine (*Elle*...)	Mise en valeur de qualité du produit, bonne couverture géographique et bon ciblage.	Média onéreux, délais importants, risque de saturation (trop de publicités dans certains magazines).
L'affichage (abribus...)	Sélectivité géographique, fort impact et bonne mémorisation.	Coût important, risque de saturation.
La radio (NRJ...)	Coût peu élevé, audience massive, adapté aux messages simples.	Faible mémorisation, saturation, pas de mise en valeur du produit.
Le cinéma (Médiavision)	Bonne mémorisation et qualité du message.	Média très onéreux, délais importants.
Internet (bannières, vidéos...)	Bon ciblage, média peu onéreux, forte interactivité avec la cible (clic sur un lien...).	Risque de saturation.

On note également l'utilisation de plus en plus fréquente de la publicité :
- sur les smartphones et tablettes, pour une interactivité grâce aux écrans tactiles ;
- par placement dans des films, séries ou jeux vidéo (*in-game* : introduction d'une marque dans le jeu, ou *advergame* : jeu entièrement construit autour d'une marque).

EXEMPLE
Publicités pour les équipementiers sportifs autour du terrain de football dans le jeu Fifa.

2.3. L'analyse du message publicitaire

Le message publicitaire est composé autour de trois éléments :
- la promesse (axe) : c'est l'avantage fonctionnel ou symbolique qui doit être procuré au consommateur (efficacité du produit, appartenance à un groupe...) ;
- les éléments justifiant cette promesse : images, texte prouvant la promesse ;
- le ton employé dans le message : humoristique, décalé, scientifique...

EXEMPLE
Les publicités pour les crèmes anti-âge promettent la disparition des rides, le prouvent par des images de femmes d'âge mûr à la peau lisse et utilisent un ton scientifique.

L'efficacité de la communication commerciale à travers la publicité nécessite une forte cohérence entre les objectifs recherchés, la cible visée, les médias et les supports choisis, ainsi que l'argumentation employée.

mots clés
Communication commerciale ◆ Objectif cognitif/affectif/conatif ◆ Publicité ◆ Média ◆ Support ◆ Promesse

S'entraîner au Bac
Exercices 25, 31, 32 : p. 89-92

Les autres formes de communication commerciale

LU ☐
SU ☐
REVU ☐

La communication commerciale peut utiliser des techniques hors média : la promotion des ventes et la communication événementielle.

1 La promotion des ventes

1.1. Les objectifs

La promotion des ventes correspond aux actions temporaires mises en place pour stimuler les ventes. Elle repose sur les trois objectifs de la communication commerciale : faire connaître de nouveaux produits (cognitif), fidéliser la clientèle (affectif) ou déclencher l'achat (conatif), par exemple en réduisant les freins. Contrairement à la publicité, qui s'inscrit dans la durée, la promotion des ventes repose sur des avantages temporaires. Les entreprises visent deux types de cible :

- les distributeurs : pour les inciter à référencer les produits et les mettre en avant ;
- les consommateurs : pour leur faire acheter les produits.

1.2. Les principales techniques

La promotion des ventes regroupe plusieurs catégories d'avantages :

- avantages financiers : il s'agit de réduire les freins liés au prix par des techniques comme les bons de réduction (*couponing*), la vente par lot, les offres de remboursement (ODR), les promotions ou encore les cartes de fidélité ;
- primes et cadeaux : l'entreprise cherche à créer un lien affectif avec sa marque et à fidéliser sa clientèle grâce à la « prime contenant » (emballage réutilisable), au « produit girafe » (quantité supplémentaire de produit pour le même prix), à la prime différée (cadeau offert contre plusieurs preuves d'achat)... ;
- essais : ils rassurent le consommateur et font connaître les nouveaux produits (dégustations, échantillons, essais gratuits...) ;
- jeux, loteries, concours : ils permettent d'attirer l'attention positivement sur une marque ou de créer du trafic en magasin.

1.3. Avantages et limites

AVANTAGES	LIMITES
– Résultats rapides et importants – Moins coûteux que la publicité et accessible aux PME – Bonne appréciation des retombées commerciales – Utilisation des nouvelles technologies – Possibilité de se différencier des concurrents	– Risque de dégradation de l'image si promotions trop fréquentes ou si techniques non cohérentes avec le plan de marchéage – Risque de report des achats des clients qui attendent les promotions – Coût important

2 La communication événementielle

2.1. Le parrainage (*sponsoring*)

Le parrainage consiste à apporter un support financier à un événement sportif initié ou non par l'entreprise, à une équipe ou un compétiteur individuel ou encore à une émission, dans un but publicitaire. L'entreprise doit veiller à choisir un événement en cohérence avec son positionnement. De plus, des résultats médiocres de la part des sportifs supportés pourraient dégrader son image de marque.

EXEMPLE
Les affaires de dopage sur le Tour de France ont entaché la réputation des sponsors.

2.2. Le mécénat

Dans le cas du mécénat, l'entreprise soutient financièrement une activité d'intérêt général (culture, action humanitaire ou environnementale...) sans contrepartie publicitaire, ce qui permet de développer sa responsabilité sociétale.

EXEMPLE
La Fondation PSA Peugeot Citroën parraine une association permettant aux handicapés d'apprendre à conduire des voitures spécialement équipées.

2.3. Les autres techniques de communication événementielle

Les entreprises peuvent utiliser d'autres techniques pour informer et influencer leur cible, telles que les conférences de presse, les foires et salons (relations publiques) ou, plus récemment, les magasins éphémères et le *street marketing*.

3 L'efficacité de la communication commerciale

La communication commerciale peut être rendue efficace grâce à la combinaison de plusieurs techniques complémentaires (publicité média, promotion des ventes, communication événementielle), à condition que ces actions soient cohérentes avec le positionnement, le plan de marchéage et le budget de l'entreprise.

Les indicateurs d'efficacité reposent sur une comparaison entre le coût investi et les retombées en termes de chiffre d'affaires (retour sur investissement), en termes de nouveaux clients, de notoriété spontanée et assistée ou encore d'image de marque.

Dans le cas précis de la publicité, les indicateurs sont les suivants :

CRITÈRES	UTILITÉ	CALCUL
Audience globale	Ensemble des individus en contact avec un média/support	Donnée généralement fournie par le média ou le support
Audience utile	Ensemble des individus appartenant à la cible en contact avec le média/support	Audience globale × pourcentage des individus appartenant à la cible
Coût au contact utile	Coût d'un support pour 1 individu de l'audience utile	Coût du support / audience utile

mots clés
Promotion des ventes ◆ Communication événementielle ◆ Parrainage ◆ Mécénat ◆ Audience utile ◆ Coût au contact utile

S'entraîner au Bac
Exercices 24, 25, 26, 31, 32, 33 : p. 90-92

Mercatique directe, communication virale et de crise

LU ☐
SU ☐
REVU ☐

L'évolution technologique permet aux entreprises une communication de plus en plus ciblée, mais limite dans le même temps leur maîtrise de cette communication.

1 La mercatique directe

La mercatique directe vise à établir une relation personnalisée et durable avec des personnes ciblées. Elle est essentiellement basée sur un aspect :

- sélectif et personnalisé : elle s'adresse à une cible précise et axe sa communication sur des éléments d'information personnels ;
- immédiat : les messages commerciaux peuvent être émis dans de brefs délais ;
- interactif : elle permet la prise en compte immédiate des réponses des clients.

Les principaux objectifs sont de générer du trafic et d'augmenter le chiffre d'affaires au travers de la prospection (grâce aux informations recueillies sur les prospects), de la vente (grâce aux nombreuses offres adressées à la cible) et de la fidélisation (grâce au maintien de la relation avec le client).

2 Les outils de la mercatique directe

TECHNIQUE	DESCRIPTION
Publipostage	Envoi en nombre d'une offre à des adresses postales de clients ou prospects identifiés. Permet un ciblage précis, une personnalisation très poussée et s'applique à la plupart des offres. Les limites sont la saturation et le coût parfois élevé, par rapport au taux de retour limité.
E-mailing	Même technique que précédemment mais l'envoi en nombre se fait par courriel. L'outil informatique permet l'envoi de liens interactifs, d'animations visuelles ou audio qui mobilisent l'attention. Le coût est minime. Les limites sont le risque de non-ouverture du mail ou la saturation et les contraintes juridiques liées aux envois publicitaires.
Télémercatique	Utilisation du téléphone pour de la vente directe soit en réception d'appels (numéros verts), soit en émission d'appels (prospects).
Imprimés sans adresse (ISA)	Prospectus distribués dans les boîtes aux lettres dans la zone de chalandise ciblée.
Catalogues	Format papier ou numérique, ils sont adressés à des cibles précises.
SMS, MMS	Courts, rapides, efficaces et peu coûteux, ils permettent un ciblage précis sur un large public et une réactivité immédiate. Les délais d'ouverture sont quasi nuls, et les taux de réponse satisfaisants.
Geofencing	Système de localisation géographique qui permet l'envoi ciblé de SMS dans une zone où le téléphone est repéré par WiFi, GPS...
QR codes	Code-barres à 2 dimensions qui permet les interactions avec des smartphones via une application mobile de flashage : navigation sur le site de l'entreprise, réception de promotions, etc.

3 La communication virale

3.1. Le buzz

Le buzz mercatique est une technique de communication qui consiste à faire parler d'un produit, d'une marque, etc., grâce à un bouche à oreille organisé autour d'actions ciblées n'apparaissant pas comme une publicité mais éveillant l'intérêt du consommateur (leader d'opinion, élément mystère, originalité, scoop, etc.).

3.2. La mercatique virale

a) Définition de la mercatique virale

Internet a fait émerger une nouvelle forme de communication, en mettant à contribution le consommateur qui diffuse le message publicitaire par le biais d'un bouche à oreille électronique. Ce virus numérique (d'où son appellation) voit sa portée décuplée par le recours aux divers supports qui assurent sa transmission (réseaux sociaux, blogs, courrier électronique, forums).

b) Les avantages de la mercatique virale

- Le coût : il est inférieur à celui d'une campagne de publicité traditionnelle.
- Le ciblage pertinent : l'internaute fait partie de la cible et s'adresse à ses pairs.
- Les incitations à l'achat : elles sont plus efficaces car les jeunes y sont sensibles.
- Accès possible à une notoriété fulgurante en un temps record.

c) Les risques de la mercatique virale

L'internaute peut propager un buzz négatif très rapidement.

4 La communication de crise

Suite à un événement pouvant lui nuire (pollution, rappel de produit, buzz négatif...), l'entreprise est amenée à mettre en place une communication « de crise » afin de limiter les dommages liés à son image et sa réputation. Elle peut :

- reconnaître les faits : jouer la transparence et le *mea culpa* : cela peut lui attirer un capital sympathie si la communication est pertinemment maîtrisée ;
- contre-attaquer et faire diversion : détourner l'attention sur un thème positif, attaquer les sources en essayant de les décrédibiliser ;
- nier les faits : par la dénégation, par le silence, par le transfert de responsabilité, par la soi-disant ignorance des conséquences, ou par le changement d'identité.

mots clés

Mercatique directe ◆ Buzz ◆ Bouche à oreille ◆ Mercatique virale ◆ Communication de crise

S'entraîner au Bac
Exercices 5, 25, 26, 31, 32 : p. 84-90-92

Savoir

20

Les stratégies de fidélisation

LU ☐
SU ☐
REVU ☐

Fidéliser ses clients est l'un des enjeux majeurs de la pérennisation de l'entreprise.

MERCATIQUE

1 Les bases de la fidélisation

1.1. La fidélité

La fidélité est la capacité d'un client à manifester un attachement durable et régulier à un produit, une marque ou une enseigne, un service, etc. Cette fidélité crée une relation d'exclusivité plus ou moins prononcée.

a) La fidélité attitudinale (ou active)

C'est une fidélité subjective et affective de la part du client qui ressent un véritable attachement à la marque, une préférence revendiquée. Son choix de consommation envers cette marque est délibéré et volontaire. Son attitude mentale le pousse rationnellement et indubitablement à être fidèle à cette marque.

b) La fidélité comportementale (ou passive)

C'est une fidélité non fondée sur des éléments affectifs, mais en rapport avec la situation du moment : le consommateur rachète les produits d'une même marque sans attachement particulier, motivé par la routine, par la facilité d'accès, par la mise en avant du produit dans l'unité commerciale, etc. Il pourrait tout à fait se tourner vers un produit concurrent plus avantageux ou plus accessible.

1.2. Les facteurs de fidélité

LA SATISFACTION DU CONSOMMATEUR ET L'EXPÉRIENCE DE CONSOMMATION	C'est la capacité d'un consommateur à apprécier un produit, une expérience de consommation par rapport aux attentes qu'il en a. La confrontation entre ses attentes préalables et le résultat final aboutira à une expérience plus ou moins positive.
LA QUALITÉ PERÇUE	C'est la capacité d'un bien ou d'un service à répondre aux attentes légitimes que peut avoir un consommateur en termes de performance et d'usage.
LE PRIX RELATIF	Ce prix correspond au sacrifice consenti par le consommateur par rapport à son pouvoir d'achat et au bénéfice attendu.
LES FACTEURS LIÉS À L'OFFRE	– La nature des services associés. – La notoriété et l'image du produit ou de la marque. – Les certificats et labels, la qualité.
LES FACTEURS LIÉS AU LIEU DE VENTE	L'aménagement du point de vente, la théâtralisation, la vitrine du site Web et les facilités de repérage, la sécurité des achats, etc.

2 Les stratégies de fidélisation

Elles visent à repérer les meilleurs clients de l'entreprise afin d'instaurer avec eux une relation personnalisée et développer la longévité de la relation. Un client fidèle est moins coûteux à conserver qu'à conquérir. Il assure une meilleure rentabilité qu'un client de passage, tout en devenant prescripteur de la marque ou du produit.

2.1. La stratégie de fidélisation recherchée

Cette approche, fondée sur la récompense, est une stratégie de séduction qui vise à délivrer au client, qui est libre de les accepter ou non, des avantages en termes de réductions et primes exceptionnelles, ou de relations privilégiées.

2.2. La stratégie de fidélisation induite

Elle vise à « capturer » le client en limitant sa liberté de départ par des coûts ou des conditions dissuasives de changement, en échange d'un tarif préférentiel.

EXEMPLE Engagement pack fidélité chez un opérateur mobile.

3 Les outils de la fidélisation

LA CARTE DE FIDÉLITÉ	Identification du client lors du passage en caisse, attribution instantanée de remises, collecte d'informations comportementales.
LES COUPONS/CHÈQUES	Obtenus soit au passage en caisse pour une future utilisation, soit reçus au domicile et utilisables à la caisse.
LES CADEAUX	Offerts à diverses occasions ou en octroi de prime.
LES VENTES CROISÉES	Produits complémentaires mis à proximité du produit principal, ou en lot, afin d'inciter à l'achat d'un autre produit de la marque.
LE CLUB DE CONSOMMATEURS	Octroi de privilèges aux adeptes de la marque en développant leur sentiment d'appartenance.
LE PARRAINAGE	Recrutement parmi les proches en échange de récompenses.
LA LETTRE D'INFO, LE MAGAZINE	Information relative à l'actualité de la marque en invitant à découvrir les nouveautés, les événements, etc.
LE NUMÉRO VERT, LE CENTRE D'APPELS	Moyens de communication spécifiques et directs pour faciliter l'échange, l'écoute des clients.
LE SMS, E-MAILING	Envoi instantané et personnalisé d'offres adaptées à chaque profil.
LES SITES WEB, LES FORUMS, LES BLOGS	Consommateurs associés à la marque par leur avis, leurs témoignages, susceptibles de convaincre des néophytes.
LA GRC (GESTION DE LA RELATION CLIENT)	Type de logiciel dédié à la connaissance approfondie du profil et des attentes du client afin d'y répondre de manière adaptée. La richesse des informations détenues permet de maximiser la fidélité des clients rentables, via une relation durable et personnalisée. La GRC permet donc de collecter des données, de segmenter la base, d'adapter la communication et l'offre au segment identifié, d'échanger en interactif avec le client et d'évaluer les actions.

mots clés Fidélité attitudinale/comportementale/induite/recherchée ◆ Gestion de la relation client (GRC)

S'entraîner au Bac
Exercices 26, 31, 33 : p. 88-90-92

Fidéliser ou conquérir ?

LU ☐
SU ☐
REVU ☐

La fidélisation ne suffit pas au maintien d'un portefeuille clients équilibré, qui doit être sans cesse renouvelé par des stratégies de conquête menées en parallèle.

1 Mercatique relationnelle et mercatique transactionnelle

Selon la stratégie (fidélisation ou conquête), l'entreprise adapte son type de mercatique.

Mercatique relationnelle	Mercatique transactionnelle
↓	↓
Développement : – de la qualité de la relation – de la durée d'attachement affectif et rationnel à l'entreprise – de la reconnaissance du client	Attribution d'un avantage matériel au moment de la transaction afin d'inciter le prospect à l'achat
↓	↓
Fidélisation des clients actuels	**Conquête** de nouveaux clients

2 Les facteurs d'arbitrage liés au choix de la stratégie

LA MATURITÉ DU MARCHÉ	Un marché en croissance nécessitera que l'entreprise mise sur la conquête de nouveaux clients. Pour un marché en maturité ou en déclin, on préconisera une stratégie de fidélisation.
L'INTENSITÉ CONCURRENTIELLE	La fidélisation rend les clients moins sensibles aux promotions des concurrents et aux variations de prix, et plus enclins à un bouche à oreille favorable. Ainsi, dans un cadre fortement concurrentiel, l'entreprise privilégiera la fidélisation.
LE DEGRÉ DE DIFFÉRENCIATION DE L'OFFRE	La différenciation de l'offre est destinée en premier lieu à renforcer l'attachement du client au produit ou au service car il est adapté à ses attentes, ce qui justifie sa fidélité.
LA VALEUR POTENTIELLE DES CLIENTS	Les actions de fidélisation s'imposent pour des clients à fort potentiel qui assurent la rentabilité de l'entreprise, tout comme s'impose la stratégie de conquête de ce type de clients en amont.
LE NIVEAU DE PERTE DE CLIENTS	Un nombre de départs élevé nécessitera la mise en place d'une stratégie de conquête de nouveaux clients.

3 La nécessaire complémentarité des stratégies

La fidélisation permet de conserver les clients mais n'assure pas le renouvellement ni le développement du portefeuille clients. L'entreprise doit donc régénérer son portefeuille clients par une stratégie de conquête, tout en limitant les départs des clients actuels. Ces deux approches sont donc complémentaires.

4 La stratégie de conquête

4.1. L'utilisation de bases de données prospects

Cette stratégie s'appuie aujourd'hui sur l'utilisation de bases de données prospects dont les adresses ont pu être obtenues par :

- la location ou l'achat de fichiers à des entreprises spécialisées ;
- la collecte d'informations par le biais de foires, salons, jeux-concours, loteries, coupons-réponses, numéros verts, etc.

4.2. Les actions de conquête

Plusieurs types d'actions peuvent être mis en place :

- les campagnes de ciblage mercatique ;
- l'utilisation d'un logiciel de GRC pour suivre l'historique des contacts ;
- les communautés virtuelles (flux RSS, blogs, forums, etc.) ;
- le m-mobile (marketing mobile) via le WiFi et le *geofencing* (repérage dans une zone de passage), qui permet de solliciter le mobinaute pour l'inviter à découvrir une offre à proximité.

5 Limites des stratégies de fidélisation/conquête

Les consommateurs évoluent dans un contexte hyperconcurrentiel ; ils sont très informés et de plus en plus exigeants et méfiants. Cette situation montre certaines limites aux stratégies de fidélisation et de conquête :

- les cartes de fidélité sont trop nombreuses et les clients sont saturés par les sollicitations intempestives et multiples ;
- les campagnes agressives ou intrusives provoquent souvent l'effet inverse à celui escompté et les courriers et mails ont un taux d'ouverture peu élevé ;
- les programmes de fidélisation sont très peu différenciés selon les marques, ce qui limite leurs effets ;
- le coût d'une campagne peut être élevé et il n'est pas toujours simple d'en mesurer la réelle efficacité ;
- la captation de nouveaux clients, déjà engagés ou fidélisés dans d'autres programmes de marques concurrentes, est parfois difficile.

mots clés

Mercatique relationnelle/transactionnelle ◆ Stratégie de fidèlisation/de conquête

S'entraîner au Bac
Exercices 26, 33 : p. 90-92

Savoir 22

L'évaluation des actions de fidélisation/conquête

LU ☐
SU ☐
REVU ☐

La rentabilité des actions menées par l'entreprise au travers de ses stratégies de conquête/fidélisation doit être évaluée à l'aide d'indicateurs de performance.

1 L'évaluation des actions de fidélisation ou de conquête

Certains indicateurs, de même que la mesure des écarts entre prévisions et réalisations, permettent à l'entreprise d'optimiser ses stratégies et de choisir les cibles les plus rentables.

1.1. L'attrition

L'attrition correspond à la perte de clients sur une période définie. L'entreprise met en œuvre des programmes anti-attrition pour anticiper l'éventualité du départ d'un client (échéance d'abonnement, etc.) ou identifier des causes de départ (insatisfaction relative au prix, au service, etc.), en fonction du rapport entre les coûts engagés et le profit espéré.

- Le coût d'attrition représente le coût lié à la perte de clients.
- Le taux d'attrition (ou de défection) mesure le rapport entre le nombre de clients perdus et le nombre de clients de la période :

$$\textbf{Taux d'attrition} = \frac{\text{Nombre de clients perdus}}{\text{Nombre total de clients de la période}} \times 100$$

1.2. La rétention

La rétention correspond au nombre de clients conservés par l'entreprise sur une période. Cette rétention a un coût (programme de fidélisation, cadeaux, etc.) et implique que l'entreprise identifie les clients les plus rentables pour miser sur leur potentiel de profit.

- Le coût de rétention équivaut au montant des frais engagés pour retenir le client.
- Le taux de rétention mesure le rapport entre le nombre de clients conservés et le nombre de clients de la période :

$$\textbf{Taux de rétention} = \frac{\text{Nombre de clients conservés}}{\text{Nombre de clients de la période}} \times 100$$

1.3. Les indicateurs de satisfaction

- Le taux de satisfaction est mesuré par des enquêtes, par des baromètres.
- Le taux de réclamation est un indicateur de l'insatisfaction des clients :

$$\textbf{Taux de réclamation} = \frac{\text{Nombre de réclamations}}{\text{Nombre de ventes}} \times 100$$

1.4. Les indicateurs de performance des actions mercatiques

- Le coût de fidélisation représente l'ensemble des frais engagés pour entretenir la relation avec le client.
- Le taux de retour est un indicateur très pertinent en termes d'efficacité des actions de mercatique relationnelle :

$$\textbf{Taux de retour} = \frac{\text{Nombre de retours (réponses, coupons, etc.)}}{\text{Nombre d'envois}} \times 100$$

- Le nombre de clics sur une page Web, sur un lien, sur un objet, etc.
- Le nombre de flashages (QR code sur un produit, un flyer, une vitrine, etc.).

- Le taux de transformation mesure les ventes réalisées après prospection :

$$\textbf{Taux de transformation} = \frac{\text{Nombre d'acheteurs effectifs}}{\text{Nombre de personnes prospectées}} \times 100$$

2 L'évaluation de la rentabilité client

2.1. Les outils d'analyse du portefeuille clients

L'analyse du portefeuille clients permet de dégager certains indicateurs très utiles tels que le chiffre d'affaires par client ou la marge par client.

Les principales méthodes d'analyse de la structure du portefeuille clients sont :

- la règle des 20/80 : 20 % des clients génèrent 80 % des profits ;
- la division du portefeuille clients en 3 catégories : gros, moyens et petits clients.

L'entreprise pourra ainsi mobiliser ses efforts à destination des cibles les plus rentables et optimiser sa stratégie de fidélisation.

2.2. La valeur à vie du client

La valeur à vie correspond au profit à long terme que le client générera pour l'entreprise, en tenant compte :

- des coûts de conquête, de vente (coût de dossier, coût des visites, coût des cadeaux...), de service (coût de traitement des appels...), de rétention, etc. ;
- du CA prévisible sur le long terme en fonction des taux de rétention espérés ;
- des taux d'actualisation à appliquer au profit issu du calcul précédent.

EXEMPLE

Valeur à vie d'un client « Carte or » dans une enseigne de parfumerie :

CA annuel : 1 000 €   Durée espérée de rétention du client : 10 ans

Coûts divers de fidélisation (cadeaux, courriers divers, événements...) : 85 € /an

Valeur à vie client « Carte or » : (1 000 – 85) × 10 = 9 150 € (somme à actualiser).

La valeur à vie est un indicateur fondamental pour la prise de décision :

Évaluation de la valeur du portefeuille client → Optimisation de la gestion clients par :
– l'augmentation des revenus
– la diminution des coûts de gestion
– la mise en évidence du potentiel de valeur à vie client la plus élevée
→ Vision à long terme : planification des engagements financiers

mots clés : **Attrition** ◆ **Coût d'attrition** ◆ **Rétention** ◆ **Coût de rétention** ◆ **Valeur à vie** ◆ **Taux de retour**

S'entraîner au Bac
Exercices 27, 31, 33 : p. 90-92

La mercatique et le durable

LU ☐
SU ☐
REVU ☐

Dans un contexte d'évolution des mentalités et de la législation, l'entreprise doit intégrer des considérations et des outils plus responsables.

1 De nouvelles contraintes pour les entreprises

1.1. L'éco-consommateur

Un éco-consommateur est un acteur qui se veut responsable dans son acte de consommation, au travers de ses critères de choix face à un produit, une entreprise, un service, etc., en y intégrant une dimension écologique et éthique.
Il attend de l'entreprise un engagement réel pour des produits plus verts, des modes de production plus propres, une transparence affichée, etc.
Néanmoins, certains facteurs tels que les revenus, les habitudes, le temps disponible, etc., peuvent constituer des freins.

1.2. La législation

Des contraintes juridiques (lois en faveur de la maîtrise des risques écologiques et de la réduction des émissions de carbone, mise en place de normes environnementales...) renforcent l'obligation de l'entreprise de se plier aux évolutions sociétales.

2 La mercatique durable

La mercatique durable est un processus permettant d'intégrer des aspects du développement durable (dimension écologique, sociale, sociétale) dans la stratégie de l'entreprise, notamment au niveau de son plan de marchéage et de ses relations avec ses partenaires.

Cet engagement, sincère ou non, lui procure des avantages indéniables :
- réduction des coûts (maîtrise des processus, économies d'énergie, de matières...) ;
- innovation (nouveaux procédés, nouveaux produits...) ;
- différenciation par rapport aux concurrents (nouveau positionnement...) ;
- amélioration de l'image et de la valeur de la marque ;
- augmentation de la valeur perçue par le client.

3 Des actions pour un plan de marchéage durable

3.1. L'éco-fonctionnalité

Cette nouvelle conception de l'offre consiste non plus à vendre des biens à durée de vie relativement courte afin d'inciter aux achats de renouvellement, mais à vendre l'usage du bien tout en assurant à celui-ci une durée de vie maximale. L'entreprise fait payer le service procuré par le bien plutôt que le bien lui-même.

> EXEMPLE
> Les Vélos Bleus ou les Vélib', que l'on paye en fonction de la durée d'utilisation.

L'intérêt de l'éco-fonctionnalité est de minimiser les flux de matières, d'énergie et de déchets, de prolonger le cycle de vie par la réparation et le recyclage, de favoriser l'économie locale (développement de l'emploi, réduction des gaz à effet de serre liés au transport, etc.), et de permettre au final la maîtrise des coûts.

3.2. La valeur étendue du produit

La valeur étendue du produit consiste à repenser le processus global tout au long du cycle de vie afin de minimiser les atteintes à l'environnement. Les consommateurs réfléchissent de plus en plus à l'impact environnemental du produit ou service, au-delà de sa valeur intrinsèque et de sa valeur d'usage, et y sont sensibles dans leurs critères d'achat.

3.3. L'éco-conception

L'éco-conception fait écho à la notion de valeur étendue, puisque cette méthode cherche à intégrer tout au long du cycle de vie du produit (depuis l'extraction des matières premières jusqu'à la valorisation en fin de vie) des aspects environnementaux destinés à limiter les externalités négatives et les atteintes à l'environnement. Elle repose sur la méthode des « 3R », qui vise à réduire (poids, volume, énergie, etc.), réutiliser (les emballages par exemple) et recycler.

3.4. Les labels

De nombreux labels liés au développement durable permettent à l'entreprise de valoriser sa démarche et de rendre visible son positionnement « vert » en se démarquant de ses concurrents.

4 L'engagement dans la mercatique durable

4.1. Le choix du degré d'engagement pour l'entreprise

POSTURE DÉFENSIVE	POSTURE PROACTIVE	POSTURE ENGAGÉE
L'entreprise s'engage dans la dimension durable ense limitant à des actions visant au respect de la législation de son secteur d'activité.	L'entreprise répond à une opportunité de marché, qui lui permet non seulement d'élargir sa cible en exploitant un nouveau créneau mais aussi de se différencier de ses concurrents.	L'entreprise considère ledéveloppement durable comme une véritable idéologie, et la majorité de ses actions traduit les valeurs et l'identité d'une entreprise responsable. Le positionnement est clair.

4.2. L'éco-blanchiment ou *greenwashing*

L'éco-blanchiment consiste pour une entreprise à valoriser son offre en utilisant, de manière indue, des arguments « verts » qui ne reposent réellement sur aucune action concrète en faveur du développement durable.

EXEMPLE

Communiquer via une illustration liée à la nature qui fausse la perception du produit.

mots clés

Éco-consommateur ◆ Mercatique durable ◆ Économie de la fonctionnalité ◆ Valeur étendue du produit ◆ Éco-conception ◆ Label ◆ Éco-blanchiment

S'entraîner au Bac

Exercices 28, 31 : p. 91-92

La mercatique éthique

LU ☐
SU ☐
REVU ☐

Les actions mercatiques parfois contestables de certaines entreprises ont suscité des dispositifs de protection des consommateurs.

1 Des techniques critiquables

1.1. Les pratiques intrusives

Les nouvelles technologies (géolocalisation…), la multiplication de bases de données commerciales surinformées et l'abondance de publicités entraînent des dérives d'intrusion dans la vie privée des consommateurs.

1.2. La publicité mensongère

Les pratiques commerciales, et plus particulièrement la publicité, sont considérées comme trompeuses si elles comportent des allégations susceptibles d'induire le consommateur en erreur. Elles sont encadrées par les articles L.121-1 et L.121-1-1 du Code la consommation, qui portent notamment sur les caractéristiques essentielles du produit, les informations liées au prix ou le traitement des réclamations.

1.3. La vente agressive (*hard-selling*)

L'article L.122-11 du Code de la consommation considère comme agressive une pratique commerciale accompagnée de sollicitations répétées et insistantes ou s'il est fait usage d'une contrainte physique ou morale entraînant une altération de la liberté de choix, un vice de consentement ou encore une entrave aux droits contractuels.

2 La protection des consommateurs

Il s'agit de rééquilibrer les rapports entre professionnels et consommateurs.

2.1. Les pratiques encadrées par la loi

- Pour faciliter les actions juridiques de protection des consommateurs, les textes encadrant les relations entre professionnels et consommateurs sont regroupés au sein du Code de la consommation.
- La CNIL (Commission nationale Informatique et Libertés) veille au respect de la vie privée des individus en contrôlant la création des bases de données commerciales et leur contenu. Elle garantit aussi le droit des consommateurs à être informés de l'existence de ces bases et à demander leur révision.
- La DGCCRF (Direction générale de la concurrence, de la consommation et de la répression des fraudes) et les DDPP (Directions départementales de la protection des populations) veillent au respect de la concurrence, notamment en luttant contre les ententes entre professionnels. Elles assurent également la protection des consommateurs en garantissant notamment une information fiable sur les prix ou encore en contrôlant la qualité et la conformité des produits.

2.2. Les actions des consommateurs

a) Le consumérisme

Ce mouvement social a vu le jour pour renforcer les droits des consommateurs face au pouvoir des entreprises. Il est fondé sur l'action d'associations telles que l'UFC

(Union fédérale des consommateurs) ou la Fédération des familles de France, qui cherchent à informer et défendre les consommateurs lors d'actions en justice. L'INC (Institut national de la consommation) intervient également à travers des essais comparatifs publiés dans la revue *60 millions de Consommateurs*.

b) La réactance psychologique

Ce phénomène apparaît dès lors qu'un individu a le sentiment que sa liberté est menacée. Dans le cadre des modèles de consommation imposés par les entreprises ou, plus largement, par la société, l'individu cherche à résister en participant à des mouvements consuméristes, en adoptant des modes de consommation responsable (biologique, de proximité...) ou enfin à travers des actions ponctuelles de boycott ou d'anti-publicité (« *no logo* »).

3 L'action des entreprises

Les entreprises ont intérêt à anticiper les effets négatifs que pourrait engendrer l'usage de pratiques mercatiques critiquables sur leur image de marque. Elles ont la possibilité de s'imposer des limites et gagnent à communiquer sur cet engagement.

3.1. Le code de déontologie

Les associations professionnelles (telles que l'ARPP dans le domaine de la publicité, le SNCD pour la communication directe ou la MMA pour la mercatique sur mobiles) édictent des règles morales permettant d'assurer des pratiques éthiques et loyales dans la profession. Les entreprises ont souvent l'obligation de respecter ces règles pour pouvoir adhérer à ces associations professionnelles.

3.2. La mercatique éthique

LA CHARTE ÉTHIQUE	C'est une déclaration écrite dans laquelle une entreprise présente son engagement envers ses parties prenantes (salariés, fournisseurs, clients...).
LA CHARTE CLIENT	Elle se focalise sur les engagements de l'entreprise envers ses clients, (satisfaction...), entretenant ainsi avec eux une relation de confiance.
LE COMMERCE ÉQUITABLE	Il est fondé sur l'approvisionnement auprès de petits producteurs le plus souvent localisés dans des pays peu développés, auxquels un revenu décent est garanti. Les entreprises ciblent des consommateurs inscrits dans une démarche citoyenne et prêts à payer plus cher pour ces produits (café, riz...).

mots clés

Publicité mensongère ◆ Vente agressive ◆ Consumerisme ◆ Réactance psychologique ◆ Code de déontologie ◆ Charte éthique ◆ Commerce équitable

S'entraîner au Bac
Exercices 29, 30, 31 : p. 91-92

Lexique

A

Alliance de marque (co-branding) : stratégie par laquelle deux entreprises associent leur expertise.

Ampleur (ou étendue) de gamme : nombre total de produits proposés par une entreprise dans sa gamme.

Approche mercatique anticipatrice : approche permettant à l'entreprise de répondre à un besoin latent.

Approche mercatique médiatrice : approche permettant d'associer le consommateur à la création de valeur autour du produit (*crowd-sourcing*).

Approche mercatique proactive : approche mercatique reposant sur la création d'un nouveau besoin à travers la proposition d'une innovation radicale.

Approche mercatique réactive : approche mercatique permettant de répondre à un besoin exprimé et pour lequel il existe déjà une offre.

Attitude : prédispositions mentales et croyances relatives à une marque, une enseigne, un produit, etc.

Attrition : perte de clients.

B

Base de données clients : base de données regroupant les informations signalétiques et comportementales sur les clients de l'entreprise.

Base de données commerciales : ensemble structuré d'informations concernant les clients, prospects et actions mercatiques de l'entreprise.

Bénéfice perçu : sentiment positif vécu à travers l'expérience de consommation, sur la base des caractéristiques fonctionnelles (valeur d'usage) et psychologiques (valeur hédonique et valeur de signe) du produit.

Besoin : sensation de manque entraînant la nécessité d'agir pour combler celui-ci.

Bouche à oreille : transmission d'une information d'un individu à l'autre.

Buzz : phénomène de bouche à oreille électronique, fortement amplifié par les réseaux sociaux.

C

CAO (commande assistée par ordinateur) : solution informatique de calcul automatique des besoins du distributeur en temps réel.

Charte éthique : engagements pris par une entreprise vis-à-vis de ses parties prenantes.

Ciblage : choix d'un ou plusieurs segment(s) de clientèle au(x)quel(s) on adresse une offre commerciale adaptée.

CNIL : Commission nationale de l'Informatique et des Libertés, dont le but est de veiller au respect de la vie privée des individus face à la multiplication des bases de données.

Code de déontologie : code de bonne conduite élaboré par une profession.

Commerce équitable : partenariat commercial visant à assurer une plus grande équité au niveau du commerce mondial, sur la base d'une juste rémunération des producteurs désavantagés, et des principes du développement durable.

Communication commerciale : ensemble des techniques et messages utilisés par une entreprise pour se faire connaître et vendre ses produits.

Communication de crise : réaction d'une entreprise face aux conséquences négatives d'une communication non maîtrisée.

Concurrence directe : entreprises proposant le même type d'offre pour répondre à un besoin similaire.

Concurrence indirecte : entreprises proposant une offre de substitution pour répondre à un besoin similaire.

Conditionnement : première enveloppe en contact direct avec le produit.

Consumérisme : mouvement et actions organisés par les consommateurs eux-mêmes, afin de protéger leurs intérêts face aux entreprises.

Couple produit/marché : produit et/ou service adapté(s) à une cible spécifique.

Coût d'attrition : coût lié à la perte de clients.

Coût de rétention : montant des frais engagés pour retenir un client.

Coût de revient : ensemble des charges engagées jusqu'à la mise en vente d'un produit (coût d'achat + coût de production + coût de distribution).

Coût perçu : ensemble des coûts monétaires, psychologiques et de transaction liés à l'achat.

D

Datamining : logiciel performant de traitement des informations d'une base de données commerciales

Datawarehouse : méga-base de données regroupant toutes les bases de données de l'entreprise.

Demande effective : demande composée des clients actuels de l'entreprise et des clients de la concurrence.

Demande potentielle : demande composée des clients potentiels, auxquels on a retranché les non- consommateurs absolus.

Démarche mercatique : succession d'étapes à travers lesquelles l'entreprise analyse les besoins des consommateurs et détermine sa stratégie (mercatique stratégique) puis met en place les éléments de son plan de marchéage (mercatique opérationnelle) avant de contrôler les résultats.

Distribution multicanale : stratégie de distribution utilisant plusieurs canaux de distribution complémentaires, physiques ou virtuels.

E

Éco-blanchiment : démarche consistant à communiquer à outrance sur une supposée démarche verte, suggérée au travers d'éléments souvent trompeurs.

Éco-conception : conception d'un produit ou service qui intègre tout au long du cycle de vie des processus, matériaux etc., respectueux de l'environnement.

Éco-consommateur : consommateur qui favorise une réflexion éthique et écologique dans ses actes d'achat.

Économie de la fonctionnalité : nouveau modèle économique favorisant la vente de l'usage d'un bien plutôt que la vente du bien luimême, pour limiter le gaspillage des ressources et les déchets.

EDI (échange de données informatisées) : échange d'informations numériques entre systèmes compatibles.

Élasticité : influence positive ou négative d'une variable sur une autre.

Emballage (*packaging*) : enveloppes successives ajoutées au conditionnement d'un produit et présentant des fonctions techniques et commerciales.

Étude primaire qualitative : recueil d'informations par l'entreprise, sous forme d'entretiens, d'observations ou de tests, portant sur les comportements et les motivations des individus.

Étude primaire quantitative : recueil d'informations sous forme de sondages, panels ou recensements, permettant un traitement quantitatif d'une question.

Étude secondaire : analyse d'informations déjà recueillies et traitées.

Expérience de consommation : ensemble des émotions et stimuli vécus par le consommateur avant (expérience d'anticipation), pendant (expérience d'achat) et après (expérience d'usage et de souvenir) l'achat.

Extension de marque (*brand stretching*) : stratégie consistant à utiliser sa marque et sa notoriété pour investir un nouveau marché.

F

Facteurs explicatifs du comportement du consommateur : ensemble des éléments conscients ou inconscients, rationnels ou irrationnels, liés à l'individu (et/ou au groupe social), aux facteurs situationnels, etc. et qui peuvent influencer l'acte de consommation.

Fidélité attitudinale : attachement à une marque, une enseigne, un produit, motivé par des prédispositions cognitives et affectives favorables.

Fidélité comportementale : fait de racheter régulièrement des produits d'une même marque ou enseigne (objectif conatif).

Fidélité induite : démarche de fidélisation consistant à restreindre la liberté du client en imposant des conditions de départ contraignantes

Fidélité recherchée : démarche qui encourage la fidélité du client en favorisant la récompense, les cadeaux et l'attachement volontaire à la marque.

Franchise : contrat par lequel un franchiseur donne au franchisé le droit d'utiliser sa marque et son savoir-faire en contrepartie d'une redevance et parfois d'un droit d'entrée.

Frein : pulsion psychologique décourageant l'achat.

G

Gamme : ensemble des produits proposés par une entreprise et répondant au même besoin.

Gestion des capacités : (voir *yield-management*).

GPA (gestion partagée des approvisionnements) : gestion conjointe producteur/distributeur et informatisée des stocks de produits en temps réel.

Gratuité : politique visant à accorder des produits ou services gratuits à un client.

GRC (gestion de la relation client) : mise en place d'outils et de solutions informatiques pour un suivi complet de la relation client afin de l'optimiser.

I L

Image : représentation mentale de l'identité et des qualités d'une entreprise.

Label : signe de qualité dont l'obtention est conditionnée par le respect de diverses contraintes liées au processus de production (méthodes, région...).

Lexique

Largeur de gamme : nombre de lignes de produits de la gamme.

M N

Marché : lieu d'échange entre offreurs et demandeurs.

Marge commerciale : différence entre le prix de vente et le coût d'achat.

Marge nette : différence entre le prix d'achat et le coût de revient.

Marque : signe distinctif permettant à une entreprise d'identifier un produit et de le distinguer des concurrents.

Marque caution : marque « mère » complétée par une marque « fille » propre à chaque produit.

Marque ombrelle : marque unique utilisée pour un ensemble hétérogène de produits.

Mercatique concentrée (*one-to-one*) : démarche consistant à se concentrer sur un segment précis via un plan de marchéage adapté aux besoins spécifiques de cette cible restreinte.

Mercatique différenciée (*one-to-few*) : démarche consistant à adapter son plan de marchéage à quelques segments de clientèle sélectionnés par l'entreprise.

Mercatique directe : techniques de communication qui facilitent le contact et la relation directe avec le client.

Mercatique durable : démarche mercatique qui intègre des aspects de développement durable.

Mercatique indifférenciée (*one-to-many*) : démarche proposant un plan de marchéage et une offre unique à une masse indifférenciée de clients.

Mercatique relationnelle : mise en place d'actions destinées à conserver une relation privilégiée et durable avec le client pour le fidéliser.

Mercatique transactionnelle : actions commerciales visant à inciter à la transaction immédiate, à l'achat.

Mercatique virale : technique de communication utilisant Internet et les réseaux sociaux pour favoriser la propagation du message.

Méthode de segmentation 20/80 (diagramme de Pareto) : méthode de segmentation selon laquelle 20 % des clients permettent de réaliser 80 % du chiffre d'affaires.

Motivation : pulsion psychologique favorisant l'achat.

Notoriété : niveau de connaissance que le consommateur a d'une entreprise.

O

Objectif affectif : objectif d'une communication visant à faire aimer une marque ou un produit à une cible.

Objectif cognitif : objectif d'une communication visant à faire connaître une marque ou un produit à une cible.

Objectif conatif : objectif d'une communication visant à faire agir une cible vis-à-vis d'une offre.

Offre globale : offre composée d'une offre principale et augmentée de biens et/ou de services associés qui en augmentent la valeur.

P

Panel : enquête réalisée sur un échantillon permanent, permettant d'étudier l'évolution d'un phénomène dans le temps.

Part de marché : chiffre d'affaires réalisé par une entreprise par rapport au chiffre d'affaires total du marché.

Perception : processus par lequel le consommateur donne un sens aux informations qu'il reçoit, par des actions mentales de sélection, d'organisation, d'interprétation, de déformation...

Plan de marchéage (« 4P ») : éléments de mercatique opérationnelle concernant le Produit, le Prix, la Place (distribution) et la Promotion (communication).

Population mère : population de base sur laquelle porte le sondage.

Position concurrentielle : rang occupé par l'entreprise sur le marché en fonction de sa part de marché par rapport à celle de ses concurrents (*leader, challenger...*)

Positionnement : manière dont l'entreprise est perçue dans l'esprit des consommateurs par rapport à ses concurrents.

Prix cible : méthode de fixation des prix par l'aval : l'entreprise maîtrise son coût de revient et sa marge dans la limite du prix du marché acceptable par les clients.

Prix d'acceptabilité : prix auquel le maximum de clients potentiels se déclare prêts à acheter.

Prix différencié : politique consistant à adapter les prix en fonction de la qualité du client, du moment de consommation, de la quantité achetée, etc.

Prix forfaitaire : politique de fixation des prix proposant des tarifs pour une offre globale plutôt que des prix par unité.

Prix unique : politique consistant à afficher un prix unique pour tous, sans discrimination liée à des éléments subjectifs ou de situation.

Lexique

Processus d'achat : ensemble des diverses étapes suivies par le consommateur pour aboutir à l'achat (naissance du besoin, recherche d'informations, comparaison, sélection, sentiment post-achat).

Profondeur de ligne : nombre de déclinaisons d'un produit dans une ligne de produits.

Publicité : communication de masse visant à adresser un message indifférencié à une large cible.

Publicité mensongère : publicité susceptible de tromper le consommateur ou de l'induire en erreur.

Q R

Qualité : ensemble des caractéristiques objectives et subjectives qui permettent à un produit de satisfaire les besoins des consommateurs.

Réactance psychologique : sentiment de rejet ressenti par un individu face à une diminution de sa liberté de choix.

Réponse optimale au client (ECR) : démarche globale visant à satisfaire le client par la mise en place d'outils destinés à mieux répondre à ses attentes.

Résultat : différence comptable entre les produits et les charges.

Rétention : démarche marketing visant à favoriser la fidélité des clients.

S

Satisfaction : impression ressentie par le consommateur lors de son expérience d'achat et reposant sur la comparaison entre bénéfice perçu et coût perçu.

Segment : groupe d'individus ayant des besoins et comportements homogènes.

Segmentation : découpage d'une population hétérogène en segments.

Sensibilité-prix : mesurée par l'élasticité, elle exprime la sensibilité de la demande par rapport aux variations de prix.

Sondage : enquête ponctuelle quantitative, réalisée sur un échantillon.

Stratégie de conquête : mise en place d'actions de prospection destinées à renouveler le portefeuille clients.

Stylique (*design*) : ensemble des éléments permettant d'associer une entreprise et ses produits à une identité visuelle.

T

Taux de marge : indique la part de la marge pratiquée par rapport au coût d'achat.

Taux de pénétration : indique le nombre d'utilisateurs effectifs du produit par rapport au nombre potentiel d'utilisateurs.

Taux de retour : indicateur d'efficacité d'une action commerciale relatif au nombre de réponses obtenues.

U V

Unité commerciale : Point de vente physique (magasin) ou virtuel (site marchand).

Valeur à vie du client : marge issue du chiffre d'affaires réalisé sur la durée de vie de la relation avec un client, moins les charges engagées pour le conserver.

Valeur d'usage : valeur liée aux caractéristiques fonctionnelles du produit.

Valeur étendue du produit : prise en compte dans l'acte d'achat, en plus de la valeur d'usage ou de la fonction d'un produit, des externalités négatives induites par sa fabrication jusqu'à son élimination tout au long du cycle de vie de ce produit.

Valeur hédonique : valeur liée aux émotions vécues lors de la consommation du produit.

Veille mercatique et commerciale : collecte permanente d'informations concernant le marché et les acteurs en relation avec l'entreprise, afin de faciliter la prise de décision stratégique.

Vente agressive : technique de vente reposant sur des sollicitations insistantes, voire sur des menaces.

Y

Yield-management **:** technique de tarification en temps réel destinée à maximiser le profit par la gestion optimale des capacités offertes en fonction du niveau de la demande.

Exercice 1 voir Fiche Savoir 1

Le comportement du consommateur

Une enquête sur la consommation de produits biologiques en France révèle que la tendance à consommer ce type de produits s'intensifie. En effet, depuis les scandales alimentaires de ces dernières années, les consommateurs sont de plus en plus sensibles à la traçabilité et à l'origine. Le label AB est un signe de qualité et de produit sain pour la santé.

Parmi les réponses quant au choix du bio, les considérations liées à la santé arrivent en tête, suivies par l'attitude militante pour une vie plus saine et moins de pollution ; viennent ensuite pêle-mêle la qualité gustative, la possibilité de consommer la peau des fruits et légumes, et le respect de la nature.

Parallèlement, les personnes interrogées regrettent les prix plus élevés, l'accès plus restreint à ce type de produits, la peur que tous les critères de production ne soient pas respectés, et l'effet de mode.

Les personnes les plus enclines à plébisciter le bio sont plutôt des cadres de revenus moyens et supérieurs, urbains, de 30 à 55 ans, des mères de famille pour leurs jeunes enfants et des retraités.

On note que les habitudes familiales ont tendance à se transmettre et que les enfants perpétuent les habitudes de leurs parents.

Vous analyserez, au travers de cette étude, le comportement d'achat des consommateurs en classant les différents facteurs d'influence.

FAIT ☐ REVU ☐

Exercice 2 voir Fiche Savoir 2

L'expérience de consommation

Une marque de prêt-à-porter urbain et branché a complètement modifié les codes du magasin traditionnel : en effet, dès l'entrée, une ambiance de boîte de nuit avec spots lumineux et musique à fond surprend le client. Des écrans TV géants diffusent les clips vidéo des chansons, et de jeunes mannequins style « Apollon » exposent leur bi et triceps au regard admiratifs des jeunes clientes qui se photographient en leur charmante compagnie.

Le moment shopping est intense et les vêtements présentés tout à fait tendance, ce qui facilite le passage à l'acte. D'autant qu'avec le ticket de caisse, la cliente récupère un code qui lui permettra de poursuivre son expérience sur Internet en créant son espace personnel pour y recevoir des offres spéciales et des informations sur les événements à venir.

La page Facebook regorge de commentaires et de « j'aime », et permet l'expression libre des adeptes de la marque.

De nombreuses clientes avouent à l'entrée avoir découvert le concept du magasin via les réseaux sociaux et le bouche-à-oreille, et avoir rêvé de ce moment depuis des mois.

1. Vous analyserez au travers de cet exemple l'expérience de consommation vécue par la cliente, dans ses différentes phases.

2. En quoi cette expérience de consommation peut-elle augmenter la valeur perçue ?

FAIT ☐ REVU ☐

Exercice 3 voir Fiche Savoir 2

QCM

Cochez la ou les bonnes réponses.

1. Il est possible d'augmenter la valeur perçue d'une offre :

a) en augmentant le bénéfice attendu. ☐

b) en diminuant le coût perçu. ☐

2. À travers son achat, l'individu vit une expérience de consommation :

a) avant l'achat. ☐

b) pendant l'achat et l'utilisation du produit. ☐

c) après l'achat. ☐

d) pendant l'ensemble de ces phases. ☐

FAIT ☐ REVU ☐

Exercice 4 voir Fiches Savoirs 2 et 11

Offre globale et gamme

L'entreprise Beauty+ est spécialisée dans les soins et cosmétiques 100 % naturels à base de plantes et de fruits et distribue ses produits par le biais des parapharmacies et de son site internet.

Le site permet aux consommatrices de passer commande, d'être livrées à domicile et d'avoir accès à des vidéos avec des démonstrations de maquillage, des conseils d'application, etc. et la possibilité de prendre rendez-vous dans la pharmacie la plus proche pour bénéficier d'un cours de maquillage personnalisé par une esthéticienne de la marque.

Un forum permet aux utilisatrices d'échanger leurs avis et leurs expériences autour de l'offre de Beauty+.

Une journaliste de mode et une présentatrice télé ont tout récemment plébiscité la qualité d'un produit phare : la crème anti-âge aux actifs de fruits.

Les produits que Beauty+ propose sont les suivants :

– des crèmes hydratantes visage avec des substances diversement actives en fonction de la nature de la peau (« peaux sèches », « peaux normales et mixtes », « peaux grasses ») ; ces crèmes existent en pots de 50 ml et de 125 ml ;

– des crèmes anti-âge aux actifs de fruits : deux contenants (50 ml et 100 ml) pour deux cibles distinctes : les femmes « de 40 à 50 ans » et « après 50 ans » ;

– des huiles sèches pour le corps : une à l'huile d'argan biologique, une à l'huile d'olive et une parfumée au jasmin ;

– des laits pour le corps : en flacon de 150 ml, ce produit est décliné en « vanille gourmande », « épices orientales » et « fruits du verger » ;

– des fards à paupières : 12 nuances ;

– des fards à joues : 4 nuances ;

– des fonds de teint : 3 nuances, disponibles en fluide et en poudre compacte ;

– des rouges à lèvres : 25 coloris, dont 10 d'entre eux sont repris en version gloss.

1. **Présentez l'offre globale de la société Beauty+.**

2. **Définissez la notion de valeur perçue et analysez les éléments susceptibles de contribuer à l'amélioration de cette valeur perçue par les clientes de la marque.**

2. **Analysez la gamme de produits de l'entreprise « Beauté+ » en précisant sa largeur, sa profondeur et son ampleur.**

3. **Caractérisez la gamme et présentez les avantages et inconvénients de ce type de gamme.**

FAIT ☐ REVU ☐

Exercice 5 voir Fiches Savoirs 3 et 19

SIM et communication relationnelle

L'entreprise Croquemitaine vend des habits et accessoires pour enfants. Elle envisage de développer une communication relationnelle pour adresser des offres promotionnelles à ses clients et les fidéliser ; elle réfléchit à la mise en place d'un système d'information mercatique.

1. **Définissez la notion de SIM.**

2. **Listez les informations que devra contenir la base de données clients pour faciliter l'envoi de messages commerciaux.**

3. **Présentez l'intérêt de la newsletter dans la mise en œuvre de la relation client.**

FAIT ☐ REVU ☐

Exercice 6 voir Fiches Savoirs 3 et 4

QCM

Cochez la ou les bonnes réponses.

1. **Le SIM est :**

a) **un Système Informatique Mercatique.** ☐

b) **un Système d'Information Mercatique.** ☐

c) **un Système d'Information Mix.** ☐

2. **Afin d'obtenir rapidement des informations à moindre coût, il est préférable d'effectuer :**

a) **une étude documentaire/secondaire.** ☐

b) **une étude ad hoc/primaire.** ☐

3. **Les études primaires quantitatives permettent d'obtenir :**

a) **des informations comportementales.** ☐

b) **des informations sur la motivation des individus.** ☐

c) **des informations quantifiées sur l'échantillon étudié.** ☐

FAIT ☐ REVU ☐

Exercice 7 voir Fiche Savoir 4

L'enquête par questionnaire

Une société de découverte de lieux touristiques souhaite évaluer la satisfaction de ses clients afin d'améliorer la qualité de ses prestations. Le responsable hésite sur le type d'étude à mettre en œuvre et les modalités de mise en œuvre.

1. **Conseillez ce chef d'entreprise en lui exposant l'étude la plus appropriée et la méthodologie à suivre.**

Suite à l'enquête menée auprès d'un échantillon de 500 clients, vous obtenez les graphiques ci-après :

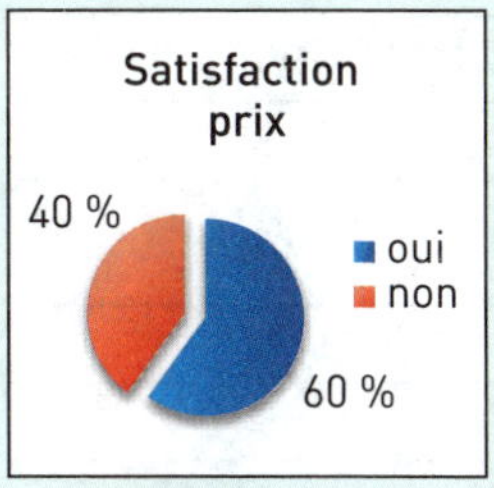

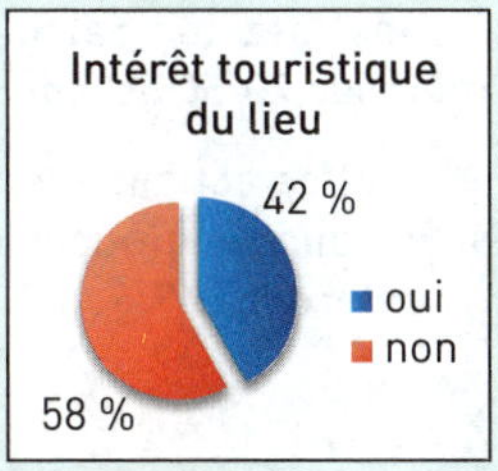

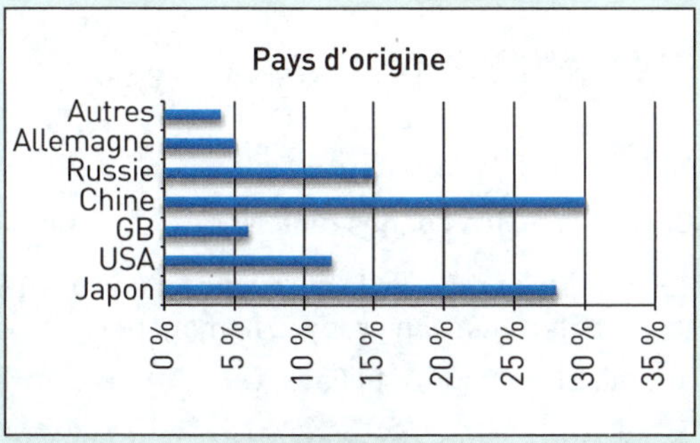

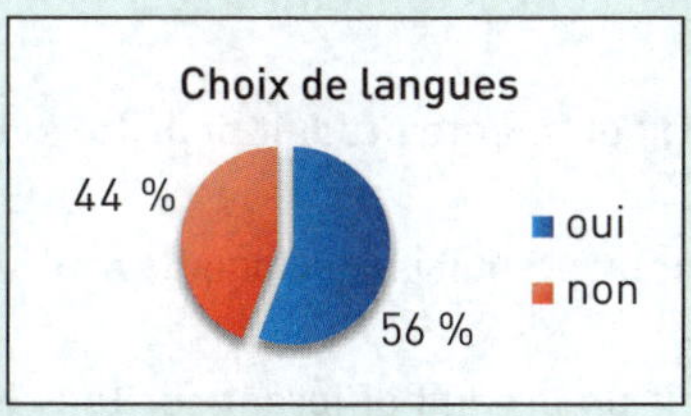

2. Commentez les résultats présentés par les graphiques.

3. Quelles préconisations d'actions pouvez-vous proposer pour améliorer la satisfaction des clients ?

FAIT ☐ REVU ☐

Exercice 8 voir Fiche Savoir 5

L'analyse de la concurrence

L'entreprise TOUPOURVOU, spécialisée dans le service à la personne, envisage de s'implanter sur le département de l'Ardèche, et désire s'informer sur la concurrence locale.

Les chiffres d'affaires réalisés par les entreprises du marché du service à la personne sur le département en 2013 et 2014 sont les suivants :

	2013	2014
Entreprise 1	256 000 €	248 000 €
Entreprise 2	148 900 €	145 660 €
Entreprise 3	369 000 €	399 100 €
Entreprise 4	136 900 €	146 200 €
Diverses TPE	35 160 €	22 300 €

1. Vous analyserez la concurrence en calculant les indicateurs que vous jugerez pertinents.

2. Vous qualifierez les positions concurrentielles de chaque entreprise.

3. Vous commenterez vos résultats en analysant l'évolution des acteurs sur le marché de 2013 à 2014.

FAIT ☐ REVU ☐

Exercice 9 voir Fiche Savoir 6

Les calculs des taux d'évolution et la prévision des ventes

L'entreprise « Dogs en folie » souhaite connaître la tendance d'évolution de son activité au cours des quatre dernières années et vous communique les renseignements relatifs à son chiffre d'affaires sur la période :

	2011	2012	2013	2014
CA	65 300 €	56 812 €	73 237 €	90 000 €

1. Calculez les taux d'évolution annuels du chiffre d'affaires et le taux d'évolution global sur la période.

2. Prévoyez le chiffre d'affaires de 2015 avec la méthode des moindres carrés.

3. Commentez en quelques lignes la tendance observée.

4. Concluez sur la fiabilité et les limites de cet outil de prévision.

FAIT ☐ REVU ☐

Exercice 10 voir Fiches Savoirs 1 à 6

QCM

Cochez la ou les bonnes réponses.

1. Les motivations oblatives visent pour un individu à :

a) se faire plaisir. ☐

b) faire plaisir à autrui. ☐

c) s'affirmer dans son groupe de référence. ☐

2. L'attitude se définit par une composante :

a) cognitive. ☐ b) affective. ☐ c) conative. ☐

3. La notoriété et la fidélité sont des indicateurs :

a) quantitatifs. ☐ b) qualitatifs. ☐

4. Le positionnement est synonyme de la position de l'entreprise en termes de parts de marché :

a) Vrai. ☐ b) Faux. ☐

5. La demande potentielle est égale à :

a) la demande totale – les non-consommateurs relatifs. ☐

b) la demande effective + la demande prévue. ☐

c) la demande totale – les non-consommateurs absolus. ☐

6. Le non-consommateur relatif est un consommateur qui :

a) ne consomme le produit qu'à certaines occasions. ☐

b) n'a pas encore consommé le produit. ☐

c) ne veut pas consommer le produit pour des raisons morales. ☐

FAIT ☐ REVU ☐

Exercice 11 voir Fiche Savoir 7

Analyse de la segmentation par la méthode 20/80

L'entreprise Starlette fabrique et commercialise des accessoires de mode de type bijoux fantaisie et accessoires de coiffure. Elle vend une grande partie de sa production à des clients professionnels (magasins de mode divers) et souhaiterait vérifier la structure de son portefeuille client à partir de la méthode 20/80.

Les chiffres d'affaires des clients se décomposent comme suit :

CLIENTS	CHIFFRE D'AFFAIRES (EN K€)
Entreprise Rosa	93
Sarl Belcanto	518
Au Bonheur des dames	7
Sarl Le Bigoudi	47
Sarl le Scarabée d'Or	199
Au Royaume argenté	6
Entreprise Bellissima	18
Sarl Le Collier de perles	1 099
Sarl Colordiam's	46
Sarl Le Strass	45

1. Réalisez les calculs afin de vérifier si la méthode 20/80 est applicable.

2. Quelles actions mercatiques préconiseriez-vous pour les groupes de clients que vous avez pu déterminer ?

FAIT ☐ REVU ☐

Exercice 12 voir Fiches Savoirs 7, 8 et 9

QCM

Cochez la ou les bonnes réponses.

1. La segmentation est le découpage d'une population hétérogène en groupes homogènes.

a) Vrai. ☐ b) Faux. ☐

2. Le marketing concentré correspond à la volonté :

a) d'offrir un même produit pour tous les segments. ☐

b) d'offrir un produit unique pour le seul segment choisi. ☐

c) d'offrir un produit différent sur tous les segments choisis. ☐

3. Le fait, pour une entreprise, de proposer une offre répondant à une demande déjà exprimée correspond à une approche mercatique :

a) réactive. ☐ b) anticipatrice. ☐

c) créative. ☐ d) interactive. ☐

4. Dans la démarche mercatique, l'application des 4P intervient lors de la phase :

a) stratégique. ☐ b) opérationnelle. ☐

5. Un bien anomal est un bien de consommation courante ne nécessitant pas une longue phase de réflexion lors de l'achat :

a) Vrai. ☐ b) Faux. ☐

6. Le positionnement d'une entreprise correspond à :

a) la manière dont elle veut être perçue par les consommateurs. ☐

b) la manière dont elle est perçue par les consommateurs. ☐

c) sa place dans l'esprit des consommateurs par rapport aux concurrents. ☐

FAIT ☐ REVU ☐

Exercice 13 voir Fiche Savoir 10

Les composantes de l'offre

Une société désire lancer sur le marché une boîte repas composée d'une grande boîte à la stylique moderne et aux couleurs flashy, dans laquelle s'insèrent une moyenne boîte et deux petites boîtes, le tout en plastique souple, micro-ondable, avec fermeture hermétique. Le couvercle renferme un petit compartiment à condiment et un espace comprenant une fourchette en plastique.

La boîte se transporte dans un sac à anses pouvant conserver le chaud ou le froid. L'ensemble est vendu sous film plastique avec une étiquette indiquant la composition, etc. et les illustrations commerciales dont la marque, « LUNCHNomade », qui est représentée par un logo avec une boîte sur roues, en forme de voiture, contenant une côtelette et des frites avec un fléchage fait de fourchettes insufflant l'idée de mouvement.

Recensez les composantes matérielles et immatérielles de l'offre.

FAIT ☐ REVU ☐

Exercice 14 voir Fiche Savoir 12

QCM

Cochez la ou les bonnes réponses.

1. Le yield management consiste à fixer ses prix en fonction de la catégorie de clients.

a) Vrai. ☐ b) Faux. ☐

2. La gratuité implique pour l'entreprise de faire reposer le financement de celle-ci par ses divers partenaires.

a) Vrai. ☐ b) Faux. ☐

3. Le prix forfaitaire est lié au raisonnement « marginaliste » du consommateur.

a) Vrai. ☐ b) Faux. ☐

4. Le prix-cible consiste à :

a) définir le prix acceptable sur le marché. ☐

b) s'aligner sur les prix pratiqués par les concurrents. ☐

c) définir un prix en fonction du niveau d'acceptabilité de la cible. ☐

5. Le taux de marge est relatif à :

a) la marge et le prix d'achat. ☐

b) la marge et le prix de vente. ☐

c) au résultat. ☐

FAIT ☐ REVU ☐

Exercice 15 voir Fiche Savoir 13

L'élasticité prix

L'évolution des prix et de la demande de deux produits est la suivante :

PRODUIT A	PÉRIODE 1	PÉRIODE 2
Niveau de prix	50	60
Demande	10 000	8 800
PRODUIT B	**PÉRIODE 1**	**PÉRIODE 2**
Niveau de prix	130	150
Demande	4 100	4 800

Calculez l'élasticité prix de chaque produit et commentez vos résultats.

FAIT ☐ REVU ☐

Exercice 16 voir Fiche Savoir 13

Les calculs commerciaux

1. Calculez le prix d'achat HT d'un robot culinaire vendu aux clients 38 € TTC, sachant que la marge est de 32 % du prix d'achat HT et que le taux de TVA s'élève à 20 %.

2. Calculez le prix de vente TTC et le taux de marge pour un pack de 10 canettes de soda acheté par le détaillant 3,25 € HT et revendu au consommateur 4,50 € HT (TVA : 5,5 %).

3. Calculez le prix d'achat HT d'une lampe halogène vendue aux clients 120 € TTC, sachant que la marge pratiquée est de 40 % du prix d'achat HT et que le taux de TVA s'élève à 20 %.

4. Calculez le prix de vente public TTC d'un ensemble table + 4 chaises sachant que le prix d'achat HT de ce dernier est de 98 € et le taux de marge appliqué par le distributeur de 35 % (TVA 20 %).

5. Calculez le prix de vente public HT et TTC d'un litre et demi de glace parfum « crème brûlée » sachant que le coût de revient pour le fabricant est de 1,12 € et que celui-ci applique un taux de marge de 30 % ; le distributeur applique quant à lui un taux de marge de 55 % (TVA 20 %).

FAIT ☐ REVU ☐

Exercice 17 voir Fiche Savoir 13

Résultat et seuil de rentabilité

Une entreprise de vente de matériel de sport envisage le lancement d'un nouveau produit : une tente de camping qui s'ouvre et se referme seule, grâce à un petit moteur.

L'entreprise souhaite évaluer la rentabilité de son projet. Le service comptable communique les données suivantes :

- chiffre d'affaires prévisionnel : 1 520 unités à 69,00 € ;
- charges variables par unité : 25,50 € ;
- charges fixes : 40 765 €.

1. Calculez le chiffre d'affaires prévisionnel.

2. Calculez le résultat et commentez.

3. Calculez le seuil de rentabilité en valeur et en volume.

FAIT ☐ REVU ☐

Exercice 18 voir Fiche Savoir 13

Fixation du prix et prix cible

Le restaurant « Le Veau d'or » qui propose de la cuisine traditionnelle et familiale, réfléchit à la fixation du prix de son plat du jour, sachant qu'il est situé dans un zone commerciale où les restaurants sont nombreux, et où trois concurrents directs proposent le même type de cuisine et affichent respectivement le plat du jour à 11,90 €, 12,50 € et 14,90 €.

Suite à une enquête menée par le gérant du Veau d'or auprès des salariés des entreprises et commerces de la zone, il apparaît que ceux-ci sont prêts à payer 10 € maximun le plat du jour dans ce type de restaurant.

1. Présentez au gérant les différents éléments à prendre en compte dans la fixation du prix de vente.

2. Présentez la notion de prix cible et expliquez au gérant du Veau d'or comment la mettre en œuvre au niveau de son plat du jour.

FAIT ☐ REVU ☐

Exercice 19 voir Fiche Savoir 13

Calculs de coût

Un revendeur de meubles veut connaître le résultat trimestriel réalisé sur la vente d'un bureau informatique livré en kit de référence MB127. On vous communique les renseignements suivants :

ACHATS DU TRIMESTRE (HT)	VENTES DU TRIMESTRE (HT)
310 bureaux à 69 €	296 bureaux à142 €

Les charges trimestrielles s'élèvent à :

Charges directes :

- frais d'approvisionnement : 3 €/bureau acheté ;
- publicité/promotion des ventes : 200 €/mois ;
- frais sur vente : 7 €/bureau vendu.

Charges indirectes : pour le trimestre, elles sont estimées à 2 000 € et doivent être réparties à raison d'un tiers aux approvisionnements, le reste allant à la distribution.

Calculez, pour le 4e trimestre de l'année :

a) le coût d'achat ;

b) le coût de distribution ;

c) le coût de revient ;

d) le résultat global et le résultat unitaire de ce modèle de bureau.

FAIT ☐ REVU ☐

Exercice 20 voir Fiches Savoirs 13 et 22

Coût d'un publipostage, taux de retour et taux de transformation

L'entreprise « Le Jardin japonais » lance une opération de liquidation d'un stock de cactus et d'accessoires décoratifs pour jardins « zen ».

Elle organise l'envoi d'un mailing à ses clients avec un coupon d'invitation à la journée de liquidation.

Les coûts du publipostage se décomposent comme suit :

- coût horaire du salarié mis à disposition : 11,87 € (charges incluses) ;
- temps à rémunérer : 12 heures ;
- feuilles A4 : 0,15 € ;
- enveloppes : 0,35 € ;
- encre : 1 cartouche à 27 € ;
- timbres : 0,70 €.

Le nombre de courriers expédiés s'élève à 400 exemplaires.

Le nombre de clients s'étant présentés au magasin avec le coupon d'invitation s'élève à 165 personnes. Le nombre de commandes enregistrées à partir de ces visites s'élève à 79.

Le chiffre d'affaires généré est de 2 528 €.

1. Calculez le coût de revient global de l'opération de publipostage.

2. Quel est le montant moyen d'achat par commande ?

3. Calculez le taux de retour et le taux de transformation.

FAIT ☐ REVU ☐

Exercice 21 voir Fiche Savoir 14

La distribution

L'entreprise APEROSUD fabrique et commercialise des préparations alimentaires destinées à l'apéritif, à base de produits provençaux (olives, anchois, poivrons, fleurs de courgettes, etc.). Son positionnement plutôt haut de gamme et ses produits du terroir de qualité lui ont valu une demande croissante de la part de consommateurs « fins gourmets ».

Elle distribue ses produits via divers canaux :

- magasins d'usine ;
- épiceries fines ;
- marchés forains ;
- hypermarchés.

L'entreprise a développé un site vitrine qu'elle souhaiterait transformer en site marchand pour répondre à une demande extérieure émanant de touristes amateurs des produits de la région.

1. Quelle est la stratégie de distribution mise en œuvre par APEROSUD ?

2. Identifiez les canaux de distribution actuels en les qualifiant.

3. Appréciez la pertinence du site marchand au regard du marchéage relatif aux produits.

4. Comment peut-on qualifier une distribution qui regroupe plusieurs solutions (physiques, virtuelles) ?

FAIT ☐ REVU ☐

Exercice 22 voir Fiches Savoirs 14 et 15

QCM

Cochez la ou les bonnes réponses.

1. La stratégie de distribution généralement utilisée pour un produit de grande consommation est :

a) une stratégie sélective. ☐

b) une stratégie exclusive. ☐

c) une stratégie intensive. ☐

2. La franchise appartient à la forme de commerce :

a) indépendant isolé. ☐

b) indépendant associé. ☐

c) intégré. ☐

3. Un distributeur « pure player » est une unité commerciale :

a) physique. ☐ **b) virtuelle. ☐**

FAIT ☐ REVU ☐

Exercice 23 voir Fiche Savoir 16

La collaboration producteur/distributeur

Un producteur de plats cuisinés sous vide souhaite développer une relation de partenariat avec un groupe d'hypermarchés du nord de la France. Suite à une réunion de travail, il vous sollicite pour obtenir des informations complémentaires.

1. Présentez les principes de l'ECR (réponse optimale au consommateur).

2. Expliquez les notions d'EDI et de GPA.

3. Présentez les avantages réciproques de ce type de collaboration.

FAIT ☐ REVU ☐

Exercice 24 voir Fiche Savoir 18

Calcul d'efficacité d'une publicité

La société Clarins désire passer une publicité pour une crème hydratante dans la presse. Elle a le choix entre plusieurs supports correspondant à sa cible : les femmes de moins de 50 ans.

SUPPORTS	AUDIENCE TOTALE	FEMMES	< 50 ANS	TARIFS (EN €)
A	1 389 000	83 %	86 %	24 720
B	4 967 000	75 %	42 %	49 300
C	2 855 000	83 %	51 %	58 500

1. Calculez les audiences utiles pour les trois supports.

2. Calculez les CPM et CPMU.

3. À partir de ces calculs, indiquez quel est le support le plus intéressant.

FAIT ☐ REVU ☐

Exercice 25 voir Fiches Savoirs 17, 18 et 19

La communication

La jeune entreprise SOLARSCREEN vend des solutions permettant de recharger les matériels électriques par énergie solaire. Le responsable souhaite développer la notoriété de son entreprise, avec un budget limité, et s'interroge sur les solutions de communication qu'il pourrait envisager.

1. Présentez les différentes formes de communication existantes.

2. Expliquez la différence entre le parrainage (sponsoring) et le mécénat.

3. Proposez une solution en tenant compte des objectifs et des contraintes de l'entreprise.

FAIT ☐ REVU ☐

Exercice 26 voir Fiches Savoirs 18, 19, 20 et 21

QCM

Cochez la ou les bonnes réponses.

1. Un objectif commercial conatif cherche à :

a) faire connaître (le produit, la marque...). ☐

b) faire aimer. ☐

c) faire agir (ici : faire acheter). ☐

2. Le placement est une technique consistant à :

a) bien placer un produit dans un linéaire. ☐

b) faire apparaître une marque dans un film, un jeu vidéo... ☐

3. La promotion des ventes concerne des pratiques à :

a) court terme. ☐ b) long terme. ☐

4. Lorsqu'une entreprise apporte un soutien financier sans contrepartie à un évènement culturel ou caritatif, il s'agit du :

a) parrainage (sponsoring). ☐

b) mécénat. ☐

5. Le taux de retour se calcule avec la formule : (Nombre de retours/nombre d'envois) × 100

a) Vrai. ☐ b) Faux. ☐

6. La communication virale est une forme de buzz :

a) Vrai. ☐ b) Faux. ☐

FAIT ☐ REVU ☐

Exercice 27 voir Fiche Savoir 22

Les calculs liés à la fidélisation

La salle de sport FITNESS WORLD souhaite mettre en place des actions destinées à fidéliser sa clientèle. En effet, elle a constaté que de nombreux clients ne reconduisaient pas leur abonnement à l'échéance.

Les données statistiques sont les suivantes :

	2013	2014
Nombre de clients au 01/01	146	162
Nombre de clients au 31/12	162	178
Nombre de clients nouveaux qui se sont abonnés	56	63
Nombre d'abonnés qui ont reconduit leur abonnement	?	?

1. Calculez le nombre d'abonnés qui ont reconduit leur abonnement.

2. Calculez le taux d'attrition.

3. Calculez le taux de rétention.

4. Sachant qu'un abonnement coûte 480 euros mensuel et qu'il augmente chaque année de 3 %, que la marge brute représente 70 % du tarif de l'abonnement, que le coût de recrutement d'un nouveau client est établi à 75 euros, le coût de fidélisation annuel à 65 euros, et que la durée moyenne d'abonnement est de 8 ans, calculez la valeur à vie d'un client.

FAIT ☐ REVU ☐

Exercice 28 voir Fiche Savoir 23

La mercatique durable

Une entreprise d'équipement de véhicules réfléchit à faire évoluer son offre vers une mercatique plus durable.

Elle envisage de ne plus vendre des pneus, mais de vendre un contrat visant à faire payer à l'utilisateur, l'usage et l'usure effective de pneus en fonction des kilomètres parcourus ; le pneu reste propriété de l'entreprise qui va prendre en charge l'entretien, le remplacement de ceux-ci en fonction de l'évolution de son état général. Le client aura toujours des pneus en bon état, et ne paiera que l'usage qu'il en a fait.

Cette nouvelle offre va de même amener l'entreprise à réfléchir en amont à produire des pneus dont le matériau sera plus résistant et des modèles suceptibles d'être rechappés. Les pneus en fin de vie seront recyclés et seront intégrés dans la production de nouveaux pneus, ce qui aura pour effet de limiter les déchets et pollutions diverses.

1. **Comment qualifiez-vous les actions de modification de l'offre mises en place par l'entreprise ?**

2. **Quelles sont les contraintes de ce nouveau modèle pour l'entreprise ?**

3. **Quels bénéfices l'entreprise pourra-t-elle retirer de cette expérience ?**

4. **Peut-on assimiler de telles actions à de l'éco-blanchiment ?**

Exercice 29 voir Fiche Savoir 24

QCM

Cochez la ou les bonnes réponses.

1. **Les pratiques commerciales trompeuses sont encadrées par l'article :**

a) **L. 121-1 et L. 121-1-1 du Code de la consommation.** ☐

b) **L. 122-11 du Code de la consommation.** ☐

2. **La mercatique peut être considérée comme abusive lorsqu'elle amène les individus à effectuer des achats à l'encontre de leurs intérêts :**

a) **Vrai.** ☐ **b)** **Faux.** ☐

3. **Le consumérisme correspond à une protection du consommateur instaurée par :**

a) **les institutions.** ☐

b) **les consommateurs eux-mêmes.** ☐

4. **Afin d'assainir les pratiques mercatiques, les entreprises rédigent un code de déontologie généralement :**

a) **car elles y sont obligées par la loi.** ☐

b) **de leur propre volonté.** ☐

5. **Le commerce équitable s'inscrit dans une logique de RSE :**

a) **Vrai.** ☐ **b)** **Faux.** ☐

FAIT ☐ REVU ☐

Exercice 30 voir Fiche Savoir 24

La mercatique éthique

L'institut Perle d'Orient est un institut de beauté aux arômes et essences symboles de toute la magie des « Mille et une nuits » : il offre des prestations esthétiques telles que des soins du visage et du corps à base d'argan, de savon noir, de miel et de lait d'ânesse. En matière de prestations « Bien-être/Détente », la gérante propose plusieurs sortes de massages, un accès au sauna, au hammam et au jacuzzi. L'entreprise désire se différencier de ses concurrents en affichant la qualité de ses produits (100 % naturels dont certains sont issus de matières premières équitables), la qualité de ses prestations (réalisées par du personnel hautement qualifié), et le sérieux de ses engagements éthiques et de ses efforts en matière de satisfaction client.

1. **Recensez les outils qui pourraient lui permettre de communiquer efficacement sur les types d'engagements envisagés.**

2. **Indiquez les rubriques que vous feriez figurer dans la charte éthique de l'institut.**

3. **Indiquez les rubriques ou des exemples d'engagements que l'institut pourrait faire figurer dans sa charte client.**

4. **Expliquez à la directrice ce que l'adhésion à un code déontologique pourrait lui apporter.**

FAIT ☐ REVU ☐

Exercice 31 voir Fiches Savoirs 16 à 24

QCM

Cochez la ou les bonnes réponses.

1. Les outils de collaboration producteur/distributeur sont :

a) l'EDI. ☐ **b)** la CAO. ☐ **c)** la GPA. ☐

2. L'ECR est une méthode de gestion des stocks.

a) Vrai. ☐ **b)** Faux. ☐

3. En cas de communication de crise, l'entreprise peut :

a) reconnaître les faits. ☐

b) nier les faits. ☐

c) faire diversion. ☐

4. La fidélité induite est basée sur la liberté du client d'aller et venir à sa guise.

a) Vrai. ☐ **b)** Faux. ☐

5. L'entreprise doit choisir entre stratégie de conquête et de fidélisation.

a) Vrai. ☐ **b)** Faux. ☐

6. L'éco-consommateur est préoccupé par les économies qu'il peut réaliser par ses choix de consommation :

a) Vrai. ☐ **b)** Faux. ☐

7. L'économie de la fonctionnalité consiste à :

a) vendre l'usage du bien plutôt que le bien lui-même. ☐

b) modifier la production à partir des fonctions de l'entreprise. ☐

c) favoriser la durée de vie d'un bien par la réparation et le recyclage. ☐

8. Une posture proactive face au développement durable c'est :

a) se plier à la législation. ☐

b) transformer une contrainte en opportunité de développement. ☐

c) s'engager sans limite pour de nouvelles valeurs. ☐

FAIT ☐ REVU ☐

Exercice 32 voir Fiche Savoirs 1 à 19

Question de gestion n° 1

À partir de vos connaissances, vous répondrez en deux pages maximum à la question de gestion suivante :

L'évolution des éléments du marchéage répond-elle à des considérations stratégiques pour l'entreprise et/ou à la satisfaction de nouvelles attentes du consommateur ?

FAIT ☐ REVU ☐

Exercice 33 voir Fiche Savoirs 20 à 22

Question de gestion n° 2

À partir de vos connaissances, vous répondrez en deux pages maximum à la question de gestion suivante :

L'entreprise peut-elle se contenter de fidéliser les clients qu'elle a déjà conquis ou doit-elle constamment mener en parallèle une stratégie de conquête de nouveaux clients ?

FAIT ☐ REVU ☐

Exercice 1

Le comportement du consommateur

1. Globalement, la consommation de produits biologiques s'est développée en France suite aux scandales alimentaires et les consommateurs semblent plus préoccupés par l'origine et la traçabilité des produits, ce qui dynamise le segment du bio.
Les facteurs d'influence sont les suivants :

Facteurs psychosociologiques
Les motivations :
– hédonistes : les consommateurs veulent se faire plaisir et recherchent la qualité gustative des produits, ils veulent se donner bonne conscience avec un geste écologique ;
– oblative/hédoniste : les consommateurs recherchent les bienfaits pour leur santé et celle des membres de la famille ;
– d'auto-expression : ils ont la volonté de se conformer à des idéaux de consommation responsable.
Les freins : on peut considérer qu'il existe des freins rationnels tels que les prix (plus élevés que pour un produit d'agriculture traditionnelle), un accès plus limité au produit, etc. et des peurs plus irrationnelles telles que la peur que les critères AB ne soient pas respectés ou que les produits bio soient uniquement un « effet de mode ».
L'attitude : la croyance que le bio est respectueux de la nature et de la santé et soumis à des contrôles plus stricts (composante cognitive) incite l'individu à aimer (composante affective) et à consommer du bio (composante conative).

Facteurs individuels
L'âge semble être un facteur d'influence : on trouve surtout des consommateurs de bio à partir de 30 ans, ou les mères de famille qui désirent des produits sains pour leur progéniture, ainsi que de nombreux retraités.
Les revenus vont souvent de pair avec ce type de consommation (revenus moyens et supérieurs).

Facteurs socioculturels
Les comportements de consommation et mode de vie se reproduisent avec l'éducation et au sein de même groupe de référence.

Facteurs situationnels
Des promotions ou offres spéciales peuvent créer l'occasion d'achat.

Exercice 2

L'expérience de consommation

1. L'expérience de consommation peut se décomposer en fonction des trois phases : avant, pendant et après :
– expérience d'anticipation : le concept est connu et les futures clientes peuvent se délecter à l'avance du moment qu'elles vont passer grâce aux commentaires de la page Facebook et aux expériences positives rapportées ;
– expérience d'achat : les clientes vivent une expérience unique où tous les sens sont sollicités et où les émotions fortes vont déferler ;
– expérience de souvenir : l'expérience est prolongée par le souvenir de la situation vécue et par la possibilité de partager à son tour son expérience sur les réseaux sociaux et la possibilité de créer son espace personnel avec son code ; les photos prises sur place assurent le prolongement du plaisir.

2. La valeur perçue, composée de la valeur d'usage, de la valeur de signe et de la valeur hédonique, va être augmentée car le consommateur va développer un lien affectif : il va associer la marque à une marque branchée, qui parle son langage ; les vêtements vont être un élément d'auto-expression et de reconnaissance entre membres qui se revendiquent de la marque. L'ambiance « boîte de nuit » renforce la notion de plaisir ressentie par les participants et l'attachement à la marque.

Exercice 3

QCM

1. ⇒ a, ⇒ b **2.** ⇒ d

Exercice 4

Offre globale et gamme

1. L'offre globale de l'entreprise Beauty+ est composée de :
– offre principale : soins et cosmétiques 100 % naturels, à base de plantes et de fruits ;
– offre associée : le service de livraison à domicile, l'accès à des vidéos avec des démonstrations

de maquillage, des conseils d'application, des cours de maquillage personnalisé par une esthéticienne de la marque, un forum d'échange.

2. La valeur perçue est la valeur d'un produit ou service estimée par le client sur la base d'une comparaison entre les bénéfices attendus et le sacrifice consenti pour l'acquérir.
Cette valeur perçue sera d'autant augmentée pour les clientes de la marque que celle-ci aura été mise en avant par des leaders d'opinion ; en effet, une journaliste de mode et une présentatrice télé ont tout récemment plébiscité la qualité d'un produit phare : la crème anti-âge aux actifs de fruits.
D'autre part, le fait que les produits soient étiquetés « cosmétiques 100 % naturels, à base de plantes et de fruits » renforce l'aspect « nature et qualité » des produits.

3. Les lignes sont :
– les crèmes hydratantes visage déclinées en « peaux sèches », « peaux normales et mixtes », « peaux grasses » et en pots de 50 ml et de 125 ml, donc une profondeur de 6 références ;
– les crèmes anti-âge aux actifs de fruits : deux contenants (50 ml et 100 ml) pour deux cibles distinctes : les femmes « de 40 à 50 ans » et « après 50 ans », donc une profondeur de 4 ;
– les huiles sèches pour le corps : une à l'huile d'argan biologique, une à l'huile d'olive et une parfumée au jasmin (profondeur : 3) ;
– les laits pour le corps : en flacon de 150 ml, ce produit est décliné en « vanille gourmande », « épices orientales » et « fruits du verger » (profondeur : 3) ;
– les fards à paupières : 12 nuances (profondeur : 12) ;
– les fards à joues : profondeur de 4 ;
– les fonds de teint : 3 nuances en fluide et en poudre compacte (profondeur : 6) ;
– les rouges à lèvres : 25 coloris, dont 10 d'entre eux sont repris en version gloss (profondeur : 35).
La largeur est donc de 8 lignes, la profondeur de 3 à 35 et la longueur est de 73 produits au total.

4. La gamme n'est pas très large mais elle est profonde et longue.
Les avantages pour l'entreprise sont de répondre à des besoins divers de l'univers de la beauté, ce qui lui procure des sources de chiffre d'affaires variées et complémentaires.
Les inconvénients sont la complexité dans la gestion d'une gamme longue, et les coûts induits par cette gestion.

Exercice 5

SIM et communication relationnelle

1. Le système d'information mercatique est un ensemble structuré de ressources matérielles, financières et humaines, mettant en œuvre des procédures de collecte, traitement, stockage et diffusion d'informations. Ce SIM facilite la prise de décision mercatique de l'entreprise et contribue à la mise en place d'une gestion de la relation clients.

2. Les champs nécessaires à la constitution de la base de données clients seront le nom, prénom, adresse, code postal, ville, téléphone, adresse mail, etc. ainsi que des informations relatives aux habitudes de consommation, à l'historique des achats (fréquence, montant, récence, type de produits, etc.).

3. La newsletter permet d'instaurer un lien avec le client en l'informant des offres en cours, des actualités de l'entreprise, etc. Elle est un moyen de se rappeler régulièrement à l'esprit du client afin de conserver une relation durable.

Exercice 6

QCM

1. ⇒ b **2.** ⇒ a **3.** ⇒ b, ⇒ c

Exercice 7

L'enquête par questionnaire

1. Pour évaluer la satisfaction de sa clientèle, l'étude la plus appropriée est l'enquête par questionnaire ; la démarche de cette enquête est rigoureuse et peut être résumée ainsi :
– définir le thème et les objectifs : dans le cas présent, il s'agit d'évaluer la satisfaction et d'obtenir des suggestions d'amélioration ;
– définir la population sondée, la taille de l'échantillon et la méthode d'échantillonnage : il s'agit ici d'interroger les clients, avec une méthode non probabiliste qui pourrait donner lieu à un échantillon de convenance choisi soit par quotas (les critères pourraient être sexe, nationalité, tranche d'âge) ou par un itinéraire (1 personne sur 3) ;

– choisir le mode d'administration : l'idéal dans le cas présent serait d'interroger en face à face lors du retour de la visite touristique, ou en autoadministré dans le bus ;
– rédiger le questionnaire : penser à varier le type de question (ouvertes, fermées) et de réponses (choix unique, multiple, échelle, texte, etc.) et respecter la forme (introduction, corps divisé par thème, partie signalétique, conclusion et remerciements) ;
– tester sur 10 % de l'échantillon ;
– administrer et dépouiller les réponses ;
– procéder à l'analyse des résultats avec des tris à plats et des tris croisés.

2. Les résultats obtenus suite au dépouillement mettent en avant qu'en matière de satisfaction, les clients semblent globalement positifs ; en effet, ils sont 60 % à se déclarer satisfaits par les prix, 78 % s'estiment contents de la durée du tour, et 56 % se déclarent satisfaits du choix des langues qui leur est proposé.
Les taux de satisfaction diminuent quelque peu en ce qui concerne la qualité des explications fournies (45 % se disent satisfaits) et 42 % seulement estiment que le lieu visité a un intérêt touristique majeur.
Ces résultats montrent la composition de la clientèle en fonction de son pays d'origine, et nous constatons que les trois nationalités les plus représentées sont les Chinois, les Japonais et les Russes.

3. Au regard de ces résultats, nous pouvons préconiser aux dirigeants de cette entreprise de repenser le contenu des circuits proposés avec des lieux à plus fort potentiel d'intérêt touristique ; de même, revoir la formation des guides afin que la qualité des explications soit convaincante. Il faudra vérifier grâce à un tri croisé que cette question n'est pas liée à l'absence de certaines langues dans le choix.

Exercice 8

L'analyse de la concurrence

1. Les indicateurs à calculer sont les parts de marché et l'évolution du chiffre d'affaires, à partir des formules suivantes :
PDM = (Chiffre d'affaires de l'entreprise / CA du marché) × 100
Taux d'évolution = [(CA année 2 – CA année 1) / CA année 1] × 100

	PDM 2013	PDM 2014	ÉVOLUTION DU CA
Ent 1	27,06 % (*)	25,80 %	–3,13 % (**)
Ent 2	15,74 %	15,15 %	–2,18 %
Ent 3	39,01 %	41,52 %	8,16 %
Ent 4	14,47 %	15,21 %	6,79 %
DiversTPE	3,72 %	2,32 %	–36,58 %
Total	100 %	100 %	

(*) (256 000 / 945 960) × 100
(**) [(248 000 – 256 000) / 256 000] × 100

2. L'entreprise 3 est leader sur le marché avec environ 40 % des PDM.
L'entreprise 1 est le challenger avec environ 26 % des PDM en moyenne sur les 2 ans.
Les entreprises 2 et 4 sont suiveurs avec 15 % des PDM.

3. L'entreprise leader confirme son leadership en progressant de 2 points en matière de PDM et en améliorant son CA de 8,16 % entre 2013 et 2014, alors que son principal challenger voit sa part de marché perdre plus de 2 points avec une baisse du CA de 3 %. Les suiveurs améliorent leur résultat au détriment des TPE qui affichent un net recul au niveau de l'évolution du chiffre d'affaires (–36,58 %).

Exercice 9

Les taux d'évolution et la prévision de la demande

1. Formule : [(valeur d'arrivée – valeur de départ)/ valeur de départ] × 100

ANNÉES	2011/2012	2012/2013	2013/2014
Taux d'évolut°	– 13 %	28,91 %	22,89 %

Le taux d'évolution sur la période est de 37,82 %.

2. Le calcul de prévision du chiffre d'affaires 2015 peut se faire par la méthode des moindres carrés, étant donné que la série affiche une progression irrégulière, ce qui donnera la droite de tendance de type :
$y = ax + b$ telle que $a = \dfrac{\sum X \cdot Y}{\sum X^2}$
avec X = x – moyenne des x ou $\bar{x}$
et Y = y – moyenne des y ou $\bar{y}$
et $b = \bar{y} - a\,(\bar{x})$
On réalise le tableau suivant à partir des années (x) et des chiffres d'affaires (y). On calcule d'abord

les moyennes respectives de x et y, puis X et Y et enfin le produit XY et le carré de X.

X	Y (EN K€)	X = $\bar{X}$ – X	Y = $\bar{Y}$ – Y	XY (EN K€)	X²
1	65 300	1,5	6 037,25	9 055,88	2,25
2	56 812	0,5	14 525,25	7 262,63	0,25
3	73 237	– 0,5	– 1 899,75	949,88	0,25
4	90 000	– 1,5	– 18 662,75	27 994,13	2,25
10	285 349	0	0	45 262,50	5
$\bar{x}$ = 2,5	$\bar{y}$ = 71 337,5			ΣXY	ΣX²

$\bar{x}$ et $\bar{y}$ correspondent à la moyenne respective des valeurs de x (1, 2, 3, 4), soit $\bar{x}$ = 10/4 = 2,5, et des valeurs de y, soit $\bar{y}$ = 285 349/4 = 71 337,25.

À partir des résultats mis en évidence à la fin des deux dernières colonnes du tableau précédent, on va calculer les valeurs de a et de b.

Pour calculer la valeur de a, on effectue les calculs suivants :

$$a = \frac{\sum XY}{\sum X^2} = \frac{45\,262,50}{5} \text{ soit } a = 9\,052,50$$

Ensuite, pour calculer b, on remplace a par sa valeur dans l'équation :

$b = \bar{y} - a\bar{x}$

b = 71 337,25 – (9 052,5 × 2,5), soit b = 48 706.

On en déduit l'équation de la droite :

$$y = 9\,052,5\,x + 48\,706$$

Avec x remplacé dans l'équation par la valeur numérique de l'année (5), le chiffre d'affaires Y de 2014 avoisinera les 93 968,50 €.

$$Y = 5a + b \Rightarrow Y = (5 \times 9\,052,5) + 48\,706$$

3. Le chiffre d'affaires de l'entreprise « Dogs en folie » a régulièrement augmenté à partir de 2012, suite à une période difficile en 2011 ou le chiffre d'affaires était en recul de 13 %. Le taux d'évolution sur la période est de 37,82 %, ce qui atteste d'un bon positionnement et d'actions de conquêtes de marché efficaces. La tendance devrait se poursuivre en 2015 si les éléments du contexte économique et concurrentiel restent stables.

4. Les limites des outils de prévision sont que les résultats varient selon la méthode utilisée, même si elle donne néanmoins un ordre de grandeur tendanciel.

Des éléments du contexte peuvent contrecarrer les prévisions (crise économique, actions mercatiques agressives d'un concurrent, etc.).

Cette prévision peut se faire plus simplement si la série affiche une croissance régulière ; on applique le taux moyen au dernier chiffre d'affaires.

Exercice 10

QCM

1. ⇒ b **2.** ⇒ a, ⇒ b, ⇒ c

3. ⇒ b **4.** ⇒ b

5. ⇒ c **6.** ⇒ b

Exercice 11

Analyse de la segmentation par la méthode 20/80

1.

CLIENTS	CA (K€)	%	% CUMULÉS
Sarl Le Collier de perles	1 099	52,89	52,89
Sarl Belcanto	518	24,93	77,82
Sarl Le Scarabée d'or	199	9,58	87,39
Entreprise Rosa	93	4,48	91,87
Sarl Le Bigoudi	47	2,26	94,13
Sarl Colordiam's	46	2,21	96,34
Sarl Le Strass	45	2,17	98,51
Entreprise Bellissima	18	0,87	99,37
Au Bonheur des dames	7	0,34	99,71
Au Royaume argenté	6	0,29	100,00
TOTAL	2 078		

On constate que la méthode des 20/80 est en effet vérifiée : 2 clients sur 10 (soit 20 %) représentent à eux seuls 77,82 % du chiffre d'affaires, soit presque 80.

2. Les actions mercatiques à entreprendre sont tout d'abord le suivi rigoureux des 20 % de clients sur lesquels reposent 80 % du CA, grâce à des contacts privilégiés et des actions de fidélisation (offres spéciales, cadeaux et avantages divers…).

La seconde catégorie de clients mérite des efforts en vue du développement des volumes achetés (promotions) et de la fidélisation d'une partie d'entre eux.

Exercice 12

QCM

1. ⇒ a **2.** ⇒ b

3. ⇒ a **4.** ⇒ b

5. ⇒ b **6.** ⇒ c

Exercice 13

Les composantes de l'offre

Composantes matérielles :
L'offre se compose d'une grande boîte dans laquelle s'insèrent une moyenne boîte et deux petites boîtes, le tout en plastique souple, micro-ondable, avec fermeture hermétique. Le couvercle renferme un petit compartiment à condiment et un espace comprenant une fourchette en plastique. Le sac isotherme à anses facilite le transport.
Le produit est emballé dans un film plastique qui comporte les mentions obligatoires (composition, origine, prix, etc.) et facultatives (informations commerciales).

Composantes immatérielles :
La marque « LUNCHNomade » est un signe distinctif permettant d'identifier le produit. Cette marque a des qualités commerciales : elle est significative, euphonique, exportable, déclinable, etc.
Le logotype est une représentation de la marque : ici, il est représenté par une boîte sur roues, en forme de voiture, contenant une côtelette et des frites avec un fléchage fait de fourchettes insufflant l'idée de mouvement.
La stylique est moderne et de couleur flashy.

Exercice 14

QCM

1. ⇒ b **2.** ⇒ a **3.** ⇒ a

4. ⇒ c **5.** ⇒ a

Exercice 15

L'élasticité de la demande

Produit A :

$$\frac{(8\,800 - 10\,000)/10\,000}{(60 - 50)\,/\,50} = -0{,}12/0{,}20$$
$$= -0{,}60$$

Produit B :

$$\frac{(4\,800 - 4\,100)/4\,100}{(150 - 130)/130} = 0{,}17\,/\,0{,}15$$
$$= 1{,}13$$

Pour le produit A, e = –0,60 : faible élasticité négative, ce qui signifie que quand le prix augmente, la demande diminue légèrement.
Pour le produit B, e = 1,13 : élasticité positive, ce qui signifie que quand le prix augmente, la demande augmente (cas des produits de luxe).

Exercice 16

Les calculs commerciaux

1. Prix de vente HT = 38/1,20 = 31,67 €
Prix d'achat HT = 31,67/1,32 = 24 €
Le prix d'achat s'élève à 24 €.

2. Prix de vente TTC = 4,50 × 1,055 = 4,75 €
Taux de marge = [(4,50 – 3,25) / 3,25] × 100
= 38,46 %

3. Prix de vente HT = 120/1,20 = 100
Prix d'achat = 100/1,40 = 71,42 €
La lampe halogène est achetée au prix de 71,42 € HT au fournisseur.

4. Prix de vente HT = 98 × 1,35 = 132,30 €
Prix de vente TTC = 132,30 × 1,20 = 158,76 €.

5. Prix de vente = coût de revient + marge fabricant + marge distributeur + TVA
Prix de vente public HT = (1,12 × 1,30) × 1,55
= 2,26 €
Prix de vente TTC = 2,26 × 1,20 = 2,72 €
Le prix d'une boîte d'un litre et demi de glace s'élève à 2,71 €.

Exercice 17

Résultat et seuil de rentabilité

1. CA prévisionnel = 1 520 × 69 = 104 880 €.

2.

	CALCULS	%
CA	1 520 × 69 = 104 880	100 %
CHARGES VARIABLES	1 520 × 25,50 = 38 760	(*) 36,95 %
MARGE SUR COÛT VARIABLE	CA – Charges variables 104 880 – 38 760 = 66 120	(**) 63,05 %
CHARGES FIXES	40 765 €	
RÉSULTAT	Marge sur coût variable – charges fixes = 25 355 €	

(*) (38 760/104 880) × 100
(**) (66 120/104 880) × 100

Le résultat dégagé par l'entreprise est positif et s'élève à 25 355 €, soit environ 24 % du chiffre d'affaires, ce qui est un excellent indicateur de santé financière.

3. SR (en valeur) = Charges fixes / Marge sur coût variable
SR = 40 765 / 0,6305 = 64 655 €.
On peut en déduire que l'entreprise deviendra rentable et commencera à faire du bénéfice à partir d'un chiffre d'affaires de 64 655 €.
Le seuil de rentabilité en volume s'obtient en divisant le chiffre d'affaires par le prix de vente unitaire :
SR (en volume) = 64 655 / 69 = 937.
L'entreprise devra vendre 937 tentes pour atteindre son seuil de rentabilité.

Exercice 18

Fixation du prix et prix cible

1. Pour fixer un prix de vente, le gérant devra tenir compte de divers éléments :
- le coût de revient de ses plats ;
- la rentabilité qu'il escompte et les objectifs qu'il doit atteindre ;
- le prix des concurrents ;
- la réglementation en vigueur (interdiction de vente à perte par exemple) ;
- le prix d'acceptabilité du consommateur.

2. Le prix cible est une méthode de fixation du prix de vente par l'aval, c'est-à-dire que l'entreprise va partir du prix d'acceptabilité du marché, et en fonction de la marge qu'elle souhaite réaliser, elle va se cantonner à un coût de fabrication maximal. Pour mettre en œuvre cette méthode de fixation du prix cible, le gérant du Veau d'or va devoir se limiter à un prix de 10 € pour le plat du jour, tel que le revendique les clients de la zone, et pour cela, il va devoir arbitrer avec la composition de l'assiette, le type de produits sélectionnés, les fournisseurs, les quantités, etc. afin de minimiser son coût de revient pour conserver sa marge.
Il lui faudra donc minimiser ses coûts d'achat et maîtriser les coûts de fabrication et de service.

Exercice 19

Calculs de coût

a) Le coût d'achat

	QTÉ	PRIX UNITAIRE	TOTAL
Charges directes			
Prix d'achat des bureaux	310	69	21 390,00
Charges d'approvisionnement	310	3	930,00
Charges indirectes			
(1/3 de 2 000 €)			666,67
Coût d'achat	**310**	**74,15**	**22 986,67**

Le coût d'achat unitaire s'élève à 74,15 € (*).
(*) 22 986,67 / 310 bureaux achetés.

b) Le coût de distribution

	QTÉ	PRIX UNITAIRE	TOTAL
Charges directes			
Pub-promotion	3 (mois)	200	600,00
Frais de vente	296	7	2 072,00
Charges indirectes			
(2/3 de 2 000 €)			1 333,33
Coût de distribution	**296**	**13,53(*)**	**4 005,33**

Le coût de distribution unitaire s'élève à 13,53 €.
(*) 4 005,33 / 296 bureaux vendus.

c) Le coût de revient
Le coût de revient est l'addition du coût d'achat et du coût de distribution.

	QTÉ	PRIX UNITAIRE	TOTAL
Coût d'achat	296	74,15	21 948,40
Coût de distribution	296	13,53	4 004,88
Coût de revient	**296**	**87,68**	**25 953,28**

Le coût de revient unitaire s'élève donc à 87,68 €.

d) Le résultat global et le résultat unitaire de ce modèle de bureau.

	QTÉ	PRIX UNITAIRE	TOTAL
Chiffre d'affaires	296	142	42 032,00
Coût de revient	296	87,68	25 953,28
Résultat	**296**	**54,32**	**16 078,72**

Pour calculer le résultat, on peut aussi passer par la marge unitaire :
Marge unitaire = prix de vente – coût de revient
Marge unitaire = 142 – 87,68 = 54,32 €
Chaque bureau vendu rapporte une marge de 54,32 €.
Le résultat global se calcule en multipliant le nombre de bureaux par la marge unitaire :
296 × 54,32 = 16 078,27 €
Le résultat global du 4ᵉ trimestre issu de la vente des 296 bureaux s'élève à 16 078,27 € et le résultat unitaire à 54,32 €.

Exercice 20

Coût d'un publipostage, taux de retour et taux de transformation

1. Rémunération : 12 × 11,87 = 142,44 €
Feuilles A4 et enveloppes : 400 × (0,15 + 0,35) = 200 €
Encre : 27 €
Timbres = 400 × 0,70 = 280 €
Coût de revient global = 649,44 €.

2. 2 528 € / 79 commandes = 32 €.

3. Taux de retour = (165 / 400) × 100 = 41,25 %
Taux de transformation = (79 / 165) × 100 = 47,88 %.

Exercice 21

La distribution

1. La stratégie de distribution mise en œuvre par APEROSUD est une stratégie de distribution relativement intensive grâce à sa présence en grande distribution.

2. Les canaux de distribution actuels sont :
– Canal direct : les marchés forains et les magasins d'usine
Il n'existe aucun intermédiaire entre le producteur et le consommateur dans ce type de canal.
– Canal court : les épiceries fines
Un seul intermédiaire assure l'approvisionnement des surfaces commerciales de ce type, souvent un commercial de l'entreprise.
– Canal long : la grande distribution
Les achats de la grande distribution se font souvent par l'intermédiaire de grossistes, de centrales d'achat, ce qui met en collaboration au moins deux intermédiaires.

3. Le choix d'un site marchand au regard du marchéage relatif aux produits est totalement pertinent puisqu'il répond tout d'abord à une demande extérieure émanant de touristes amateurs des produits de la région : l'entreprise peut ainsi maintenir une relation commerciale à distance avec ses clients.
D'autre part, son positionnement plutôt haut de gamme et ses produits du terroir de qualité qui lui ont valu cette demande croissante de la part de consommateurs « fins gourmets » peut être renforcé par la présence d'un site structuré permettant une gestion de la relation client professionnelle.

4. Une distribution qui regroupe plusieurs solutions (physiques et/ou virtuelles) s'appelle une distribution multicanale.

Exercice 22

QCM

1. ⇒ c **2.** ⇒ b **3.** ⇒ b

Exercice 23

La collaboration producteur/distributeur

1. Les principes de l'ECR (réponse optimale au consommateur), qui est un partenariat entre producteur et distributeur visant la satisfaction maximale du consommateur, sont :
– un partage de l'information en temps réel ;
– une optimisation de la gestion de l'assortiment ;
– une meilleure gestion de l'espace de vente ;
– un meilleur ciblage des promotions ;
– une optimisation dans la planification des actions de promotion et de communication ;
– une plus grande valorisation des nouveaux produits.

2. L'EDI (échange de données informatisées) est un procédé destiné à supprimer les échanges de documents papier en les remplaçant par des informations numériques échangées par un protocole spécifique entre postes interconnectés.
La GPA (gestion partagée des approvisionnements) est une collaboration entre producteur et distributeur pour la gestion conjointe des approvisionnements.

3. Les avantages réciproques de ce type de collaboration sont la réduction des délais, des coûts, des erreurs, des papiers et une meilleure planification en amont de la chaîne de production.
La mise en commun des moyens développe la confiance mutuelle entre les partenaires et un partage des coûts au travers d'actions communes.
Le rapprochement producteur/distributeur au sein d'une collaboration de type ECR permet d'améliorer la satisfaction du client qui en est le premier bénéficiaire.

Exercice 24

Calcul d'efficacité d'une publicité

1.

AUDIENCE TOTALE	% FEMMES	% – DE 50 ANS	AUDIENCE UTILE
Support A			
1 389 000	83 %	86 %	991 468 (1)
Support B			
4 967 000	75 %	42 %	1 564 605
Support C			
2 855 000	83 %	51 %	1 208 522

(1) 1 389 000 × 83 % × 86 % = 991 468

2.

AUDIENCE TOTALE	AUDIENCE UTILE	COÛT DE L'INSERTION	CPM EN €	CPMU EN €
Support A				
1 389 000	991 468	24 720	17,80 (1)	24,93 (2)
Support B				
4 967 000	1 564 605	49 300	9,93	31,51
Support C				
2 855 000	1 208 522	58 500	20,49	48,41

(1) (24 720/1 389 000) × 1 000 = 17,80 €
(2) (24 720/991 468) × 1 000 = 24,93 €

3. Le support C présente l'intérêt d'avoir le CPMU le plus faible (24,93 €). L'entreprise peut cependant lui préférer le support B : même si celui-ci est plus cher (CPMU de 31,51 €), son audience utile est la plus forte (1 564 605 personnes appartenant à la cible).

Exercice 25

La communication

1. Les différentes formes de communication sont :
– La communication de masse : elle regroupe l'ensemble des communications commerciales ayant recours à au moins un média (télévision, cinéma, radio, presse, affichage grand format, Internet). Les supports médias permettent une diffusion à grande échelle, à une cible vaste et non individualisée.
– La communication relationnelle : les messages commerciaux sont adressés à une cible individualisée, via une mercatique directe qui utilise des outils tels que le publipostage, l'emailing, les sms/mms, le téléphone, etc.
Ces messages supposent que l'entreprise se soit dotée en amont d'une base de données mercatiques.
D'autres formes de communication peuvent compléter ces deux grandes catégories :
– la promotion des ventes ;
– la communication événementielle : le sponsoring (parrainage), mécénat, relations publiques et événements divers (street marketing, etc.).

2. La différence entre le parrainage (sponsoring) et le mécénat est relative aux objectifs poursuivis : dans le cadre du parrainage, les retombées économiques à court terme sont directement visées alors que dans le mécénat, l'aspect commercial est peu visible et les retombées sont plutôt orientées sur l'image à long terme.

3. En tenant compte des objectifs (développer sa notoriété) et des contraintes de l'entreprise (budget limité), on pourrait préconiser une opération de promotion des ventes afin d'inciter les prospects à essayer le concept, ou une communication presse dans un magazine écologique.
On pourrait de même penser à une opération street marketing originale autour de l'énergie solaire, ou le parrainage d'une émission ou d'un sport de plein air.

Exercice 26

QCM

1. ⇒ c
2. ⇒ b
3. ⇒ a
4. ⇒ b
5. ⇒ a
6. ⇒ a

Exercice 27

Les calculs liés à la fidélisation

1. Le nombre d'abonnés qui ont reconduit leur abonnement s'élève à :
162 – 56 = 106 clients ont reconduit leur abonnement en 2013 ;
178 – 63 = 115 clients ont reconduit leur abonnement en 2014.

2. L'attrition correspond à la perte de clients sur une période. Le taux d'attrition se calcule avec la formule suivante :
Taux d'attrition = (nombre de clients perdus/ nombre total de clients de la période) × 100
Taux d'attrition 2013 = (40(*)/146) × 100 = 27,4 %
(*) clients perdus = (146 + 56) – 162
Taux d'attrition 2014 = (47/162) × 100 = 29 %.

3. La rétention correspond au nombre de clients conservés par l'entreprise sur une période.
Le taux de rétention se calcule comme suit :
Taux de rétention = (nombre de clients conservés/ nombre de clients de la période) × 100
Taux de rétention 2013 = (106 / 146) × 100 = 72,6 %
Taux de rétention 2014 = (115 / 162) × 100 = 71 %.

4. Le calcul de la valeur à vie d'un client s'effectue en plusieurs étapes :
- repérer les sommes encaissées ;
- définir la marge brute ;
- déduire les coûts divers liés au recrutement, à la fidélisation, etc. ;
- définir la marge nette ;
- actualiser les sommes en fonction du taux d'actualisation donné ;

RAPPEL de PREMIÈRE en SDG :
L'actualisation d'un flux monétaire prévu à moyen ou long terme permet de donner aujourd'hui la valeur future de cette somme au taux d'actualisation prévu.

La formule à utiliser est la suivante :

$$V_n = V_0 \times (1 + i)^n$$

Avec V_n = valeur à la période n
V_0 = valeur considérée et non actualisée
i = taux d'actualisation
n = durée, nombre de période

- cumuler les marges actualisées pour définir la valeur à vie client.

	ANNÉE 1	ANNÉE 2	ANNÉE 3
Abonnement (+3 % chaque année)	480 €	495 €	510 €
Marge brute (70 %)	336 €	346,50 €	357 €
Coût de recrutement	75 €	0	0
Coût de fidélisation	65 €	65 €	65 €
Marge nette	196 €	281,50 €	292 €
Marge (3 %) actualisée	196 €	299 €(*)	319 €
Marge cumulée	196 €	495 €	814 €

(*) $281{,}50 \times (1 + 0{,}03)^2$

Ci-après la suite des calculs jusqu'à l'année 8.

ANNÉE 4	ANNÉE 5	ANNÉE 6	ANNÉE 7	ANNÉE 8
525 €	540 €	556 €	573 €	590 €
367,50 €	378 €	389 €	401 €	413 €
0	0	0	0	0
65 €	65 €	65 €	65 €	65 €
302,50 €	313 €	324 €	336 €	348 €
330 €	342 €	354 €	367 €	380 €
1 144 €	1 486 €	1 840 €	2 207 €	**2 587 €**

La valeur à vie d'un client de l'entreprise FITNESS WORLD s'élève au final à 2 587 €.

Exercice 28

La mercatique durable

1. Les actions de modification de l'offre mises en place par l'entreprise révèlent une volonté de s'orienter vers une mercatique plus durable.
En effet, l'entreprise vise la mise en œuvre d'un marchéage durable, qui passe par une nouvelle conception de l'offre, consistant non plus à vendre des biens à durée de vie relativement courte mais à vendre l'usage d'un bien en assurant à celui-ci une durée de vie maximale : cette nouvelle approche s'apparente à de l'éco-fonctionnalité, et l'entreprise fera payer le service qu'elle procure en veillant à ce que les pneus soient toujours en bon état pour le nombre de kilomètres parcourus.
D'autre part, l'entreprise repense le processus global tout au long du cycle de vie, en prenant en compte la valeur étendue, qui devient un critère de choix pour des consommateurs plus responsables. À ce titre, l'entreprise intègre dans son activité des principes d'éco-conception, c'est-à-dire penser en amont à des matériaux plus résistants, réutilisables, et recyclables afin de limiter les déchets et pollutions diverses.

2. Les contraintes de ce nouveau modèle pour l'entreprise sont multiples : tout d'abord, c'est un vrai changement de modèle économique et cela implique donc un changement dans l'organisation actuelle.
D'autre part, cela demande une adhésion de l'ensemble du personnel, et une formation adaptée. Il va falloir repenser l'intégralité du cycle de production, trouver de nouvelles sources d'approvisionnement pour des matériaux différents, mettre en place le service de maintenance, trouver un moyen de comptabiliser les kilomètres parcourus, modifier tous les documents et contrats commerciaux, etc.
Au-delà de cet aspect interne, il va de même falloir convaincre les clients de l'intérêt de ce nouveau modèle, et de sa maîtrise par l'entreprise.

3. Les bénéfices que l'entreprise pourra retirer de cette expérience sont divers :
– à terme, une réduction des coûts grâce à la maîtrise de processus, les économies de matières, d'énergie, etc. ;
– une démarche innovante qui l'obligera à investir sur de nouveaux procédés, produits, etc. ;
– une différenciation très nette par rapport à ses concurrents aux offres plus traditionnelles ;
– une amélioration de l'image car l'entreprise sera associée à des actes responsables et durables ;
– une valeur perçue logiquement augmentée pour ses clients.

4. L'éco-blanchiment consiste pour une entreprise à valoriser son offre en ayant recours à des arguments « verts » ou « durables » qui ne sont pas réellement fondés. L'éco-blanchiment utilise des symboles susceptibles d'induire en erreur le consommateur en lui laissant croire que l'entreprise est engagée dans la mercatique durable. Or, dans le cas présent, les actions sont tangibles et l'entreprise est dans une posture proactive voire engagée donc elle ne sera pas taxée d'éco-blanchiment.

Exercice 29

QCM

1. ⇒ a **2.** ⇒ a

3. ⇒ b **4.** ⇒ b

5. ⇒ a

Exercice 30

La mercatique éthique

1. Les outils à mettre en œuvre pour matérialiser ces engagement sont la signature d'un code de déontologie, la rédaction d'une charte éthique et/ou d'une charte clients, l'obtention d'un label ou certification à caractère éthique.

2. Les rubriques pouvant figurer dans une charte éthique seraient : le bien-être de nos salariés , nos actions pour l'environnement, une gouvernance éthique et transparente, des relations équitables avec nos partenaires, etc.

3. Les rubriques ou exemples d'engagement dans la charte clients pourraient être : la qualité de nos produits (100 % naturels par exemple), la qualité de nos services, du personnel qualifié, votre satisfaction et bien-être, la prise en compte de votre avis via des enquêtes, toujours à l'écoute de vos besoins, etc.

4. L'adhésion à un code de déontogie, qui présente les engagements responsables de la profession ou d'un groupe d'entreprises, apporterait une crédibilité au positionnement éthique de l'institut en matérialisant ses actions.

Exercice 31

QCM

1. ⇒ a, ⇒ b, ⇒ c **2.** ⇒ b

3. ⇒ a, ⇒ b, ⇒ c **4.** ⇒ b

5. ⇒ b **6.** ⇒ b

7. ⇒ a, ⇒ c **8.** ⇒ b

Exercice 32

Question de gestion n° 1

L'évolution des éléments du marchéage répond-elle à des considérations stratégiques pour l'entreprise et/ou à la satisfaction de nouvelles attentes du consommateur ?

Dans un premier temps, il est important d'analyser les termes du sujet et de les rattacher aux chapitres de cours concernés.

En l'occurrence, les éléments à solliciter pour la réponse sont les suivants (en gras) :

Marchéage : les éléments le composant sont les 4P (produit/prix/distribution/communication).

Considérations stratégiques de l'entreprise : cela concerne les projets à long terme, les objectifs financiers et commerciaux de l'entreprise.

Satisfaction, nouvelles attentes : concerne le marché, la demande, le ciblage, le couple produit/marché, la réponse optimale au consommateur.

À partir de cette réflexion, il faut définir les axes d'argumentation qui vont être utilisés pour répondre à la question. Par exemple, dans le sujet étudié, il serait pertinent de montrer que la définition du marchéage passera à la fois par la volonté de répondre au marché, et par celle de confirmer les axes stratégiques.

Cette réponse doit être construite à l'aide d'arguments structurés ; un argument structuré comprend une idée, une explication et une illustration.

Par exemple :

IDÉE – « Les nouveaux produits répondent majoritairement à des attentes exprimées ou non par les consommateurs. »

EXPLICATION – « En effet, les entreprises organisent de multiples actions pour obtenir des tendances (réunions consommateurs, enquêtes de terrain, marchés tests, appel à la création (marketing participatif, etc.). »

ILLUSTRATION PAR L'EXEMPLE – « Ainsi en 2013, la brasserie écossaise BrewDog invitait ses clients à créer leur propre bière : ils devaient choisir son nom, son style, sa teneur en alcool, sa méthode de brassage ou encore son packaging. "Mashatag, la bière entièrement créée par les consommateurs de la marque" a alors vu le jour. »

Tous les arguments utilisés pour répondre à la question doivent être structurés ainsi, et il est nécessaire de les enchaîner de manière logique, en utilisant des mots de liaison, de transition, d'opposition, etc. selon la teneur de l'argumentation.

Par exemple, ici, après avoir exposé deux ou trois arguments qui attestent du fait que l'entreprise est constamment orientée vers les attentes du consommateur, on peut présenter quelques arguments qui atténueront ce fait en démontrant que les considérations stratégiques sont néanmoins toujours présentes en filigrane.

« Bien que l'entreprise soit bel et bien contrainte de répondre aux attentes de son marché, cette réponse se fait néanmoins en parallèle avec des considérations d'ordre stratégique. En effet, prenons l'exemple d'une stratégie de mercatique concentrée sur un segment de niche : l'entreprise aura au préalable étudié la rentabilité potentielle de ce segment avant de se lancer dans la fabrication du produit ; si la rentabilité semble compromise, l'entreprise modifiera soit sa stratégie en étendant le produit à une cible plus large, soit elle le positionnera très haut de gamme avec un prix lui assurant une marge confortable. Ainsi, la marque Ferrari s'est concentrée sur un segment étroit mais rentable ! »

« D'autre part, il peut aussi arriver qu'une entreprise innovante lance un gadget sans anticiper l'accueil que lui réservera le marché, mais en tablant sur l'effet "innovation" et l'effet de mode. Lors de ces actions, les considérations stratégiques sont peu présentes puisqu'il n'y a pas de vision à long terme. C'est l'exemple du Tamagoshi qui a fait fureur à sa sortie mais dont le succès ne s'est pas étendu dans le temps. »

Les arguments manquent rarement à un élève qui a suivi le programme de terminale, mais il faut se concentrer sur la structure et la logique d'enchaînement des idées.
L'entrée en matière ne suppose pas forcément la rédaction d'une introduction : contextualiser rapidement le sujet et reprendre la question de gestion pour présenter la problématique suffit.
Chaque paragraphe correspond à un argument.
La réponse se fait en deux pages maximum.
Aucune conclusion n'est attendue.

Exercice 33

Question de gestion n° 2

Sur le modèle du corrigé de l'exercice 3, la problématique sera traitée avec les éléments notionnels suivants (en gras dans le texte) :

– **Arguments en faveur de la fidélisation :**
L'entreprise doit en effet fidéliser sa clientèle car cela coûte 3 à 5 fois moins cher de fidéliser que de conquérir ; d'autre part, la fidélisation permet d'établir une relation durable et personnalisée qui permet d'augmenter la satisfaction client en répondant mieux à ses attentes. Cette **mercatique relationnelle** vise à développer la **fidélité attitudinale** en parallèle de la **fidélité comportementale.**
Cette fidélisation favorise la **rétention des clients** actuels que l'on mesure par le taux de rétention. Cette rétention peut être renforcée par une stratégie de **fidélisation induite** qui vise à « capturer » le client, alors que la stratégie de **fidélisation recherchée** lui laisse une latitude de choix plus affirmée.

Transition vers les arguments en faveur de la conquête de nouveaux clients en parallèle :
un client fidélisé va se révéler un prescripteur très efficace pour de nouvelles conquêtes.

– **Arguments en faveur de la conquête :**
Pour compenser le phénomène d'**attrition** (c'est-à-dire le départ de clients) qui se mesure au taux d'attrition, l'entreprise n'a d'autre choix que de mettre en œuvre des actions de conquêtes de nouveaux clients. Cela passe par des actions de **mercatique transactionnelle** qui visent à modifier le statut de prospect en celui de client : le cycle se poursuit avec une stratégie de fidélisation de ce nouveau client pour maximiser la **valeur à vie.**

Savoir 1

Le marché du travail

LU ☐ SU ☐ REVU ☐

Le travail fait l'objet d'une offre et d'une demande sur le marché du travail, qui possède des caractéristiques et un fonctionnement propre.

1 Le fonctionnement du marché du travail

1.1. Un lieu d'échange entre l'offre et la demande

Le marché du travail représente le lieu théorique de rencontre entre l'offre et la demande de travail, et permet de déterminer le volume de l'emploi.
Il met en relation ceux qui offrent leur force de travail en échange d'un salaire et ceux qui demandent de la main-d'œuvre pour leur activité de production et pour lesquels le travail constitue un facteur de production.

Offre de travail Salariés	Force de travail →	Marché du travail	← Salaires	Demande de travail Entreprises

Le prix sur le marché du travail est le salaire.

1.2. La formation des salaires

Les salaires ne sont pas seulement fonction de l'offre et de la demande. Ils résultent de différents facteurs.

LE RÔLE DES NÉGOCIATIONS	• **Les négociations individuelles** Négociations entre les employés et les employeurs au moment de la signature du contrat de travail bien que, le plus souvent, cette capacité de négociation soit asymétrique et que ce soit l'employeur qui impose la rémunération du salarié. • **Les négociations collectives** Les salaires font régulièrement l'objet d'une négociation entre les représentants des salariés (les syndicats) et les organisations patronales, au niveau d'une entreprise ou d'une branche d'activité. Elles aboutissent, en général, à la conclusion d'accords et de conventions collectives qui s'imposent aux employeurs.
LE RÔLE DES POUVOIRS PUBLICS ET DE LA RÉGLEMENTATION : LE DROIT DU TRAVAIL	• **Le SMIC (salaire minimum interprofessionnel de croissance)** Salaire horaire en dessous duquel aucun salarié ne peut être payé. Il est réévalué chaque année pour garantir le pouvoir d'achat des bas revenus. • **Les obligations de négocier les salaires** Dans les entreprises d'au moins 50 salariés, l'employeur doit, tous les ans, convoquer les délégués syndicaux pour négocier sur les salaires.

2 Les déterminants de l'offre et de la demande

2.1. Les déterminants de l'offre

La quantité de travail disponible sur le marché dépend, à un instant donné, de la population active, c'est-à-dire des personnes disponibles pour travailler, soit qu'elles occupent déjà un emploi, soit qu'elles en recherchant un.

Population active = Population active occupée + Chômeurs
(environ 30 millions de personnes en 2013)

ÉCONOMIE

L'offre de travail dépend ainsi du taux d'activité de la population.

$$\text{Taux d'activité} = \frac{\text{Nombre de personnes actives}}{\text{Population totale}} \times 100$$

Plus ce taux est élevé, plus la population active, donc l'offre de travail, est importante. On peut le calculer par catégories : selon l'âge, le sexe...

EXEMPLE
En 2012, 66,6 % des femmes en âge de travailler (15-64 ans) sont actives, pour 75,3 % des hommes.

L'évolution de la population active et du taux d'activité dépend de différents critères.

CRITÈRES	FACTEURS D'ÉVOLUTION (EN FRANCE)
Démographiques	• **L'évolution démographique et la pyramide des âges** Vieillissement démographique, taux de fécondité élevé ⇒ hausse de la population active. • **L'évolution du solde migratoire** Entre 1950 et 1975, l'immigration contribue activement à la croissance de la population active. Depuis 1975, l'influence de ce facteur s'est considérablement réduite.
Juridiques	**La hausse de l'âge légal de départ à la retraite à 62 ans** Les séniors contribuent à l'augmentation de l'offre de travail.
Sociologiques	• **L'allongement de la durée des études** Entrée des jeunes plus tardive sur le marché du travail. • **La hausse du travail des femmes depuis les années 1950**

2.2. Les déterminants de la demande

La demande de travail issue des employeurs est conditionnée par :

- la productivité relative des facteurs de production, et donc le coût du travail : lorsque le coût du travail est élevé, les entreprises sont tentées de remplacer les hommes par des machines (capital) ;
- par les perspectives de croissance : si la conjoncture est favorable, les entreprises seront incitées à produire davantage et donc à embaucher.

En outre, devant l'augmentation de la concurrence conduisant à la recherche d'une plus grande flexibilité, les entreprises proposent de plus en plus de contrats dits « atypiques » comme le contrat à durée déterminée (CDD) ou à temps partiel.

mots clés

Marché du travail ◆ Salaire ◆ Négociations collectives ◆ Smic ◆ Population active ◆ Taux d'activité

S'entraîner au Bac
Exercice 1 : p. 123

Savoir 2

Le chômage

LU ☐
SU ☐
REVU ☐

Le chômage est un mal économique et social dont les causes font l'objet d'interprétations multiples.

1 Définition

Le chômage résulte d'un déséquilibre entre l'offre et la demande de travail. Au sens du bureau international du travail (BIT), un chômeur est une personne en âge de travailler (15 ans ou plus) qui répond simultanément à trois conditions :

- être sans emploi, c'est-à-dire ne pas avoir travaillé, ne serait-ce qu'une heure, durant une semaine de référence ;
- être disponible pour prendre un emploi dans les 15 jours ;
- avoir cherché activement un emploi dans le mois précédent ou en avoir trouvé un qui commence dans moins de trois mois.

EXEMPLE
Le nombre de chômeurs en France métropolitaine au 4e trimestre 2013 est de 3,1 millions.

Cette définition, utilisée par l'INSEE, permet d'effectuer des comparaisons internationales et d'analyser l'évolution du chômage dans le temps.

2 La mesure du chômage

2.1. Le taux de chômage

Le taux de chômage s'exprime en pourcentage de la population active.

$$\text{Taux de chômage} = \frac{\text{Nombre de chômeurs au sens du BIT}}{\text{Population active}} \times 100$$

EXEMPLE
Le taux de chômage en France métropolitaine au 4e trimestre 2013 s'élève à 10,2 %.

La mesure du chômage est complexe du fait de ce que l'INSEE nomme le « halo » autour du chômage. Les frontières entre emploi, inactivité et chômage sont parfois si minces que les statistiques ne rendent pas bien compte de la situation de ceux qui rechercheraient un emploi sans être disponibles (personnes en formation), de ceux qui sont découragés et non inscrits au chômage…
Remarque : Pôle emploi, organisme public chargé de l'emploi et de l'insertion professionnelle, réalise son propre recensement des chômeurs par le nombre de personnes qui y sont inscrits. Il distingue cinq catégories en fonction de la situation individuelle des chômeurs (temps partiel subi, personnes en formation, bénéficiaires de contrats aidés…) et fait ainsi apparaître un taux de chômage plus élevé que celui de l'INSEE.

2.2. L'évolution du chômage en France

Le chômage est devenu une caractéristique constante des économies développées depuis le début des années 1970, avec un niveau record en France en 1997 (10,7 %).

Il a globalement diminué de 1997 à 2007 (7,1 %), mais depuis la crise économique mondiale de 2008, l'ensemble des pays connaissent une recrudescence du chômage. Celle-ci est moins forte en France qu'en moyenne dans l'Union européenne : environ 25 % en Espagne et en Grèce, par exemple.

Les caractéristiques du chômage actuel

Le chômage des jeunes
Taux de chômage : 23 % en 2013.

Le chômage des séniors en hausse
Même s'il demeure moins élevé que pour les autres tranches d'âge : 7 %.

Le chômage de longue durée
En 2012, 41 % des chômeurs le sont depuis plus d'un an.

3 Les causes du chômage

On distingue deux types de chômage en fonction de son origine : le chômage conjoncturel et le chômage structurel.

NATURE DU CHÔMAGE	CAUSES
Le **chômage conjoncturel** résulte du ralentissement de l'activité économique. C'est un chômage de court terme.	**L'insuffisance de la demande globale** Un ralentissement économique, voire une crise, a pour effet de ralentir la demande qui s'adresse aux entreprises, qui limitent leurs recrutements ou licencient. La crise, débutée en 2008, s'est traduite par une montée continue et inexorable du chômage, de plus de 3 points en France.
Le **chômage structurel** résulte des déséquilibres structurels de l'économie et perdure sur le long terme.	• **L'inadéquation entre l'offre et la demande de travail** La demande de travail des entreprises n'est pas toujours satisfaite, faute de trouver les individus possédant les compétences recherchées sur le marché du travail. C'est le cas notamment aujourd'hui dans les secteurs de l'hôtellerie-restauration et de l'informatique. • **Le manque de flexibilité du marché du travail** Il résulte principalement des contraintes issues de la réglementation du travail qui, en protégeant les salariés, sont source de rigidités pour les employeurs, qui peuvent être réticents à embaucher sachant qu'il sera difficile et coûteux de licencier si cela s'avérait nécessaire. De plus, la rigidité des salaires avec le poids des charges sociales et l'existence du SMIC freine l'embauche, notamment des jeunes, encore peu productifs, et des individus peu qualifiés dont la productivité est faible par rapport au coût du travail.

mots clés
Chômage ◆ Taux de chômage ◆ Chômage conjoncturel ◆ Chômage structurel ◆ flexibilité du marché du travail

S'entraîner au Bac
Exercice 2 : p. 123

Savoir 3

La politique sociale de l'État

LU ☐
SU ☐
REVU ☐

L'intervention de l'État a progressivement permis la prise en charge des risques sociaux et, dans une certaine mesure, la réduction des inégalités.

1 Les objectifs de la politique sociale

1.1. La justice sociale : réduction des inégalités et de la pauvreté

La justice sociale regroupe tous les principes qui visent la recherche d'une plus grande équité entre les individus dans la répartition des richesses issues de la répartition primaire.

La redistribution des revenus permet de lutter contre les inégalités en accroissant les revenus des plus modestes par le prélèvement sur les revenus des plus riches. Elle est basée sur un mécanisme de solidarité.

Depuis 2002, on observe une recrudescence de la pauvreté, après la diminution observée depuis les années 1970. En 2012, 8,8 millions de personnes vivent sous le seuil de pauvreté défini par Eurostat (60 % du revenu médian).

1.2. La protection contre les risques sociaux

Il s'agit d'assurer tous les individus contre les risques sociaux (maladie, maternité, chômage...) dans une logique de solidarité et de cohésion sociale.

2 Les modalités de la protection sociale

2.1. Définition

La protection sociale désigne l'ensemble des institutions (Sécurité sociale, mutuelles, caisses complémentaires...) et des mécanismes destinés à protéger les individus contre les risques sociaux entraînant une baisse des revenus ou une augmentation des besoins (charge d'enfants, situation de dépendance...).

2.2. Les deux logiques de la protection sociale

	LOGIQUE D'ASSURANCE	LOGIQUE D'ASSISTANCE
Objectif	L'assurance contre les différents risques sociaux (chômage, maladie, accident du travail, maternité, vieillesse).	Lutte contre la pauvreté par le versement de minima sociaux aux plus démunis (exemple : le revenu de solidarité active, RSA).
Financement	Par les cotisations sociales versées par les salariés et les employeurs qui ouvrent droit au versement d'une allocation (allocation chômage, indemnité de maternité...) ou d'une pension (pension de retraite) si le risque se produit.	– Par l'impôt. – Prestations versées sous conditions de ressources mais pas de cotisations préalables.

ÉCONOMIE

3 L'efficacité de la politique sociale en France

3.1. En termes de réduction des inégalités

Un système fiscal peu redistributif
Prédominance de la TVA par rapport à des impôts plus redistributifs comme l'impôt sur le revenu, impôt progressif, dont le poids reste faible dans l'ensemble des recettes fiscales (moins de 10 %).

L'efficacité de la protection sociale
L'ensemble des prestations permettent de réduire les inégalités de revenu et limitent les phénomènes de pauvreté.

↓

La persistance des inégalités et de la pauvreté
Si les inégalités diminuent du fait de la redistribution, on constate cependant que les écarts de revenus s'accroissent dans les tranches supérieures et que la pauvreté ne régresse plus.

Remarque : Un système fiscal est d'autant plus redistributif que les prélèvements progressifs y occupent une place prépondérante par rapport aux prélèvements proportionnels. Un impôt est progressif lorsque son taux s'élève avec l'augmentation du revenu. En France, c'est le cas de l'impôt sur le revenu, avec une progressivité définie par tranche de revenus.

3.2. Des difficultés de financement de la protection sociale

Les comptes de la Sécurité sociale ont été quasiment toujours déficitaires depuis 1990, en raison notamment du vieillissement de la population, aboutissant à l'augmentation des coûts en matière d'assurance-maladie de retraite et de dépendance ainsi qu'à l'amélioration des techniques médicales.

EXEMPLE
En 2013, le déficit du régime général de la Sécurité sociale (le « trou de la Sécu ») s'élève à plus de 12,5 milliards (contre 13,3 milliards en 2012).

3.3. Les effets désincitatifs du poids des prélèvements obligatoires

Dans un contexte de concurrence internationale, le poids élevé des prélèvements obligatoires (46 % du PIB en France en 2013) a des effets pervers :

- la pression fiscale peut aboutir à la fuite des capitaux et des savoirs dans des pays où l'imposition serait plus faible ;
- le poids élevé des cotisations sociales, en renchérissant le coût du travail, diminue la compétitivité-prix des produits français à l'exportation et pèse sur l'emploi, avec des risques de délocalisations, de substitution du capital au travail et de difficultés à attirer des entreprises sur le territoire français.

mots clés
Justice sociale ◆ Redistribution ◆ Inégalités ◆ Protection sociale ◆ Logique d'assurance ◆ Logique d'assistance ◆ Impôt progressif

L'économie sociale et solidaire

LU ☐
SU ☐
REVU ☐

L'économie sociale et solidaire regroupe un ensemble diversifié d'activités et d'acteurs. Complémentaire à l'action de l'État, son importance au niveau économique est croissante.

1 Un ensemble diversifié

1.1. Le concept d'ESS

Le secteur de l'économie sociale et solidaire (ESS) regroupe des structures très diverses qui ont en commun une manière différente d'entreprendre en privilégiant le service rendu à la personne plutôt que la recherche du profit. Ces organisations sont porteuses d'un projet d'intérêt collectif, le plus souvent à finalité sociale et/ou environnementale.

EXEMPLE Emmaüs, organisation caritative d'aide aux plus démunis ; Max Havelaar, organisation qui promeut le commerce équitable.

1.2. Les principes de l'ESS

La charte de l'économie sociale, élaborée par le Conseil des entreprises et groupements de l'économie sociale (CEGES), a défini l'ESS selon cinq critères.

La non-lucrativité ou la lucrativité limitée	Ce principe n'exclut pas la réalisation de bénéfices mais il interdit la distribution de dividendes aux sociétaires. Les éventuels profits sont réinvestis dans le projet.
La liberté d'adhésion	Nul ne peut être obligé d'adhérer ou de rester adhérent d'une structure de l'économie sociale.
La gestion démocratique et participative	Les dirigeants sont élus et les instances de décision sont collectives selon le principe « une personne = une voix », indépendamment de l'apport financier.
L'utilité collective ou l'utilité sociale du projet	Le projet doit être nécessairement au service d'une collectivité et non conduit par une seule personne dans son intérêt personnel. L'utilité sociale se réfère à une démarche participative associant de multiples partenaires (usagers, salariés, pouvoirs publics, réseaux associatifs…) vers la poursuite d'un objectif d'intérêt collectif.
La mixité des ressources	Les ressources de ce secteur sont soit privées, soit mixtes (fonds privés et subventions étatiques lorsqu'il participe à la mise en œuvre de politiques d'intérêt général tel que l'emploi, la santé, la politique d'environnement…).

1.3. Les acteurs de l'ESS

Il s'agit de groupements de personnes et non de capitaux.

Les acteurs de l'ESS

Les associations	Les sociétés coopératives	Les fondations	Les mutuelles
Mise en œuvre collective d'un projet destiné à satisfaire les besoins de ses membres. EXEMPLE : Artisans du Monde, réseau de distribution associatif pour un commerce équitable.	Regroupement pour répondre aux intérêts économiques de leurs membres. EXEMPLE : la société coopérative de production (SCOP) Chèque Déjeuner.	Affectation de ressources à la réalisation d'une œuvre d'intérêt général et à but non lucratif. EXEMPLE : la Fondation Cartier pour l'art contemporain.	Sociétés de personnes à but non lucratif, qui organisent la solidarité entre leurs membres pour la couverture des risques (santé, assurance) partagée équitablement par tous. EXEMPLE : la MAIF, société d'assurances.

Ces acteurs ont pour objectif commun de satisfaire l'objet social défini par leurs adhérents, associés ou sociétaires.

2 Les enjeux économiques et sociaux de l'ESS

2.1. Un poids croissant dans l'économie française

En France, les organisations de l'ESS sont des acteurs économiques de premier plan. Elles emploient plus de 2,3 millions de salariés, soit environ 10 % de l'emploi salarié. En forte croissance, la part de l'ESS est estimée à presque 10 % du PIB.

2.2. La complémentarité avec l'action de l'État

Les acteurs de l'ESS participent activement au développement économique et social en produisant des biens et des services dans de nombreux domaines d'activité, essentiellement tertiaires : action sociale, sport, loisirs, activités bancaires et d'assurance, artisanat, enseignement…

Devant la montée du chômage, de la précarité et des besoins sociaux, parallèlement aux difficultés de financement et d'action de l'État, l'ESS a montré sa capacité à répondre à ces nouveaux besoins de solidarité. Son action s'inscrit en complémentarité de celle de l'État.

EXEMPLE

L'ESS est très présente dans l'économie sociale à travers les mutuelles de santé, les organismes d'insertion professionnelle et les retraites complémentaires.

mots clés

Économie sociale et solidaire

Savoir 5

La politique économique

LU ☐
SU ☐
REVU ☐

L'État est amené à jouer un rôle dans l'économie pour compléter ou corriger le fonctionnement des marchés.

1 Les finalités de la politique économique

1.1. Définition

La politique économique désigne l'ensemble des décisions prises par les pouvoirs publics (État, collectivités locales, Banque centrale) afin d'atteindre, grâce à l'utilisation de divers instruments, certains objectifs économiques.
Elle exprime ainsi les choix et les modalités d'action mises en œuvre par l'État.

1.2. Le degré souhaitable d'intervention de l'État

La nature et le degré d'intervention de l'État dans l'économie a toujours fait débat parmi les économistes. Deux conceptions théoriques s'opposent, mais la réalité est plus contrastée, les pays ayant des degrés d'intervention entre ces deux extrêmes.

La conception libérale
Une intervention minimale de l'État dans l'économie
- → Fonctions régaliennes
- → Mise en place d'un cadre institutionnel assurant le libre fonctionnement des marchés

La conception interventionniste
La régulation de l'économie par l'État
- → Politique économique pour réguler l'activité car le fonctionnement des marchés crée des déséquilibres (chômage, inflation...)
- → Politique sociale pour la protection contre les risques sociaux

1.3. Politique conjoncturelle et politique structurelle

Pour atteindre les objectifs traditionnels de la politique économique (croissance, plein emploi, stabilité des prix), il existe deux types de politique économique ayant un objectif et un horizon différents.

La politique conjoncturelle
Horizon : court terme
↓
Maintenir ou rétablir les grands équilibres (croissance, stabilité des prix, emploi, équilibre du commerce extérieur).
EXEMPLE : la lutte contre l'inflation.

La politique structurelle
Horizon : long terme
↓
Modifier les structures économiques, le fonctionnement des différents marchés.
EXEMPLE : la réglementation du marché du travail pour la flexibilité de l'emploi.

2 Les objectifs et instruments de la politique conjoncturelle

2.1. La régulation des fluctuations de l'activité économique

L'analyse de l'activité économique a permis d'observer que la croissance n'est pas un phénomène stable et que l'activité connaît des fluctuations.
On distingue, à court terme, des phases d'expansion, de récession (ralentissement de la production), voire de dépression (diminution de l'activité économique).
La politique conjoncturelle vise à lisser les fluctuations de l'activité économique pour assurer une croissance régulière en menant :

- des politiques de relance, en cas de ralentissement de l'activité ;
- des politiques de stabilisation, en cas de surchauffe de l'économie pouvant entraîner l'inflation, qui a pour effet de diminuer le pouvoir d'achat des agents.

2.2. Les instruments de la politique conjoncturelle

Les instruments utilisés pour mener la politique économique sont la politique budgétaire et la politique monétaire.

POLITIQUES	INSTRUMENTS
Monétaire Action par laquelle la Banque centrale agit sur l'offre de monnaie dans le but de limiter l'inflation et de favoriser la croissance.	**Le taux directeur de la Banque centrale** Son niveau influence les taux d'intérêt des banques commerciales, et ainsi le coût du crédit et l'activité économique.
Budgétaire Action des pouvoirs publics à l'aide du budget de l'État (ensemble des recettes et des dépenses prévisionnelles pour l'année à venir).	• **Les recettes publiques** Les recettes (hausse ou baisse de la fiscalité) encouragent ou non l'activité. • **Les dépenses publiques** Elles permettent d'encourager la consommation, l'investissement, la recherche…

Ces différents leviers de politique économique peuvent être utilisés dans un objectif de relance comme de stabilisation.

EXEMPLE

Le cas d'une politique de relance :

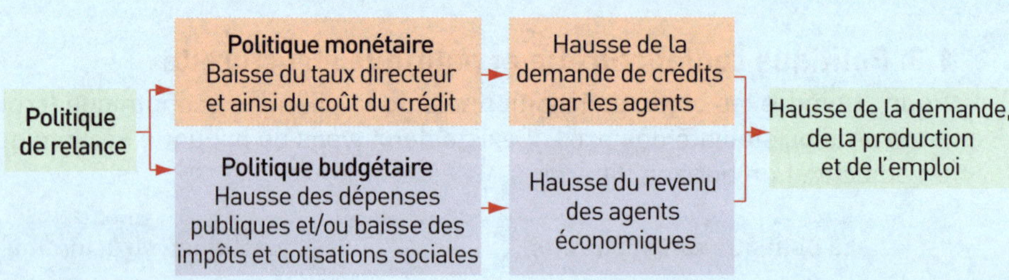

mots clés

Politique économique/conjoncturelle/structurelle ◆ Expansion ◆ Récession ◆ Dépression ◆ Politique de relance ◆ Politique de stabilisation ◆ Politique budgétaire ◆ Politique monétaire

S'entraîner au Bac
Exercice 3 : p. 124

Savoir 6

Les contraintes de la politique économique dans la zone euro

LU ☐
SU ☐
REVU ☐

L'hétérogénéité de la situation économique des différents pays appartenant à la zone euro rend difficile la coordination des politiques économiques au sein de la zone, surtout dans le contexte actuel des difficultés de financement des déficits budgétaires.

1 La coordination des politiques économiques

1.1. Les difficultés d'une politique monétaire unique

La politique monétaire de la zone euro a été confiée à une autorité indépendante, la Banque centrale européenne (BCE), qui mène une politique monétaire unique. Cependant, la diversité des situations des pays de la zone euro (niveau d'activité, structure et fonctionnement économique) rend complexe la mise en œuvre d'une politique monétaire unique, qui s'applique donc à tous, indépendamment du contexte conjoncturel et du fonctionnement propre à chaque pays.

EXEMPLE

La BCE s'est longtemps concentrée sur l'objectif prioritaire de lutte contre l'inflation. Or, comme elle doit tenir compte des diverses situations économiques et budgétaires de chaque pays membre, ceci rend extrêmement complexe la détermination d'un taux directeur.

Cette difficulté pose la question de l'efficacité de la politique monétaire au niveau européen.

1.2. Les difficultés de coordination entre les politiques monétaire et budgétaire

Si la politique monétaire est menée par la BCE, les politiques budgétaires sont du ressort de chacun des États. La coordination entre les deux volets de la politique économique est alors difficile vu la diversité des situations de ces États.

a) L'échec du Pacte de stabilité et de croissance

La problématique de l'harmonisation des politiques budgétaires des États membres est apparue dès la mise en place de l'Union européenne avec l'adoption, en 1997, du Pacte de stabilité et de croissance (PSC). Celui-ci a pour objectif de coordonner les politiques budgétaires nationales de ces États et d'éviter l'apparition de déficits budgétaires excessifs : il contraint notamment les États à respecter des limites en termes de déficits budgétaires (3 % du PIB) et d'endettement (60 % du PIB).
Suite à la crise de la dette publique en 2011, les États ont mené des politiques budgétaires divergentes pour enrayer la crise, mettant en échec le PSC et rendant nécessaire une plus forte intégration des politiques budgétaires.

b) Vers une coordination renforcée

Le 2 mars 2012 est signé un traité sur la stabilité, la coordination et la gouvernance (TSCG), qui instaure davantage de discipline budgétaire dans la zone euro avec la définition d'une « règle d'or » budgétaire imposant que le déficit budgétaire structurel de chaque État membre ne dépasse pas 0,5 % du PIB (hors circonstances exceptionnelles).
Ce pacte budgétaire exige ainsi davantage de rigueur budgétaire pour les États membres, incluant un dispositif de sanctions en cas de non-respect.

2 Le financement du déficit budgétaire

2.1. La crise de la dette souveraine

La dette souveraine représente l'ensemble des emprunts émis par l'État ou les collectivités publiques.

La crise de 2008 a eu pour conséquence le creusement des déficits dans de nombreux pays. Avec la crise de la dette grecque en 2010, suivie par celle de l'Irlande, on observe presque partout un dérapage des déficits publics et de l'endettement, qui pose la question de leur financement.

EXEMPLE

La dette souveraine de la France représente environ 90 % de son PIB en 2013, alors qu'elle ne dépassait pas 60 % jusqu'en 2002.

ÉCONOMIE

2.2. Les modalités de financement

Lorsque les recettes sont inférieures aux dépenses, on est en présence d'un déficit budgétaire que les États doivent financer.

	FINANCEMENT PAR L'IMPÔT	FINANCEMENT PAR L'EMPRUNT
Modalités	– Création de nouveaux impôts. – Hausse des taux sur les impôts et/ou les cotisations sociales. EXEMPLE : la hausse du taux de TVA de 19,6 % à 20 % en 2014.	Émission de titres (obligations) sur les marchés financiers contre le versement d'un taux d'intérêt. EXEMPLE : émission d'un emprunt obligataire sur 30 ans par l'Espagne.
Risques	– Contraction de l'activité économique en raison de la baisse du pouvoir d'achat. – Évasion fiscale : fuite des capitaux et des savoirs, délocalisations…	– Effet « boule de neige » de l'endettement : situation dans laquelle la dette publique augmente mécaniquement du fait de la charge des intérêts des nouveaux emprunts qui creuse les déficits futurs. – Effet d'éviction de l'investissement privé : du fait de l'attractivité de la dette de l'État jugée peu risquée par les investisseurs, l'épargne est mobilisée au détriment de l'investissement productif, et donc de la croissance.

mots clés

Pacte de stabilité et de croissance ◆ Règle d'or budgétaire ◆ Dette souveraine ◆ Effet « boule de neige »

S'entraîner au Bac
Exercice 4 : p. 124

Des échanges internationaux multipolaires

LU ☐
SU ☐
REVU ☐

Les échanges internationaux ont fortement progressé au cours du XXe siècle, traduisant l'ouverture croissante des économies au commerce mondial.

1 La mesure des échanges internationaux

1.1. La balance des transactions courantes

La balance des transactions courantes est un compte qui enregistre les échanges de biens, de services, de revenus (rémunérations des salariés et des investissements) et de transferts courants (contributions aux institutions internationales, dons...) entre une nation et le reste du monde.
Son solde est un indicateur de performance de l'économie.
Le solde des échanges de biens est nommé « solde commercial ». Il résulte de la différence entre les exportations et les importations de marchandises.

1.2. Le commerce extérieur de la France

En 2012, le solde de la balance des transactions courantes de la France enregistre un déficit de 44,4 milliards d'euros (soit 2,2 % du PIB), contre 35 milliards (1,8 %) en 2011.
Même si la France est le cinquième exportateur mondial de marchandises, son déficit commercial ne cesse de se creuser depuis 2004, atteignant plus de 67 milliards d'euros en 2012.

Les points forts du commerce extérieur français
- La croissance des échanges de services
- Les secteurs de l'aéronautique, de l'agroalimentaire, des cosmétiques

Les points faibles du commerce extérieur français
- La perte de compétitivité dans certains secteurs du fait d'un coût du travail élevé et d'un euro fort
- Les secteurs des hydrocarbures et du pétrole, de l'informatique et de l'électronique

2 L'évolution des échanges internationaux

2.1. L'explosion des échanges

Depuis la fin de la Seconde Guerre mondiale, les économies connaissent une ouverture croissante et une progression considérable de leurs échanges commerciaux : les exportations mondiales représentent 5,5 % du PIB en 1950, presque 30 % aujourd'hui.
De plus, les exportations ont toujours crû à un rythme supérieur à celui de la production mondiale, hormis en 2009 du fait de la crise économique qui a fait brutalement ralentir la progression des échanges.

2.2. La structure des échanges

LA DOMINATION DES ÉCHANGES DE MARCHANDISES	LA CROISSANCE PUIS LA STABILISATION DES ÉCHANGES DE SERVICES
– Plus de 80 % de la totalité des échanges mondiaux en 2013, avec une part croissante des échanges de produits manufacturés. – Forte croissance du commerce intrabranche, c'est-à-dire portant sur des biens de même nature.	– Environ 20 % de la totalité des échanges. Leur part est en forte progression. – Leur croissance est portée notamment par les services informatiques et d'information.

2.3. La géographie des échanges

Jusqu'à la fin des années 1980, les échanges internationaux s'effectuent autour de trois zones principales, dénommées « la Triade » : l'Amérique du Nord, l'Europe occidentale et l'Asie. Ces pays réalisent alors près des deux tiers du commerce mondial et commercent essentiellement entre eux.

Depuis, leur importance diminue (environ 50 % du commerce mondial) au profit des pays émergents, notamment des BRICS (Brésil, Russie, Inde, Chine et Afrique du Sud) dont le point commun est d'afficher une croissance économique forte et soutenue, ainsi qu'un potentiel commercial considérable.

EXEMPLE

En 2010, la Chine devient le premier exportateur mondial (et le deuxième importateur), devant les États-Unis et l'Allemagne.

2.4. Le poids des firmes multinationales

Une firme multinationale (FMN) est une entreprise qui contrôle au moins 10 % de filiales situées à l'étranger. Elle exerce ainsi son activité et ses stratégies au niveau mondial.

Acteurs majeurs de la mondialisation, les FMN contribuent fortement à la croissance du commerce international.

FMN et commerce mondial

→ **– À l'origine des deux tiers du commerce mondial**
– Un tiers du commerce mondial est intrafirme
(les échanges sont réalisés par des entreprises appartenant à un même groupe).

→ **Une organisation de la production au niveau mondial**
– Recherche de coûts de production plus faibles (délocalisations)
– Pénétration de nouveaux marchés
– Contrôle de l'approvisionnement en matières premières

mots clés

Balance des transactions courantes ◆ Exportations ◆ Importations ◆ Firme multinationale

S'entraîner au Bac
Exercices 5, 6 : p. 125

Savoir 8

La pratique des échanges internationaux et leur régulation

LU ☐
SU ☐
REVU ☐

Si le libre-échange semble dominer le commerce international, certaines pratiques protectionnistes rendent nécessaire la régulation des échanges par une institution supranationale.

1 Des pratiques divergentes

1.1. Le libre-échange

Le libre-échange est une doctrine économique qui vise à limiter les obstacles à la circulation des biens et des services entre les économies nationales.

Les avantages du libre échange

Pour les pays	Pour les consommateurs
Spécialisation des productions et accès à de nouveaux marchés : économies d'échelle, gains de productivité, croissance économique	– Variété dans le choix de produits – Baisse des prix et amélioration du produit (innovation, qualité) du fait de la concurrence

1.2. Les pratiques protectionnistes

L'application des principes du libre-échange a permis le développement du commerce mondial. Cependant, avec l'accroissement des inégalités entre les nations et la propagation des crises, de nombreuses pratiques protectionnistes subsistent. Le protectionnisme regroupe l'ensemble des pratiques cherchant à protéger le marché d'un pays en limitant les importations de produits étrangers. Il peut prendre différentes formes.

PROTECTIONNISME TRADITIONNEL	PROTECTIONNISME DÉGUISÉ
Mise en place de : – barrières tarifaires (droits de douane) ; – barrières non tarifaires (normes, quotas...).	Utilisation de normes ou d'aides afin de favoriser les produits nationaux. EXEMPLES : réglementation sur les normes sanitaires, subventions aux entreprises nationales.

La protection du marché permet le développement des entreprises nationales, notamment des industries naissantes incapables d'affronter la concurrence internationale, ainsi que le maintien des emplois.

2 La régionalisation des échanges

2.1. Le principe de la régionalisation

La régionalisation des échanges correspond à la mise en place d'accords commerciaux privilégiés entre pays faisant partie d'une même zone géographique, leur permettant ainsi de bénéficier des principes du libre-échange à l'intérieur de la zone et de maintenir une protection vis-à-vis de l'extérieur.

2.2. Les accords régionaux

- La création d'une zone de libre-échange permet de supprimer les barrières tarifaires au sein de la zone mais chaque pays signataire peut continuer à appliquer sa propre politique commerciale vis-à-vis des pays hors de la zone.

EXEMPLE
L'accord signé entre la Chine et l'ASEAN (*Association of South-East Asian Nations*) en 2010.

- La création d'un marché commun correspond à une volonté plus avancée de régionalisation avec la mise en œuvre d'une politique commerciale unique vis-à-vis des pays tiers.

EXEMPLE
En 1957, le traité de Rome institue un marché commun au sein de l'Union européenne.

ÉCONOMIE

3 La régulation des échanges

3.1. La création et les objectifs de l'OMC

Créée en 1995, l'Organisation mondiale du commerce (OMC) succède à l'Accord général sur les tarifs douaniers et le commerce (GATT), signé en 1947. Ses objectifs sont de promouvoir le libre-échange et d'encadrer le commerce mondial. Depuis 2013, elle compte 159 pays membres.

3.2. Le fonctionnement de l'OMC

Les règles communes sont définies lors de cycles (ou *rounds*) de négociations entre les pays membres qui se concertent sur les questions clés de l'encadrement du commerce mondial et de la libéralisation des échanges.

EXEMPLE
Dernier *round* de négociations démarré en 2001, le cycle de Doha n'a toujours pas abouti en raison de désaccords importants, notamment sur les échanges de produits agricoles.

3.3. Les principes de l'OMC

LA CLAUSE DE LA NATION LA PLUS FAVORISÉE	LA CLAUSE DU TRAITEMENT NATIONAL	LE PRINCIPE DE NON-DISCRIMINATION
Tout avantage commercial accordé à un pays doit également être accordé aux autres pays membres.	Les produits étrangers importés doivent être traités comme les produits nationaux.	Le commerce international doit se développer sur la base du multilatéralisme, sans discriminations.

Lorsque les pays estiment que les principes de l'OMC sont violés, ils peuvent recourir à l'Organe de règlement des différends (ORD). En cas de désaccords persistants, l'ORD peut prendre des sanctions envers les pays.

mots clés **Libre échange ◆ Protectionnisme ◆ Régionalisation des échanges ◆ Organisation mondiale du commerce**

S'entraîner au Bac
Exercices 7, 8 : p. 126

Savoir
9

La recherche d'une croissance soutenable

LU ☐
SU ☐
REVU ☐

Le mode de croissance actuel crée d'importants déséquilibres qui nécessitent une réflexion en vue d'assurer un développement durable.

1 Les limites de la croissance

1.1. La distinction entre croissance et développement

La croissance est l'accroissement durable de la production globale d'une économie. Ce phénomène quantitatif et de longue période se mesure par des indicateurs monétaires comme le PIB. La croissance n'est qu'une des composantes du développement.

Le développement désigne l'ensemble des transformations techniques, sociales, démographiques et culturelles qui accompagnent la croissance de la production. Il intègre ainsi des évolutions qualitatives (espérance de vie, taux d'alphabétisation...). Pour favoriser le développement, l'État joue un rôle prépondérant dans le financement des structures permettant d'améliorer la qualité de vie de chacun (éducation, accès à la santé...).

ÉCONOMIE

1.2. Les déséquilibres actuels de la croissance

LES INÉGALITÉS SOCIALES	• **Les inégalités entre les nations** Mesurées par le PIB/habitant, les inégalités sont très fortes entre les pays développés, les pays en développement (dont les pays émergents) ainsi que dans les pays les moins avancés (PMA). EXEMPLE : les PIB/habitant des États-Unis, de la Chine et du Sénégal s'élèvent respectivement à 51 750 $, 6 091 $ et 1 023 $. • **Les inégalités au sein des nations** En progression globale, les inégalités sont mesurées par l'écart de revenus des différentes catégories de la population d'une nation.
LES DÉSÉQUILIBRES DÉMOGRAPHIQUES	• **Le vieillissement de la population** dans les pays développés a pour effets de raréfier la population active et de peser sur la croissance future. • **La forte croissance démographique** dans les pays émergents où la main-d'œuvre est abondante et bon marché tire la croissance. Dans les pays pauvres, l'explosion démographique aggrave la situation déjà critique en termes de développement (difficultés alimentaires...).
L'ÉPUISEMENT DES RESSOURCES NATURELLES	La recherche d'une croissance toujours plus forte entraîne une pression sur les ressources qui sont limitées ainsi qu'une dégradation de l'environnement (réchauffement climatique, déforestation...).

2 Vers un développement durable

2.1. La notion de développement durable

Le développement durable désigne un mode de développement qui répond aux besoins du présent sans compromettre la capacité des générations futures à répondre à leurs propres besoins.

Les défis du développement durable

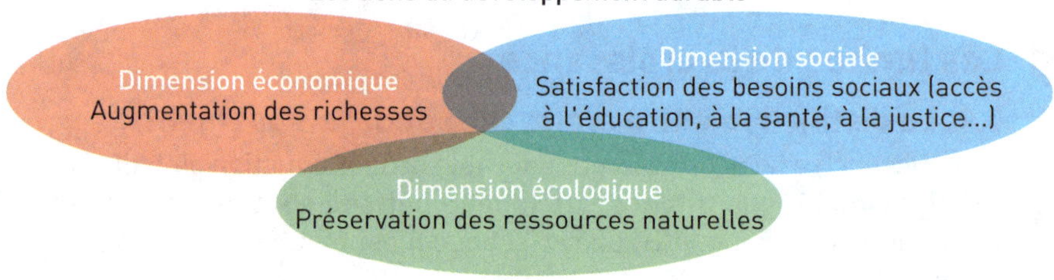

2.2. Les indicateurs de développement durable

Plusieurs indicateurs permettent de mesurer ces différents aspects :

- l'indice de développement humain (IDH), synthèse de plusieurs indicateurs (l'espérance de vie, le taux d'alphabétisation, la durée de scolarisation et le revenu par habitant), reflète la notion de développement, mais pas son aspect écologique ;
- l'empreinte écologique mesure la pression qu'exerce l'homme sur la nature en évaluant la surface nécessaire à mobiliser pour qu'une population puisse vivre ;
- le PIB vert est le PIB corrigé des dommages causés à l'environnement.

2.3. Les instruments du développement durable

L'État peut inciter les agents économiques à intégrer les contraintes environnementales à leurs décisions par différents moyens.

INSTRUMENTS	EXEMPLES
Les incitations fiscales Subventions des comportements favorables à l'environnement, taxes pour les comportements néfastes	Crédits d'impôt pour l'installation de matériels écologiques (isolation, panneaux solaires...)
La réglementation Instauration de normes et de labels permettant d'attester du respect de différentes contraintes environnementales ou de santé publique	L'écolabel français NF Environnement a pour objet d'attester la conformité des biens ou services aux exigences sur la qualité d'usage et la qualité environnementale des produits.
La mise en place d'un marché des droits à polluer Objectif : permettre l'échange de quotas de pollution à un prix de marché.	Le marché du carbone européen mis en place en 2005 : système européen d'échange de quotas d'émission de gaz à effet de serre.

mots clés

Croissance ◆ Développement ◆ Développement durable ◆ Indice de développement humain ◆ Empreinte écologique ◆ PIB vert

S'entraîner au Bac
Exercice 9 : p. 127

Exercice 1 voir Fiche Savoir 1

Le SMIC : une contrainte pour l'emploi ?

Le ralentissement de la croissance mondiale impose aux pays de faire preuve de toujours plus de compétitivité pour attirer les entreprises et les capitaux. Or, la hausse régulière du salaire minimum français, revalorisé à 1 457,52 euros brut par mois au 1er janvier 2015, représente un poids important pour le marché du travail et la compétitivité des salariés français.

Le coût du travail en France est en effet parmi les plus élevés de la zone Euro, avec un coût horaire moyen pour l'employeur de 35,71 € fin 2014 (contre 29,80 € pour la zone Euro).

L'employeur peut accepter de payer sa main-d'œuvre plus chère, à condition qu'il y ait une justification à ce surcoût : un travailleur plus qualifié ou plus expérimenté, donc plus productif. Or, le marché du travail français est de plus en plus polarisé avec des emplois à forte qualification d'une part, et des emplois peu qualifiés, dans le secteur tertiaire en particulier. Les travailleurs sans formation sont donc particulièrement touchés par le niveau trop élevé du SMIC : leur valeur ajoutée est trop faible pour être rentable et l'employeur préfère renoncer à l'embauche. Ce problème est particulièrement sensible en France, où la proportion d'individus non qualifiés reste importante (en 2013, selon l'INSEE, 25 % des 25-64 ans ont un niveau d'éducation inférieur ou égal au collège).

Pour autant, le SMIC reste un outil important de la politique sociale de l'État. Son objectif est de permettre aux individus d'avoir un salaire suffisant pour pouvoir s'assurer un niveau de vie décent. Une « prime d'activité » a d'ailleurs été créée récemment, complément de revenu pour les travailleurs modestes qui augmente les salaires jusqu'à 1,3 SMIC afin d'éviter la trop grande pauvreté et soutenir la consommation.

Cependant, conscient des enjeux pour l'emploi, l'État a cherché à réduire les cotisations sociales, en mettant en place, par exemple, des baisses de charges patronales sur les bas salaires (–26 % entre 1993 et 2009 – ministère de l'Économie et des Finances). Mais le SMIC progresse quand même beaucoup plus rapidement que le salaire moyen (sur la période 1990-2010, +28 % pour le SMIC net contre +10 % pour le salaire moyen net).

1. Rappelez la définition du SMIC et son rôle.

2. Quelles sont les conséquences pour le marché de l'emploi d'un SMIC trop élevé ?

FAIT ☐ REVU ☐

Exercice 2 voir Fiche Savoir 2

Les caractéristiques du chômage

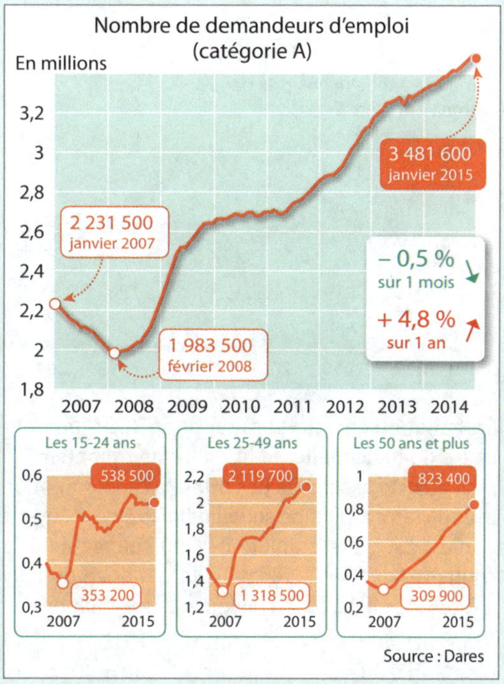

1. Analysez l'évolution globale du chômage en France.

2. Repérez le critère utilisé ici pour différencier les chômeurs et précisez les évolutions des différentes catégories.

3. Rappelez les autres facteurs qui peuvent favoriser un taux de chômage plus élevé chez les individus.

FAIT ☐ REVU ☐

ÉCONOMIE

Exercice 3 voir Fiche Savoir 5

La politique monétaire de la BCE

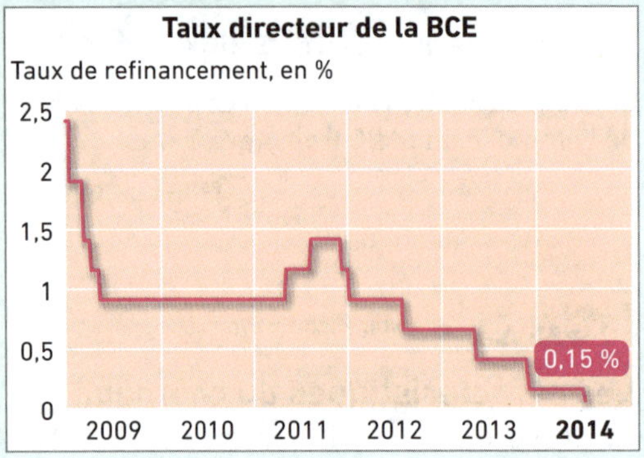

La banque centrale européenne (BCE), dans le cadre de la conduite de la politique monétaire, a pour objectif la stabilité des prix à la consommation avec un taux d'inflation souhaitable fixé par convention à 2 %. Cette stabilité est indispensable à la confiance des ménages dans le maintien de leur pouvoir d'achat et donc de leur consommation.

Pour atteindre cet objectif, la BCE a mené jusqu'en 2007 une politique plutôt restrictive, augmentant les taux d'intérêt lorsque l'activité progressait trop rapidement et risquait de créer des tensions inflationnistes. À l'inverse, lorsque l'activité économique montrait des signes de faiblesse et un risque de déflation, la diminution des taux d'intérêt permettait de relancer le crédit et la consommation.

Aujourd'hui, la situation semble plus complexe. La crise financière de septembre 2008 a entraîné un ralentissement très net de la croissance. Les politiques de relance mises en place dans les pays de la zone Euro n'ont pas eu les effets attendus et ont, au contraire, provoqué une crise de la dette souveraine en 2011. Le risque de déflation s'est accru avec un taux de croissance proche de 0 et le chômage progresse dans de nombreux pays.

La BCE a donc utilisé la baisse du taux d'intérêt directeur à 0,15 % pour relancer la croissance par le biais du crédit.

Cependant, cet instrument s'est révélé insuffisant et la croissance est restée très faible. Face au risque important de déflation, la BCE a alors pris la décision d'agir directement sur la quantité de monnaie dans l'économie. Cette politique de « quantitative easing » ou « assouplissement quantitatif » consiste à injecter massivement des liquidités dans l'économie en créant de la monnaie pour acheter des dettes privées ou publiques.

L'ensemble de ces mesures peut permettre de déprécier l'euro face aux autres monnaies et donc relancer la compétitivité prix de la zone et les exportations.

Cette politique est d'autant plus importante que les risques de la déflation sont élevés : les entreprises, pour faire face à la baisse des prix et maintenir leur marge, doivent baisser leurs coûts. Les revenus diminuent (baisse du salaire et/ou licenciement) et la consommation ralentit. De plus, les anticipations des agents les poussent à reporter leurs achats dans le futur, puisqu'une baisse des prix est attendue (exemple sur le marché de l'immobilier). Ce qui pousse un peu plus l'économie dans la récession.

1. Rappelez les mécanismes d'une politique monétaire de relance et d'une politique monétaire de rigueur.

2. Quel est le risque principal pour la zone Euro actuellement ?

3. Quelle est la politique monétaire mise en place par la BCE pour lutter contre ce risque ?

FAIT ☐ REVU ☐

Exercice 4 voir Fiche Savoir 6

QCM

Cochez la ou les bonnes réponses aux propositions suivantes.

1. Le Pacte de stabilité et de croissance :

a) oblige les États européens à aligner leur taux de TVA. ☐

b) fixe les grandes lignes de la politique monétaire. ☐

c) cherche à limiter l'apparition de déficits budgétaires excessifs. ☐

2. L'augmentation des impôts permet de :

a) limiter l'évasion fiscale. ☐

b) restaurer la balance des paiements. ☐

c) réduire le déficit budgétaire. ☐

3. La mise en œuvre d'un emprunt d'État limite l'accès aux capitaux pour les autres agents économiques.

Vrai ☐ Faux ☐

FAIT ☐ REVU ☐

Exercice 5 voir Fiche Savoir 7

Le commerce extérieur français

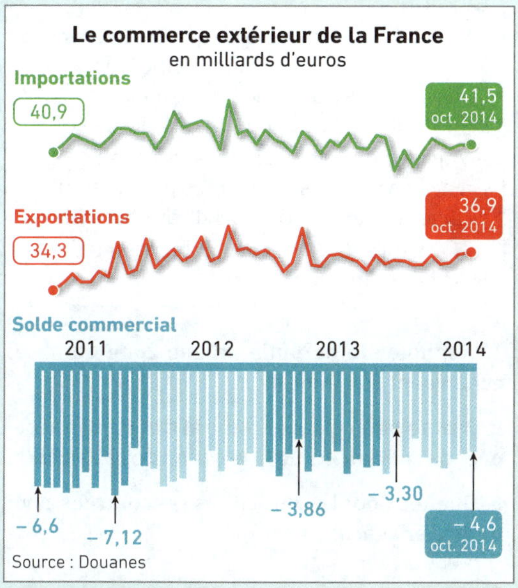

En janvier 2015, le déficit commercial se creuse de 430 millions d'euros pour s'établir à –3,7 milliards. Les exportations diminuent (–2,5 % après +1,8 % en décembre), plus nettement que les importations (– 1,3 % après +2,0 %). Le déficit cumulé de l'année 2014 s'établit à –53,5 milliards d'euros (chiffre révisé) contre – 60,7 milliards pour 2013.

Par zone géographique, le solde se détériore vis-à-vis de l'UE du fait d'un net recul des exportations (aéronautique, chimie, pétrole raffiné et boissons) et d'une hausse des importations. La dégradation est également très marquée avec le Proche et Moyen-Orient (ventes exceptionnelles d'Airbus). Enfin, pour l'Asie, l'augmentation du déficit tient à de moindres livraisons d'Airbus et de produits chimiques. En revanche, le déficit se réduit fortement vis-à-vis de l'Afrique (réalisation de grands contrats aéronautiques et navals, et baisse des achats énergétiques).

La balance commerciale s'améliore également vis-à-vis de l'Europe hors UE (recul des approvisionnements énergétiques) et de l'Amérique (livraisons d'Airbus et plus faibles achats de produits chimiques, pharmaceutiques et de pétrole raffiné).

L'évolution de la balance commerciale est donc très variable suivant les pays et suivant les produits échangés.

1. Rappelez la définition du solde commercial et caractérisez la situation du solde commercial français.

2. Repérez les secteurs d'activité qui ont contribué à une diminution du déficit.

3. Quels sont les facteurs qui expliquent la persistance du déficit ?

FAIT ☐ REVU ☐

Exercice 6 voir Fiche Savoir 7

Les risques du protectionnisme

Dans le cadre de leur lutte contre le dumping chinois, les États-Unis ont décidé fin 2014 d'instaurer des droits de douane allant jusqu'à 165,04 % sur les cellules photovoltaïques chinoises, dont les prix étaient jugés « anormalement » bas par rapport aux conditions du marché. S'y rajoutent 38 % de droits de douane anti-subventions imposés aux producteurs chinois.

La réaction de la Chine ne s'est pas fait attendre : elle va à son tour relever ses droits de douane sur les importations de polysillicium (un composant des panneaux photovoltaïques) en provenance des États-Unis et de la Corée du Sud. Motif ? Le produit est écoulé à un prix bas, qui lèse les producteurs chinois selon la conclusion d'une commission d'enquête « anti-dumping ». En conséquence, des droits de douane vont être instaurés, entre 53,3 % et 57 % pour les producteurs américains (et 48,7 % pour les Sud-Coréens). Mesure de rétorsion ou protectionnisme justifié ? Il est certain que l'effondrement des prix du marché des panneaux solaires, lié à la surcapacité mondiale de fabrication, fragilise les industries du secteur et l'emploi, aussi bien en Chine qu'aux États-Unis.

1. Pourquoi les États-Unis ont-ils imposé des droits de douane sur les cellules photovoltaïques chinoises ?

2. Quelle a été la réaction chinoise ?

3. Expliquez en quoi le protectionnisme peut s'avérer néfaste pour l'économie d'un pays.

FAIT ☐ REVU ☐

Exercice 7 voir Fiche Savoir 8

Les accords de libre-échange

En avril 2015, l'Union européenne et les États-Unis ont lancé à New York le 9e round de négociation en vue de conclure un accord de libre-échange entre les deux zones.

Le TTIP (Traité transatlantique sur le commerce et l'investissement) doit aboutir à la mise en place d'un marché unique transatlantique des biens et des services, grâce notamment à une harmonisation des réglementations (sociales, environnementales...).

Une fois conclu, ce traité devrait représenter un des plus gros accords de commerce bilatéral, qui générerait une augmentation de la croissance de 0,5 % du PIB pour l'Union européenne (soit 86 milliards d'euros de revenus supplémentaires) et de 0,4 % du PIB pour les États-Unis (soit 64 milliards d'euros de revenus supplémentaires). Les échanges commerciaux devraient augmenter de 7 % et au niveau de l'emploi, 400 000 emplois seraient créés en UE.

Sujet de polémique aussi bien aux États-Unis qu'en Europe, cet accord n'est pourtant que la concrétisation d'un axe d'échange déjà bien établi. Les États-Unis et l'Europe représentent en effet près de 50 % des richesses et des stocks d'investissement au niveau mondial, ainsi qu'un tiers des échanges commerciaux.

Annexe 1 : Les échanges commerciaux UE-États-unis en 2012

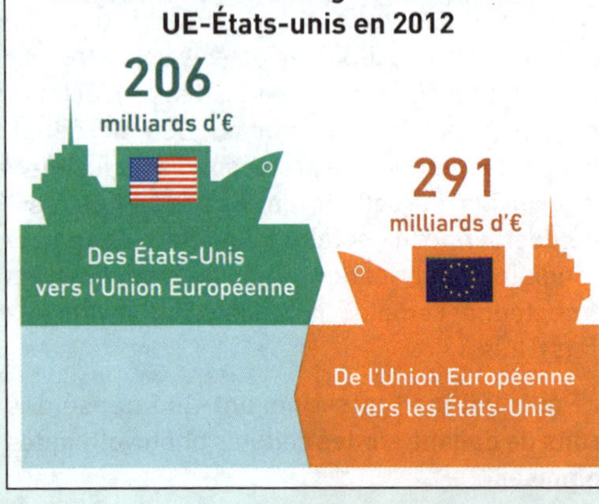

Annexe 2 : L'accord de libre échange UE-USA

• En quoi consiste-t-il ?

Il s'agit de supprimer les taxes aux frontières (ou « tarifs à l'importation » et surtout les barrières non-tarifaires (quotas d'importation, différences de réglementations et de normes) pour faciliter les échanges commerciaux de bien et de services.

• Quels sont les points de blocage ?

– Audivisuel et culture : la France veut protéger son exception culturelle (qutas, subventions...).

– Régulation financière et banques : les États-Unis aimeraient exclure le secteur financier de l'accord.

– Défense : la France estime que la concurrence serait déloyale vu l'ampleur des moyens américains (682 milliards de dollars de budget en 2012 contre 274 milliards pour l'ensemble de l'UE).

– Agriculture et normes alimentaires : la France ne veut pas adopter les pratiques américaines (cultures OGM, viande aux hormones).

– Ouverture des marchés publics : les États-Unis sont réticents.

1. Rappelez la définition d'une zone de libre-échange et son intérêt.

2. Quels avantages les États-Unis et l'Union européenne retirent-ils de la création de cette zone ?

3. Quelles sont les difficultés rencontrées pour mettre en place le traité ?

Exercice 8 voir Fiche Savoir 8

Le rôle de l'OMC dans la régulation des échanges

Fin 2014, l'Union européenne a saisi l'Organisation mondiale du commerce (OMC) pour dénoncer des taxes sur les importations mises en place par le Brésil, qu'elle juge discriminatoires.

Le Brésil applique en effet des taxes élevées dans plusieurs domaines, notamment l'industrie automobile ou les technologies de l'information (smartphones, ordinateurs...). Ainsi, la taxe appliquée aux véhicules à moteur importés a augmenté de 30 % depuis 2011 alors que les voitures fabriquées sur place en sont exemptées.

Ajoutée aux autres taxes pratiquées par le Brésil, le surcoût d'un produit importé peut grimper jusqu'à 80 % de la valeur du produit.

Pour régler ce conflit, l'organe de règlement des différends (ORD) de l'OMC a pris la décision de mettre en place un groupe spécial, ou « panel » d'experts, afin de trouver une solution équitable.

Il s'agit en effet de supprimer les cas de discrimination, tout en respectant le droit du Brésil d'établir sa politique fiscale et de prendre les mesures nécessaires pour assurer son développement.

Le Brésil, pour sa part, entend montrer à l'OMC que les règles qu'il a mises en place ne sont pas discriminatoires et respectent les principes du commerce international.

Les enjeux sont considérables pour les deux partenaires : l'Union européenne représente 20,8 % des échanges commerciaux du Brésil.

1. Rappelez le rôle de l'ORD.

2. Quelles sont les règles du commerce international fixées par l'OMC ?

3. Pourquoi l'UE saisie-t-elle l'ORD ?

FAIT ☐ REVU ☐

Exercice 9 voir Fiche Savoir 9

La fiscalité verte

L'impact de la contribution climat énergie en 2015.

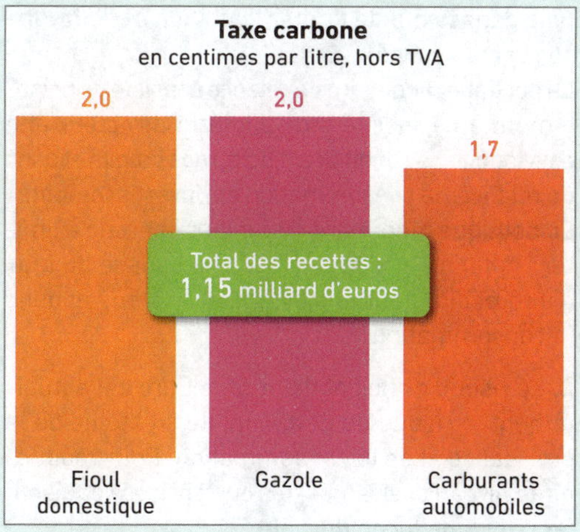

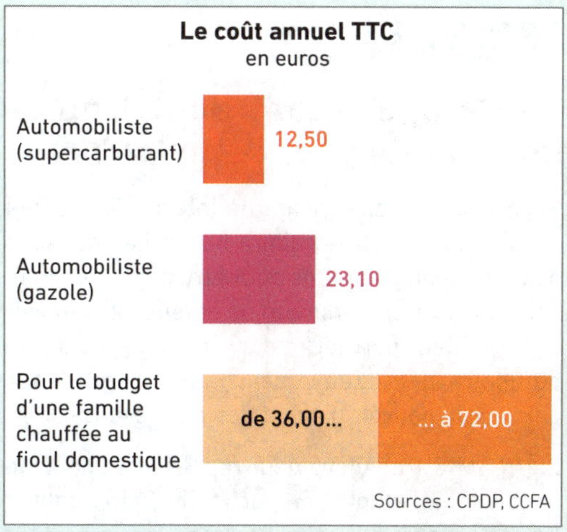

Dans le cadre de la mise en place d'un développement durable, le gouvernement a instauré une nouvelle taxe dans le cadre de la contribution climat-énergie (CCE). Cette taxe « carbone », instaurée fin 2013, était dans un premier temps prélevée sur le charbon, le fioul lourd et le gaz.

Cette assiette vient d'être élargie à toutes les énergies fossiles émettrices de gaz carbonique (essence, gazole et fioul domestique). L'ensemble du dispositif devrait rapporter 2,5 milliards d'euros en 2015 et 4 milliards en 2016.

Le bonus écologique est une prime qui récompense financièrement l'acquisition ou la location d'un véhicule particulier (VP) neuf électrique ou hybride émettant une quantité limitée de dioxyde de carbone (CO_2) par kilomètre.

Le montant de l'aide est de 27 % du coût d'acquisition TTC augmenté du coût de la batterie si elle est louée et ne peut pas dépasser 6 300 € (au 01/01/2015).

1. Rappelez la définition du développement durable.

2. Expliquez en quoi les deux instruments ci-dessus permettent de le mettre en œuvre.

FAIT ☐ REVU ☐

ÉCONOMIE

Exercice 1

Le SMIC, une contrainte trop importante pour l'emploi ?

1. Le SMIC (salaire minimum interprofessionnel de croissance) est le salaire horaire en dessous duquel aucun salarié ne peut être payé. L'objectif est d'assurer un minimum de revenus aux individus pour leur permettre d'avoir un niveau de vie suffisant. Il est réévalué chaque année pour garantir le pouvoir d'achat des bas revenus.

2. Un SMIC trop élevé peut représenter un frein important à l'emploi, en particulier non qualifié. En effet, l'employeur doit arbitrer entre le coût d'un employé et son apport à l'entreprise. Pour les salariés non qualifiés, la plus-value apportée à l'entreprise est trop faible par rapport au coût supporté. L'employeur préfèrera donc ne pas embaucher.
De plus, la hausse importante du SMIC (+28 %) pousse les autres salaires à la hausse, ce qui alourdit les charges de l'entreprise et diminue sa rentabilité. Elle peut donc priviliégier la maîtrise de la masse salariale en réduisant les effectifs ou l'embauche.

Exercice 2

Les caractéristiques du chômage

1. Le chômage a progressé de facon très importante entre janvier 2007 et janvier 2015 (+56,02 %) pour s'élever à 3 481 600 demandeurs d'emploi de catégorie A en janvier 2015. En un an, il a progressé de 4,8 %, mais le dernier mois semble amorcer une légère baisse.
On peut constater que cette progression n'est pas régulière. En effet, le nombre de demandeurs d'emploi avait fortement baissé jusqu'en 2008. Date à laquelle il repart à la hausse entre 2008 et 2009 de façon importante en raison de la crise financière des subprimes qui se propage à l'ensemble de l'économie. Cette progression ralentit entre 2009 et 2011, mais la crise du surendettement des États marque une nouvelle accélération.

2. Le critère qui est utilisé ici pour différencier les chômeurs est celui de l'âge. On constate ainsi une évolution différente en fonction de la tranche d'âge des individus.
Le chômage des seniors est celui qui a augmenté le plus fortement. Alors qu'ils représentaient 13,9 % des chômeurs en janvier 2007, ils constituent 23,7 % des chômeurs en janvier 2015, le nombre de chômeurs étant 2,7 fois plus important.
La proportion de chômeurs entre 25 et 49 ans reste la plus importante (60,9 % des chômeurs), mais évolue très peu (59 % en 2007).
La proportion des jeunes dans la population totale de chômeurs recule légèrement, puisqu'ils représentent 15,4 % des chômeurs en janvier 2015 contre 15,8 % en 2007.

3. Le chômage ne touche pas tous les individus de la même façon. Plusieurs facteurs peuvent favoriser un taux de chômage plus élevé. Par exemple, le sexe (les femmes sont plus touchées que les hommes), mais aussi la région (chômage structurel des anciennes régions minières) ou l'absence de qualification (les non-diplomés ont une employabilité plus faible).

Exercice 3

La politique monétaire de la BCE

1. La politique monétaire est fixée par la Banque centrale. Elle consiste à agir sur l'offre de monnaie dans le but de limiter l'inflation et de favoriser la croissance.
La politique monétaire de relance consiste principalement à baisser le taux d'intérêt directeur afin d'assouplir les conditions d'octroi des crédits et donc de relancer la consommation et l'investissement.
La politique monétaire de rigueur cherche à limiter l'inflation et s'appuie sur une hausse du taux d'intérêt directeur afin de limiter le crédit et donc la consommation.

2. Le risque principal de la zone Euro est actuellement le risque de déflation, lié à l'atonie de la croissance et de la consommation. Pour maintenir le niveau des ventes, les entreprises réduisent leurs prix de façon durable.
Or, la déflation entraîne souvent une baisse des revenus et donc de nouveau une baisse de la consommation. De plus, les individus anticipant une baisse des prix peuvent reporter leur consommation dans le futur. Ils accentuent donc le ralentissement global de l'économie. Cela peut alors se transformer en mécanisme autoentretenu, donc durable.

3. La politique monétaire mise en place par la BCE est une politique de relance. Elle s'est matérialisée par une baisse du taux d'intérêt directeur (à son plus bas niveau : 0,15 %) ainsi qu'une injection de liquidités (euros) par l'achat de titres sur les marchés financiers (politique dite d'open market). L'augmentation de la masse monétaire qui en résulte doit permettre de déprécier l'euro par rapport aux autres monnaies et donc relancer les exportations et le dynamisme économique.

Exercice 4

QCM

1. c) cherche à limiter l'apparition de déficits budgétaires excessifs.

2. c) réduire le déficit budgétaire.

3. Vrai

Exercice 5

Le commerce extérieur français

1. Le solde commercial correspond au solde des échanges de biens. Il résulte de la différence entre les exportations et les importations de marchandises. Lorsque les exportations sont supérieures aux importations, on parlera d'excédent commercial. Lorsque les importations sont supérieures aux exportations, la balance commerciale sera alors en déficit.
Le solde commercial francais est en déficit à –3,7 milliards d'euros en janvier 2015.
Ce solde n'a jamais été excédentaire depuis janvier 2011 mais on peut noter une amélioration entre 2013 et 2014 avec une diminution du déficit de 7,4 milliards d'euros.

2. Les secteurs d'activité qui permettent une réduction du déficit sont les secteurs de l'aéronautique (livraison d'Airbus et contrats en Afrique et en Amérique) mais surtout le secteur des approvisionnements énergétiques, avec une réduction de la facture énergétique, notamment pétrolière.

3. Le dynamisme dans l'aéronautique n'est pas homogène et la hausse des ventes dans certains pays est contrebalancée par le ralentissement de la demande des pays d'Asie et du Moyen-Orient.
Le solde de la balance commerciale se dégrade aussi avec une diminution des exportations en aéronautique, chimie, pétrole raffiné et boissons vers les pays de l'Union européenne alors que les importations en général augmentent.

Exercice 6

Les risques du protectionnisme

1. Les droits de douane sont des barrières tarifaires mises en place par les États pour protéger l'économie de leur pays en augmentant par des taxes le prix des produits importés. Les États-Unis ont adopté ce mécanisme sur les cellules photovoltaïques chinoises car ils soupçonnaient la Chine de pratiquer des prix trop bas. Afin de rétablir un niveau de prix plus normal pour la concurrence, les produits chinois ont donc été taxés de façon importante (jusqu'à 250 % du prix).

2. La réaction chinoise illustre clairement un des risques majeurs du protectionnisme, à savoir les mesures de rétorsion. La Chine a en effet décidé d'augmenter à son tour les droits de douane sur des composants de panneaux photovoltaïques en provenance des USA et de Corée du Sud pour le même motif que les Américains, à savoir des prix trop bas par rapport au marché.

3. Le protectionnisme a d'autres effets négatifs qui s'ajoutent au risque de rétorsion. L'augmentation des prix des produits réduit le pouvoir d'achat du consommateur. La réduction de la concurrence réduit le choix disponible. L'innovation et la qualité diminuent, puisqu'il est moins important de se différencier des concurrents.

Exercice 7

Les accords de libre-échange

1. Une zone de libre-échange est une zone comprenant plusieurs pays qui suppriment entre eux les droits de douane ainsi que les restrictions quantitatives, tout en conservant une politique commerciale qui leur est propre pour les pays à l'extérieur de la zone.
Son intérêt est de favoriser le développement économique des pays sur le long terme. Cela permet aux nations de se spécialiser dans les productions pour lesquelles elles sont les plus performantes et favorise ainsi une meilleure utilisation des ressources. Le libre-échange accroît la taille des marchés et permet aux entreprises d'accéder à des économies d'échelle et de réduire les coûts.

Il augmente la concurrence et permet aux consommateurs d'avoir plus de choix, des prix plus faibles, davantage d'innovations et une meilleure qualité.

2. Pour les États-Unis et l'Union européenne, la création de cette zone représenterait près de la moitié du PIB mondial (47 % de la production mondiale) et un tiers du commerce mondial. Cela faciliterait les échanges de marchandises et de services (d'une valeur de 2 milliards d'euros) qui transitent chaque jour entre les deux zones et permettrait de dynamiser la croissance des deux pays, tout en créant des emplois.
À terme, l'enrichissement des pays serait de 65 milliards d'euros de revenu annuel et 0,4 % d'augmentation du PIB pour les États-Unis. Pour l'Union européenne, cet effet est encore plus marqué avec 86 milliards d'euros de revenus supplémentaires et 0,5 % d'augmentation du PIB.

3. La réalisation d'un accord de libre-échange pose souvent des difficultés car les pays veulent garder leur liberté d'action dans un certain nombre de domaines. Dans le cadre de l'accord entre les États-Unis et l'Union européenne, les désaccords concernent essentiellement la défense, l'agroalimentaire, la finance, l'audiovisuel et les marchés publics.
Ces domaines représentent à la fois des enjeux politiques (armement et marchés publics) mais aussi culturels, économiques ou sanitaires (refus des OGM par la France).

Exercice 8

Le rôle de l'OMC dans la régulation des échanges

1. L'ORD est l'Organe de règlement des différends de l'Organisation mondiale du commerce (OMC). Doté du pouvoir de sanction envers les différents pays membres, il est chargé de vérifier que ceux-ci appliquent correctement les principes de l'OMC. Il est saisi par les pays qui estiment subir un préjudice dans le cadre de leurs échanges.

2. Les principales règles fixées par l'OMC sont au nombre de trois :
– la clause de la nation la plus favorisée qui oblige un pays qui conclut un accord avec un autre pays membre à l'appliquer à l'ensemble des autres pays ;
– la clause du traitement national : les produits importés doivent être traités comme des produits nationaux ;
– le principe de non-discrimination : il ne doit pas y avoir de différences de traitement dans les relations entre pays membres.

3. Ici, l'Union européenne saisit l'ORD dans le cadre de ses échanges avec le Brésil car elle estime être victime de taxes discriminatoires sur de nombreux produits qu'elle exporte. Le Brésil ne respecte donc pas la clause du traitement national et crée un préjudice à l'UE. Cette dernière demande la saisie d'un panel afin de confirmer ses accusations et d'obtenir réparation.

Exercice 9

La fiscalité verte

1. Le dévelopement durable désigne un mode de développement qui répond aux besoins du présent sans compromettre la capacité des générations futures à répondre à leurs propres besoins (rapport Bruntland 1987). Il intègre à la fois une dimension écologique (protéger l'environnement), économique (augmenter le niveau de vie et créer des richesses) et sociale (permettre aux individus d'avoir accès à un mode de vie décent).

2. L'État peut intervenir avec différents instruments afin de favoriser les comportements responsables des individus.
Ici, la taxe carbone mise en place a deux effets : elle permet à l'État d'augmenter ses recettes fiscales (+1,15 milliard d'euros) et donc de dégager des ressources supplémentaires qui pourront servir à promouvoir le développement d'énergies plus propres.
Elle dissuade les ménages d'utiliser les énergies fossiles en alourdissant les prélèvements. Ces derniers, pour éviter de payer plus, sont donc incités à moins consommer ou à privilégier des énergies moins polluantes.
Le bonus écologique permet de favoriser les investissements dans les véhicules propres en subventionnant une partie du prix d'acquisition. Cette subvention permet de favoriser un renouvellement du parc automobile et donc de réduire les émissions de CO_2.
Ces deux mesures permettent de répondre à la dimension environnementale du développement durable, mais aussi à la dimension sociale (moins de maladies liées à la pollution de l'air) et économique (développement de nouveaux marchés pour les véhicules hybrides).

Savoir
1

La responsabilité civile

LU ☐
SU ☐
REVU ☐

Être responsable, c'est être tenu de réparer les conséquences dommageables des agissements qu'on a eus dans sa vie sociale.

1 Les différentes responsabilités

1.1. La responsabilité pénale

La responsabilité pénale résulte d'un trouble apporté à l'ordre social, le droit pénal sanctionnant l'auteur de ce trouble par des peines adaptées aux infractions.

1.2. La responsabilité civile

Certains comportements génèrent des préjudices sans tomber sous le coup d'une qualification pénale. C'est ce qui justifie l'existence de la responsabilité civile :
- la responsabilité civile contractuelle est mise en œuvre quand un contractant n'exécute pas ses obligations et que l'exécution forcée est impossible ;
- la responsabilité civile délictuelle s'applique dans tous les cas où une personne subit un dommage qui ne trouve pas son origine dans l'inexécution d'un contrat.

EXEMPLE Un accident de la circulation.

1.3. Les fonctions des différentes responsabilités

RESPONSABILITÉ PÉNALE	RESPONSABILITÉ CIVILE
1. Sanctionner le coupable **2.** Protéger la société **3.** Prévenir la récidive	**1.** Réparer le dommage subi par la victime **2.** Prévenir la réalisation et la répétition des dommages **3.** Sanctionner le responsable

1.4. Le traitement des différentes responsabilités

RESPONSABILITÉ PÉNALE	RESPONSABILITÉ CIVILE
– **Juridictions spécifiques** pour l'application des sanctions pénales : tribunal de police, tribunal correctionnel, cour d'assises. – **Sanctions pénales :** principalement emprisonnement et amendes, ainsi que des sanctions spécifiques (suspension du permis de conduire, travaux d'intérêt général, etc.).	– **Juridictions compétentes :** tribunaux de droit privé (tribunal d'instance ou de grande instance selon que la demande est inférieure ou supérieure à 10 000 €), tribunal de commerce pour un litige commercial, conseil de prud'hommes pour un litige en droit du travail. – **Sanctions civiles :** réparation en nature ou dommages-intérêts.

2 Les faits générateurs de responsabilité civile

2.1. Le fait personnel

L'auteur du fait a commis une faute dont il est responsable. Celle-ci consiste soit en une faute volontaire, un délit civil (ex. : concurrence déloyale), soit en une négligence ou une imprudence, le quasi-délit (accident).

DROIT

2.2. Le fait d'autrui

Le responsable répond du fait d'une autre personne qui n'est pas responsable :

- responsabilité des père et mère : les parents sont responsables des faits commis par leur enfant mineur dont ils ont la garde : la responsabilité délictuelle est ici objective et non subjective. Elle naît de la situation des parents et non de leur faute ;
- responsabilité de l'employeur : tout employeur est responsable des dommages causés par un de ses salariés. Il tire un profit du travail de son salarié. En contrepartie, il doit assumer le risque lié à cette activité. Il s'agit là encore d'une responsabilité objective.

2.3. Le fait des choses

LA CHOSE EN GÉNÉRAL	LES CHOSES SPÉCIFIQUES
Il s'agit de toute chose inanimée : – un bien meuble ou un immeuble ; – une chose solide, liquide ou gazeuse ; – une chose dangereuse ou non dangereuse.	Divers cas sont prévus par la loi : – les animaux ; – les bâtiments menaçant ruine ; – les produits défectueux.

Le responsable est le gardien de la chose, qui n'est pas forcément le propriétaire mais la personne qui a l'usage, la direction et le contrôle de la chose.

DROIT

3 Du fait générateur à la réparation du dommage

3.1. Principe

Il appartient au juge de déterminer le lien de causalité entre le fait générateur et le dommage. Le dommage est réparé s'il est établi.

3.2. L'exonération de responsabilité

En cas de responsabilité pour fait personnel, si la personne mise en cause peut établir qu'elle n'a commis aucune faute, il n'y a pas de responsabilité. Dans les autres cas, la cause étrangère est la seule cause d'exonération possible.

LA FORCE MAJEURE	LE FAIT DE LA VICTIME OU LE FAIT D'UN TIERS
Événement insurmontable, imprévisible et extérieur au défendeur. EX. : catastrophe naturelle.	Pour exonérer totalement la personne mise en cause, ces comportements doivent être insurmontables et imprévisibles.

mots clés

Croissance ◆ Développement ◆ Développement durable ◆ Indice de développement humain ◆ Empreinte écologique ◆ PIB vert

S'entraîner au Bac
Exercices 1, 7 : p. 151-155

Savoir 2

Le dommage et sa réparation

LU ☐
SU ☐
REVU ☐

La personne responsable doit assumer la réparation des divers dommages dont elle doit répondre.

1 Les différents dommages

1.1. La nature des dommages

DOMMAGE CORPOREL	DOMMAGE MATÉRIEL	DOMMAGE MORAL
Atteinte à l'intégrité physique de la victime (blessures) pouvant aller jusqu'à la mort.	Atteinte aux droits de la victime qui lui cause un appauvrissement ou un manque à gagner.	Atteinte à des droits non pécuniaires (vie privée, honneur, etc.) ou à des sentiments d'affection (perte d'un être cher).

1.2. Les dommages patrimoniaux et extrapatrimoniaux

Les dommages patrimoniaux sont constitués par des atteintes à des droits patrimoniaux (pécuniaires) de la victime. Ils sont évaluables en argent. La réparation se fera selon l'importance économique du préjudice.

EXEMPLE Les dommages matériels ou certains dommages liés à des atteintes corporelles (ayant entraîné une inaptitude au travail, par exemple).

Les dommages extrapatrimoniaux sont les atteintes aux droits extrapatrimoniaux (non pécuniaires) de la victime, et, parfois, certains dommages résultant d'un préjudice corporel.

EXEMPLE Préjudice d'agrément résultant d'une blessure.

2 Les caractères du dommage réparable

CARACTÈRE CERTAIN	Le dommage doit être vérifiable, ou du moins vraisemblable, même s'il n'est que futur : un dommage seulement éventuel n'est pas réparable.
CARACTÈRE PERSONNEL	La personne indemnisée est celle qui a personnellement subi le préjudice. La victime « par ricochet » peut aussi être indemnisée : conjoint, enfants (parfois victimes directes d'un préjudice propre).
CARACTÈRE LÉGITIME	Le dommage peut être réparé seulement s'il est juridiquement protégé (pas d'indemnisation pour la perte d'un bien illicite).
CARACTÈRE DIRECT	Le dommage doit résulter directement du fait générateur de la responsabilité : le juge limitera les dommages « en cascade ».

3 La réparation du dommage

3.1. Les deux modes de réparation

Lorsque c'est possible, la meilleure réparation consiste à faire disparaître le préjudice par une remise en l'état des choses : on parle de réparation en nature.

EXEMPLE Faire cesser une campagne publicitaire constituant une pratique commerciale trompeuse.

DROIT

Cependant, ce mode de réparation n'est pas le plus fréquent, et il ne répare pas vraiment le dommage déjà supporté. Il évite simplement son aggravation dans le temps. Dans la plupart des cas, c'est par l'attribution d'une somme d'argent à la victime – les dommages et intérêts – que le responsable répare le dommage.

3.2. Le rôle de l'assurance

a) Le dispositif de l'assurance

L'assurance est un contrat qui permet à l'assuré de faire supporter à l'assureur les risques de responsabilité. En échange de cotisations, l'assureur indemnise les victimes des agissements accidentels – et non volontaires – de l'assuré.

b) Les fonds de garantie

Les fonds de garantie ont été créés pour indemniser les victimes de situations particulières : victimes d'un attentat, victimes d'un conducteur non assuré, etc.

3.3. L'indemnisation des victimes d'accidents de la circulation

a) Les situations concernées

Des règles particulières s'appliquent aux accidents de la circulation causés par un véhicule à moteur : voitures, camions, motos, tracteurs, etc.

b) Les victimes prises en compte

VICTIMES « PROTÉGÉES »	VICTIMES « SUPER-PROTÉGÉES »
Piétons, cyclistes et passages transportés, à l'exclusion du conducteur.	Les mêmes personnes mais de moins de 16 ans, de plus de 70 ans, ou invalides.

c) La spécificité de l'indemnisation

Les victimes « protégées » sont toujours indemnisées, sauf si la cause exclusive de l'accident est une faute inexcusable de leur part.

EXEMPLE
Un cycliste fait du vélo sur une autoroute, la nuit, sans lumière.

Les victimes « super-protégées » sont toujours indemnisées, sauf si elles ont commis une faute volontaire à l'origine du dommage.

EXEMPLE
La personne se suicide en se jetant sous les roues de la voiture.

Tout conducteur d'un véhicule à moteur devant être assuré, c'est sa compagnie d'assurances qui prend en charge l'indemnisation de la victime. Une proposition de transaction évite souvent le procès. Si le responsable est inconnu ou non assuré, c'est un fonds de garantie qui se charge de l'indemnisation.

mots clés
Réparation en nature ◆ Dommages-intérêts ◆ Assurance ◆ Fonds de garantie ◆ Accident de la circulation

S'entraîner au Bac
Exercices 1, 7 : p. 151-155

Savoir 3

Le contrat de travail

LU ☐
SU ☐
REVU ☐

La relation de travail entre le chef d'entreprise et le salarié est gouvernée par le contrat de travail.

1 Les spécificités du contrat de travail

1.1. Le lien de subordination, élément distinctif du contrat de travail

Le contrat n'est pas défini par la loi. C'est la jurisprudence qui indique que le contrat de travail est celui par lequel une personne, le salarié, s'engage à fournir une prestation de travail en échange d'une rémunération (principalement un salaire), pour le compte et sous la direction d'une autre personne, l'employeur. Cette formule traduit l'existence d'un lien de subordination, élément distinctif du contrat de travail. Les relations où une partie effectue un travail rémunéré par une autre partie ne donnent pas naissance au contrat de travail s'il n'y a pas de lien de subordination.

EXEMPLE
Travailleur indépendant, franchisé, sous-traitant, etc.

Selon la jurisprudence, le lien de subordination se traduit par le pouvoir de commandement, de contrôle et de sanction que l'employeur exerce sur le salarié.

1.2. La forme du contrat de travail

En l'absence d'écrit, un contrat de travail n'est pas nul. Il est présumé être un contrat à durée indéterminée (CDI) à temps plein, et il se prouve par tous moyens.

EXEMPLE
Le double de la déclaration d'embauche remis au salarié, les bulletins de salaire.

A contrario, tous les contrats atypiques (CDI à temps partiel, contrat d'apprentissage, etc.) doivent être écrits et contenir certaines mentions obligatoires.

1.3. Les obligations des parties

Le contrat de travail fixe les modalités d'exécution du travail : fonction, nature des tâches, lieu de travail, durée de l'engagement, obligations particulières.

EXEMPLE
Clauses de confidentialité, d'exclusivité, de mobilité, etc.

Pour ce qui concerne l'employeur, le contrat détermine principalement ses obligations en matière de rémunération.

1.4. Les pouvoirs du chef d'entreprise

POUVOIR DE DIRECTION	POUVOIR RÉGLEMENTAIRE	POUVOIR DISCIPLINAIRE
L'employeur recrute, organise le travail, détermine les horaires, choisit le lieu d'exécution des tâches, etc.	L'employeur édicte les consignes gouvernant le travail (hygiène et sécurité, harcèlement) et prévoit les sanctions en cas de faute.	L'employeur peut sanctionner les salariés ayant commis une faute dans l'exercice de leur travail.

2 Les différents contrats de travail

2.1. Le CDI, contrat de droit commun

Par définition, le CDI n'a pas de terme fixé lors de sa conclusion. Il est privilégié par le législateur, qui le considère comme le type de contrat le plus favorable au salarié. En effet, si l'employeur peut éventuellement licencier le salarié, cette mesure est encadrée par de nombreuses règles limitant les pouvoirs du chef d'entreprise.

EXEMPLE
L'employeur doit justifier d'une cause réelle et sérieuse, il doit verser une indemnité, etc.

2.2. Les contrats précaires

a) Le recours aux contrats précaires

Lorsque les besoins en travail ne sont pas permanents, l'employeur peut se tourner vers les contrats précaires, qui constituent un outil de flexibilité. Mais ces contrats sont pénalisants pour le salarié, car ils n'assurent pas un emploi durable.
La loi limite donc les possibilités de recourir à ce type de contrat.

CONTRATS PRÉCAIRES AUTORISÉS	CONTRATS PRÉCAIRES INTERDITS
– Remplacement d'un salarié absent. – Accroissement temporaire d'activité. – Emploi saisonnier ou temporaire par nature. – Remplacement du chef d'entreprise malade. – Contrat dans le cadre de mesures pour l'emploi.	– Pour un emploi permanent. – Pour remplacer un gréviste. – Pour des tâches dangereuses. – Dans les 6 mois qui suivent un licenciement économique (sur le poste concerné).

b) Les règles communes aux contrats précaires

Le contrat est obligatoirement écrit et remis au salarié dans les 2 jours suivant son embauche. Sa durée est limitée en principe à 18 mois (renouvellement compris). Un seul renouvellement est possible. À défaut, à la demande du salarié, il peut être requalifié en CDI par le conseil de prud'hommes.
Une indemnité de précarité est versée à la fin du contrat (10 % du salaire brut).

c) Les deux types de contrats précaires

CONTRAT À DURÉE DÉTERMINÉE (CDD)	CONTRAT DE TRAVAIL TEMPORAIRE (CTT)
Le CDD met en présence un salarié et un employeur. Ce dernier doit assurer lui-même le recrutement et la formation éventuelle du salarié. La rupture du contrat avant son terme n'est possible que dans certains cas : – accord entre les parties ; – faute grave du salarié ; – embauche du salarié en CDI.	Face à un besoin de main-d'œuvre, le chef d'entreprise s'adresse à une agence d'intérim. Il y a création de deux contrats : – un contrat de travail (contrat de mission) entre le salarié et l'entreprise de travail temporaire ; – un contrat de service (contrat de mise à disposition) entre l'entreprise de travail temporaire et l'entreprise utilisatrice du salarié.

mots clés
Lien de subordination ◆ Pouvoir de direction ◆ Pouvoir réglementaire ◆ Pouvoir disciplinaire ◆ CDI ◆ Contrat atypique ◆ Contrat précaire

S'entraîner au Bac
Exercices 2, 7 : p. 152-155

Savoir 4

Les conditions de travail

LU ☐
SU ☐
REVU ☐

Le droit veille à ce que la subordination du salarié ne soit pas synonyme de conditions de travail trop difficiles, même lorsqu'elles résultent de clauses particulières du contrat de travail.

1 Les aspects fondamentaux des conditions du travail

1.1. La durée du travail

- La durée légale du travail est fixée à 35 heures par semaine (ou 1 607 heures par an).
- Au-delà, les heures de travail imposées au salarié constituent des heures supplémentaires. Les accords collectifs doivent fixer les majorations de salaire appliquées à ces heures. À défaut, la loi prévoit une majoration de 25 % de la 36e à la 43e heure hebdomadaire, et de 50 % à partir de la 44e heure.
- Un contingent annuel d'heures supplémentaires doit être prévu par accord d'entreprise ou de branche. À défaut, la loi le fixe à 220 heures par an par salarié.

Par ailleurs, la loi fixe la durée hebdomadaire maximale de travail (heures supplémentaires comprises) à 48 heures pour une semaine isolée, et à 44 heures en moyenne. Enfin, la durée quotidienne du travail est limitée à 10 heures.

1.2. Les repos périodiques

Le repos quotidien est d'une durée minimale de 11 heures consécutives.
Le repos hebdomadaire doit avoir une durée minimale de 24 heures, en plus des 11 heures quotidiennes, soit 35 heures consécutives au minimum. Ce repos doit être donné, en principe, le dimanche. Plusieurs dérogations sont prévues par les textes.

EXEMPLE
Les salariés volontaires des commerces de détail des zones urbaines de plus de 1 million d'habitants peuvent travailler le dimanche. Le personnel des commerces de détail peut travailler 5 dimanches par an.

1.3. Les congés payés

DURÉE	2,5 jours de congé pour chaque mois de travail, avec un maximum de 30 jours ouvrables, soit 5 semaines.
DATES	Elles sont fixées par l'employeur après consultation des représentants du personnel, soit par roulement, soit par fermeture de l'entreprise pour tous.
INDEMNITÉ	Elle est au moins égale à ce que le salarié aurait perçu s'il avait travaillé durant les congés.

1.4. La rémunération

a) La détermination du salaire par le contrat de travail

Le salaire est un des éléments du contrat de travail. La liberté des parties est cependant limitée par plusieurs règles légales protégeant le salarié.

b) Les contraintes légales en matière de salaire

- Le SMIC (salaire minimum interprofessionnel de croissance) est le salaire minimum légal pour toute personne employée en France. Ce salaire plancher est régulièrement revalorisé (au moins une fois par an, au 1er janvier). Le mode de

DROIT

calcul appliqué à la révision du SMIC permet d'assurer, de façon progressive, une augmentation du pouvoir d'achat des salariés qui le perçoivent.

- Une autre règle légale s'impose à tout employeur : l'égalité de salaire entre tous les salariés effectuant un travail « de valeur égale », selon la formule de la loi. Toute discrimination salariale est prohibée, en particulier entre hommes et femmes.
- L'obligation de négocier collectivement sur les salaires : au niveau des entreprises (tous les ans) et des branches professionnelles (tous les 5 ans).

2 Les clauses particulières du contrat de travail

2.1. La clause de mobilité

a) Définition et utilité

La clause de mobilité est celle par laquelle le salarié accepte à l'avance l'éventualité d'une mutation géographique.

b) Les conditions de validité de la clause de mobilité

La loi étant silencieuse sur cette clause particulière, c'est la jurisprudence qui en a défini les conditions de validité : la Cour de cassation exige que la clause de mobilité soit rédigée avec précision et qu'elle détermine de façon claire le(s) lieu(x) que le salarié pourrait être obligé de rejoindre.

2.2. La clause de non-concurrence

a) Définition et utilité

Par la clause de non-concurrence, l'employeur interdit à un salarié de s'installer à son compte ou de se mettre au service d'un concurrent, après la rupture du contrat.

b) Les conditions de validité de la clause de non-concurrence

La loi ne dit rien sur ce type de clause. Aussi la Cour de cassation a-t-elle précisé les critères de validité, assez restrictifs.

PAS D'INTERDICTION ABSOLUE DE TRAVAILLER	– Limitation dans l'espace. – Limitation dans le temps. – Limitation à une activité précisément définie.
LA DÉFENSE NÉCESSAIRE DES INTÉRÊTS DE L'ENTREPRISE	La clause ne peut s'appliquer qu'aux salariés dont le passage à la concurrence risque d'être préjudiciable à l'ex-employeur.
UNE CONTREPARTIE FINANCIÈRE	Un dédommagement « non dérisoire » doit compenser les inconvénients de la clause.

mots clés

Durée légale du travail ◆ Heures supplémentaires ◆ SMIC ◆ Clause de mobilité ◆ Clause de non-concurrence

S'entraîner au Bac

Exercices 2, 7 : p. 152-155

Savoir

5

Les libertés des salariés

LU ☐
SU ☐
REVU ☐

Tout salarié dispose de libertés individuelles et collectives dont le respect s'impose à l'employeur.

1 Les libertés individuelles

1.1. L'intimité de la vie privée des salariés

L'employeur a le droit de contrôler l'activité de ses salariés : il peut écouter les conversations téléphoniques, installer des caméras de surveillance, équiper les véhicules de fonction d'un dispositif de géolocalisation. Mais l'employeur doit informer les représentants élus du personnel ainsi que chaque salarié concerné et doit déclarer le dispositif à la Commission nationale de l'informatique et des libertés (CNIL).
L'employeur doit respecter la « sphère privée du salarié : lors d'un entretien de recrutement, par exemple, il ne peut poser que des questions en rapport avec l'emploi proposé.
D'une manière générale, la présence du salarié sur le lieu de travail n'autorise pas l'employeur à empiéter sur le domaine strictement privé de sa vie.

EXEMPLE Il ne peut pas consulter un dossier d'ordinateur d'un salarié noté « personnel ».

DROIT

1.2. La liberté d'expression

La loi reconnaît aux salariés le droit de s'exprimer de façon collective, lors de réunions organisées selon un accord d'entreprise.
Par ailleurs, la liberté d'expression individuelle des salariés les autorise à dire ce qu'ils pensent de leurs conditions de travail et de l'organisation de l'entreprise.

2 Les libertés collectives

2.1. Le droit de grève

a) Les conditions d'exercice de la grève

La grève est un droit reconnu par la Constitution, mais c'est la jurisprudence qui en donne la définition : c'est une cessation collective et concertée du travail, en vue de faire aboutir des revendications professionnelles.

FORMES DE GRÈVES LICITES	MODALITÉS ET CARACTÉRISTIQUES
Débrayage	Grève de courte durée.
Grève tournante	Les salariés se mettent en grève successivement.
Grève surprise	Grève débutant sans avertissement ni préavis.
Grève sauvage	Grève décidée par les salariés, sans encadrement syndical.

b) Les effets de la grève

La grève entraîne la suspension du contrat de travail : les salariés n'exécutant pas leur travail, cela se traduit par une perte de salaire proportionnelle. L'employeur doit respecter le droit de grève : aucune discrimination, aucune sanction, aucun licenciement ne peuvent être envisagés à l'égard d'un gréviste, sauf en cas de faute lourde de sa part.

EXEMPLE Destruction du matériel de travail de l'entreprise.

2.2. Le droit à la représentation dans l'entreprise

Certaines institutions représentatives du personnel (IRP) sont élues par les salariés.

MISSION DES DÉLÉGUÉS DU PERSONNEL (DP) (EFFECTIF D'AU MOINS 11 SALARIÉS)	MISSIONS DU COMITÉ D'ENTREPRISE (CE) (EFFECTIF D'AU MOINS 50 SALARIÉS)
Recueillir les observations, questions et réclamations individuelles ou collectives des salariés et en faire part à l'employeur, qui doit en discuter et y répondre lors des réunions mensuelles obligatoires avec les délégués du personnel.	- Gestion des œuvres sociales et culturelles (organisation de loisirs et d'activités culturelles ou sportives pour le personnel). - Information et consultation par le chef d'entreprise sur les questions à caractère économique et professionnel (plan de formation, licenciements économiques...).

2.3. La liberté syndicale

a) Les manifestations de la liberté syndicale

Les syndicats sont des organismes de défense des intérêts professionnels. Un principe constitutionnel reconnaît la liberté des travailleurs de se regrouper en syndicats.

b) La représentativité des syndicats

La représentativité est reconnue aux syndicats qui répondent à divers critères légaux (ancienneté minimale de deux ans, indépendance, nombre d'adhérents, etc.) ; le plus important de ces critères est l'audience, mesurée au travers des voix obtenues (au moins 8 % au niveau national et 10 % dans une entreprise donnée) à l'occasion des élections des représentants des salariés dans les entreprises.
Au niveau national, les syndicats représentatifs négocient les conventions collectives de branche et les accords interprofessionnels.

c) Les syndicats dans l'entreprise

L'employeur doit accepter la mise en place de sections syndicales si l'effectif de l'entreprise est de 50 salariés ou plus. Ces sections sont constituées par les délégués syndicaux désignés par les syndicats représentatifs. Ils jouent un rôle actif dans les entreprises : ils informent, conseillent et défendent les salariés.
Les délégués syndicaux interviennent parfois pour encadrer les mouvements de grève et pour négocier avec l'employeur sur les conditions de travail.

EXEMPLE
Accord d'entreprise sur la politique salariale.

Pour mener à bien leurs missions, ils disposent de prérogatives propres : droit de circuler dans l'entreprise, droit d'affichage, et surtout des heures de délégation (10 à 20 heures par délégué selon l'effectif de l'entreprise).

mots clés
Intimité de la vie privée ◆ Liberté d'expression ◆ Droit de grève ◆ Délégué du personnel ◆ Comité d'entreprise ◆ Syndicat ◆ Délégué syndical

S'entraîner au Bac
Exercice 7 : p. 155

DROIT

La rupture du CDI

LU ☐
SU ☐
REVU ☐

Chacune des parties à un CDI peut y mettre fin, soit par décision unilatérale, soit d'un commun accord.

1 La démission

1.1. Les caractères de la démission

Selon la jurisprudence, la volonté de démissionner doit :

- manifester une volonté claire, sérieuse et non équivoque ;

EXEMPLE
Ne pas reprendre le travail à la fin d'un congé ne signifie pas démissionner.

- être librement donnée, sous peine d'être requalifiée en licenciement par le juge.

EXEMPLE
Démission pour mettre fin à un harcèlement moral (pas de vraie liberté).

1.2. Les modalités et conséquences de la démission

- La loi n'exige aucune forme pour la démission, qui peut donc être verbale ou signifiée par écrit (l'employeur peut demander une lettre à titre de preuve).
- Le salarié doit respecter un préavis. La loi n'en fixant pas la durée, il résulte soit d'un accord collectif, soit du contrat de travail, soit même des usages.
- La démission est irrévocable : le salarié ne peut pas revenir sur sa décision.
- Elle ne fait naître aucune obligation d'indemnisation par l'employeur. Ne constituant pas une perte involontaire d'emploi, elle ne donne pas droit, en principe, aux allocations chômage.

2 Le licenciement

2.1. Les motifs de licenciement

La loi impose que tout licenciement soit fondé sur une cause « réelle et sérieuse ».

FAUTE DU SALARIÉ	FAIT NON FAUTIF	MOTIF ÉCONOMIQUE
– **Faute sérieuse :** elle rend impossible le maintien du contrat. EX. : retards répétés. – **Faute grave :** elle implique la cessation immédiate du contrat. EX. : abandon de poste. – **Faute lourde :** d'une exceptionnelle gravité, elle révèle une intention de nuire à l'entreprise. EX. : sabotage.	Il relève d'une incapacité professionnelle, d'une inaptitude physique, d'une incompatibilité de caractère avec les autres salariés, etc. EX. : incapacité à s'adapter à un nouvel équipement informatique.	– Pour la loi : suppression ou transformation d'emploi liée, notamment, à des difficultés économiques ou à des mutations technologiques. – Pour la jurisprudence : il s'agit de la sauvegarde de la compétitivité de l'entreprise.

Le licenciement sans cause réelle et sérieuse est sanctionné. Le salarié peut obtenir réparation en saisissant le conseil de prud'hommes.

2.2. La procédure de licenciement

a) Le licenciement pour motif personnel

1. CONVOCATION À UN ENTRETIEN PRÉALABLE	La convocation, par lettre recommandée ou remise en main propre, indique l'objet, le lieu, la date de l'entretien. Elle précise au salarié qu'il a le droit de se faire assister par un représentant du personnel.
2. ENTRETIEN PRÉALABLE	L'employeur précise au salarié la cause de son licenciement. Ce dernier a le droit de s'exprimer librement pour faire valoir son point de vue.
3. LETTRE DE NOTIFICATION DU LICENCIEMENT	Si la décision est maintenue, le salarié doit recevoir une notification officielle de la rupture du contrat énonçant le motif retenu.

b) Le licenciement économique de moins de 10 salariés

La même procédure s'applique, mais l'employeur doit aussi aviser l'inspection du travail et consulter les représentants du personnel si le licenciement touche plus d'un salarié.

Dans tous les cas, des mesures de reclassement doivent être recherchées par l'employeur, qui doit aussi proposer au salarié un contrat de sécurisation professionnelle : s'il l'accepte, Pôle Emploi lui verse une allocation équivalente à son salaire pendant un an, et il bénéficiera d'aides à la reconversion.

c) Le licenciement économique de plus de 10 salariés

L'employeur engage une concertation avec les représentants du personnel et notifie le projet de licenciement à l'inspection du travail. Dans les entreprises d'au moins 50 salariés, l'employeur doit élaborer un plan de sauvegarde de l'emploi comportant diverses mesures : reclassement des salariés, actions de formation...

3 La rupture conventionnelle homologuée

3.1. Le principe et les effets

Le législateur a créé un dispositif permettant aux deux parties de convenir de la rupture du CDI et de ses suites, en prévoyant un contrôle par l'inspecteur du travail. Si la rupture conventionnelle est homologuée, le salarié a droit à un préavis et à une indemnité de rupture. Il perçoit par ailleurs les allocations chômage.

3.2. Les étapes de la procédure

1. Entretien(s) préalable(s) à la convention → **2.** Rédaction de la convention (préavis, indémnité, etc.) → **3.** Délai de rétractation de 15 jours pour chaque partie → **4.** Convention transmise à l'inspecteur du travail → **5.** Homologation ou refus sous 15 jours

mots clés

Démission ◆ Licenciement ◆ Licenciement sans cause réelle et sérieuse ◆ Contrat de sécurisation professionnelle ◆ Rupture conventionnelle homologuée

S'entraîner au Bac
Exercices 3, 7 : p. 153-155

Savoir 7

La liberté du commerce et la concurrence loyale

LU ☐
SU ☐
REVU ☐

Chacun peut entreprendre et participer au marché de concurrence, mais le droit sanctionne tout comportement déloyal en affaires.

1 La liberté du commerce et de l'industrie

1.1. Les applications de la liberté du commerce et de l'industrie

LA LIBERTÉ D'ENTREPRENDRE	LA LIBERTÉ D'EXPLOITER	LA LIBERTÉ DE CONCURRENCER
Toute personne peut entreprendre toute activité professionnelle de son choix : aucune autorisation n'est nécessaire pour exercer le commerce ou toute activité de nature agricole, artisanale, etc.	L'entrepreneur choisit le marché visé, la forme juridique et la taille de l'entreprise, le mode de production ou de distribution, les modalités de financement de l'activité, etc.	C'est la liberté de présenter une offre plus attrayante que celle des autres (par la publicité, par le prix), et la liberté de réagir aux attaques commerciales pour préserver sa propre clientèle.

1.2. La protection de l'ordre public économique

LES RESTRICTIONS À LA LIBERTÉ D'ENTREPRENDRE	LES RESTRICTIONS À LA LIBERTÉ D'EXPLOITER	LES RESTRICTIONS À LA LIBERTÉ DE CONCURRENCER
– Pour certaines personnes : • **incapacité** (mineurs, majeurs en curatelle ou en tutelle) ; • **incompatibilité** (huissier, notaire, fonctionnaire, etc.) ; • **déchéance** (en cas de condamnation pénale grave). – Pour certaines activités : • **interdiction** en cas de risque pour la santé ou la moralité publique (vente de stupéfiants) ; • **contrôle administratif** (pharmacie, débit de boissons).	Il n'y a pas de liberté d'exploiter pour certaines activités réservées à l'État, qui en a le **monopole**. Il décide seul à qui il en cède l'exploitation. EX. : distribution du tabac, frappe de la monnaie, organisation des jeux de hasard, etc.	– Certaines pratiques sont prohibées : essentiellement la publicité et les promotions trompeuses, ainsi que les actions commerciales agressives. – La publicité est interdite ou restreinte pour le tabac, l'alcool, les armes, etc. – La publicité comparative doit répondre à des exigences d'objectivité. – Les périodes de soldes sont réglementées.

DROIT

2 L'interdiction des pratiques déloyales

2.1. La concurrence déloyale

La conquête des marchés peut être rude. La loyauté n'empêche ni de s'installer à proximité d'entreprises concurrentes, ni les pratiques de prix cassés, mais chacun est responsable des manquements à l'honnêteté (responsabilité délictuelle).

a) Les comportements jugés déloyaux

COMPORTEMENTS DÉLOYAUX	ILLUSTRATIONS
Imitation du signe distinctif d'un concurrent	Reprise à l'identique ou de façon approchante du nom commercial, de l'enseigne, de la forme d'un produit, etc., créant la confusion dans l'esprit de la clientèle
Dénigrement de l'entreprise concurrente	Propos injurieux sur la compétence d'un concurrent ou sur la qualité de ses produits
Parasitisme	Reprise d'une idée d'un concurrent
Désorganisation de l'entreprise concurrente	Tout agissement créant une gêne dans le fonctionnement de l'entreprise concurrente (débauchage de salariés)

b) L'action en concurrence déloyale

C'est une action en responsabilité civile : la faute est constituée par un comportement déloyal. Le préjudice existe dès lors qu'il y a atteinte à la clientèle du concurrent ou dégradation de son image. Le lien de causalité est apprécié par le juge au regard des preuves apportées par le demandeur. L'auteur des faits doit cesser les agissements et réparer le préjudice (dommages-intérêts).

2.2. La contrefaçon de marque

La contrefaçon de marque constitue un délit pénal.

a) Les deux actions judiciaires possibles

La victime de la contrefaçon peut en faire état lors d'une action en responsabilité civile pour concurrence déloyale (elle sera alors indemnisée). Elle peut aussi porter plainte devant le tribunal correctionnel pour obtenir la condamnation pénale du contrefacteur, qui encourt trois ans de prison et 300 000 € d'amende.

b) Les différentes contrefaçons de marque

COPIE SERVILE	Elle reproduit l'objet et sa marque à l'identique. EX. : fausse chemise Lacoste, faux sac Louis Vuitton, etc.
IMITATION	Elle reprend des éléments de la marque pour provoquer la confusion. EX. : flacon reprenant la forme de celui d'un parfum célèbre.
COPIE RESSEMBLANTE	Elle présente une petite modification, comme une faute d'orthographe. EX. : montre « Rollex » au lieu de « Rolex ».

mots clés Liberté du commerce et de l'industrie ◆ Concurrence déloyale ◆ Contrefaçon de marque

S'entraîner au Bac
Exercices 4, 5 : p. 153-155

Le droit de la concurrence

LU ☐
SU ☐
REVU ☐

Le droit de la concurrence est un ensemble de règles visant à organiser les conditions d'une saine confrontation entre entreprises.

1 Les pratiques anticoncurrentielles

1.1. Les ententes illicites

Une entente entre entreprises est un accord, quelle que soit sa forme, qui leur permet de mener à bien un projet commun. L'entente n'est pas répréhensible si elle ne porte pas préjudice au fonctionnement normal du marché de concurrence.

EXEMPLE S'entendre pour développer les moyens de conquête d'un marché étranger.

LES EFFETS DES ENTENTES ILLICITES SUR LE MARCHÉ	Elles ont pour objet (c'est l'effet recherché) ou peuvent avoir pour effet (même involontairement) d'empêcher, de restreindre ou de fausser le jeu de la concurrence sur un marché.
LES ENTREPRISES CONCERNÉES	– L'entente horizontale est conclue entre des entreprises concurrentes (ex. : plusieurs opérateurs téléphoniques). – L'entente verticale concerne des entreprises à des stades différents de la chaîne de production/distribution (ex. : un industriel de l'agroalimentaire et une enseigne de la grande distribution).
LES VISÉES DE L'ENTENTE	Elles peuvent porter sur les prix, un partage du marché, les conditions de vente, les moyens d'éliminer un concurrent...

1.2. Les abus de domination

- L'abus de position dominante : est illégal, pour une entreprise en position de force sur le marché de fausser le jeu de la concurrence.

EXEMPLE Microsoft imposait son logiciel Media Player aux fabricants d'ordinateurs.

- L'abus de dépendance économique : le droit français interdit à une entreprise dominante d'imposer des conditions contractuelles anormalement pénalisantes à ses partenaires, qu'il s'agisse de fournisseurs ou de clients.

EXEMPLE La vente liée (deux produits différents sont vendus de manière indissociable).

1.3. La sanction des pratiques anticoncurrentielles

En France, l'Autorité de la concurrence est compétente pour sanctionner ces pratiques ; au niveau européen, c'est la Commission européenne.
Les entreprises sont tenues de cesser leurs pratiques (injonction). Le plus souvent, d'importantes amendes leur sont infligées, pouvant atteindre 10 % du chiffre d'affaires des membres de l'entente, avec doublement en cas de récidive.

EXEMPLE
En 2013, la Fnac et la billetterie en ligne Ticketnet ont dû payer 9,3 millions d'euros pour avoir fixé en commun, entre 2004 et 2008, les commissions demandées aux organisateurs de spectacles.

2 Les pratiques restrictives de concurrence

2.1. Les principales pratiques interdites

Ici, ce n'est pas le marché dans son ensemble qui risque d'être dégradé comme dans le cas des pratiques anticoncurrentielles, mais la situation de certaines entreprises en position de faiblesse dans la négociation commerciale.

a) La rupture brutale de relations commerciales

C'est l'hypothèse où une entreprise abandonne les relations d'affaires qu'elle a avec une entreprise partenaire, sans respecter ni préavis écrit, ni même délai de prévenance.

EXEMPLE Décision soudaine d'un distributeur de rompre les achats habituellement réalisés auprès d'un fournisseur parce que ce dernier n'accepte pas une renégociation des prix.

b) La revente à perte

Dans le délit de revente à perte, l'infraction est constituée dès lors qu'une entreprise revend ou annonce la revente d'un produit à un prix inférieur à son prix d'achat effectif (prix figurant sur la facture d'achat, diminué d'éventuels avantages consentis par le vendeur), majoré des taxes propres à la revente et du prix du transport.
L'effet pernicieux de cette pratique est la déstabilisation des concurrents qui, incapables de s'aligner, risquent de perdre leur part de marché, voire de disparaître, laissant alors l'entière liberté à l'entreprise coupable de faire remonter les prix.
Dans certaines situations, la concurrence ne souffre pas de la revente à perte et le législateur en prend acte pour autoriser cette pratique.

EXEMPLE Périodes de soldes, ventes avant cessation d'activité, ventes de produits saisonniers en fin de saison, ventes de produits périssables proches de la péremption...

2.2. La lutte contre les pratiques restrictives de concurrence

a) Les sanctions

Toutes les pratiques restrictives de concurrence constituent des fautes engageant la responsabilité civile de leurs auteurs. En outre, le tribunal condamne l'entreprise à cesser ces pratiques, voire à publier dans la presse un avis de la condamnation.
Dans le cas de la vente à perte, le délit est sanctionné d'abord au plan pénal, les auteurs encourant une amende de 75 000 €. Au plan civil, les personnes et les entreprises victimes de cette pratique peuvent demander réparation du préjudice.

b) La prévention

La Commission d'examen des pratiques commerciales (CEPC) formule des avis sur les pratiques entre producteurs, fournisseurs et revendeurs ; elle émet aussi des recommandations sur le développement des bonnes pratiques commerciales.

EXEMPLE Une recommandation sur des délais de paiement raisonnables.

mots clés

Entente illicite ◆ Abus de position dominante ◆ Abus de dépendance économique ◆ Rupture brutale des relations commerciales ◆ Revente a perte

S'entraîner au Bac
Exercices 5, 7 : p. 154-155

DROIT

Les différentes formes d'entreprises

LU ☐
SU ☐
REVU ☐

Entreprendre implique de déterminer la forme juridique de l'entreprise. L'entrepreneur a le choix entre deux options : l'entreprise individuelle ou la société pluripersonnelle. Il peut aussi se rapprocher de partenaires.

1 L'entreprise individuelle

1.1. Les deux types d'entreprises individuelles

a) L'entreprise individuelle classique

L'entreprise individuelle se confond avec l'entrepreneur, lequel peut être commerçant, artisan, professionnel libéral ou agriculteur. L'entrepreneur n'a aucun apport à réaliser, puisqu'il n'y a pas constitution de personne morale.
Le fonctionnement de l'entreprise individuelle est simple : pas d'assemblée à réunir comme en société, pas de comptes à publier. Certaines obligations incombent cependant à l'exploitant : déclaration de revenus, tenue de comptabilité, etc.

b) L'auto-entreprise

CONSTITUTION	Il suffit de remplir un formulaire en ligne.
DROITS ET OBLIGATIONS	Régime favorable qui limite les cotisations sociales et l'impôt au versement d'un pourcentage du chiffre d'affaires (26,3 % pour les services, 15,1 % pour une activité commerciale). De plus, l'activité est exonérée de TVA.
ACCÈS AU STATUT	Toute personne physique (ne dépassant pas un certain seuil de revenu imposable) peut choisir ce statut (personne sans emploi, salarié à temps partiel, retraité, étudiant, etc.).
TAILLE	Statut réservé aux entreprises dont le chiffre d'affaires annuel ne dépasse pas 32 900 € pour les activités de service ou 82 200 € pour le commerce.

1.2. La responsabilité des dettes

En cas d'échec de l'entreprise commerciale, tous les biens constituant l'actif du patrimoine de l'entrepreneur individuel constituent la garantie de paiement de ses dettes (le passif du patrimoine). En vertu du principe d'unicité du patrimoine, il est impossible de dissocier les dettes professionnelles des autres dettes, ni les actifs professionnels des autres actifs.
Plusieurs lois se sont succédé au profit de l'entrepreneur individuel, la plus importante étant celle du 4 août 2008, qui lui permet de rendre insaisissables tous ses immeubles bâtis ou non qui ne sont pas affectés à l'activité professionnelle.

1.3. Les alternatives à la confusion entreprise/entrepreneur

a) L'entreprise individuelle à responsabilité limitée (EIRL)

La loi du 16 juin 2010 a créé un nouveau statut juridique : l'entreprise individuelle à responsabilité limitée (EIRL). Bien qu'agissant dans le cadre de l'entreprise individuelle, l'entrepreneur peut destiner une partie de son patrimoine à son activité, tout en préservant ses autres biens contre les poursuites des créanciers professionnels en cas de difficultés financières.
Il y a donc une nouvelle règle de droit : la possibilité de constituer un patrimoine affecté spécifiquement à une activité, en identifiant et en désignant les biens qui serviront à garantir le paiement de dettes professionnelles. *A contrario*, les autres biens ne pourront pas être saisis par les créanciers professionnels (banquier, fournisseur, etc.).

EXEMPLE Un véhicule personnel non affecté à l'activité professionnelle ne pourra pas être saisi.

b) La formalité indispensable : la déclaration d'affectation

La création d'une EIRL impose de déclarer au Centre de formalités des entreprises (CFE), d'une part, la nature de l'activité exercée (commerce, artisanat, activité libérale ou agricole), d'autre part, la liste des biens affectés à l'activité professionnelle. La déclaration d'affectation doit comporter un état descriptif des biens et des droits (dépôt sur un compte en banque) rattachés à l'activité professionnelle, en nature, en qualité, en quantité et en valeur.
Si la valeur du patrimoine affecté aux affaires dépasse 30 000 euros, l'entrepreneur doit le faire évaluer par un commissaire aux comptes ou par un expert-comptable.

c) L'entreprise unipersonnelle à responsabilité limitée (EURL)

L'EURL est une société à responsabilité limitée (SARL) à associé unique, qui est l'entrepreneur. Il existe donc une personne morale, avec tous les attributs de la personnalité juridique et en particulier un patrimoine propre. D'une manière générale, l'EURL relève des règles propres à la SARL.
Les apports faits à l'EURL par l'associé unique permettent d'en déterminer le capital (dont la loi n'exige pas de montant minimum), et seuls les biens de la personne morale garantissent les dettes contractées dans sa vie professionnelle. L'associé unique peut choisir d'être lui-même le gérant de l'EURL.
À la différence de l'EIRL, l'EURL peut facilement être cédée ou transmise par voie de succession à une ou plusieurs personnes, puisqu'elle est représentée par les parts sociales.

DROIT

2 La société

2.1. Le contrat de société

a) Définition

Le Code civil définit la société comme un contrat entre deux ou plusieurs personnes qui conviennent « d'affecter à une entreprise commune des biens ou leur industrie en vue de partager le bénéfice ou de profiter de l'économie qui pourra en résulter ».

b) Le rôle des statuts

Les statuts constituent l'écrit obligatoire pour formaliser le contrat de société.
Ils définissent le type de société choisi et précisent l'objet social, le lieu du siège social, la dénomination sociale, la durée de la société (99 ans au maximum), le montant du capital, la nature et le montant des apports, etc.

c) Les éléments caractéristiques du contrat de société

LES APPORTS	Chaque associé s'oblige à apporter des droits et des biens à la société, dont l'ensemble constitue le capital social. Les apports sont divers : apports en nature (immeuble, fonds de commerce, machines, etc.), apports en numéraire (argent), apports en industrie (travail, savoir-faire).
LE PARTAGE DES BÉNÉFICES ET DES PERTES	C'est la contrepartie des apports et de la finalité de la société, son but lucratif. Chaque associé a droit à des **dividendes**, c'est-à-dire une partie des bénéfices. Mais les associés s'engagent aussi à contribuer aux pertes.
L'*AFFECTIO SOCIETATIS*	Selon la jurisprudence, une société est un groupement dont les membres veulent « collaborer sur un pied d'égalité ». Il s'agit là d'un élément psychologique, se traduisant par la participation de chaque associé à la gestion (ex. : vote aux assemblées générales).

2.2. L'acquisition de la personnalité morale par la société

a) L'immatriculation au Registre du commerce et des sociétés (RCS)

Elle confère à la société sa personnalité morale. Une fois les démarches accomplies par l'intermédiaire d'un CFE, l'entreprise reçoit un numéro unique d'identification.

b) Les attributs de la personnalité morale

- La dénomination sociale : c'est le nom de la société.
- Le siège social : c'est le lieu du principal établissement de la société.
- La nationalité : est française la société dont le siège social se situe en France.
- Le patrimoine : il est distinct de celui des associés. La société peut développer son actif par les profits nés de son activité, par ses investissements ou ses acquisitions. De même, elle est amenée à emprunter, à effectuer des achats, etc. : les obligations qui en découlent forment le passif de son patrimoine. En principe, seul l'actif garantit le passif, indépendamment du patrimoine des associés.

2.3. Les éléments fondamentaux des principales sociétés

	NOMBRE D'ASSOCIÉS, CAPITAL MINIMUM	ÉLÉMENT DISTINCTIF	RESPONSABILITÉ DES ASSOCIÉS
LA SOCIÉTÉ DE PERSONNES (EX. : SOCIÉTÉ EN NOM COLLECTIF – SNC)	Au moins 2 associés, pas de capital minimum exigé.	Société caractérisée par la confiance que se font les associés : elle repose sur l'*intuitu personae* (confiance renforcée entre les personnes). Les associés détiennent des parts sociales, titres non librement cessibles : pour les vendre, il faut l'accord unanime des autres associés.	Ils répondent des pertes sociales sur leur patrimoine.
LA SOCIÉTÉ DE CAPITAUX (EX. : SOCIÉTÉ ANONYME – SA)	Au moins 7 associés, capital minimum de 37 000 €.	Société qui réunit des capitaux fournis par des associés qui ne sont liés par aucun *intuitu personae*. Les associés détiennent des actions, titres librement négociables : chaque associé quitte librement la société.	Ils ne sont pas commerçants. Leur responsabilité est limitée au montant de leurs apports.
LA SOCIÉTÉ DE TYPE MIXTE (EX. : SOCIÉTÉ À RESPONSABILITÉ LIMITÉE – SARL)	Entre 2 et 100 associés, pas de capital minimum exigé.	Société avec un certain *intuitu personae*, mais l'engagement personnel des associés est limité. Les associés détiennent des parts sociales, titres non librement cessibles : pour les vendre, sauf entre associés, il faut un accord de la majorité.	

2.4. Le cas de la société coopérative

a) Le principe coopératif

Les sociétés coopératives favorisent un fonctionnement démocratique et une redistribution équitable des bénéfices. Le personnel est associé tant au capital qu'à la prise de décision, sur la base du principe coopératif d'une voix par associé.

b) L'exemple de la SCOP

Une SCOP est une société coopérative de forme SA ou SARL dont les salariés sont les associés majoritaires. Le dirigeant est élu. Le partage du profit se veut équitable entre salariés, salariés-associés (dividendes) et l'entreprise (réserves).

3 Le partenariat entre entreprises : la franchise

La franchise est un contrat par lequel le franchiseur accepte de mettre à la disposition d'un franchisé – commerçant indépendant – sa marque, ses produits, ses procédés de fabrication ou son savoir-faire, moyennant un droit d'entrée et une redevance régulière.
Le franchiseur peut développer un réseau de vente sans investir massivement, tandis que le franchisé peut développer sa clientèle grâce à la notoriété de la marque.

EXEMPLE McDonald's, Midas.

OBLIGATIONS DU FRANCHISEUR	OBLIGATIONS DU FRANCHISÉ
– Délivrer un document d'information précontractuel 20 jours au moins avant la formation du contrat. – Respecter la clause d'exclusivité territoriale éventuellement accordée au franchisé.	– Acquitter les charges de la franchise. – Respecter les instructions du franchiseur sur les méthodes de vente. – Respecter l'obligation de discrétion et de non-divulgation du savoir-faire du franchiseur.

mots clés

Auto-entreprise ◆ EIRL ◆ EURL ◆ Apports ◆ Dividendes ◆ *Affectio societatis* ◆ Société coopérative ◆ Franchise

S'entraîner au Bac
Exercices 6, 7 : p. 154-155

Exercice 1 voir Fiches Savoirs 1 et 2

La responsabilité civile, le dommage et sa réparation

Situation juridique

Jim et Jules sont deux jumeaux, âgés aujourd'hui de 17 ans. En vacances à la campagne chez leur oncle, ils ne manquent pas d'idées pour se distraire, leur comportement étant parfois à la limite du raisonnable, voire franchement irresponsable. Ainsi ont-ils décidé un après-midi de chaparder une poule à un voisin, et pour cela ils se sont introduits chez lui en fracturant le portail du poulailler. Leur forfait ne sera pas impuni, car le vacarme fait par les volatiles affolés a alerté le propriétaire qui, avec l'aide de deux ouvriers agricoles, les a maîtrisés et les a mis à la disposition des gendarmes.

1. Qualifiez la responsabilité consécutive aux agissements de Jim et Jules au regard du trouble causé au voisin de leur oncle et du préjudice qu'il a subi.

2. Qui est responsable pénalement dans cette affaire ? Quelles sont les sanctions encourues ?

3. Précisez le problème posé par le fait que Jim et Jules soient en vacances chez leur oncle et apportez la réponse à ce problème en la justifiant grâce au cas de jurisprudence fourni en annexe.

Annexe 1 : Articles du Code pénal

Article 121-4. Est auteur de l'infraction la personne qui :

1° Commet les faits incriminés ;

2° Tente de commettre un crime ou, dans les cas prévus par la loi, un délit.

Article 121-5. La tentative est constituée dès lors que, manifestée par un commencement d'exécution, elle n'a été suspendue ou n'a manqué son effet qu'en raison de circonstances indépendantes de la volonté de son auteur.

Article 311-1. Le vol est la soustraction frauduleuse de la chose d'autrui.

Article 311-3. Le vol est puni de trois ans d'emprisonnement et de 45 000 euros d'amende.

Annexe 2 : La responsabilité des père et mère de l'enfant mineur

Au regard de la responsabilité civile des parents pour les dommages causés par leur enfant mineur, l'article 1384 alinéa 4 du Code civil précise : « Le père et la mère, en tant qu'ils exercent l'autorité parentale, sont solidairement responsables du dommage causé par leurs enfants mineurs habitant avec eux. »

La question peut se poser de la responsabilité d'une personne à qui l'enfant a été confié. Loin de faire une lecture stricte de la formule « habitant avec eux » du Code civil, la Cour de cassation a tranché dans une affaire où l'enfant avait causé un dommage alors qu'il avait été confié à ses grands-parents :

Arrêt de la Cour de cassation du 8 février 2005 (extrait)

[...] Vu l'article 1384, alinéa 4, du Code civil ;

Attendu que, pour déclarer les demandeurs [les grands-parents de l'enfant] civilement responsables des conséquences dommageables d'un incendie volontairement allumé par Grégory, l'arrêt attaqué retient que l'enfant, âgé de treize ans au moment des faits, vivait depuis l'âge d'un an avec sa grand-mère, Marie-Thérèse Y..., et Charles X..., concubin puis mari de celle-ci ; que les juges ajoutent que les époux X... avaient ainsi, avec l'accord de ses parents, la charge d'organiser et de contrôler le mode de vie du mineur ;

Mais attendu qu'en statuant ainsi, alors que la circonstance que le mineur avait été confié, par ses parents, qui exerçaient l'autorité parentale, à sa grand-mère, n'avait pas fait cesser la cohabitation de l'enfant avec ceux-ci*, la cour d'appel a méconnu le sens et la portée du texte susvisé ; [...]

Par ces motifs,

CASSE et ANNULE l'arrêt

* Au plan juridique, l'éloignement de l'enfant placé chez sa grand-mère ne s'oppose pas à ce qu'il soit considéré comme habitant chez ses parents... où il est toujours domicilié.

FAIT ☐ REVU ☐

DROIT

Exercice 2 voir Fiches Savoirs 3 et 4

Le contrat et les conditions de travail

Situation juridique

Germain Véran est embauché par la société Martyl, grande surface de bricolage, pour remplacer Mme Bardet. Il signe le contrat ci-après (extraits).

Contrat de travail à durée déterminée

Entre les soussignés :

– la société Martyl, 145 avenue Maréchal Foch, 26000 Montélimar, représentée par Mme Picard, Directrice des ressources humaines, d'une part,

– et M. Germain Véran, demeurant 8 rue Molière, 26000 Montélimar, d'autre part,

IL A ÉTÉ CONVENU CE QUI SUIT :

Art. 1 – La société Martyl engage M. Véran, pour une durée déterminée, en vue de répondre à la nécessité qui s'impose à l'entreprise de remplacer Mme Sophie Bardet, caissière, faisant valoir ses droits à congé-maternité.

Art. 2 – M. Véran exercera en qualité d'employé la tâche de caissier.

Art. 3 – Le présent contrat, qui prend effet au 1er décembre 2015, est conclu pour une période de quatre mois et prendra fin le 31 mars 2016.

[...]

Art. 6 – Les conditions de travail de M. Véran seront régies par les dispositions de la convention collective nationale du commerce de grande distribution applicable à l'entreprise.

Art. 7 – La durée du travail est normalement fixée à 35 h hebdomadaires, conformément à la durée légale. [...]

Art. 10 – À la cessation du présent contrat au terme convenu, M. Véran percevra une indemnité de fin de contrat égale à 10 % de sa rémunération totale brute et une indemnité de congés payés, calculée selon les dispositions de la convention collective précitée.

Fait en deux exemplaires

À Montélimar, le 28 décembre 2015

1. Qualifiez précisément le contrat et les parties contractantes.

2. Le recours à ce type de contrat est-il libre pour l'employeur ? Pourquoi est-il licite ici ?

3. Ce contrat de travail pourrait-il être reconduit à son terme ? Dans quelle situation et à quelle condition ?

4. Quel est le régime juridique des heures éventuellement effectuées au-delà de 35 h/semaine ?

5. Quelle serait la situation juridique de Germain Véran s'il était maintenu à son poste après le 31 mars 2016 sans un nouveau contrat écrit ?

Annexe 1 : Articles du Code du travail

Article L. 1221-1. Le contrat de travail est soumis aux règles du droit commun. Il peut être établi selon les formes que les parties contractantes décident d'adopter.

Article L. 1242-1. Un contrat de travail à durée déterminée, quel que soit son motif, ne peut avoir ni pour objet ni pour effet de pourvoir durablement un emploi lié à l'activité normale et permanente de l'entreprise.

Article L. 1242-2. [...] Un contrat de travail à durée déterminée ne peut être conclu que pour l'exécution d'une tâche précise et temporaire, et seulement dans les cas suivants :

1° Remplacement d'un salarié en cas :

a) d'absence ; [...]

c) de suspension de son contrat de travail ; [...]

2° Accroissement temporaire de l'activité de l'entreprise ;

3° Emplois à caractère saisonnier [...] ;

4° Remplacement d'un chef d'entreprise [...] ;

5° Remplacement du chef d'une exploitation agricole [...].

Article L. 1242-12. Le contrat de travail à durée déterminée est établi par écrit et comporte la définition précise de son motif. À défaut, il est réputé conclu pour une durée indéterminée.

Annexe 2 : Les heures supplémentaires

Une heure supplémentaire est une heure de travail effectuée par le salarié, à la demande de l'employeur, au-delà de la durée légale. [...]

Rémunération. Les heures supplémentaires sont rémunérées, sauf si un accord prévoit le remplacement de tout ou partie de la rémunération par un repos compensateur. Les heures supplémentaires ouvrent droit à une majoration de salaire, dans les conditions suivantes :

– **25 %** de majoration pour les 8 premières heures (de la 36e à la 43e heure),

– **50 %** pour les heures suivantes.

Un taux de majoration différent, d'au moins **10 %,** peut être prévu par convention ou accord collectif.

vosdroits.service-public.fr

FAIT ☐ REVU ☐

Exercice 3 voir Fiche Savoir 6

La rupture du CDI

Étude d'un cas de jurisprudence

La Cour de cassation, chambre sociale, a rendu l'arrêt ci-après le 8 octobre 2014 (extrait) :

Vu les articles L. 1331-1, L. 1235-3, L. 1234-1, L. 1234-5 et L. 1234-9 du Code du travail ;

Attendu, selon l'arrêt [de la cour d'appel] attaqué [par le pourvoi en cassation] que M. X... engagé le 1er mai 1996 par la société d'assurance Generali IARD vie [...] a été convié à un voyage organisé du 7 au 10 mai 2009 par la société afin de récompenser les salariés lauréats d'un concours interne à l'entreprise ; qu'à la suite d'incidents survenus à l'occasion de ce séjour, il a été rapatrié le 8 mai et licencié pour faute grave par lettre du 9 juin 2009 ;

Attendu que pour dire le licenciement dépourvu de cause réelle et sérieuse, l'arrêt [de la cour d'appel] retient que les faits reprochés au salarié, commis à l'occasion d'un séjour d'agrément en dehors du temps et du lieu de travail, relevaient de la vie privée quand bien même des supérieurs hiérarchiques et d'autres salariés étaient conviés à participer à ce séjour [...] et qu'aucun manquement de l'intéressé à une obligation contractuelle n'était établi ;

Qu'en statuant ainsi, alors que les faits de menaces, insultes et comportements agressifs commis à l'occasion d'un séjour organisé par l'employeur dans le but de récompenser les salariés lauréats d'un « challenge » national interne à l'entreprise et à l'égard des collègues ou supérieurs hiérarchiques du salarié, se rattachaient à la vie de l'entreprise, la cour d'appel a violé les textes susvisés ;

PAR CES MOTIFS : CASSE ET ANNULE [...]

1. Qualifiez les parties en présence et les faits.

2. Identifiez le problème juridique.

3. Quel est le sens de l'arrêt de la cour d'appel à l'origine du pourvoi en cassation ?

4. Quel est le sens de l'arrêt de la Cour de cassation ? Quelle règle de droit pose-t-il en matière de droit du licenciement pour faute ?

FAIT ☐ REVU ☐

Exercice 4 voir Fiche Savoir 7

La liberté du commerce et la concurrence loyale

Situation juridique

M. Robin rêve de créer sa propre entreprise. Il envisage d'installer un commerce de vente d'ordinateurs et de produits informatiques. Le local dont il dispose se situe à proximité d'un magasin écoulant justement ce type de produits sous l'enseigne « Infomag ». Par ailleurs, M. Robin choisit comme enseigne le vocable « Infomagasin ».

1. Le choix du lieu de création du commerce retenu par M. Robin pose-t-il un problème au regard de son futur concurrent ? Justifiez votre réponse.

2. Aidez-vous du cas de jurisprudence rapporté en annexe 2 pour :

a) formuler le problème juridique posé par le choix de l'enseigne fait par M. Robin ;

b) indiquer la solution à ce problème et les sanctions encourues par M. Robin.

Annexe 1 : Le principe de la liberté du commerce

Depuis des textes de 1791 (décrets d'Allarde, loi Le Chapelier), la liberté du commerce et de l'industrie a été affirmée comme une règle majeure de l'organisation de notre société et de notre vie économique. Le droit consacre en effet les libertés économiques pour l'entreprise qui s'ajoutent au socle fondamental constitué par la liberté contractuelle et le droit de propriété. Le libre accès à l'activité commerciale est un principe constitutionnel dont la portée est double. Il signifie d'abord que tout commerce est autorisé, ensuite que le commerce est autorisé à toute personne.

DROIT

Annexe 2 : Jurisprudence

[...] Attendu [...] qu'ayant constaté que le nom de domaine utilisé par la société X est un vocable imitant l'enseigne et le nom commercial de la société Y, et que le peu de différences existant entre les deux dénominations engendre la confusion dans l'esprit d'un client d'attention moyenne, la cour d'appel, qui a retenu que l'utilisation d'un nom commercial dans un nom de domaine, qui porte atteinte à la fonction d'identification ou de publicité du nom commercial antérieurement utilisé par un concurrent exerçant dans un même secteur d'activité et sur une même zone géographique, constitue un acte de concurrence déloyale, a statué à bon droit [...].

Arrêt de la chambre commerciale de la Cour de cassation, 7 juillet 2004 (extrait)

FAIT ☐ REVU ☐

Exercice 5 voir Fiche Savoir 8

Le droit de la concurrence

Situation juridique

L'Autorité de la concurrence a publié le 12 mars 2015 une décision par laquelle elle condamne les producteurs Yoplait, Senagral (Senoble), Lactalis, Novandie (groupe Andros), Les Maîtres Laitiers du Cotentin, Laïta, Alsace Lait, Laiterie de Saint-Malo, Yeo Frais (groupe 3A) et Laiteries H. Triballat (Rians).

Il a été établi l'existence, depuis 2006, de pratiques consistant en des réunions et des échanges téléphoniques nombreux entre entreprises concurrentes qui ont été le support de pratiques concertées ou d'accords portant sur les prix et des répartitions de volumes dans le secteur des produits laitiers.

Les entreprises ont été condamnées à des amendes d'un montant total de 192,7 millions d'euros.

1. Qualifiez les faits reprochés aux producteurs laitiers.

2. Quelle est l'autorité compétente pour sanctionner ces faits ?

3. Quelle est la condamnation prononcée ? Quelle autre sanction n'est pas citée ici ?

4. Qu'est-ce qui justifie de sanctionner ce type de pratiques entre entreprises ?

Annexe : Code de commerce (extrait)

Article L. 420-1. Sont prohibées [...], lorsqu'elles ont pour objet ou peuvent avoir pour effet d'empêcher, de restreindre ou de fausser le jeu de la concurrence sur un marché, les actions concertées, conventions, ententes expresses ou tacites ou coalitions, notamment lorsqu'elles tendent à :

1° Limiter l'accès au marché ou le libre exercice de la concurrence par d'autres entreprises ;

2° Faire obstacle à la fixation des prix par le libre jeu du marché en favorisant artificiellement leur hausse ou leur baisse ;

3° Limiter ou contrôler la production, les débouchés, les investissements ou le progrès technique ;

4° Répartir les marchés ou les sources d'approvisionnement.

FAIT ☐ REVU ☐

Exercice 6 voir Fiche Savoir 9

Les différentes formes d'entreprises

Situation juridique

Mme Dahan vient d'être licenciée. Elle décide de s'établir à son compte en ouvrant une jardinerie. Elle exclut toute société pluripersonnelle, car elle n'envisage pas de partager la direction de son entreprise avec d'autres personnes. Outre son épargne personnelle (40 000 euros sur un compte bancaire), elle possède un appartement. Mme Dahan connaît les risques liés à la vie des affaires et elle ne voudrait pas mettre en péril tout son patrimoine.

En relevant les motivations de Mme Dahan et sa situation de fortune, dites quelles formes juridiques d'entreprises peuvent lui convenir. Vous ferez ressortir, pour chacune d'elles, les conditions de sa création et ses spécificités concernant la responsabilité de l'entrepreneur.

Annexe 1 : Le régime de l'auto-entreprise

Cette forme simplifiée d'entreprise individuelle permet d'exercer une activité commerciale, artisanale ou libérale en bénéficiant d'avantages fiscaux et sociaux. L'auto-entrepreneur reste un entrepreneur individuel,

DROIT

responsable sur son patrimoine. L'auto-entreprise peut servir de cadre juridique à toute activité indépendante dont le chiffre d'affaires n'excède pas 82 200 euros pour une activité de vente (de marchandises, d'objets, d'aliments à emporter ou à consommer sur place), ou de fourniture de logement, ni 32 900 euros pour une autre activité de services ou une activité libérale.

Annexe 2 : L'entreprise individuelle à responsabilité limitée (EIRL)

Dans ce type d'entreprise, l'artisan, le commerçant, l'agriculteur ou le professionnel libéral (architecte, avocat, etc.) choisissent de destiner une partie de leur patrimoine à leur activité, en préservant les autres biens des poursuites des créanciers professionnels en cas de difficulté. À la différence de l'EURL, qui est une société à associé unique, l'EIRL est une entreprise individuelle, très facilement créée : il suffit à l'entrepreneur de déclarer au registre le concernant (registre du commerce et des sociétés, répertoire des métiers par exemple) la liste des biens qu'il envisage d'affecter à son activité. En cas de « faillite », les autres éléments du patrimoine sont ainsi préservés.

Annexe 3 : L'entreprise unipersonnelle à responsabilité limitée (EURL)

L'EURL est une SARL constituée d'un seul associé.

Elle est donc soumise aux mêmes règles qu'une SARL classique, exception faite toutefois des aménagements rendus nécessaires par la présence d'un unique associé.

Engagement financier : le montant du capital social est librement fixé par l'associé en fonction de la taille de l'activité et des besoins en capitaux de la société. [...] Les apports peuvent être réalisés en numéraire ou en nature. [...]

Responsabilité : la responsabilité de l'associé unique est limitée à ses apports.

www.apce.com

Annexe 4 : L'insaisissabilité des biens fonciers

Pour éviter de perdre l'ensemble des biens de son patrimoine en cas de disparition de son entreprise, l'entrepreneur individuel peut faire une déclaration d'insaisissabilité de ses immeubles (non affectés à l'exploitation professionnelle), au bureau de la publicité foncière, avec transcription de cette mesure au registre du commerce et des sociétés (s'il est commerçant) ou au répertoire des métiers (s'il est artisan).

FAIT ☐ REVU ☐

Exercice 7 voir Fiche Savoirs 1 à 9

QCM

Cochez la ou les bonnes réponses :

1. Le fondement de la responsabilité du fait des choses est basé sur :

a) La faute du gardien. ☐

b) Le simple fait que l'on a la chose en garde. ☐

2. Les situations de dommages non indemnisés par l'assurance sont prises en charge par :

a) Des fonds de dépôt. ☐

b) Des fonds de garantie. ☐

c) Des fonds d'assurance. ☐

3. On distingue le contrat de travail des autres contrats par :

a) La volonté des parties de contracter entre elles. ☐

b) L'existence du lien de subordination entre employeur et salarié. ☐

c) L'existence d'une clause de mobilité. ☐

4. La grève se caractérise par :

a) Une cessation individuelle du travail. ☐

b) Une cessation collective et concertée du travail. ☐

c) Des revendications professionnelles. ☐

5. La concurrence déloyale constitue un délit pénal.

a) Vrai. ☐ b) Faux. ☐

6. Toutes les ententes passées entre les entreprises sont illicites.

a) Vrai. ☐ b) Faux. ☐

7. L'auto-entreprise est :

a) Un type d'entreprise individuelle. ☐

b) Une société à associé unique. ☐

Exercice 1

La responsabilité civile, le dommage et sa réparation

1. La responsabilité mise en jeu est ici la responsabilité civile délictuelle. En effet, il y a un fait générateur non contractuel (les agissements des jumeaux Jules et Jim), un préjudice subi (la détérioration du portail du poulailler) et un lien de causalité (rapport de cause à effet entre les actes des garçons et les dégâts occasionnés).
On peut donc penser à une mise en cause des auteurs des faits. Cependant, le fait qu'ils soient mineurs amène à analyser le fait générateur comme un fait d'autrui : on est en présence d'un cas de responsabilité civile délictuelle des père et mère pour les faits de leurs enfants mineurs.
Le préjudice matériel subi par l'agriculteur devra être réparé par des dommages-intérêts.

2. La responsabilité pénale est d'une autre nature que la responsabilité civile : elle se traduit par une sanction infligée à l'auteur d'un trouble social. Il n'existe pas de responsabilité pénale pour autrui, et le droit dissocie la peine encourue des dommages-intérêts éventuellement alloués à la victime.
Jim et Jules sont donc les personnes responsables au plan pénal si une infraction peut être relevée, ou même une tentative d'infraction. C'est bien le cas ici, les faits constituant bien une tentative de vol : leur intention était de dérober une poule et le début d'exécution du forfait a été interrompu par un événement extérieur à leur volonté. Jim et Jules encourent donc une amende (jusqu'à 45 000 euros) et une peine d'emprisonnement (jusqu'à 3 ans).

3. Le problème posé par les faits est, pour ce qui concerne la responsabilité civile, celui de la garde des enfants mineurs. En effet, la lecture de l'article 1384 alinéa 4 du Code civil peut faire penser qu'une condition existe pour que les père et mère soient responsables des faits de leurs enfants mineurs : que ces derniers habitent sous leur toit.
Or, la consultation du cas de jurisprudence nous apprend que, pour la Cour de cassation, cette formule doit s'entendre comme synonyme de garde juridique des enfants ou de domiciliation légale, quand bien même les enfants ne vivent pas concrètement chez leurs parents.
De plus, la loi ne prévoit pas la responsabilité d'un autre parent que les père et mère. On peut donc conclure que l'oncle de Jim et Jules ne sera pas mis en cause et que seuls les parents des enfants seront obligés d'assumer les conséquences financières du dommage causé au voisin.

Exercice 2

Le contrat et les conditions de travail

1. Il s'agit ici d'un contrat de travail à durée déterminée (CDD), conclu entre la société Martyl, personne morale (employeur) et Germain Véran (salarié).

2. La loi interdit de recourir au CDD pour pourvoir un emploi permanent. Ce type de contrat précaire ne peut être utilisé que dans les cas précisément prévus par la loi.
Ici la société Martyl a besoin de remplacer une salariée absente pour cause de congé-maternité. C'est bien une hypothèse de recours admis au CDD.

3. Il n'est pas interdit de recourir à des CDD successifs, dès lors que l'employeur peut justifier que le nouveau CDD est nécessité par un des cas de recours prévu par la loi. Ici, on pourrait imaginer qu'après son congé-maternité, la caissière remplacée décide de prendre un congé parental ou qu'elle se retrouve en congé-maladie. Il serait également possible que Germain Véran se voit proposer un nouveau CDD pour remplacer un autre salarié absent ou pour faire face à un surcroît exceptionnel d'activité, par exemple.

4. Les heures de travail effectuées au-delà de la duré légale hebdomadaire du travail (35 h) constituent des heures supplémentaires, soumises à un régime juridique spécifique.
C'est au chef d'entreprise qu'il revient de décider de recourir à ces heures ou non. Toutefois, les salariés bénéficient d'avantages spécifiques pour compenser l'allongement de leur semaine de travail. Ainsi, la loi précise que la rémunération doit être majorée.
La règle, quant au montant de ce supplément de salaire, est qu'il appartient à un accord collectif de le définir (par exemple accord d'entreprise) sans que la majoration ne soit inférieure à 10 %.
À défaut de dispositions conventionnelles, la loi détermine le taux de rémunération des heures supplémentaires : de la 36e à la 43e par semaine (les huit premières), elles sont payées avec une majoration de 25 %. Au-delà, les heures supplémentaires bénéficient d'une majoration de 50 %.

5. Le Code du travail précise que la forme du contrat de travail à durée indéterminée (CDI) est libre. Il ajoute que le CDD doit impérativement être écrit et qu'à défaut le contrat est un CDI. Si Germain Véran est maintenu à son poste au-delà du terme du CDD, sa relation juridique avec la société Martyl est bien un contrat de travail, puisqu'il lui est toujours subordonné. Mais la nature de son contrat est déterminée par la loi : c'est un CDI. Au plan pratique, cette qualification juridique a une grande importance : si l'employeur (ou le salarié) veut mettre un terme à ce nouveau contrat, il doit respecter les règles du licenciement (ou de la démission).

Exercice 3

La rupture du CDI

1. Le demandeur au pourvoi est la société d'assurance Generali IARD vie, ancien employeur du défendeur M. X...
Le conflit qui les oppose dans cette affaire a pour origine le licenciement de M. X... Celui-ci, lors d'un voyage à l'étranger offert aux salariés méritants, a eu une altercation et un comportement agressifs à l'égard de certains collègues. Son employeur a vu dans cette attitude une faute grave justifiant son licenciement.

2. Le problème qui se pose est de savoir si des faits commis par un salarié en dehors du lieu de travail et des horaires de travail peuvent constituer une faute justifiant un licenciement disciplinaire.

3. La cour d'appel, en accueillant favorablement la prétention du salarié, a considéré que le licenciement prononcé à son encontre était sans cause réelle et sérieuse. Elle estime que le comportement reproché à M. X... relève de sa vie privée, puisqu'il s'est manifesté « à l'occasion d'un séjour d'agrément en dehors du temps et du lieu de travail ». Donc, pour les juges du fond, l'employeur peut sanctionner les fautes du salarié seulement lorsqu'il s'agit de fautes professionnelles, ou, tout au moins, commises à l'occasion de la prestation de travail.
C'est cette position qui explique le pourvoi de l'employeur.

4. En cassant l'arrêt de rendu par la cour d'appel, la Cour de cassation apporte une solution juridique différente. Elle estime que les juges du fond ont mal appliqué le droit, car ils auraient dû retenir la faute du salarié et valider son licenciement car les faits, bien que s'étant produits en voyage d'agrément, pouvaient se rattacher à la vie de l'entreprise.
D'après cet arrêt, l'employeur est en droit de sanctionner un salarié non seulement lorsqu'il commet une faute dans le temps et le lieu du travail, mais éventuellement à l'extérieur, à condition toutefois que ces faits puissent se rattacher à l'entreprise, par exemple soit en portant atteinte à son bon fonctionnement soit en dégradant son image.

Exercice 4

La liberté du commerce et la concurrence loyale

1. La création du commerce envisagée par M. Robin.

– Le problème juridique : quelles sont les conditions pour ouvrir un commerce ?
– Les règles de droit : d'abord, la liberté du commerce et de l'industrie autorise l'établissement de toute personne en tant que commerçant, dès lors qu'elle n'est pas visée par une restriction légale la concernant (incapacité, déchéance, etc.) ou touchant à l'activité (commerce illicite, contrôlé) ; ensuite, la liberté du commerce se traduit par la liberté d'exercer et de concurrencer, c'est-à-dire, en particulier, la possibilité de choisir le lieu de son entreprise et la possibilité d'affronter un concurrent « sur son terrain », tant géographique que professionnel.
– Dans la situation étudiée : M. Robin, qui ne semble concerné par aucun empêchement personnel, envisage un commerce dont l'exercice est libre. Il souhaite s'établir dans la même rue qu'un concurrent : ce n'est pas un acte de concurrence déloyale. Il peut donc mener à bien son projet.

2. Le choix de l'enseigne.

a) Le problème juridique posé : comme tout élément d'identification d'une entreprise, l'enseigne est protégée contre les usurpations qui pourraient semer la confusion dans l'esprit de la clientèle. On peut se demander si l'exploitation d'une enseigne proche de celle d'un concurrent est un acte de concurrence déloyale.

b) La règle de droit selon la jurisprudence : en cas d'exploitation d'une enseigne ressemblant à l'enseigne d'un concurrent, dont l'activité est iden-

tique dans un même secteur géographique, la concurrence déloyale doit être retenue si la ressemblance est susceptible de tromper un client potentiel d'attention moyenne.
Dans l'affaire évoquée, nul ne peut douter que la justice verrait dans le choix de M. Robin un acte de concurrence déloyale. « Infomagasin » est vraiment proche d'« Infomag ».
Les sanctions encourues : l'obligation de changer d'enseigne et des dommages-intérêts pour réparer le trouble subi par son concurrent.

Exercice 5

Le droit de la concurrence

1. Au cours de réunions et par téléphone, les producteurs laitiers mis en cause se sont mis d'accord sur les prix pratiqués et se sont répartis les volumes de production. Il s'agit là de pratiques anticoncurrentielles réprimées par l'article L. 420-1 du Code de commerce, qui interdit précisément les ententes illicites.

2. C'est l'Autorité de la concurrence qui a compétence pour poursuivre et sanctionner ces faits.

3. La condamnation prononcée est une importante amende (de presque 200 millions d'euros) répartie entre les différentes entreprises.
Une autre condamnation est évidente, même si elle n'est pas rappelée ici : l'entente doit cesser si les réunions et échanges sur les points litigieux n'ont pas encore été abandonnés.

4. Les ententes illicites empêchent que le marché produise ses effets bénéfiques pour les clients des entreprises. Les sanctionner vise donc à la fois à protéger l'équilibre concurrentiel avec les concurrents et à défendre les intérêts de consommateurs.

Exercice 6

Les différentes formes d'entreprises

La forme juridique d'entreprise conseillée à Mme Dahan.
– Le problème de droit est celui du choix de la forme juridique d'entreprise au regard des motivations du créateur et de sa situation personnelle.
– Les règles juridiques : le choix du statut de l'entreprise se fait d'abord en fonction d'une alternative : si le créateur veut garder le contrôle total de l'entreprise, il faut opter pour une entreprise individuelle, ou une société unipersonnelle. Ensuite, il faut envisager les risques que le créateur est prêt à assumer : s'il ne craint pas de mettre en péril son patrimoine, il peut opter pour l'entreprise individuelle classique ; en revanche, s'il veut limiter sa responsabilité patrimoniale, il doit opter pour l'entreprise individuelle avec déclaration d'insaisissabilité des biens fonciers, ou pour l'EIRL, voire l'EURL.
– En l'espèce : Mme Dahan veut contrôler son affaire ; elle doit donc choisir entre l'entreprise individuelle, l'EIRL ou l'EURL. Dans le premier cas, elle peut opter pour la forme d'auto-entreprise tant que son chiffre d'affaires est modeste (inférieur à 82 200 euros par an). Elle a intérêt à faire déclarer insaisissable son appartement. Si elle choisit l'EIRL, il ne faut pas inclure ce bien immeuble dans le patrimoine affecté, et si elle retient la forme juridique d'EURL, elle ne devra pas faire d'apport en nature avec cet appartement.

Exercice 7

QCM

1. ⇒ **b)** Le simple fait que l'on a la chose en garde.

2. ⇒ **b)** Des fonds de garantie.

3. ⇒ **b)** L'existence du lien de subordination entre employeur et salarié.

4. ⇒ **b)** Une cessation collective et concertée du travail.
⇒ **c)** Des revendications professionnelles.

5. ⇒ **b)** Faux.

6. ⇒ **b)** Faux.

7. ⇒ **a)** Un type d'entreprise individuelle.

Savoir 1

Les acteurs de l'organisation

LU ☐
SU ☐
REVU ☐

Chaque organisation étant composée d'acteurs différents, comment le management peut-il concilier leurs attentes en vue de les faire participer ensemble à l'objectif commun de performance ?

1 Les sources du pouvoir de direction

Si, dans les petites entreprises, le dirigeant est très souvent l'unique propriétaire, dans la plupart des organisations, il est nommé par une instance collégiale.

LES ENTREPRISES	Le dirigeant de l'entreprise fait partie des propriétaires et est choisi lors d'un vote réalisé en assemblée générale. Dans les sociétés plus importantes, il peut être une personne salariée qui ne fait pas nécessairement partie des propriétaires.
LES COLLECTIVITÉS TERRITORIALES	Ce sont les conseillers qui élisent le dirigeant lors du premier conseil qui suit les élections.
LES ADMINISTRATIONS PUBLIQUES	Au niveau national, le dirigeant d'une grande administration publique est nommé en conseil des ministres.
LES ASSOCIATIONS	Il est choisi par les adhérents lors d'une assemblée générale.

2 Les styles de direction

LE MANAGEMENT AUTORITAIRE	Le manager dirige ses subordonnés de manière autoritaire en utilisant la menace de la sanction. Le pouvoir est centralisé, les salariés ne font qu'exécuter les décisions.
LE MANAGEMENT PATERNALISTE	Le pouvoir est concentré entre les mains du dirigeant, qui est très souvent le créateur de l'organisation. Ce dernier entretient des liens affectifs forts avec ses salariés. Il utilise un système de sanctions etde récompenses qui peut parfois sembler arbitraire.
LE MANAGEMENT CONSULTATIF	Le dirigeant sollicite ses subordonnés pour obtenir leur avis avant de prendre une décision. Ce système permet d'impliquer les salariés dans la vie de l'organisation.
LE MANAGEMENT PARTICIPATIF	La participation de tous les membres de l'organisation est favorisée. Ce style est adapté à des organisations souples qui doivent être réactives et prendre des décisions rapides.

Les styles de direction résultent d'une combinaison de la personnalité du dirigeant et des composantes propres à l'organisation. Selon les circonstances, le dirigeant peut adopter des styles différents. Ainsi, confronté à une situation d'urgence, il devra être autoritaire pour accélérer la prise de décision. Face à des créatifs, il devra être participatif pour permettre l'émergence des idées.

3 La diversité des acteurs et leurs attentes

3.1. Les acteurs au sein des entreprises

LES PROPRIÉTAIRES	Les propriétaires de l'entreprise (appelés « actionnaires » dans les sociétés) apportent à la firme les capitaux qui lui permettent de fonctionner. Ils souhaitent qu'une part des bénéfices leur soit attribuée.
LES SALARIÉS	Les salariés attendent de l'entreprise une sécurité de l'emploi et qu'elle leur verse un salaire décent leur permettant de satisfaire leurs besoins. Au sein des salariés, on distingue différents statuts (cadre, employé, ouvrier).
LES REPRÉSENTANTS DU PERSONNEL	Dans les entreprises de plus de 11 salariés, des délégués du personnel sont élus afin de représenter les salariés. Dans les entreprises d'au moins 50 salariés, les syndicats peuvent désigner des délégués syndicaux. Ces représentants du personnel ont pour objectif de défendre les intérêts des salariés auprès de l'employeur.

3.2. Les acteurs au sein des administrations publiques

LES FONCTIONNAIRES	Titulaires d'un poste au sein d'une administration, les fonctionnaires attendent de leur employeur un salaire décent et une bonne gestion de leur carrière.

3.3. Les acteurs au sein des associations

LES BÉNÉVOLES	Les bénévoles consacrent gratuitement une partie de leur temps libre à l'association. Ils attendent que leur engagement soit une source de fierté et d'épanouissement personnel.
LES ADHÉRENTS	Les adhérents attendent que l'association leur fournisse la prestation pour laquelle ils ont adhéré.

3.4. Des acteurs aux intérêts divergents

Au sein d'une même organisation, les intérêts des acteurs sont souvent différents.

EXEMPLE
Dans une entreprise, les salariés et les actionnaires ont des intérêts contradictoires.

Ces divergences sont à l'origine de tensions et de conflits qui peuvent nuire à l'efficacité de l'organisation et à son image de marque. Le manager doit mettre en place les moyens qui vont prendre en compte les intérêts des différents acteurs et les concilier avec ceux de l'organisation.

mots clés

Dirigeant ◆ Style de direction ◆ Propriétaire ◆ Actionnaire ◆ Salarié ◆ Cadre ◆ Employé ◆ Ouvrier ◆ Délégué du personnel ◆ Délégué syndical ◆ Fonctionnaire ◆ Bénévole ◆ Associé ◆ Adhérent

S'entraîner au Bac
Exercices 1, 2 : p. 175

Le management des emplois et des compétences

LU ☐
SU ☐
REVU ☐

L'organisation doit adapter ses ressources humaines à sa stratégie. Cette adaptation est à la fois quantitative et qualitative.

1 La gestion prévisionnelle de l'emploi et des compétences

1.1. Définition

La gestion prévisionnelle de l'emploi et des compétences (GPEC) est un outil d'adaptation des ressources humaines aux besoins de l'organisation.

1.2. Les étapes de la GPEC

La GPEC suit un processus en plusieurs étapes :

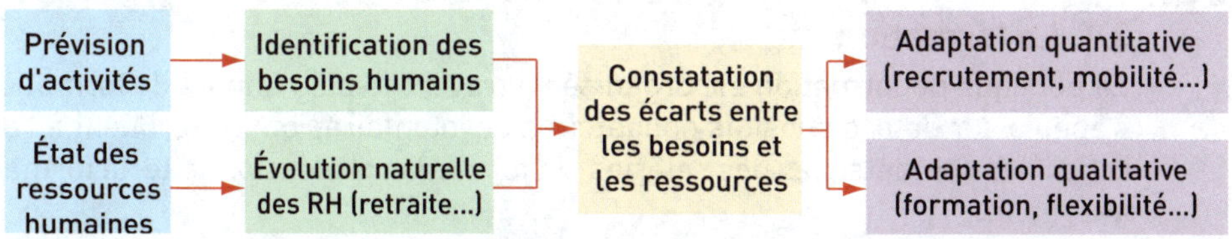

L'adaptation des besoins et des ressources peut être réalisée :
- sur le marché interne. Elle s'appuie sur les emplois et les compétences disponibles dans l'organisation ;
- sur le marché externe. Il s'agit principalement du recrutement extérieur.

2 L'adaptation quantitative de l'emploi et des compétences

En fonction de ses besoins, l'organisation recherche des solutions qui lui permettront de gagner en flexibilité.

2.1. L'adaptation quantitative interne

L'organisation doit, dans un premier temps, s'appuyer sur ses ressources existantes. Elle va alors proposer différentes solutions :
- la mobilité géographique (changement de région) ;
- la mobilité fonctionnelle (changement d'emploi) ;
- la promotion (passage à un niveau hiérarchique supérieur) ;
- les heures supplémentaires.

2.2. L'adaptation quantitative externe

L'organisation peut aussi embaucher des personnes extérieures. La relation entre le salarié et l'employeur est nouée par un contrat de travail.

Différents statuts d'emploi sont possibles :

- **Augmentation durable et pérenne de l'activité**
  - → **Contrat à durée indéterminée (CDI)**
  - → **Ouverture de places au concours (fonction publique)**
- **Augmentation brève et incertaine de l'activité**
  - → **Contrat à durée déterminée (CDD)**
  - → **Contrat de travail temporaire (CTT)**
  - → **Recours à des vacataires (fonction publique)**

EXEMPLE En raison d'une activité saisonnière, le gérant d'un hôtel situé dans une station de ski recrute des CDD.

3 L'adaptation qualitative de l'emploi et des compétences

3.1. La formation

La politique de formation est organisée à travers le plan annuel de formation. Elle s'appuie sur deux dispositifs obligatoires et volontaires qui contribuent à l'amélioration des compétences des salariés : la formation professionnelle, la formation en alternance.

La formation vise à :

- adapter les compétences des salariés aux nouveaux besoins ;
- améliorer les compétences existantes des salariés ;
- faciliter la reconversion des salariés quand ils exercent des activités en déclin.

3.2. Les enjeux de la formation

Si, sur le plan légal, la formation est une obligation, elle constitue avant tout un investissement. La formation va apporter à l'organisation davantage de flexibilité et de polyvalence pour ses salariés. Ils gagneront en efficacité et seront plus motivés. La formation permet à l'organisation de s'adapter aux changements rapides de technologies.

4 La responsabilité sociale de l'organisation

La responsabilité sociale de l'organisation recouvre les dispositifs de gestion de l'emploi qui améliorent les conditions de travail, luttent contre les discriminations et favorisent l'intégration des personnes handicapées. Elle s'inscrit dans un cadre plus large qui est celui de la responsabilité sociétale de l'organisation. C'est cette responsabilité qui doit guider les choix des dirigeants en matière de gestion des ressources humaines.

EXEMPLE Pour une entreprise, la nécessité d'investir doit la conduire à rechercher un équipement qui, d'une part, accroît le rendement et, d'autre part, améliore le confort des salariés utilisateurs. Ce double critère relève d'une démarche socialement responsable.

mots clés

Gestion prévisionnelle de l'emploi et des compétences ◆ Marché interne ◆ Marché externe ◆ Flexibilité ◆ Statut d'emploi ◆ Politique de formation ◆ Polyvalence ◆ Responsabilité sociale

S'entraîner au Bac
Exercices 3, 4 : p. 175-176

La motivation des hommes au travail

LU ☐
SU ☐
REVU ☐

Si la rémunération peut apparaître comme la première source de motivation des hommes au travail, d'autres facteurs existent néanmoins.

1 La politique de rémunération

1.1. Les enjeux

La rémunération est la contrepartie du travail fourni par la personne liée à l'employeur par un contrat de travail. Si elle représente un revenu pour le salarié, elle constitue à l'inverse un coût pour l'organisation.

La rémunération représente un enjeu pour l'organisation. Elle permet :

- de mobiliser et de motiver les hommes ;
- de fidéliser le personnel.

1.2. Les contraintes

La politique de rémunération doit respecter différentes contraintes :

La cohésion sociale
- Égalité entre personnes de même statut
- Égalité homme/femme
- Égalité de progression salariale
- Maintien de la cohésion sociale

Le respect des lois et des conventions collectives
- Respect des contraintes réglementaires (lois) et conventionnelles (conventions collectives)
- Respect des pratiques professionnelles

La politique de rémunération

La maîtrise des coûts
La masse monétaire est un coût qu'il faut maîtriser.

L'évolution dans le temps
- Promotion
- Ancienneté...

1.3. Les formes et les modes de rémunération

La rémunération peut prendre différentes formes :

- le salaire conventionnel (entreprise ou association) ou le traitement (administration) ;
- les avantages en nature ;
- les heures supplémentaires ;
- les primes (d'ancienneté, de rendement, de fin d'année...) ;
- l'intéressement aux bénéfices et la participation ;
- les éléments périphériques de rémunération : mutuelle, tickets-restaurants, véhicule de fonction.

En fonction de la politique appliquée dans l'organisation, la rémunération oscille entre deux modalités principales.

La rémunération au statut	La rémunération au résultat
C'est le statut qui détermine la rémunération. Ce principe prévaut dans les organisations publiques.	C'est la performance individuelle – ou celle d'un groupe réduit – qui détermine la rémunération. On parle alors d'individualisation de la rémunération.

2 Les autres facteurs de motivation

2.1. Les facteurs psychologiques de motivation

En dehors de la rémunération, une personne peut être motivée par des facteurs plus psychologiques. On distingue :

• des facteurs de motivation individuels :

La reconnaissance du travail	Les perspectives de promotion
La formation	L'enrichissement des tâches

• et des facteurs de motivation plus collectifs :

La qualité de communication	Le climat social	La culture de l'organisation

2.2. La culture

La culture de l'organisation est un ensemble cohérent de valeurs et d'attitudes communes à toutes les personnes dans leur contexte de travail.

Elle permet de créer les conditions favorables à l'implication des personnes dans l'organisation en leur offrant des valeurs communes à partager. Elle contribue au développement du sentiment d'appartenance à l'organisation.

EXEMPLE Les salariés de Google partagent des valeurs de convivialité et de créativité, ce qui contribue à créer une communauté de travail efficace.

La culture est un outil de conciliation des parties prenantes en cas de tensions sociales. Elle permet la réconciliation autour des valeurs communes.

3 La démotivation et le stress

En l'absence de facteurs de motivation ou en raison des pratiques managériales mises en place, les personnes peuvent être démotivées ou stressées par le travail.

Le stress au travail se définit comme une réponse de l'organisme à une agression physique ou psychologique. Il se traduit par des tensions, des angoisses qui perturbent l'activité professionnelle, et entraîne des dysfonctionnements importants dans l'organisation.

EXEMPLE La pression continuelle sur des vendeurs pour accroître leur chiffre de ventes est une situation stressante qui peut conduire les plus fragiles vers des états dépressifs.

mots clés

Rémunération ◆ Politique de rémunération ◆ Individualisation de la rémuneration ◆ Facteurs de motivation ◆ Culture de l'organisation ◆ Stress au travail

S'entraîner au Bac
Exercices 5, 6 : p. 176

Savoir 4

Les orientations stratégiques des organisations

LU ☐
SU ☐
REVU ☐

Les organisations doivent élaborer des stratégies en cohérence avec leur finalité et leur environnement. Elles s'appuient pour cela sur des objectifs et des décisions qui engagent leur avenir.

1 La stratégie globale

1.1. Définitions

Une stratégie est un ensemble de décisions prises par une organisation afin d'atteindre un objectif compte tenu des ressources dont elle dispose et de son environnement. Elle engage l'ensemble de l'organisation sur un horizon de temps assez long. Ses effets sont difficilement réversibles.

La stratégie globale consiste à choisir un domaine d'activité (biens ou services à proposer) et l'extension de la couverture géographique.

EXEMPLE

Airbus développe sa stratégie globale en s'appuyant sur son métier de constructeur aéronautique. Les conseils régionaux ont pour mission d'assurer la formation professionnelle. Leur stratégie doit intégrer cette mission sociale.

1.2. La cohérence de la stratégie avec les métiers ou les missions de l'organisation

Pour formuler ses choix stratégiques, une organisation doit s'appuyer sur sa finalité (sa raison d'être), sur son ou ses métiers (son savoir-faire) et sur sa mission (sa réponse aux attentes de ses parties prenantes).

Dans les organisations publiques, la stratégie doit être en phase avec la mission qui leur est assignée par l'autorité publique. Celle-ci découle des politiques publiques.

EXEMPLE

Parmi ses missions, une commune doit garantir la protection des citoyens. Elle va, dans le champ de ses compétences, mettre en place une stratégie reposant sur une politique de sécurité (présence renforcée de la police municipale, travail de prévention...).

Dans les associations, la stratégie doit découler des finalités qu'elles se sont fixées. Elle doit répondre aux attentes de ses adhérents. Elle peut aussi résulter d'une mission confiée par une organisation publique (délégation de service public).

EXEMPLE

La finalité des Restos du cœur est d'offrir de la nourriture à des personnes en difficulté (ses adhérents). L'association déploie une stratégie lui permettant de collecter des repas et de les distribuer.

Dans une entreprise, la stratégie doit être cohérente avec le ou les métiers maîtrisés.

EXEMPLE

Le développement de la voiture électrique par Renault constitue une stratégie cohérente car elle s'appuie sur le métier de Renault, qui est la conception et la fabrication de véhicules.

2 Le processus stratégique

Le processus stratégique est une succession de trois étapes.

Le diagnostic stratégique → La fixation d'objectifs → La définition d'un choix stratégique

Le diagnostic stratégique permet d'analyser les ressources et les compétences de l'organisation (diagnostic interne). Il met aussi en évidence les opportunités et les menaces que présente l'environnement (diagnostic externe).
La fixation des objectifs détermine où l'organisation veut aller, c'est-à-dire les résultats qu'elle souhaite obtenir à moyen ou long terme.
Enfin, les choix stratégiques précisent comment l'organisation va atteindre ces objectifs stratégiques.

3 Le processus stratégique dans les entreprises

3.1. La notion de domaine d'activité stratégique

La première étape du processus est un diagnostic stratégique mené au niveau de l'ensemble de l'organisation et pour chacun de ses domaines d'activité stratégiques (DAS). Un DAS est une partie de l'organisation qui gère ses ressources de façon indépendante, vise un marché spécifique et utilise une technologie propre.

EXEMPLE
Le groupe Bouygues comprend cinq DAS : Bouygues Construction (BTP), Colas (construction et entretien de routes), Bouygues Immobilier (immobilier), TF1 (télévision) et Bouygues Telecom (télécommunications).

3.2. Les compétences distinctives

À partir du diagnostic stratégique, l'entreprise doit repérer les compétences qui lui sont propres. Une compétence distinctive est un savoir-faire acquis par l'entreprise qui est rare et difficilement imitable par les concurrents.

EXEMPLE
La principale compétence distinctive d'Airbus est sa maîtrise de la technologie aéronautique.

3.3. L'avantage concurrentiel

À partir de la connaissance de son ou ses DAS et de ses compétences distinctives, l'organisation peut identifier son avantage concurrentiel. Celui-ci représente la capacité pour une entreprise à surpasser durablement ses concurrents. Cette dernière doit l'entretenir pour rester performante et compétitive.

Diagnostic → Compétence distinctive → Avantage concurrentiel

mots clés
Stratégie ◆ Stratégie globale ◆ Politique publique ◆ Processus stratégique ◆ Domaine d'activité stratégique ◆ Compétence distinctive ◆ Avantage concurrentiel

S'entraîner au Bac
Exercices 7, 8 : p. 177

Savoir 5

Les composantes du diagnostic stratégique

LU ☐
SU ☐
REVU ☐

Pour pouvoir évaluer sa situation stratégique, l'organisation doit procéder à deux diagnostics, l'un interne et l'autre externe.

1 Le diagnostic interne

1.1. Définition

Le diagnostic interne permet d'identifier le potentiel de l'organisation, son savoir-faire. Il met en évidence les forces sur lesquelles l'organisation peut s'appuyer pour construire sa stratégie mais aussi les faiblesses qui peuvent mettre en danger la stratégie.
Pour réaliser le diagnostic interne de l'organisation, il convient d'analyser ses ressources et ses compétences.

1.2. Le diagnostic des ressources

Le diagnostic des ressources porte sur des ressources tangibles et intangibles.

RESSOURCES TANGIBLES	Les ressources matérielles comprennent les locaux, les équipements et les outils de production.
	Les ressources financières sont formées des ressources dont dispose l'organisation (son capital...) et des ressources mobilisables (capacité d'autofinancement, capacité d'endettement).
	Les ressources humaines impliquent de connaître leur état (âge, niveau de formation) et leur potentiel d'évolution (mobilité, flexibilité).
RESSOURCES INTANGIBLES	Ces ressources immatérielles couvrent des éléments facilement identifiables (brevets, fonds de commerce) mais aussi des éléments difficilement mesurables (notoriété, image).

L'identification de ces ressources permet de dégager les sources de revenu durable pour l'organisation.

1.3. Le diagnostic des compétences

La compétence est un ensemble de connaissances (diplômes, formation), de capacités d'action (savoir-être) et d'expériences qu'une personne peut mobiliser pour atteindre un but.
Le savoir-faire de l'organisation repose sur l'agrégation de ses compétences. Parmi celles-ci, certaines sont rares et difficilement imitables. Elles deviennent alors fondamentales et représentent une source d'avantages pour l'organisation.

EXEMPLE L'entreprise Alstom dispose d'une compétence mondialement reconnue dans la fabrication de turbines pour les centrales électriques.

2 Le diagnostic externe

2.1. Définition

Le diagnostic externe permet de déceler dans l'environnement les caractéristiques et les perspectives qui vont avoir un impact sur l'organisation. Cet impact peut être positif (opportunités) ou négatif (menaces).
Le diagnostic doit s'effectuer au niveau global et au niveau du secteur d'activité.

2.2. Le diagnostic de l'environnement global

L'environnement global influence l'organisation sans que celle-ci puisse véritablement agir en réaction. Il se compose de multiples composants qu'il est possible de mémoriser en utilisant un acronyme : PESTEL.

POLITIQUE	Les choix gouvernementaux ou internationaux EXEMPLE : la réduction des dépenses publiques.
ÉCONOMIQUE	Les événements économiques ou financiers EXEMPLE : la hausse du cours d'une matière première.
SOCIAL	Le climat social dans le pays EXEMPLE : une négociation collective qui introduit la flexibilité.
TECHNOLOGIQUE	L'impact du progrès technique EXEMPLE : le développement des technologies mobiles.
ÉCOLOGIQUE	Les préoccupations environnementales des États et des consommateurs
LÉGAL	L'évolution du cadre réglementaire EXEMPLE : les incitations fiscales à l'innovation.

2.3. Le diagnostic sectoriel

Le diagnostic sectoriel peut être appréhendé à travers cinq forces concurrentielles.

LA CONCURRENCE DANS LE SECTEUR	Le nombre et le poids des concurrents constituent une menace importante pour l'organisation. Plus ils sont nombreux, moins l'organisation a de liberté d'action sur ses prix.
LE POUVOIR DE NÉGOCIATION DES CLIENTS	Les clients expriment des exigences de qualité, de prix, de délai.
LA PRESSION DE NÉGOCIATION DES FOURNISSEURS	S'ils sont peu nombreux, les fournisseurs peuvent exercer une pression sur leurs clients.
LES ENTRANTS POTENTIELS	Ce sont des entreprises susceptibles d'entrer sur le marché pour offrir un bien ou un service identique.
LES PRODUITS DE SUBSTITUTION	Ce sont des produits qui peuvent potentiellement remplacer les produits existants. EXEMPLE : l'arrivée de l'e-cigarette sur le marché de la cigarette classique.

L'organisation doit être en mesure de contrer les menaces détectées et de s'appuyer sur les opportunités pour construire et consolider sa situation stratégique.

mots clés Diagnostic interne ◆ Diagnostic externe

S'entraîner au Bac
Exercices 9, 10, 11 : p. 177-178-179

Savoir 6

LU ☐
SU ☐
REVU ☐

Les options stratégiques des entreprises

Le diagnostic stratégique a fait apparaître les avantages concurrentiels sur lesquelles l'entreprise va s'appuyer pour faire des choix stratégiques. Différentes options s'offrent alors à elle.

1 Les stratégies globales

Les stratégies globales concernent l'ensemble de l'entreprise. Quand celle-ci n'a qu'un seul métier (DAS), elle est spécialisée. Quand l'environnement et ses parties prenantes l'y poussent, elle peut développer plusieurs métiers : elle se diversifie.

1.1. La spécialisation

La stratégie de spécialisation consiste à concentrer l'ensemble des ressources sur un seul domaine d'activité stratégique (DAS).

EXEMPLE En se concentrant sur la fabrication d'avions, Airbus est une entreprise spécialisée.

Poussée à l'extrême, la spécialisation peut devenir une stratégie de focalisation.

EXEMPLE Une entreprise textile se spécialise dans la fabrication de vêtements pour femmes enceintes.

AVANTAGES DE LA SPÉCIALISATION	INCONVÉNIENTS DE LA SPÉCIALISATION
– Elle permet, pour un nouvel entrant, de concentrer son savoir-faire sur un seul métier. – Elle donne une identité culturelle forte.	– Elle est risquée si le métier est en déclin (EXEMPLE : Kodak). – Elle peut entraîner des risques d'inertie et de routines.

1.2. La diversification

Quand le métier stagne ou commence à décliner, quand il devient difficile d'attaquer de nouveaux marchés, l'entreprise va se diversifier.
La stratégie de diversification consiste à répartir les ressources sur plusieurs DAS. L'entreprise va devoir acquérir de nouvelles compétences, maîtriser de nouvelles technologies et affronter de nouveaux concurrents.

EXEMPLE
Phillips est une entreprise diversifiée. Elle a développé trois métiers : les produits d'éclairage, le matériel médical et le petit électroménager.

AVANTAGES DE LA DIVERSIFICATION	INCONVÉNIENTS DE LA DIVERSIFICATION
– Elle permet de répartir les risques sur plusieurs activités. – Elle permet d'acquérir de nouvelles compétences.	– Elle nécessite des investissements pour financer les opérations de diversification. – Elle entraîne une dilution de l'image de l'entreprise. – Elle pose des problèmes de gouvernance liée à la connaissance de tous les métiers par les dirigeants.

2 Les stratégies de domaine

L'entreprise doit ensuite faire un choix stratégique à l'intérieur du domaine d'activité. Elle opte soit pour la domination par les coûts, soit pour la différenciation.

2.1. La domination par les coûts

La stratégie de domination par les coûts consiste à s'appuyer sur un avantage en termes de coût pour acquérir une position de leader sur son marché. La faiblesse du coût entraîne des prix bas et une hausse des volumes de ventes.

EXEMPLE
La compagnie aérienne Easyjet a opté pour une stratégie de domination par les coûts.

AVANTAGES DE LA DOMINATION PAR LES COÛTS	INCONVÉNIENTS DE LA DOMINATION PAR LES COÛTS
Elle crée une dynamique interne en enclenchant un processus continu de recherche de gains de productivité. Ceux-ci sont obtenus grâce à l'effet d'apprentissage et à une standardisation des procédés de fabrication.	– Elle entraîne une course permanente à la baisse des prix. – Elle oblige à standardiser la production au détriment de l'innovation.

2.2. La différenciation

La stratégie de différenciation consiste à proposer une distinction du bien ou du service permettant de créer un supplément de valeur pour le client.

EXEMPLE
En créant ses capsules Nespresso, Nestlé s'est différenciée des entreprises concurrentes.

AVANTAGES DE LA DIFFÉRENCIATION	INCONVÉNIENTS DE LA DIFFÉRENCIATION
– Elle valorise l'innovation comme moyen de se différencier. – Elle permet de fidéliser les clients.	– Elle doit être défendable sur le long terme. – Elle doit apporter un vrai supplément de valeur au client.

3 Externalisation et intégration

Compte tenu de la pression exercée par les parties prenantes (salariés et actionnaires), l'entreprise doit arbitrer entre l'externalisation et l'intégration.

3.1. L'externalisation

L'externalisation consiste à confier à des partenaires extérieurs une partie de l'activité. Elle peut porter sur des activités stratégiques (la fabrication) ou non stratégiques (la maintenance informatique).

3.2. L'intégration

L'intégration consiste à regrouper et contrôler l'ensemble du processus d'activités. Elle peut se faire en amont (vers le processus de distribution) ou en aval (vers le processus d'approvisionnement).

mots clés
Spécialisation ◆ Diversification ◆ Domination par les coûts ◆ Différenciation ◆ Externalisation ◆ Intégration

S'entraîner au Bac
Exercices 12 à 15 : p. 179-180-181

Savoir 7

Les spécificités des stratégies des organisations publiques

LU ☐
SU ☐
REVU ☐

Les organisations publiques conduisent des stratégies qui répondent à l'intérêt général et tiennent compte des contraintes et des marges de manœuvre inhérentes à leur statut.

1 Les missions spécifiques des organisations publiques

1.1. Des finalités et des missions réglementées

Les organisations publiques, à la différence des entreprises, agissent dans un cadre fortement réglementé. L'intérêt général est la première de leurs finalités. Il exprime la volonté générale, c'est-à-dire celle de l'ensemble des individus. Il dépasse les intérêts particuliers de chaque individu. Le profit n'est pas la finalité recherchée.

1.2. Les missions des organisations publiques

À l'intérieur de ce cadre, les organisations publiques exercent différentes missions. On distingue généralement cinq ensembles de missions.

LES MISSIONS RÉGALIENNES	Les organisations publiques doivent assurer la sécurité intérieure (police), la sécurité extérieure (défense nationale) et l'égalité de traitement des citoyens devant la loi (justice).
LES MISSIONS DE REDISTRIBUTION	À partir de la collecte des impôts et taxes, les organisations publiques assurent une redistribution visant à réduire les inégalités entre les citoyens. EXEMPLE : la couverture maladie universelle (CMU) permet d'assurer l'accès aux soins pour tous.
LES MISSIONS DE STABILISATION DE LA CONJONCTURE	Les organisations publiques agissent sur l'économie pour maintenir les grands équilibres macroéconomiques. EXEMPLE : la politique de création d'emplois aidés facilite l'accès des jeunes au marché du travail.
LES MISSIONS DE VALORISATION DES RESSOURCES LOCALES	En tant que gestionnaires du patrimoine public, les organisations publiques doivent entretenir et valoriser ces ressources. EXEMPLE : la création d'un parc naturel permet de préserver un site naturel dans l'intérêt de tous les citoyens.
LES MISSIONS D'AFFECTATION DES RESSOURCES	Les organisations publiques doivent produire des biens et des services publics répondant aux attentes des citoyens. EXEMPLE : l'entretien du réseau routier est un service public assuré par les collectivités locales.

2 Les contraintes spécifiques des organisations publiques

Les contraintes spécifiques qui pèsent sur les organisations publiques résultent des pressions exercées par les parties prenantes et de l'encadrement des ressources financières.

2.1. L'action des parties prenantes

Les parties prenantes peuvent contraindre l'action publique mais aussi contribuer à la réalisation des objectifs des organisations publiques.

LES CITOYENS ET LES USAGERS	Ils utilisent les services publics et contribuent aux ressources (impôts). Ils peuvent former des groupes de pression pour contester les décisions publiques. EXEMPLES : un groupe d'usagers peut s'opposer à la fermeture d'un bureau de poste dans un village. À l'inverse, la pression des usagers peut conduire à l'ouverture d'une crèche.
LES ÉLUS	La détermination des missions des organisations publiques résulte des orientations des élus qui sont responsables des politiques publiques. EXEMPLE : le conseil municipal vote la politique conduite par le maire.
LES FONCTIONNAIRES	Les agents employés par les organisations publiques accomplissent des missions de service public. Mais ils peuvent également se regrouper pour défendre des intérêts professionnels. EXEMPLE : les infirmières d'un hôpital public peuvent s'opposer à la fermeture d'un service de maternité.

2.2. La contrainte financière

Les organisations publiques doivent respecter un cadre budgétaire pour réaliser leurs missions. Elles doivent rendre des comptes sur l'utilisation de l'argent public.

EXEMPLE
Tous les ans, les élus d'une commune doivent adopter le budget proposé par l'équipe municipale. Ils peuvent s'opposer à l'engagement de certaines dépenses.

3 Les marges de manœuvre des organisations publiques

Différentes lois ont transféré de nouvelles compétences aux organisations publiques. Ces transferts de compétences leur ont donné davantage d'autonomie et de marges de manœuvre.
Le transfert de compétences est l'abandon par une organisation publique de la gestion d'une compétence au profit d'une autre organisation publique.

EXEMPLE
L'État a transféré la compétence en matière de formation professionnelle aux conseils régionaux, qui ont ainsi acquis une plus grande liberté pour agir.

mots clés
Intérêt général ◆ Valorisation des ressources locales ◆ Groupe de pression ◆ Transfert de compétences ◆ Marge de manœuvre

S'entraîner au Bac
Exercices 16, 17 : p. 181

Savoir
8

Les stratégies des associations

LU ☐
SU ☐
REVU ☐

Les stratégies des associations reposent essentiellement sur leur capacité à mobiliser des ressources pour réaliser leur objet social. Peut-on, dans ce contexte, parler de stratégie ?

1 Les spécificités de la stratégie des associations

1.1. Le respect de l'objet social

L'objet social correspond à l'activité pour laquelle une association a été créée. Il est librement déterminé par ses membres dans le respect de l'ordre public. Conformément aux finalités d'une association, l'objet social doit avoir un caractère non lucratif : il doit être autre que le partage d'un bénéfice entre ses membres. Le plus souvent, il conduit l'association à la spécialisation de ses activités. L'association ne peut agir que dans les limites de son objet social.

EXEMPLE
L'objet social du Secours populaire est d'aider les personnes en difficulté à sortir de la spirale de la pauvreté et à participer à un mouvement de solidarité.

1.2. Des ressources incertaines

Contrairement à une entreprise, une association ne peut pas compter sur une activité commerciale pour assurer sa pérennité. Elle a également comme particularité de s'appuyer sur l'engagement volontaire des bénévoles.

LES COTISATIONS ET LES DONS	Ils dépendent des adhérents à l'action de l'association. La crise économique peut contraindre les ménages à réduire leurs contributions.
LES SUBVENTIONS PUBLIQUES	Elles sont contraintes par les exigences de rigueur budgétaire des organisations publiques. Elles ne sont pas pérennes.
LES RECETTES PROPRES	Elles dépendent de la vigueur de l'action de l'association et de l'engagement des bénévoles.
LES BÉNÉVOLES	Ils sont la principale ressource d'une association. Leur engagement contribue à la réalisation de l'objet social. Ils ne sont attachés à l'association que par un contrat moral dont ils peuvent très aisément se délier.

2 Le développement des associations

La mise en œuvre d'une stratégie efficace va permettre le développement de l'association. Ce développement se construit sur la mobilisation et la diversification de ses ressources à la fois humaines et financières, ce qui la distingue fortement d'une entreprise.

2.1. La diversification des ressources humaines

La réussite de la stratégie d'une association repose sur sa capacité à mobiliser différentes formes de ressources humaines.
Elle peut s'appuyer sur l'implication des adhérents qui agissent bénévolement en donnant gratuitement de leur temps pour réaliser l'objet social.

EXEMPLE
Une association de préservation du milieu marin a réussi à mobiliser des bénévoles pour réaliser une grande opération de nettoyage des plages.

En se développant, l'association construit une structure permanente et va embaucher des salariés. Elle va mettre en place des structures de gouvernance (conseil d'administration) pour contrôler l'action des salariés.

2.2. La diversification des ressources financières

Pour pouvoir assurer son développement, une association doit recourir à diverses solutions de financement : les cotisations, les dons, les produits de son activité et des subventions.

EXEMPLE
Pour mener à bien ses missions, Les Restos du cœur sont financés à 47 % par des dons, 17 % par des subventions et 13 % par les ventes des CD et DVD des concerts des Enfoirés.

2.3. La reconnaissance d'utilité publique

Lorsqu'une association a acquis une certaine notoriété, qu'elle a atteint une taille significative, elle peut bénéficier d'une reconnaissance d'utilité publique.
Cette reconnaissance est délivrée par décret du Conseil d'État.

EXEMPLE
Emmaüs est une association reconnue d'utilité publique.

Cette reconnaissance permet à l'association de recevoir des dons et aux donateurs de bénéficier d'une déductibilité de ce don.

MANAGEMENT DES ORGANISATIONS

3 Le contrôle stratégique

Le contrôle stratégique est exercé en interne par les membres et en externe par les financeurs publics.

Les adhérents sont périodiquement sollicités dans le cadre de l'assemblée générale pour approuver l'action et les orientations de l'association.

Les associations déclarées et les associations reconnues d'utilité publique doivent également rendre des comptes sur l'utilisation des fonds publics dont elles ont bénéficié.

Les dirigeants associatifs doivent enfin se doter d'outils de contrôle de la performance pour suivre la réalisation de la stratégie de l'association.

mots clés
Spécialisation ◆ Développement de l'association ◆ Diversification des ressources ◆ Reconnaissance d'utilité publique

S'entraîner au Bac
Exercices 18, 19 : p. 182

Exercice 1 voir Fiche Savoir 1

Pouvoir et style de direction

Le groupe Bouteiller, installé à la Rochelle en Charente-Maritime, est une société spécialisée dans la fabrication de biscuits. L'entreprise compte 750 salariés et 5 usines qui se partagent la production de 15 familles de biscuits distribués dans toute l'Europe.

Louise Bouteiller, l'actuelle dirigeante, possède 51 % du capital de la société, le reste du capital est partagé entre les membres de la famille Bouteiller et des investisseurs privés.

L'ambition de la dirigeante est de devenir le leader incontestable sur le marché du biscuit.

Depuis 2010, elle a mis en place un nouveau style de management qui se caractérise par la volonté de donner à chaque collaborateur une certaine liberté : liberté de s'exprimer, liberté d'oser, liberté de créer.

La nouvelle organisation repose sur une idée simple : donner plus d'autonomie aux salariés. Pour les motiver, le groupe Bouteiller leur fournit des informations sur le marché, la concurrence et le comportement des consommateurs afin qu'ils comprennent dans quel environnement évolue leur entreprise.

Encouragés à s'exprimer, les salariés proposent des idées. En 2014, 70 % des nouveautés viennent d'idées émises par les salariés.

À ce jour, le bilan de ce nouveau style de direction est positif : l'absentéisme a quasiment disparu, le turnover est faible et les performances économiques se sont améliorées.

1. Caractérisez l'organisation Bouteiller.

2. Identifiez la finalité du Groupe Bouteiller.

3. Identifiez et caractérisez le style de direction adopté par le groupe Bouteiller.

4. En quoi ce style de direction contribue-t-il à la réussite de l'entreprise ?

5. Louise Bouteiller a-t-elle réussi à satisfaire les intérêts de tous les acteurs internes et à les concilier avec l'intérêt de l'entreprise ? Justifiez votre réponse.

FAIT ☐ REVU ☐

Exercice 2 voir Fiche Savoir 1

Les acteurs de l'organisation

Cochez la ou les bonnes réponses aux propositions suivantes.

1. Les dirigeants des grandes administrations publiques sont nommés par :

a) le conseil régional. ☐

b) le conseil des ministres. ☐

c) le conseil municipal. ☐

2. Le management autoritaire consiste à :

a) faire participer les salariés à la prise de décision. ☐

b) entretenir des liens affectifs forts avec les salariés. ☐

c) diriger les salariés en utilisant la menace de la sanction. ☐

FAIT ☐ REVU ☐

Exercice 3 voir Fiche Savoir 2

La GPEC

Important groupe agroalimentaire français, Navolait (SA) est présent dans 90 pays où travaillent 52 480 salariés. Il bénéficie de positions de leader de l'alimentation autour de deux métiers : les Produits Laitiers Frais et les boissons.

Afin d'anticiper les recrutements prévisibles avec la hausse de la pyramide des âges du personnel encadrant, le groupe Navolait a mis en place une démarche de GPEC.

Tout au long de l'année, les salariés rencontrent leurs responsables hiérarchiques lors d'entretiens qui constituent des moments privilégiés pour évaluer leur travail, prévoir leurs besoins en formation, discuter de leur évolution et plus largement se fixer des objectifs en identifiant les conditions nécessaires pour les atteindre. Signe de cette volonté de compter avant tout sur ses collaborateurs, Navolait s'est fixé comme objectif de pourvoir 80 % de ses postes vacants en favorisant la promotion interne. Globalement, un salarié chez Navolait change de poste tous les 3 ans.

Chaque salarié est encouragé à alterner les fonctions, les contextes (régions, pays) et les activités (produits laitiers, boissons). La mobilité se décide d'un commun accord avec le salarié, en fonction de ses souhaits d'évolution et des besoins de l'organisation.

Pour favoriser cette mobilité, le groupe mise sur une politique de formation pour accompagner chacun tout au long de sa carrière.

1. Caractérisez l'organisation Navolait.

2. Présentez l'intérêt pour le groupe Navolait de mettre en place une GPEC.

3. Repérez les dispositifs mis en œuvre dans le cadre de la GPEC.

4. Comment s'opère la mobilité interne au sein du groupe Navolait ?

5. Pourquoi la politique de formation est-elle indispensable pour accompagner la mobilité interne au sein du groupe ?

FAIT ☐ REVU ☐

Exercice 4 voir Fiche Savoir 2

Le management des emplois et des compétences

Cochez la ou les bonnes réponses aux propositions suivantes.

1. La responsabilité sociale de l'entreprise recouvre les dispositifs de gestion de l'emploi qui :

a) luttent contre les discriminations. ☐

b) favorisent les délocalisations des usines à l'étranger. ☐

c) améliorent les conditions de travail. ☐

d) favorisent les licenciements abusifs. ☐

2. La GPEC contribue à un ajustement des ressources humaines :

a) qualitatif. ☐

b) quantitatif. ☐

c) les deux. ☐

FAIT ☐ REVU ☐

Exercice 5 voir Fiche Savoir 3

La motivation des hommes au travail

« Apprendre Ensemble » est une association à but non lucratif qui a pour vocation d'apprendre à lire et à écrire à des adultes analphabètes.

Créée en 1970, cette association est aujourd'hui présente dans plus de 55 villes sur l'ensemble du territoire français.

En juin 2015, « Apprendre Ensemble » comptait 255 salariés qui assurent des fonctions administratives et pédagogiques au sein de l'association.

Pour motiver ses salariés, l'association a mis en place une politique de ressources humaines qui a pour objectif de favoriser le bien-être de chacun dans son travail.

Patrick Dupond, le président de l'association, nous précise que pour une organisation à but non lucratif ayant pour ressources essentielles les subventions publiques, il est impossible d'offrir de gros salaires et de rivaliser avec les rémunérations du secteur privé. Nos salariés doivent trouver leur motivation dans d'autres éléments.

« Nous avons développé une véritable culture qui repose sur des valeurs de solidarité et de partage. Nous avons également favorisé l'autonomie en confiant à nos salariés de nombreuses responsabilités dans leurs missions. Enfin, la communication interne à travers la mise en place d'un réseau social d'entreprise permet à chacun d'être parfaitement informés sur la vie de l'association. À travers des échanges permanents et des rencontres annuelles de l'ensemble de nos équipes, nous offrons à chacun l'opportunité de s'exprimer et de s'enrichir ».

1. Caractérisez l'organisation « Apprendre ensemble ».

2. Pourquoi le salaire n'est-il pas un facteur de motivation au sein de l'organisation « Apprendre Ensemble » ?

3. Repérez les moyens mis en œuvre au sein de l'association « Apprendre Ensemble » pour motiver les salariés.

4. Pourquoi la culture est-elle une source de motivation pour les salariés de l'association ?

FAIT ☐ REVU ☐

Exercice 6 voir Fiche Savoir 3

La motivation des hommes au travail

Cochez la ou les bonnes réponses aux propositions suivantes.

1. La rémunération permet de :

a) motiver les salariés. ☐

b) fidéliser les salariés. ☐

c) récompenser les actionnaires.

2. L'individualisation de la rémunération consiste à :

a) proposer le même salaire à tous les salariés. ☐

MANAGEMENT DES ORGANISATIONS

b) tenir compte de la performance individuelle de chaque salarié. ☐

c) distribuer une partie des bénéfices aux salariés. ☐

3. La culture d'une organisation représente :

a) la mission principale de l'organisation. ☐

b) l'ensemble des valeurs partagées par les membres de l'organisation. ☐

c) le style de direction du dirigeant. ☐

FAIT ☐ REVU ☐

Exercice 7 voir Fiche Savoir 4

L'avantage concurrentiel de L'Oréal

Fondée en 1909 par Eugène Schueller, la société L'Oréal est aujourd'hui leader mondial des cosmétiques.

Le groupe L'Oréal est structuré autour de quatre grandes divisions :

– la division des produits grand public, qui offre le meilleur de l'innovation cosmétique au plus grand nombre sur tous les continents. Ses marques sont accessibles dans les circuits de grande diffusion (hypermarchés, supermarchés, drugstores et magasins traditionnels) ;

– L'Oréal Luxe, qui propose un éventail de marques internationales prestigieuses (Lancôme, Giorgio Armani, Kiehl's, Yves Saint Laurent, Biotherm, Ralph Lauren, Diesel, Cacharel, Helena Rubinstein...) ;

– La division des produits professionnels, qui propose des produits aux professionnels dans les salons de beauté du monde entier ;

– la division Cosmétique Active, qui intervient sur le marché des produits pour soins dermo-cosmétiques avec les marques Vichy, La Roche Posay, SkinCeuticals, Roger & Gallet, Sanoflore.

Depuis plus d'un siècle, L'Oréal s'est donné pour mission d'offrir à toutes les femmes et à tous les hommes le meilleur de l'innovation cosmétique en termes de qualité, efficacité et de sécurité. Les équipes de chercheurs forment une communauté interculturelle qui intervient dans tous les champs de la science. Cette expertise dans la recherche et l'innovation s'appuie sur la compréhension des besoins des consommateurs.

Grâce à la puissance de sa recherche, le groupe peut garder un temps d'avance sur ses concurrents en mettant les grandes avancées cosmétiques à la portée de tous.

1. Caractérisez l'organisation L'Oréal.

2. Quelle est la mission du groupe L'Oréal ?

3. Identifiez les domaines d'activité stratégiques de L'Oréal.

4. Quelles compétences distinctives procurent un avantage concurrentiel à L'Oréal ?

FAIT ☐ REVU ☐

Exercice 8 voir Fiche Savoir 4

Les orientations stratégiques des organisations

Cochez la ou les bonnes réponses aux propositions suivantes.

1. La stratégie :

a) engage l'organisation sur du court terme. ☐

b) a des effets irréversibles. ☐

2. Un domaine d'activité stratégique (DAS) :

a) couvre l'ensemble des activités de l'entreprise. ☐

b) gère ses propres ressources. ☐

c) vise un marché spécifique. ☐

FAIT ☐ REVU ☐

Exercice 9 voir Fiche Savoir 5

Le diagnostic interne

Leader français de l'agencement gain de place depuis 1976, id-Mob fabrique en Savoie du mobilier durable et évolutif, designé pour optimiser l'espace de vie.

« Faites grimper votre lit au plafond » ; « Devenez le propriétaire d'un studio trois pièces »... Dans sa dernière campagne de publicité, id-Mob relève avec humour le potentiel de ses meubles « gain de place » et met en scène son produit phare de l'année, le Triptyque, qui réunit sur 2 m² un lit, un bureau et un coin salon. « Ce nouveau produit et le niveau de services et de personnalisation qui l'accompagne ont tiré vers le haut nos ventes auprès des particuliers », confie Paul Mauriac, le directeur. Une offre qui permet à Id-Mob de consolider son positionnement historique dans le haut de gamme. Malgré des prix beaucoup plus élevés que ses concurrents étrangers, le chiffre d'affaires de la société a doublé sur les 10 dernières années.

Id-Mob conçoit, produit et installe ses meubles sur tout le territoire national, ce qui est plutôt rare dans ce secteur. Pourtant, en 1994, lorsque Jean et Valérie Mauriac, les parents de Paul, rachètent la société, l'activité est éclatée entre la France, la Chine, la Pologne et le Portugal. Dès le départ, le couple prend le parti de tout rapatrier pour centraliser l'activité en France et de baser la production en Savoie. Leur pari : miser sur le savoir-faire en menuiserie de la région et sur la fidélité de la main-d'œuvre.

Cette conviction, qui perdure aujourd'hui, implique un investissement important dans les ressources humaines, en termes de formation continue des 55 salariés et des 10 apprentis car la principale difficulté pour l'entreprise est de trouver le personnel compétent. De moins en moins de jeunes choisissent de s'orienter vers les métiers de la menuiserie. Pas question non plus de négliger l'innovation. Pour développer de nouveaux produits, id-Mob s'appuie sur des architectes, des décorateurs d'intérieur, des prototypistes et un bureau d'études. Pour le design, Guillaume Cousin, qui a notamment travaillé pour le groupe LVMH, assure un suivi constant des collections depuis 2005 sur les plans mécanique, électrique et esthétique.

Fruit de son travail de recherche, la PME détient à ce jour un portefeuille de plus d'une centaine de brevets. Pour faire face à la demande, un autre chantier s'ouvre pour elle cette année : l'extension de son usine des Hullis, en Savoie.

1. Caractérisez l'organisation id-Mob.

2. Recensez les ressources d'id-Mob et classez-les.

3. Quelles compétences fondamentales sont sources d'avantages concurrentiels pour id-Mob ?

4. Effectuez le bilan des forces et faiblesses de l'entreprise id-Mob.

FAIT ☐ REVU ☐

Exercice 10 voir Fiche Savoir 5

Le diagnostic externe

Créée en 2014 à Rennes, la société Biofood propose un nouveau concept de restaurant pour la pause déjeuner. Son créateur, Loïc Le Blanc, a eu l'idée de positionner son activité dans le secteur de la restauration rapide en se différenciant grâce à une carte de produits haut de gamme. Biofood conçoit tous les jours des recettes à base de produits biologiques sains et savoureux choisis chez les meilleurs producteurs.

Annexe 1 : Le marché de la restauration rapide

Depuis quelques années, le secteur de la restauration rapide se montre très dynamique, les professionnels du secteur bénéficiant d'un contexte porteur.

Sur le plan conjoncturel, le contexte économique actuel conduit à des arbitrages dans les dépenses de restauration au profit de la restauration rapide (le prix moyen étant très inférieur à celui de la restauration traditionnelle). Le secteur est également favorisé par des évolutions dans le comportement des consommateurs : généralisation du nomadisme alimentaire, hausse de la restauration hors foyer, diminution du temps consacré au déjeuner...

Toutefois, on observe des évolutions différentes selon les segments du secteur. Le secteur de la restauration rapide reste dominé par le segment du hamburger et les deux enseignes leaders (Mc Donald's et Quick). De son côté, très atomisé, le segment de la sandwicherie à la française s'organise de plus en plus autour de réseaux sous enseigne (Brioche dorée, Pomme de Pain, Paul, etc.) face à la concurrence des boulangeries traditionnelles.

Pour fidéliser leur clientèle et séduire de nouveaux clients, les professionnels du secteur devront intensifier leurs efforts pour renouveler leur concept : élargissement de l'offre convivialité, libre service, wifi...

On observe un développement des concepts de restauration rapide « bio » jouant la carte de la santé et de l'écologie.

Source : « Le marché de la restauration rapide », www.jesuisentrepreneur.fr

Annexe 2 : Les nouvelles tendances de consommation

Dans la conjoncture actuelle, le mode de consommation du client est en pleine mutation. Tout d'abord, le consommateur fait office de prescripteur en recommandant telle ou telle enseigne qu'il a expérimentée, notamment via les réseaux sociaux. Comme le précise Nicolas Nouchi, *« cette tendance s'observe à travers le développement d'applications dédiées »*, véritables tribunes qui fourmillent d'avis (positifs ou négatifs) de consommateurs afin d'aiguiller leurs pairs quant au choix de restaurant. Le monde de la restauration doit donc se montrer vigilant face à l'importance de l'outil digital, et l'utiliser à son avantage. [...]

Se tailler la part du lion dans le milieu de la restauration rapide n'est pas chose aisée. Pourtant, les boulangeries-pâtisseries tirent leur épingle du jeu en proposant une offre toujours plus variée à des prix attractifs (ticket moyen : 6 euros). Preuve de la part croissante de ces établissements dans la restauration rapide, 90 % proposent aujourd'hui une offre de déjeuner contre 50 % en 2004. [...] En parallèle, les commerces de proximité commencent eux aussi à développer une offre de snacking située en sortie de caisse. Bien qu'il s'agisse encore de balbutiements, l'enseigne Daily Monop a réussi à sortir du lot grâce à un merchandising adéquat. Plus récemment, Casino lui a emboîté le pas en lançant son concept Cœur de Blé.

Source : R. Nowicki, « Restauration rapide : quels enseignements pour 2015 ? », www.lesechosdelafranchise.com, 24 octobre 2014

Annexe 3 : Label Bio pour les restaurants français

Depuis (seulement) 2012, l'Agence Bio délivre une certification aux établissements français qui font l'effort d'être « 100 % bio ». Le logo AB est reconnu comme l'officiel.

Or, on constate qu'en France, très peu de restaurants en sont détenteurs. Cela laisse songeur et dubitatif. D'une part, cela veut dire que les contrôles semblent fréquents et rigoureux et c'est tant mieux. Mais cela montre aussi, malheureusement, le peu de restaurants réellement 100 % biologiques sur le territoire français...

Source : « Un label bio pour les restaurants français ? », orgaiam.fr, 1er décembre 2014

1. **Caractérisez l'organisation Biofood.**

2. **En utilisant la méthode PESTEL, recensez les facteurs environnementaux qui influencent l'enseigne Biofood en précisant s'ils constituent une menace ou une opportunité.**

3. **Réalisez un diagnostic sectoriel de la restauration rapide en appréciant les forces concurrentielles du secteur.**

FAIT ☐ REVU ☐

Exercice 11 voir Fiche Savoir 5

Les composantes du diagnostic stratégique

Cochez la ou les bonnes réponses aux propositions suivantes.

1. **Les compétences d'une organisation sont fondées sur :**

a) son savoir-faire. ☐

b) ses capacités financières. ☐

c) son expérience. ☐

2. **Les ressources intangibles correspondent aux ressources matérielles de l'organisation.**

Vrai ☐ Faux ☐

3. **Toute modification de l'environnement favorable à l'organisation peut être considérée comme :**

a) une opportunité. ☐

b) une faiblesse. ☐

c) une menace. ☐

d) une force. ☐

4. **Le diagnostic sectoriel peut être appréhendé à travers :**

a) les forces et les faiblesses de l'organisation. ☐

b) les ressources financières de l'organisation. ☐

c) 5 forces concurrentielles. ☐

FAIT ☐ REVU ☐

Exercice 12 voir Fiche Savoir 6

Les stratégies globales

L'éditeur et distributeur de musique classique Classica va fermer 15 boutiques sur une trentaine et supprimer 38 emplois sur 171 en France. « Malheureusement, l'évolution du marché, la fermeture des magasins spécialisés et le tournant de plus en plus accentué vers la vente dématérialisée nous atteignent aujourd'hui », indique la maison fondée en 1958. « La chute du marché du disque (–71 % en 11 ans), les changements de comportements des consommateurs (téléchargement, achat en ligne) ne nous permettent plus de préserver notre équilibre financier avec notre organisation actuelle », indique le communiqué. Le chiffre d'affaires (39,7 millions d'euros) a baissé de 9 % au cours des deux dernières années. La société anonyme Classica s'est principalement construite autour de la musique classique, mais produit également des disques de jazz et de musique du monde.

1. Présentez l'organisation Classica.

2. Identifiez la stratégie globale de Classica.

3. Pourquoi l'entreprise Classica connaît-elle des difficultés ?

FAIT ☐ REVU ☐

Exercice 13 voir Fiche Savoir 6

Les stratégies de domaine

Atouprix est une enseigne française de vente de textile bon marché. Ses magasins, devenus célèbres pour leurs prix modiques, sont présents dans 125 localités en France depuis bientôt un siècle.

Concurrencée par des chaînes comme Zara et H & M – qui proposent des vêtements plus « mode » à des tarifs à peine supérieurs, le roi du discount décline, au point de déposer le bilan en 2007 après plus de dix ans de pertes ininterrompues.

Le salut vient alors du groupe Erata, qui le rachète en 2009 avec l'idée de restructurer complètement l'entreprise. Il fallait reconstruire un modèle : vendre à bas prix, mais en créant des collections qui collent aux tendances. Pour cela, Atoutprix met en place une équipe d'une centaine de stylistes, graphistes et modélistes, qui dessinent chaque année 3 000 références inspirées des dernières nouveautés vues sur les podiums ou dans les magazines féminins.

Pour garder les tarifs les plus bas, l'enseigne s'approvisionne majoritairement en Asie, où elle possède quatre centrales d'achats, pour une seule en France.

« Nous réduisons nos dépenses marketing au maximum et ne mettons pas d'argent dans un décor fastueux ou des adresses prestigieuses », ajoute Philippe Ouchi, le PDG, qui ne se cache pas de négocier des « conditions économiques avantageuses » pour s'installer en centre-ville ou dans un centre commercial.

La marque utilise aussi des matières bon marché, pas toujours de très bonne qualité. Le gilet à 17,99 euros est 100 % acrylique, tandis que le tee-shirt à 6,99 euros est un mélange 95 % coton et 5 % viscose.

Résultat, le pionnier du discount a remonté la pente. Revenu à l'équilibre en 2014 après dix-huit années de pertes, il a réalisé l'an dernier un chiffre d'affaires de 400 millions d'euros.

« Nous affichons une croissance de 10 % par an », avance Philippe Ouchi, qui refuse de préciser si l'entreprise est bénéficiaire.

1. Caractérisez l'organisation Atouprix.

2. Identifiez la stratégie de domaine mise en place par l'enseigne Atouprix.

3. Comment l'entreprise réussit-elle à proposer des produits à des prix modiques ?

4. Montrez que cette stratégie est risquée pour l'entreprise.

FAIT ☐ REVU ☐

Exercice 14 voir Fiche Savoir 6

Externalisation et intégration

La marque féminine de prêt-à-porter LuLu a été créée sous la forme d'une société anonyme dans les années 1990 par la créatrice Lulu Legrand.

« Dans les années 90, nos vêtements étaient distribués dans des magasins multimarques de luxe, aux côtés de créateurs comme Sonia Rykiel ou Kenzo. Mais ceux-ci ont progressivement fermé. Ils étaient devenus trop chers pour ce mode de distribution, les clients réduisant leurs budgets. En 2008, nous étions présents dans 300 à 350 boutiques multimarques… Les commandes ont beaucoup baissé. Nous avons dû repenser notre distribution pour ne plus dépendre de nos revendeurs », détaille Caroline Legrand, la directrice générale de LuLu depuis 2009.

La griffe haut de gamme a décidé de développer ses propres boutiques. Aujourd'hui, LuLu compte 22 boutiques en propre (États-Unis, Russie, Japon…), dont 16 en France. Un magasin va ouvrir cet été à Bordeaux et un autre à Taiwan. « Cette stratégie est efficace, note Caroline. Cela nous permet d'optimiser notre méthode de vente et de bien répondre aux besoins de nos clientes ». Mais LuLu est déficitaire depuis deux ans. Le développement des boutiques et les stocks demandent de lourds investissements. LuLu a besoin d'argent frais et est en pourparlers avec des investisseurs pour entrer à son capital. La négociation devrait aboutir d'ici à la fin de l'année et amorcer un développement ambitieux : « Nous voulons ouvrir 25 boutiques d'ici à 5 ans, dont 15 hors de France ».

1. Caractérisez l'organisation LuLu.

2. Quelle est la stratégie développée par la marque LuLu depuis 2009 ?

3. Pourquoi l'entreprise a-t-elle décidé de créer ses propres boutiques ?

4. Identifiez les contraintes de cette stratégie.

FAIT ☐ REVU ☐

Exercice 15 voir Fiche Savoir 6

Les options stratégiques des entreprises

Cochez la ou les bonnes réponses aux propositions suivantes.

1. La stratégie de spécialisation consiste :

a) à se concentrer sur un seul DAS. ☐

b) répartir ses activités sur plusieurs DAS. ☐

c) à s'implanter sur des marchés étrangers. ☐

2. La stratégie de différenciation consiste à :

a) réduire les coûts pour proposer des prix bas. ☐

b) confier une partie des activités à des partenaires externes. ☐

c) proposer une offre distincte de celle de la concurrence. ☐

3. En regroupant et contrôlant l'ensemble du processus d'activités, une entreprise :

a) externalise. ☐

b) intègre. ☐

c) diversifie. ☐

FAIT ☐ REVU ☐

Exercice 16 voir Fiche Savoir 7

Les spécificités des stratégies des organisations publiques

Un parc national est un espace naturel dont les paysages, la biodiversité, la richesse culturelle et le caractère justifient une protection et une gestion qui garantissent, pour aujourd'hui et les générations futures, la pérennité de ces patrimoines exceptionnels.

La gestion administrative et financière des parcs nationaux est assurée par des établissements publics qui sont placés sous la tutelle du ministère chargé de l'environnement. Le parc national des Calanques, créé en 2012 aux portes de Marseille, s'inscrit dans le cadre des objectifs de la stratégie nationale pour la création et la gestion des aires marines protégées qui doit permettre de placer 20 % des eaux françaises sous protection, à l'horizon 2020. La création du parc national des Calanques a permis de donner un cadre structuré de gestion et de protection de ce patrimoine unique, en synergie avec tous les acteurs existants. L'objectif est, notamment, de concilier au mieux les activités professionnelles et de loisirs (pêche, chasse, tourisme...) avec la protection des espaces naturels (lutte contre les incendies, réduction de la pollution, meilleure organisation de la fréquentation du public...).

Visant à protéger la faune et la flore marines et sous-marines, l'une des réglementations phares du Parc national des Calanques concerne la pratique de la pêche. Des Zones de non-prélèvement (ZNP) strictement interdites à toute forme de pêche (professionnelle ou de loisirs, pratiquée à pied, depuis un bateau ou en apnée), ont ainsi été créées en différents points du parc.

Au nombre de 7, elles s'étendent sur 4 626 hectares, soit 10,6 % de la surface totale de la partie maritime du parc (43 500 ha). Insuffisant selon les associations de défense de l'environnement partisanes d'une plus grande sanctuarisation du territoire ; excessif pour les défenseurs d'une pratique libre et responsable de la pêche, à commencer par les professionnels qui ont toujours dénoncé cette réduction de leur espace de travail.

1. Montrez que les missions du parc naturel des Calanques visent un objectif d'intérêt général.

2. Identifiez les parties prenantes concernées par la réglementation des zones de pêche dans le parc naturel des Calanques.

3. Montrez que les intérêts de ces parties prenantes peuvent être contradictoires.

FAIT ☐ REVU ☐

Exercice 17 voir Fiche Savoir 7

Les spécificités des stratégies des organisations publiques

Cochez la ou les bonnes réponses aux propositions suivantes.

1. La stratégie d'une organisation publique est déterminée par :

a) la recherche du profit. ☐

b) la recherche de l'intérêt général. ☐

c) la volonté des actionnaires. ☐

2. Les organisations publiques doivent :

a) respecter un cadre budgétaire. ☐

b) obéir aux orientations des actionnaires. ☐

c) rendre compte de l'utilisation de l'argent public. ☐

d) distribuer une partie de leurs bénéfices aux actionnaires. ☐

FAIT ☐ REVU ☐

Exercice 18 voir Fiche Savoir 8

Les stratégies des associations

Lancé en 2002, le CAPPA (Comité d'action pour la protection des animaux) a ouvert son refuge d'Hectomare en 2007. « Nous accueillons actuellement 72 chats, entre ceux qui se trouvent au refuge et ceux qui sont placés dans des familles d'accueil », souligne la présidente Martine Fouques. Beaucoup sont destinés à l'adoption, mais d'autres, malades ou plus âgés, sont là pour couler une retraite paisible.

Depuis deux ans, le CAPPA affiche aussi le label « SPA du Neubourg ». « Nous sommes désormais affiliés à la confédération nationale des SPA de France, salue Martine Fouques. Reconnus d'utilité publique nous avons désormais le droit de recevoir des legs ».

C'est vrai au moins sur le papier. Car dans la pratique, aucun ami des animaux n'a encore couché le CAPPA d'Hectomare sur son testament ! « Nous ne sommes subventionnés par aucune commune du Pays du Neubourg », déplore sa présidente. Dans ces conditions, malgré l'aide des magasins qui fournissent des aliments à l'association pour nourrir ses chats, comment faire face aux dépenses importantes qu'elle doit assumer, notamment pour les frais de vétérinaire ?

« Nous faisions des foires à tout, pour vendre les objets qui nous étaient donnés, rappelle Martine Fouques. Mais c'est épuisant. Il faut se lever tôt, déballer le matin, remballer le soir... ». L'idée a donc germé d'ouvrir une boutique, pour permettre au CAPPA d'écouler directement les dons de ses bienfaiteurs. Un magasin a ouvert ses portes le samedi 2 mai à Elbeuf.

Grâce aux recettes dégagées par cette boutique, Martine Fouques espère dorloter davantage encore ses quelque 70 protégés, pour les faire ronronner de bonheur. Mais si le succès est au rendez-vous, elle redoute que les stocks du CAPPA ne s'épuisent très vite. « Nous invitons les personnes qui souhaitent soutenir notre action à nous faire des dons, rappelle la présidente. Ils peuvent nous contacter au 06 73 99 11 53, pour prendre rendez-vous afin de les déposer au refuge, 23 route d'Amfreville à Hectomare. Ils peuvent aussi les déposer directement à la boutique, 4 rue de Roanne à Elbeuf, aux horaires d'ouverture ».

Source : J.-P. Adam, « Une "seconde chance" pour les objets... et pour les 72 chats du CAPPA ! », www.lecourrierdeleure.fr, 25 mai 2015

1. Caractérisez l'organisation CAPPA.

2. Quel est l'intérêt de la reconnaissance d'utilité publique pour l'association ?

3. Repérez les besoins de l'association et ses différentes sources de financement.

4. Quel est l'intérêt pour l'association d'ouvrir une boutique ?

FAIT ☐ REVU ☐

Exercice 19 voir Fiche Savoir 8

Les stratégies des associations

Cochez la ou les bonnes réponses aux propositions suivantes.

1. L'objet social d'une association doit avoir un caractère lucratif.

Vrai ☐ Faux ☐

2. Les ressources d'une association proviennent :

a) des cotisations des adhérents. ☐

b) des capitaux investis par les actionnaires. ☐

c) des subventions publiques. ☐

3. La reconnaissance d'utilité publique :

a) est attribuée à toutes les associations en France. ☐

b) est délivrée par le Conseil d'État. ☐

c) permet aux donateurs de bénéficier d'une déduction fiscale. ☐

FAIT ☐ REVU ☐

Exercice 1

Pouvoir et style de direction

1. Caractérisation de Bouteiller.

TYPE	Organisation marchande Entreprise privée
FINALITÉS	Finalité lucrative : faire du profit
STATUT JURIDIQUE	Société (le type de société n'est pas précisé)
RESSOURCES	Ressources financières : non mentionnées Ressources humaines : 750 salariés Ressources matérielles : 5 usines
CHAMP D'ACTION	France et Europe
NATURE DE L'ACTIVITÉ	Le groupe Bouteiller fabrique des biscuits.

2. ***Rappel de 1re STMG*** : la finalité est l'orientation que se fixe l'organisation sur du long terme.
La principale finalité d'une entreprise est lucrative : faire du profit.
Le Groupe Bouteiller a pour finalités de faire de bénéfices et pour cela devenir le leader incontestable sur le marché des biscuits.
La finalité est également sociale à travers la volonté d'accorder aux salariés davantage de liberté.

3. Le style de direction adopté par le Groupe Bouteiller est le management participatif. Au sein du Groupe, ce style se caractérise par la liberté laissée aux collaborateurs de s'exprimer et de proposer des idées.
L'entreprise donne à ses salariés les moyens de cette liberté en lui communiquant toutes les informations nécessaires à la prise de décision.

4. Ce style de direction favorise la réussite de l'entreprise car depuis sa mise en place les performances du groupe se sont améliorées.
Tout d'abord, la plupart des innovations proviennent d'idées émises par les collaborateurs. Elles ont permis de générer 70 % des nouveautés, ce qui enrichit la gamme de produits. D'autre part, la baisse de l'absentéisme et du turnover prouve que les salariés sont motivés et se sentent bien dans leur entreprise.
Cette baisse améliore aussi la performance en augmentant la productivité.

5. Parmi les acteurs internes à l'entreprise, on trouve les actionnaires et les salariés.
La dirigeante de l'entreprise, en instaurant un style de management participatif, accroît la motivation des salariés et leur implication. Ce style de management, favorisant les performances de l'entreprise satisfait également les attentes des actionnaires qui souhaitent que l'entreprise réalise des bénéfices. Louise Bouteiller réussit à satisfaire l'ensemble des parties internes en conciliant leurs intérêts autour de la réussite du Groupe.

Exercice 2

Les acteurs de l'organisation

1. Les dirigeants des grandes administrations publiques sont nommés par :
b) le conseil des ministres.

2. Le management autoritaire consiste à :
c) diriger les salariés en utilisant la menace de la sanction.

Exercice 3

La GPEC

1. Caractérisation de Navolait.

TYPE	Organisation marchande Entreprise privée
FINALITÉS	Finalité lucrative : faire du profit Finalité sociale : favoriser l'évolution des salariés
STATUT JURIDIQUE	Société anonyme (SA)
RESSOURCES	Ressources financières : non mentionnées Ressources humaines : 52 480 salariés Ressources matérielles : non mentionnées
CHAMP D'ACTION	Présence dans 90 pays
NATURE DE L'ACTIVITÉ	Le groupe Novalait produit des produits laitiers et des boissons.

2. La GPEC (Gestion prévisionnelle de l'emploi et des compétences) va permettre au groupe Navolait d'anticiper ses besoins en recrutement liés aux futurs départs à la retraite. Elle va également permettre de faire le point sur les besoins de l'entreprise en terme de formation.

3. Dans le cadre de la GPEC, le groupe Navolait a mis en place différents dispositifs :
– des entretiens individuels entre les salariés et leurs supérieurs hiérarchiques afin d'identifier leurs besoins et leurs souhaits d'évolution ;
– une politique de recrutement interne ;
– une mobilité interne ;
– une politique de formation.

4. Au sein du groupe Navolait, la mobilité interne s'opère à travers :
– la mobilité géographique qui permet aux salariés de changer de régions ou de pays ;
– la mobilité fonctionnelle qui permet aux salariés de changer de postes en alternant les fonctions au sein du groupe ;
– la promotion qui favorise le passage à un niveau supérieur hiérarchique (80 % des postes vacants sont pourvus en favorisant la promotion interne).

5. La politique de formation est indispensable pour accompagner la mobilité interne au sein de groupe. Elle va permettre d'améliorer et d'adapter les compétences des salariés afin qu'ils puissent évoluer géographiquement, fonctionnellement ou hiérarchiquement.

Exercice 4

Le management des emplois et compétences

1. La responsabilité sociale de l'entreprise recouvre les dispositifs de gestion de l'emploi qui :
a) luttent contre les discriminations.
c) améliorent les conditions de travail.

2. La GPEC contribue à un ajustement des ressources humaines :
c) les deux.

Exercice 5

La motivation des hommes au travail

1. Caractérisation d'« Apprendre ensemble ».

TYPE	Organisation à but non lucratif
FINALITÉ	Sa finalité est d'apprendre à lire et à écrire à des adultes analphabètes.
STATUT JURIDIQUE	Association
RESSOURCES	Ressources financières : les subventions publiques Ressources matérielles : non mentionnées Ressources humaines : 255 salariés
CHAMP D'ACTION	L'association est présente dans 55 villes sur l'ensemble du territoire français.
NATURE DE L'ACTIVITÉ	Cours pour apprendre à lire et à écrire à des adultes.

2. Le salaire n'est pas une source de motivation au sein de l'association « Apprendre Ensemble » car l'organisation ne dispose pas de ressources financières suffisantes pour proposer une rémunération importante à ses salariés. Elle ne peut pas rivaliser avec les entreprises du secteur privé. Pour motiver et fidéliser ses salariés, l'association doit développer des facteurs de motivation non financiers.

3. Pour motiver ses salariés, l'association leur donne de l'autonomie et des responsabilités. Pour favoriser leur implication dans l'organisation, elle a développé des moyens de communication internes pour que les salariés soient informés et pour les inciter à s'exprimer.
L'ensemble de ces moyens favorisent le sentiment de bien-être des salariés et leur épanouissement.

4. La culture d'une organisation se définit comme l'ensemble des valeurs partagées par ses membres. L'association « Apprendre Ensemble » a développé une culture autour des valeurs de solidarité et de partage. Cette culture est une source de motivation car elle permet de rassembler les salariés autour de ces valeurs communes et de développer un sentiment d'appartenance.

Exercice 6

La motivation des hommes au travail

1. La rémunération permet de :
a) motiver les salariés.
b) fidéliser les salariés.

2. L'individualisation de la rémunération consiste à :
b) tenir compte de la performance individuelle de chaque salarié.

3. La culture d'une organisation représente :
b) l'ensemble des valeurs partagées par les membres de l'organisation.

Exercice 7

L'avantage concurrentiel de L'Oréal

1. Caractérisation de L'Oréal.

TYPE	Organisation marchande Entreprise privée
FINALITÉS	Finalité lucrative : faire du profit
STATUT JURIDIQUE	Société
RESSOURCES	Ressources financières : non mentionnées Ressources humaines : non mentionnées Ressources matérielles : non mentionnées
CHAMP D'ACTION	Mondial
NATURE DE L'ACTIVITÉ	L'Oréal est fabricant de produits cosmétiques.

2. Depuis sa création en 1909, L'Oréal s'est donnée comme mission d'offrir à toutes les femmes et à tous les hommes le meilleur de l'innovation cosmétique en termes de qualité, d'efficacité et de sécurité.

3. La société L'Oréal intervient sur 4 domaines d'activité stratégiques distincts :
- les produits cosmétiques grand public ;
- les produits de luxe ;
- les produits pour les professionnels ;
- les produits pour soins dermo-cosmétiques.

4. Une compétence distinctive est un savoir-faire acquis par une entreprise qui est rare et difficilement imitable par ses concurrents.
La société L'Oréal a développé des compétences distinctives dans les domaines de la recherche et de l'innovation.
Ces compétences distinctives représentent un avantage concurrentiel pour L'Oréal car elle lui permet d'être toujours en avance sur ses concurrents en matière d'innovations cosmétiques.

Exercice 8

Les orientations stratégiques des organisations

1. La stratégie :
b) a des effets irréversibles.

2. Un domaine d'activité stratégique (DAS) :
b) gère ses propres ressources.
c) vise un marché spécifique.

Exercice 9

Le diagnostic interne

1. Caractérisation d'Id-Mob.

TYPE	Organisation marchande Entreprise privée
FINALITÉS	Finalité lucrative : faire du profit
STATUT JURIDIQUE	Société
RESSOURCES	Cf. réponse à la question 2
CHAMP D'ACTION	Présent sur tout le territoire français
NATURE DE L'ACTIVITÉ	Id-Mob fabrique du mobilier évolutif pour optimiser l'espace de vie.

2. Ressources d'Id-Mob.

RESSOURCES TANGIBLES
– Ressources humaines : 55 salariés et 10 apprentis – Ressources matérielles : 1 usine en Vendée – Ressources financières : non mentionnées
RESSOURCES INTANGIBLES
– 100 brevets déposés – Image haut de gamme

3. Les compétences sont des capacités à mobiliser au mieux les ressources en vue d'atteindre un objectif. Les compétences constituent un savoir faire et s'acquièrent par l'expérience.
Les compétences de l'entreprise Id-Mob reposent sur son savoir-faire dans la menuiserie et dans sa capacité à innover et proposer des nouveautés. Ces compétences sont fondamentales car elles permettent à l'entreprise d'être leader sur son marché. Elles représentent un avantage concurrentiel rare et difficilement imitable.

4. Bilan des forces et faiblesses de l'entreprise id-Mob.

FORCES
– Fabrication française – Savoir-faire dans la menuiserie – Fidélité des salariés – Capacité d'innovation – Portefeuille d'une centaine de brevets
FAIBLESSES
– Prix plus élevés que les concurrents – Difficultés pour recruter du personnel compétent

Exercice 10

Le diagnostic externe

1. Caractérisation de Biofood.

TYPE	Organisation marchande Entreprise privée
FINALITÉS	Finalité lucrative : faire du profit
STATUT JURIDIQUE	Société (pas de précision complémentaire)
RESSOURCES	Ressources financières : non mentionnées Ressources matérielles : un restaurant Ressources humaines : non mentionnées
CHAMP D'ACTION	Rennes
NATURE DE L'ACTIVITÉ	Restauration rapide haut de gamme proposant des plats à base de produits biologiques

2. Diagnostic de l'environnement.

FACTEURS	CARACTÉRISTIQUES	OPPORTUNITÉS/ MENACES
POLITIQUE	Aucune information	
ÉCONOMIQUE	Le contexte économique favorise la restauration rapide qui pratique des prix peu élevés. En période de crise les consommateurs font attention à leurs dépenses.	Opportunité
	Secteur très concurrentiel : de nombreux acteurs sont présents sur le marché de la restauration rapide.	Menace
SOCIOCULTUREL	Nouveaux comportements des consommateurs : nomadisme alimentaire, réduction du temps de la pause déjeuner, développement de la restauration hors foyer.	Opportunités
TECHNOLOGIQUE	Les restaurants s'équipent pour proposer la wifi à leurs clients.	Opportunité
	Les consommateurs diffusent leurs expériences et leurs avis sur les réseaux sociaux.	Menace (si les avis sont négatifs) Opportunité si les avis sont positifs, ce qui peut créer du bouche à oreille et attirer des nouveaux clients
ÉCOLOGIQUE	Développement des concepts Bio	Opportunité
	Peu de restaurants possèdent la certification 100 % Bio	Opportunité

FACTEURS	CARACTÉRISTIQUES	OPPORTUNITÉS/ MENACES
LÉGAL	La certification Bio délivrée par l'agence Bio est difficile à obtenir car les contrôles sont fréquents et rigoureux.	Menace car la certification est difficile à obtenir

3. Diagnostic sectoriel.

FORCES CONCURRENTIELLES	
LA CONCURRENCE DANS LE SECTEUR	Le secteur de la restauration rapide est très concurrentiel. Sur le segment des hamburgers, le marché est dominé par deux grands leaders. Sur le segment de la sandwicherie traditionnelle, la concurrence est atomisée avec de nombreuses enseignes en réseaux et les boulangeries traditionnelles.
LE POUVOIR DE NÉGOCIATION DES CLIENTS	Les clients partagent de plus en plus leurs expériences et leurs avis positifs et négatifs sur les réseaux sociaux.
LE POUVOIR DE NÉGOCIATION DES FOURNISSEURS	Aucune information
LES ENTRANTS POTENTIELS	Les commerces de proximité commencent à développer une offre de snacking (prêt-à-manger) à côté des caisses.
LES PRODUITS DE SUBSTITUTION	Aucune information

Exercice 11

Les composantes du diagnostic stratégique

1. Les compétences d'une organisation sont fondées sur :
a) son savoir-faire.
c) son expérience.

2. Les ressources intangibles correspondent aux ressources matérielles de l'organisation.
Faux.

3. Toute modification de l'environnement favorable à l'organisation peut être considérée comme :
a) une opportunité.

4. Le diagnostic sectoriel peut être appréhendé à travers :
c) 5 forces concurrentielles.

Exercice 12

Les stratégies globales

1. Caractérisation de Classica.

TYPE	Organisation marchande Entreprise privée
FINALITÉS	Finalité lucrative : Faire du profit Assurer sa pérennité
STATUT JURIDIQUE	Société anonyme (SA)
RESSOURCES	Ressources financières : non mentionnées Ressources humaines : 171 salariés Ressources matérielles : 30 boutiques
CHAMP D'ACTION	France
NATURE DE L'ACTIVITÉ	Classica est un éditeur et distributeur de musique. Cette entreprise produit des disques de musique classique, de jazz et de musique du monde qu'elle distribue dans 171 boutiques.

2. L'entreprise Classica a choisi une stratégie de spécialisation car elle intervient dans un seul domaine d'activité : la musique.

3. L'entreprise connaît des difficultés car le secteur de la musique, sur lequel elle s'est spécialisée, est en pleine mutation.
Du fait de la dématérialisation des ventes, le marché du disque est en chute car les consommateurs privilégient le téléchargement et les achats en ligne.

Exercice 13

Les stratégies de domaine

1. Caractérisation d'Atouprix.

TYPE	Organisation marchande Entreprise privée
FINALITÉS	Finalité lucrative : faire du profit
STATUT JURIDIQUE	Société (le type de société n'est pas précisé)
RESSOURCES	Ressources financières : non mentionnées Ressources humaines : non mentionnées Ressources matérielles : – 125 magasins et 1 centrale d'achat en France – 4 centrales d'achats en Asie
CHAMP D'ACTION	France
NATURE DE L'ACTIVITÉ	Vente de vêtements à prix bas

2. La société Atouprix a choisi de développer une stratégie de domination par les coûts.
Cette stratégie consiste pour Atouprix à réduire ses coûts pour proposer des vêtements à bas prix.

3. Pour proposer des produits à des prix modiques, Atouprix cherche à réduire ses coûts :
- en s'approvisionnant majoritairement en Asie ;
- en réduisant les dépenses en marketing ;
- en utilisant des matières bon marché pour ses vêtements ;
- en négociant des conditions économiques avantageuses pour l'implantation de ses magasins.

4. La stratégie de domination par les coûts est risquée pour l'entreprise car en proposant des prix bas l'entreprise a tendance à réduire ses marges.
Cette stratégie peut mettre en danger sa rentabilité et nuire à terme à sa pérennité.

Exercice 14

Externalisation et intégration

1. Caractérisation de Lulu.

TYPE	Organisation marchande Entreprise privée
FINALITÉS	Finalités lucratives : Faire du profit Poursuivre son développement en ouvrant des nouvelles boutiques
STATUT JURIDIQUE	Société (pas de précision complémentaire)
RESSOURCES	Ressources financières : l'entreprise est déficitaire depuis 2 ans Ressources humaines : non précisées Ressources matérielles : 22 boutiques
CHAMP D'ACTION	Mondial
NATURE DE L'ACTIVITÉ	Marque de prêt-à-porter

2. Depuis 2009, la société LuLu a décidé de développer ses propres boutiques. Cette stratégie correspond à une stratégie d'intégration.

3. L'entreprise a décidé de créer ses propres boutiques afin d'optimiser ses méthodes de vente et de bien répondre aux besoins de la clientèle.
Cette stratégie permet également à la marque de ne plus être dépendante des magasins multimarques de luxe et de contrôler son image de marque.
D'un point de vue financier, l'intégration permet à l'entreprise d'accroître sa rentabilité en supprimant les marges des intermédiaires.

4. Cette stratégie demande à la société LuLu de réaliser des investissements importants pour créer des nouvelles boutiques et gérer ses stocks. Pour assurer son développement, l'entreprise a besoin d'argent et recherche des investisseurs pour entrer dans son capital.

Exercice 15

Les options stratégiques des entreprises

1. La stratégie de spécialisation consiste :
a) à se concentrer sur un seul DAS.

2. La stratégie de différenciation consiste à :
c) proposer une offre distincte de celle de la concurrence.

3. En regroupant et contrôlant l'ensemble du processus d'activités, une entreprise :
b) intègre.

Exercice 16

Les spécificités des stratégies des organisations publiques

1. Le parc naturel des Calanques a pour mission de protéger les paysages, la biodiversité et la richesse culturelle des calanques situées aux portes de Marseille.
Le parc poursuit un objectif d'intérêt général car il a pour finalité de préserver une zone naturelle dans l'intérêt de tous les citoyens et des générations futures.

2. Les parties prenantes concernées par la réglementation des zones de pêche dans le parc naturel des calanques sont :
- les pêcheurs professionnels ;
- les pêcheurs amateurs ;
- les associations de défense de l'environnement ;
- l'État.

3. Ces parties prenantes ont des intérêts contradictoires car :
- les pêcheurs professionnels dénoncent une réduction de leur espace de travail qui représente une de leurs principales ressources ;
- les pêcheurs amateurs voient leur espace de loisirs limité ;
- les associations de défense de l'environnement regrettent que les zones de non-prélèvement ne soient pas assez étendues ;
- l'État souhaite placer 20 % des eaux françaises sous protection.

Exercice 17

Les spécificités des stratégies des organisations publiques

1. La stratégie d'une organisation publique est déterminée par :
b) la recherche de l'intérêt général.

2. Les organisations publiques doivent :
a) respecter un cadre budgétaire.
c) rendre compte de l'utilisation de l'argent public.

Exercice 18

Les stratégies des associations

1. Caractérisation de CAPPA.

TYPE	Organisation à but non lucratif
FINALITÉ	Sa finalité est de protéger les animaux et plus particulièrement les chats.
STATUT JURIDIQUE	Association
RESSOURCES	Ressources financières : – aucune subvention publique – dons des magasins – ventes d'objets donnés Ressources humaines : non mentionnées
CHAMP D'ACTION	L'association est présente sur Hectomare et Elbeuf en Normandie.
NATURE DE L'ACTIVITÉ	L'association accueille les chats dans un refuge et les place dans des familles d'adoption.

2. En étant reconnue d'utilité publique, l'association peut recevoir des dons.
Les donateurs peuvent bénéficier d'une déductibilité fiscale.
De plus l'association peut recevoir des legs, c'est-à-dire qu'une personne peut décider de son vivant, par testament, de transmettre à titre gratuit un ou plusieurs biens à l'association.

3. L'association CAPPA doit faire face à des dépenses pour alimenter les chats et payer les frais de vétérinaire.
Pour financer ses besoins, l'association reçoit des dons de certains magasins, elle vend également des objets qui lui ont été donnés.

4. L'association CAPPA a ouvert une boutique sur Elbeuf pour vendre les objets qu'elle a reçus à travers des dons.
Auparavant, l'association vendait les objets dans des foires à tout mais cette opération était épuisante.
En ouvrant cette boutique, l'association espère dégager suffisamment de recettes pour subvenir à ses besoins.

Exercice 19

Les stratégies des associations

1. L'objet social d'une association doit avoir un caractère lucratif.
Faux.

2. Les ressources d'une association proviennent :
a) des cotisations des adhérents.
c) des subventions publiques.

3. La reconnaissance d'utilité publique :
b) est délivrée par le Conseil d'État.
c) permet aux donateurs de bénéficier d'une déduction fiscale.

Indice ; évolution

LU ☐
SU ☐
REVU ☐

1 Indice simple en base 100

Soit y_0 et y_1 deux nombres réels strictement positifs et t le taux d'évolution de y_0 à y_1.

1.1. Définition

• L'indice de y_1 par rapport à y_0 est le nombre réel strictement positif $\boldsymbol{I_{1/0} = 100 \times \frac{y_1}{y_0}}$.

• Lorsque l'indice est plus petit que 100, il s'agit d'une baisse de y_0 à y_1.
Lorsque l'indice est égal 100, il s'agit d'une stabilité de y_0 à y_1.
Lorsque l'indice est plus grand que 100, il s'agit d'une hausse de y_0 à y_1.
• En économie, $I_{1/0}$ est l'indice de la valeur d'une grandeur à la date 1 (y_1) par rapport à la valeur de cette grandeur à la date 0 (y_0).
$I_{1/0}$ est l'indice de la valeur d'une grandeur à la date 1, base 100 à la date 0.

1.2. Relation entre indice, coefficient multiplicateur et taux d'évolution

L'égalité reliant y_1 à y_0 et t s'écrit $y_1 = (1 + t)\, y_0$, où $(1 + t)$ est le coefficient multiplicateur de y_0 à y_1.

$$y_0 \xrightarrow{\times(1+t)} y_1$$

Ainsi, $1 + t = \frac{y_1}{y_0}$.

a) Relation entre indice et coefficient multiplicateur

$$\frac{y_1}{y_0} = \frac{I_{1/0}}{100}, \text{ donc } 1 + t = \frac{I_{1/0}}{100} \text{ ou encore } \boldsymbol{I_{1/0} = 100 \times (1 + t)}.$$

b) Relation entre indice et taux d'évolution

$$\boldsymbol{t = \frac{I_{1/0}}{100} - 1} \text{ et } \boldsymbol{I_{1/0} = 100 + 100t}.$$

EXEMPLES

• Pour $y_0 = 5$ et $y_1 = 8$, l'indice de 8 par rapport à 5 est $I_{1/0} = 100 \times \frac{8}{5} = 160$ et il s'agit d'une hausse, car $160 > 100$.
Ainsi, le coefficient multiplicateur de 5 à 8 est $\frac{160}{100} = 1{,}6$ et le taux d'évolution de 5 à 8 est $1{,}6 - 1 = 0{,}6 = 60\,\%$ (il s'agit d'une hausse de 60 %).
• Pour $y_0 = 16$ et $y_1 = 12$, l'indice de 12 par rapport à 16 est $I_{1/0} = 100 \times \frac{12}{16} = 75$ et il s'agit d'une baisse, car $75 < 100$.
Ainsi, le coefficient multiplicateur de 16 à 12 est $\frac{75}{100} = 0{,}75$ et le taux d'évolution de 16 à 12 est $0{,}75 - 1 = -0{,}25 = -25\,\%$ (il s'agit d'une baisse de 25 %).

2 Racine *n*-ième d'un nombre réel positif ou nul

Soit a un nombre réel positif ou nul et n un nombre entier naturel non nul.

2.1. Résolution, dans $[0\,;+\infty[$, de l'équation $x^n = a$

L'équation $x^n = a$ admet une unique solution dans $[0\,;+\infty[$.
Cette solution est le nombre réel noté $a^{\frac{1}{n}}$; on obtient une valeur approchée de ce nombre à l'aide de la calculatrice.

EXEMPLES

- La solution, dans $[0\,;+\infty[$, de l'équation $x^8 = 1{,}3$ est $1{,}3^{\frac{1}{8}} \approx 1{,}033$.
- La solution, dans $[0\,;+\infty[$, de l'équation $x^2 = 5$ est $5^{\frac{1}{2}} \approx 2{,}236$.

Graphiquement, $a^{\frac{1}{n}}$ est l'abscisse du point d'intersection de la courbe d'équation $y = x^n$ et de la droite d'équation $y = a$.

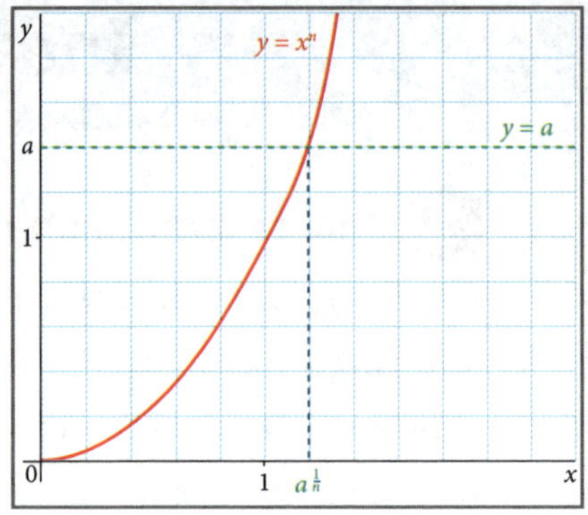

2.2. Racine *n*-ième de *a*

La racine n-ième de a est le nombre $a^{\frac{1}{n}}$.

EXEMPLES

- La racine sixième de 3 est $3^{\frac{1}{6}} \approx 1{,}2$.
- La racine deuxième (ou racine carrée) de 15 est $15^{\frac{1}{2}} \approx 3{,}9$.
- La racine cinquième de 32 est $32^{\frac{1}{5}} = 2$.

3 Taux d'évolution

Soit $y_0, y_1, \ldots, y_n$ des nombres réels strictement positifs.
Soit $t_1, t_2, \ldots, t_n$ les taux d'évolution successifs respectifs de y_0 à y_1, y_1 à y_2, …, y_{n-1} à y_n.
On note T le taux d'évolution global de y_0 à y_n et t_m le taux d'évolution moyen.

3.1. Taux d'évolution global

$$y_0 \xrightarrow{\times(1+t_1)} y_1 \xrightarrow{\times(1+t_2)} y_2 \ldots y_{n-1} \xrightarrow{\times(1+t_n)} y_n$$

$$y_0 \xrightarrow{\times(1+T)} y_n$$

Le coefficient multiplicateur global de y_0 à y_n est le produit des n coefficients multiplicateurs $1 + t_1$, $1 + t_2$, …, $1 + t_n$:
$1 + T = (1 + t_1) \times (1 + t_2) \times \ldots \times (1 + t_n)$,
donc $\boldsymbol{T = (1 + t_1) \times (1 + t_2) \times \ldots \times (1 + t_n) - 1}$.

3.2. Taux d'évolution moyen

$$y_0 \xrightarrow{\times(1+t_m)} y_1 \xrightarrow{\times(1+t_m)} y_2 \ldots y_{n-1} \xrightarrow{\times(1+t_m)} y_n$$

$$y_0 \xrightarrow{\times(1+T)} y_n$$

On considère n évolutions successives de même taux moyen t_m qui permettent d'obtenir le même nombre y_n en partant de y_0.
De l'égalité $(1 + t_m) \times (1 + t_m) \times \ldots \times (1 + t_m) = 1 + T$, soit $(1 + t_m)^n = 1 + T$,
on déduit que $1 + t_m$ est la racine n-ième de $1 + T$,
c'est-à-dire $1 + t_m = (1 + T)^{\frac{1}{n}}$.

Ainsi, $\boldsymbol{t_m = (1 + T)^{\frac{1}{n}} - 1}$.

3.3. Vocabulaire

$1 + T$ est le coefficient multiplicateur global et T le taux d'évolution global.
$1 + t_m$ est le coefficient multiplicateur moyen et t_m le taux d'évolution moyen.

S'entraîner au Bac
Exercices 1 à 7 : p. 211

Suites

LU ☐
SU ☐
REVU ☐

1 Expressions du terme général (ou terme de rang *n*) d'une suite arithmétique

Soit (u_n) une suite arithmétique de raison a.

1.1. Terme initial u_0

Le terme général de la suite (u_n) de terme initial u_0 s'écrit, pour tout nombre entier naturel n, $u_n = u_0 + na$.

EXEMPLES
Soit (u_n) la suite arithmétique de raison $a = 5$ et de terme initial $u_0 = -2$.
Pour tout nombre entier naturel n, $u_n = -2 + 5n$.

1.2. Terme initial u_1

Le terme général de la suite (u_n) de terme initial u_1 s'écrit, pour tout nombre entier naturel n non nul, $u_n = u_1 + (n - 1)a$.

EXEMPLE
Soit (u_n) la suite arithmétique de raison $a = 6$ et de terme initial $u_1 = 0{,}5$.
Pour tout nombre entier naturel n non nul, $u_n = 0{,}5 + 6(n - 1) = -5{,}5 + 6n$.

2 Expressions du terme général (ou terme de rang *n*) d'une suite géométrique

Soit (u_n) une suite géométrique, de raison $b > 0$.

2.1. Terme initial u_0

Le terme général de la suite (u_n) de terme initial u_0 s'écrit, pour tout nombre entier naturel n, $u_n = u_0 \times b^n$.

EXEMPLE
Soit (u_n) la suite géométrique de raison $b = 0{,}1$ et de terme initial $u_0 = 3{,}5$.
Pour tout nombre entier naturel n, $u_n = 3{,}5 \times 0{,}1^n$.

2.2. Terme initial u_1

Le terme général de la suite (u_n) de terme initial u_1 s'écrit, pour tout nombre entier naturel n non nul, $u_n = u_1 \times b^{n-1}$.

EXEMPLE
Soit (u_n) la suite géométrique de raison $b = 8$ et de terme initial $u_1 = 0{,}75$.
Pour tout nombre entier naturel n non nul, $u_n = 0{,}75 \times 8^{n-1}$.

3 Somme de termes consécutifs d'une suite

Soit (u_n) une suite.
Soit S une somme de termes consécutifs.

3.1. Nombre de termes consécutifs d'une somme

Le nombre de termes consécutifs d'une somme S est :
rang du dernier terme – rang du premier terme + 1.

EXEMPLES

- Le nombre de termes consécutifs de la somme $S_1 = u_{10} + u_{11} + \ldots + u_{15}$ est $15 - 10 + 1 = 6$.
- Le nombre de termes consécutifs de la somme $S_2 = u_0 + u_1 + \ldots + u_9$ est $9 - 0 + 1 = 10$.
- Le nombre de termes consécutifs de la somme $S_3 = u_1 + u_2 + \ldots + u_7$ est $7 - 1 + 1 = 7$.

3.2. Somme de termes consécutifs

a) Cas général

Soit $S = u_p + \ldots + u_q$.
S est la somme des $q - p + 1$ termes consécutifs de la suite (u_n).

EXEMPLE

$S = u_9 + u_{10} + u_{11}$.
S est la somme des $11 - 9 + 1 = 3$ termes consécutifs de la suite (u_n).

b) Cas particuliers importants : somme des premiers termes consécutifs

Si le terme initial est u_0 :
$S = u_0 + \ldots + u_n$.
S est la somme des $n + 1$ premiers termes consécutifs de la suite (u_n).

Si le terme initial est u_1 :
$S = u_1 + \ldots + u_n$.
S est la somme des n premiers termes consécutifs de la suite (u_n).

EXEMPLES

Soit (a_n) une suite de terme initial a_0 et (c_n) une suite de terme initial c_1.
$a_0 + a_1 + a_2 + a_3 + a_4$ est la somme des 5 premiers termes consécutifs de la suite (a_n).
$c_1 + c_2 + c_3 + c_4$ est la somme des 4 premiers termes consécutifs de la suite (c_n).

S'entraîner au Bac
Exercices 8 à 19 : pp. 212 et 213

LU ☐
SU ☐
REVU ☐

Dérivation

1 Dérivées des fonctions usuelles

f EST DÉFINIE ET DÉRIVABLE SUR	EXPRESSION DE f	EXPRESSION DE f'
$\mathbb{R}$	$f(x) = k$ (constante)	$f'(x) = 0$
	$f(x) = x$	$f'(x) = 1$
	$f(x) = x^2$	$f'(x) = 2x$
	$f(x) = x^3$	$f'(x) = 3x^2$
	$f(x) = x^n$ (cas général : n est un nombre entier naturel)	$f'(x) = nx^{n-1}$
$]-\infty ; 0[$ ou $]0 ; +\infty[$	$f(x) = \frac{1}{x}$	$f'(x) = -\frac{1}{x^2}$

2 Opérations sur les fonctions dérivables

u et v sont des fonctions définies et dérivables sur I.

SOMME $u + v$	$(u + v)' = u' + v'$
DIFFÉRENCE $u - v$	$(u - v)' = u' - v'$
PRODUIT ku PAR UN NOMBRE RÉEL k	$(ku)' = ku'$
QUOTIENT $\frac{u}{v}$, OÙ $v(x) \neq 0$ POUR TOUT x DE I	$\left(\frac{u}{v}\right)' = \frac{u'v - uv'}{v^2}$

3 Tangente à une courbe en un point P

La tangente à la courbe représentative d'une fonction f au point P de coordonnées $(x_p ; f(x_p))$ est la droite passant par le point P d'abscisse x_p et de coefficient directeur $f'(x_p)$.

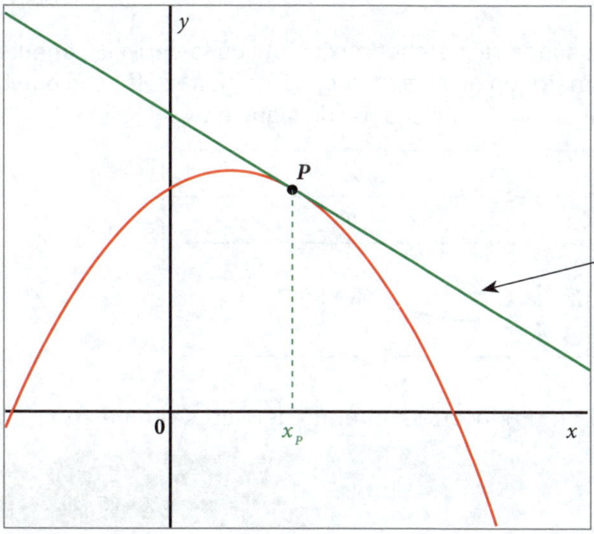

$f'(x_p)$ est le coefficient directeur de la tangente à la courbe au point P.

4 Applications de la dérivation

4.1. Sens de variation

Soit f une fonction dérivable sur un intervalle I.

Le sens de variation de la fonction f s'obtient à partir du signe de sa fonction dérivée.

• Si pour tout x de I, $f'(x) > 0$, alors f est strictement croissante sur I.

x	…		…
$f'(x)$		+	
$f(x)$		↗	

• Si pour tout x de I, $f'(x) < 0$, alors f est strictement décroissante sur I.

x	…		…
$f'(x)$		–	
$f(x)$		↘	

4.2. Extremums locaux

• Si une fonction f dérivable sur un intervalle I admet un extremum local en un point x_0 distinct des extrémités de I, alors $f'(x_0) = 0$.

On peut distinguer deux cas :

x	…		x_0		…
$f'(x)$		–	0	+	
$f(x)$		↘	$f(x_0)$	↗	

$f(x_0)$ est un minimum local.

x	…		x_0		…
$f'(x)$		+	0	–	
$f(x)$		↗	$f(x_0)$	↘	

$f(x_0)$ est un maximum local.

• Les extremums locaux sont à rechercher aux points où la dérivée s'annule.

Pour qu'une fonction admette un extremum local en x_0, il ne suffit pas que la dérivée s'annule en x_0, il faut aussi qu'elle change de signe en x_0.

x	…		x_0		…
$f'(x)$		+	0	+	
$f(x)$		↗	$f(x_0)$	↗	

$f(x_0)$ n'est pas un un extremum local ; en effet, la dérivée s'annule en x_0, mais ne change pas de signe.

S'entraîner au Bac
Exercices 20 à 25 : pp. 213 et 214

Statistiques à deux variables

LU ☐
SU ☐
REVU ☐

1 Série statistique à deux variables

• Pour une population donnée, on peut être amené à étudier simultanément deux variables (ou caractères quantitatifs), notées généralement x et y.

• On appelle série statistique à deux variables (ou série statistique double), l'ensemble des N points de coordonnées $(x_i\ ;\ y_i)$, où x_i représente les N valeurs prises par la variable x et y_i représente les N valeurs prises par la variable y.

2 Représentation graphique d'une série statistique à deux variables

2.1. Nuage de points

Dans le plan rapporté à un repère, la représentation graphique d'une série statistique à deux variables est appelée **nuage de points**.

Il est constitué de l'ensemble des points de coordonnées $(x_i\ ;\ y_i)$, où x_i représente les valeurs prises par la variable x et y_i représente les valeurs prises par la variable y.

2.2. Forme du nuage de points

La forme du nuage de points peut indiquer ou non une liaison entre les deux variables x et y.

Pour des raisons de simplicité du modèle, on s'attache à un type de liaison : la liaison affine.

• Si les points du nuage sont dispersés, ils n'indiquent pas de tendance particulière.

• Si les points du nuage sont sensiblement alignés, alors il existe une liaison affine entre les deux variables x et y. Il est alors possible de tracer une droite qui passe de façon équilibrée par les points du nuage.

EXEMPLES

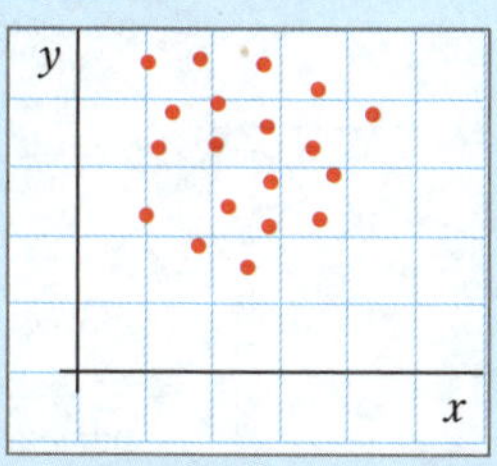

Pas de tendance visible

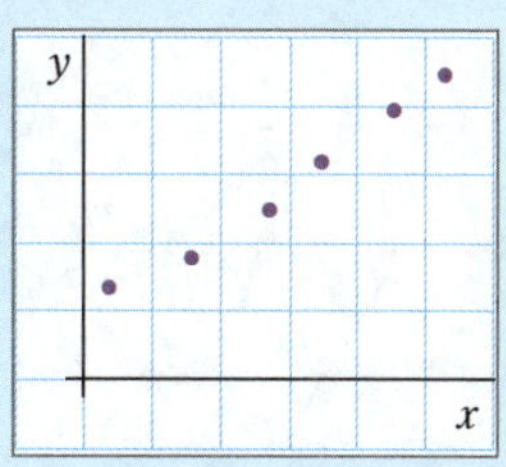

Liaison affine

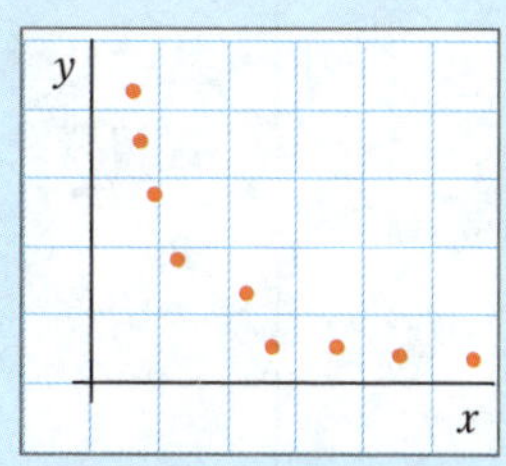

Liaison exponentielle

3 Ajustement affine d'une série statistique à deux variables

Lorsque le nuage de points met en évidence une liaison affine entre les deux variables étudiées, on peut la représenter par une droite d'équation $y = ax + b$.

Cette droite est appelée **droite d'ajustement** de la série statistique.

L'ajustement effectué est dit ajustement affine.

3.1. Ajustement affine graphique

Dans le plan rapporté à un repère, on trace une droite passant au plus près de tous les points du nuage en suivant les indications fournies par l'énoncé.

3.2. Ajustement affine par la méthode des moindres carrés

• Cette méthode consiste à déterminer une droite d'ajustement $\mathscr{D}$, d'équation $y = ax + b$, telle que la somme des carrés des écarts entre les points de même abscisse $M_i(x_i\,;y_i)$ du nuage et $P_i(x_i\,;y'_i)$ de la droite soit minimale.

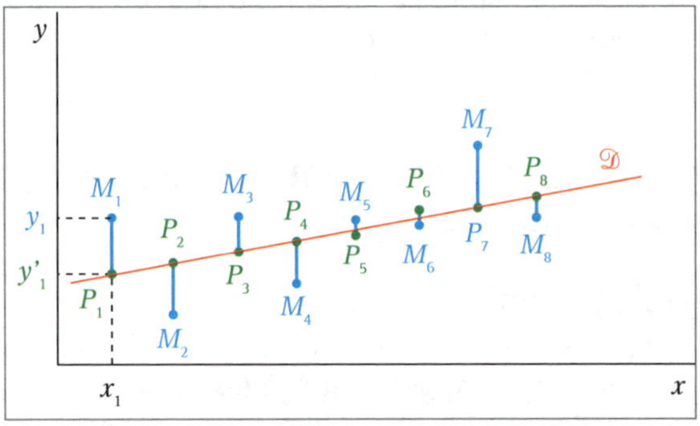

• On obtient les coefficients a et b de l'équation de cette droite d'ajustement avec la calculatrice ou le tableur.

4 Estimation ; prévision

En supposant que la tendance observée se maintienne, la droite d'ajustement permet de faire des estimations.
Ces estimations s'effectuent soit par lecture graphique (à partir du tracé de la droite d'ajustement), soit par le calcul (en utilisant l'équation de la droite d'ajustement).
Lorsque la variable x est une mesure du temps, la série est appelée série chronologique. Il s'agit alors de se projeter dans le futur et de faire des prévisions.

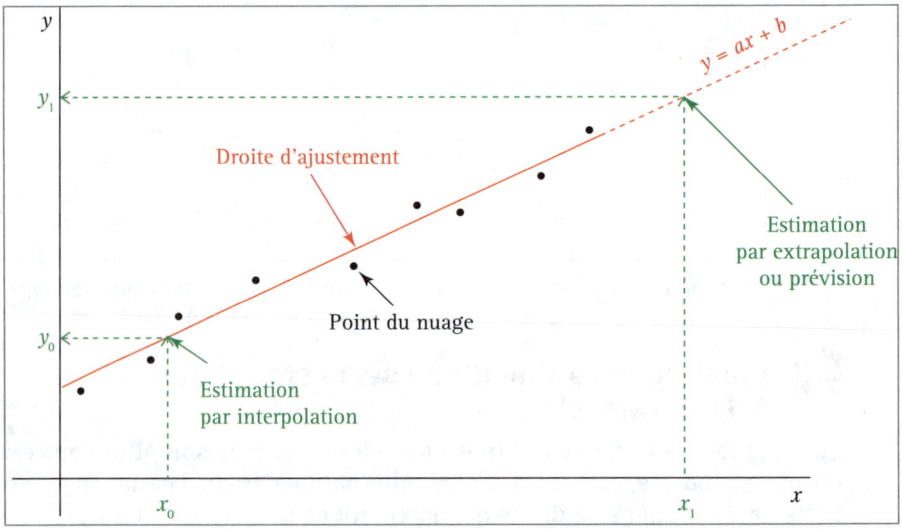

S'entraîner au Bac
Exercices 26 à 30 : pp. 215 et 216

MATHÉMATIQUES

Probabilités conditionnelles

LU ☐
SU ☐
REVU ☐

1 Probabilités conditionnelles

On considère un événement A d'un univers Ω tel que $P(A) \neq 0$.
Pout tout événement B, la probabilité de B sachant A, notée $P_A(B)$, est
$$\mathbf{P_A(B) = \frac{P(A \cap B)}{P(A)}}.$$

On en déduit $P(A \cap B) = P(A) \times P_A(B)$.

De la même manière, on a $\mathbf{P_B(A) = \frac{P(A \cap B)}{P(B)}}$, où $P(B) \neq 0$.

On en déduit $P(A \cap B) = P(B) \times P_B(A)$.

Ainsi, $\mathbf{P(A \cap B) = P(A) \times P_A(B) = P(B) \times P_B(A)}$.

2 Arbre pondéré de probabilités

2.1. Construction de l'arbre

Dans l'univers Ω d'une épreuve aléatoire, on considère les événements A_1, A_2, A_3, ..., A_n, de probabilités non nulles, formant une **partition** de Ω.
Étant donné un événement B conditionné par les événements A_1, A_2, ..., A_n, on représente la situation à l'aide d'un **arbre de probabilités**.

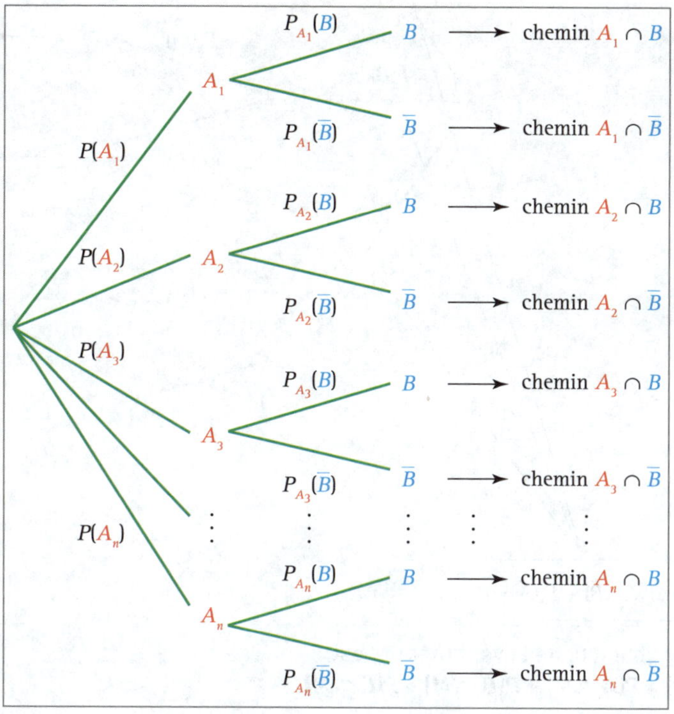

2.2. Propriétés et règles de calcul

• Chaque chemin correspond à un événement ; cet événement est l'intersection des événements figurant sur ce chemin.

• La somme des probabilités portées sur les branches issues d'un même nœud est égale à 1.
• La probabilité de l'événement correspondant à un chemin est le produit des probabilités portées sur ses branches.
• La probabilité d'un événement est la somme des probabilités des événements correspondant aux chemins qui y aboutissent.

EXEMPLE

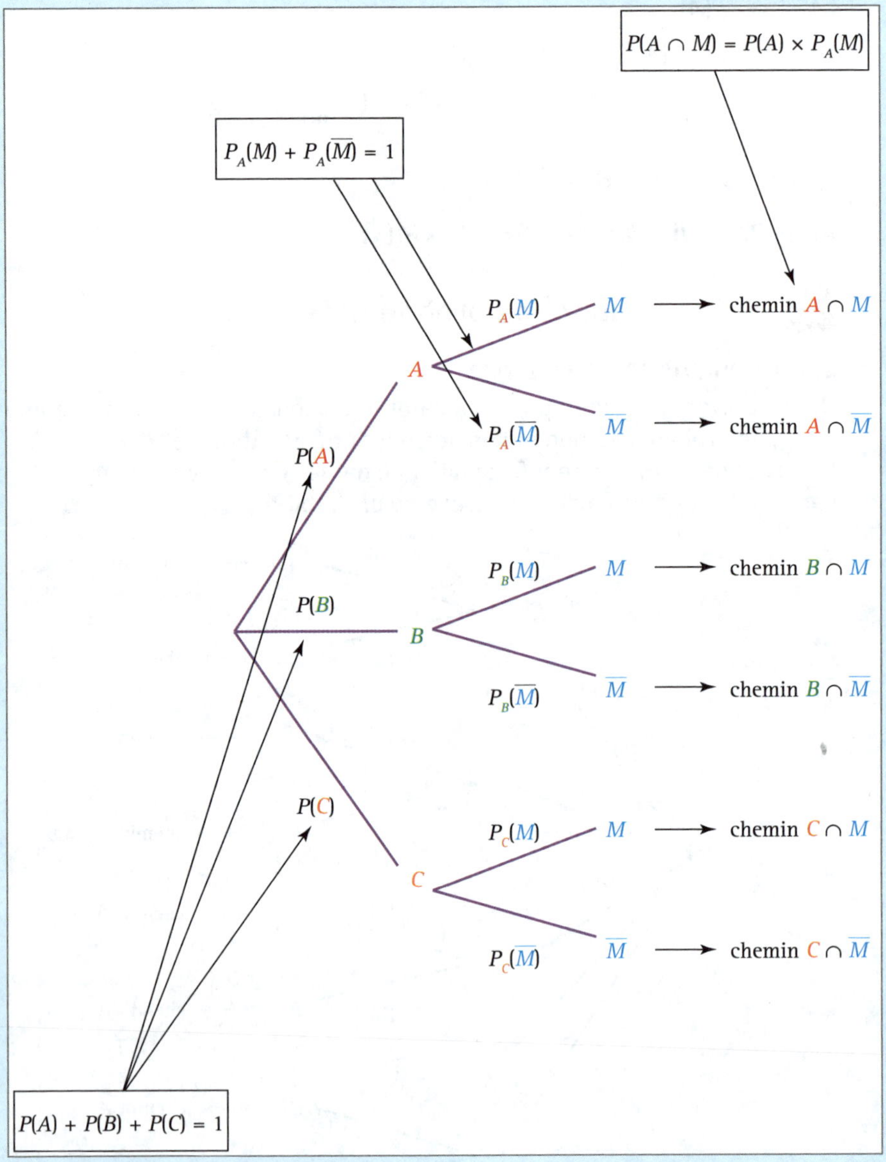

La probabilité de l'événement M est
$P(M) = P(A \cap M) + P(B \cap M) + P(C \cap M)$.

S'entraîner au Bac
Exercices 31 à 36 : pp. 216 et 217

Loi normale

LU ☐
SU ☐
REVU ☐

Le plan est rapporté à un repère orthogonal.

1 Loi normale

1.1 Définition

Dire qu'une variable aléatoire X suit la loi normale $N(\mu\,;\,\sigma)$, de moyenne μ et d'écart type $\sigma > 0$, signifie que sa densité de probabilité est une fonction dont la représentation graphique est une « courbe en cloche ».

1.2 Propriétés

La courbe est symétrique par rapport à la droite d'équation $x = \mu$.
L'aire de la surface située entre la courbe et l'axe des abscisses est égale à 1.

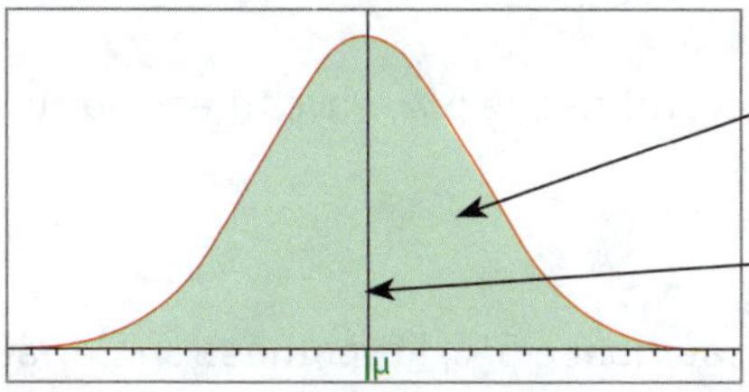

L'aire sous la courbe est égale à 1.

La courbe est symétrique par rapport à la droite d'équation $x = \mu$.

2 Calculs de probabilités

Soit une variable aléatoire X qui suit une loi normale $N(\mu\,;\,\sigma)$.
Soit a et b deux nombres réels tels que $a < b$.

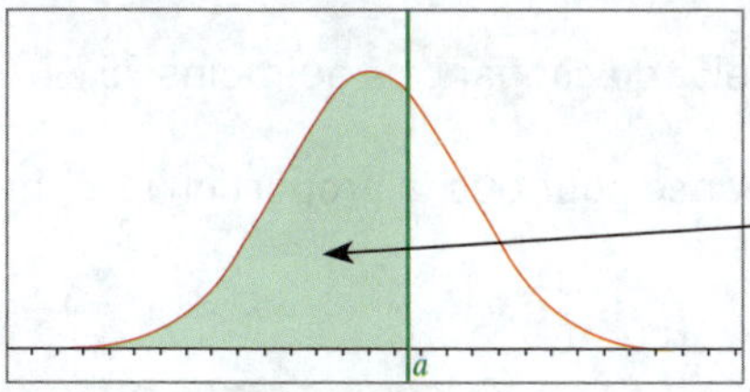

$P(X \leqslant a) = P(X < a)$

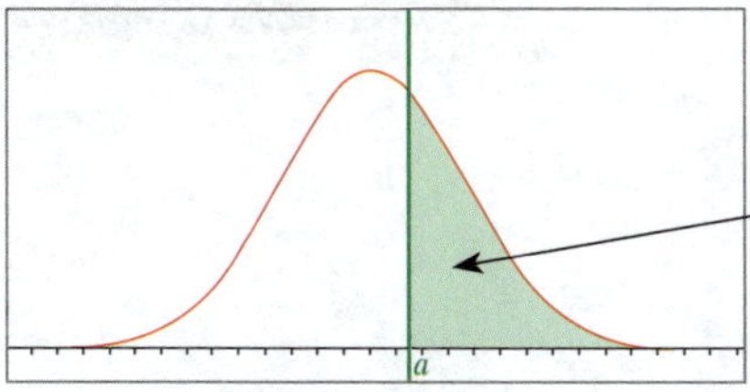

$P(X \geqslant a) = P(X > a)$

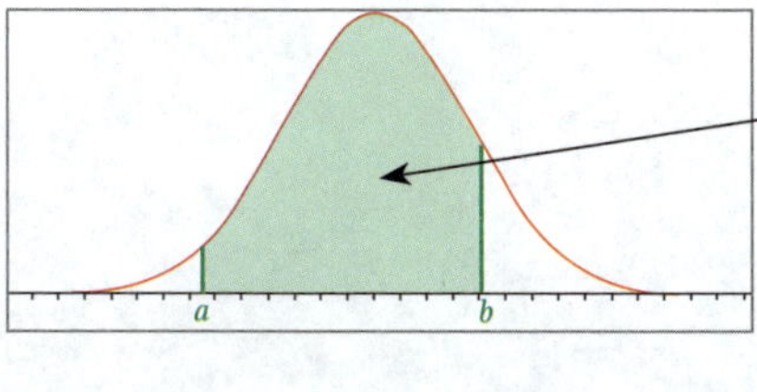

$$P(a \leqslant X \leqslant b) = P(a < X < b) = P(a < X \leqslant b) = P(a \leqslant X < b)$$

Les valeurs de ces probabilités s'obtiennent avec la calculatrice ou sur tableur.

MATHÉMATIQUES

3 Échantillonnage ; estimation

On s'intéresse, pour une population donnée, à une propriété α.
Soit p la proportion des individus de cette population qui possèdent cette propriété.
On prélève au hasard et avec remise un échantillon de n individus de la population.
Soit f la fréquence des individus de cet échantillon qui possèdent la propriété étudiée α.

3.1. Échantillonnage

L'intervalle $\left[p - \frac{1}{\sqrt{n}} ; p + \frac{1}{\sqrt{n}}\right]$ est l'intervalle de fluctuation à au moins 95 % de la fréquence f.

Autrement dit, avant même de prélever un échantillon de taille n dans la population, on sait que l'on a au moins 95 % de chance que la fréquence f appartienne à cet intervalle.

Ainsi, on peut « tester » la valeur de p :

- Si $f \in \left[p - \frac{1}{\sqrt{n}} ; p + \frac{1}{\sqrt{n}}\right]$, alors on accepte, au risque 5 %, l'hypothèse sur la valeur de p.

- Si $f \notin \left[p - \frac{1}{\sqrt{n}} ; p + \frac{1}{\sqrt{n}}\right]$, alors on rejette, au risque 5 %, l'hypothèse sur la valeur de p.

3.2. Estimation

On veut estimer la valeur de p, que l'on ne connaît pas, à partir d'un échantillon.
L'échantillon fournit la valeur de f.

L'intervalle $\left[f - \frac{1}{\sqrt{n}} ; f + \frac{1}{\sqrt{n}}\right]$ est un intervalle de confiance à au moins 95 %.

Autrement dit, il y a au moins 95 % de chance pour que la proportion inconnue p de la population appartienne à cet intervalle.

S'entraîner au Bac
Exercices 37 à 46 : pp. 217 et 218

MÉTHODE 1

Comment calculer une valeur à partir d'un indice ?

On transforme la formule $I_{1/0} = 100 \times \frac{y_1}{y_0}$ selon la valeur cherchée :
$y_0 = \frac{100 \times y_1}{I_{1/0}}$ ou $y_1 = \frac{I_{1/0} \times y_0}{100}$.

Exercice 1 : p. 211

MÉTHODE 2

Comment déterminer avec une calculatrice ou un tableur la solution positive d'une équation $x^n = a$ ($a > 0$) ?

1. On écrit que la solution, dans $[0 ; +\infty[$, de l'équation $x^n = a$ est le nombre réel $a^{\frac{1}{n}}$.
2. On donne la valeur exacte ou une valeur décimale arrondie de la solution à l'aide de la calculatrice en tapant (a) (^) (() (1) (÷) (n) ()) ou du tableur en entrant dans une cellule [=a^(1/n)].

Exercice 2 : p. 211

MÉTHODE 3

Comment calculer le taux d'évolution global de plusieurs évolutions successives de taux différents ?

1. On détermine le nombre n d'évolutions successives de la période considérée.
2. On détermine le coefficient multiplicateur global des n évolutions successives de taux t_1, t_2, ..., t_n écrits sous forme décimale : $1 + T = (1 + t_1) \times (1 + t_2) \times ... \times (1 + t_n)$.
3. On en déduit le taux d'évolution global : $T = (1 + t_1) \times (1 + t_2) \times ... \times (1 + t_n) - 1$.

Exercice 3 : p. 211

MÉTHODE 4

Comment calculer le taux d'évolution global à partir du taux d'évolution moyen ?

1. On détermine le nombre n d'évolutions successives de la période considérée et on écrit le taux d'évolution moyen t_m sous forme décimale.
2. On détermine le coefficient multiplicateur global : $1 + T = (1 + t_m)^n$.
3. On en déduit le taux d'évolution global : $T = (1 + t_m)^n - 1$.

Exercice 4 : p. 211

MÉTHODE 5

Comment calculer un taux d'évolution moyen à partir d'un taux d'évolution global ?

1. On détermine le coefficient multiplicateur moyen : $1 + t_m = (1 + T)^{\frac{1}{n}}$ après avoir déterminé le nombre n de périodes et écrit le taux d'évolution global T sous forme décimale.
2. On en déduit le taux d'évolution moyen : $t_m = (1 + T)^{\frac{1}{n}} - 1$.

Exercice 6 : p. 211

MÉTHODE 6

Comment calculer le taux d'évolution moyen de plusieurs évolutions successives de taux différents ?

1. On détermine le nombre n d'évolutions successives de la période considérée.
2. On détermine le coefficient multiplicateur moyen des n évolutions successives de taux t_1, t_2,…, t_n écrits sous forme décimale :
   $1 + t_m = [(1 + t_1) \times (1 + t_2) \times \ldots \times (1 + t_n)]^{\frac{1}{n}}$.
3. On en déduit le taux d'évolution moyen :
   $t_m = [(1 + t_1) \times (1 + t_2) \times \ldots \times (1 + t_n)]^{\frac{1}{n}} - 1$.

Exercice 5 : p. 211

MÉTHODE 7

Comment calculer des termes d'une suite arithmétique en utilisant l'expression de son terme général ?

Soit (u_n) une suite arithmétique définie par son terme initial et sa raison a.

1. Si le terme initial est u_0, on utilise l'expression $u_n = u_0 + na$.
2. Si le terme initial est u_1, on utilise l'expression $u_n = u_1 + (n - 1)a$.

Exercices 8, 9 et 11 : p. 212

MÉTHODE 8

Comment calculer des termes d'une suite géométrique en utilisant l'expression de son terme général ?

Soit (u_n) une suite géométrique définie par son terme initial et sa raison $b > 0$.

1. Si le terme initial est u_0, on utilise l'expression $u_n = u_0 \times b^n$.
2. Si le terme initial est u_1, on utilise l'expression $u_n = u_1 \times b^{n-1}$.

Exercices 13 et 14 : p. 212

MÉTHODE 9

Comment déterminer, à l'aide d'une calculatrice, une somme de termes consécutifs d'une suite arithmétique ou géométrique ?

Soit (u_n) une suite arithmétique ou géométrique définie par son terme initial et sa raison.

1. On détermine l'expression du terme général de (u_n).
   - Si (u_n) est une suite arithmétique, on utilise l'expression $u_n = u_0 + na$ ou $u_n = u_1 + (n - 1)a$.
   - Si (u_n) est une suite géométrique, on utilise l'expression $u_n = u_0 \times b^n$ ou $u_n = u_1 \times b^{n-1}$.
2. On identifie le rang du premier terme et le rang du dernier terme de la somme cherchée.
3. **Pour les calculatrices de modèle CASIO**
   - Dans le menu, on choisit RUN, puis on tape EXE OPTN LIST Sum Seq.
   - On entre l'expression du terme général de la suite.
   - On tape , X,θ,T , le rang du premier terme , le rang du dernier terme , 1) EXE.

   Pour les calculatrices de modèle TI
   - On tape mode pour sélectionner Normal et Séquentiel puis 2nde stats et on choisit MATH, puis 5: somme(entrer 2nde stats et on choisit OPS, puis 5: suite(entrer.
   - On entre l'expression du terme général de la suite.
   - On tape , x,t,θ,n , le rang du premier terme , le rang du dernier terme , 1) entrer.

Exercices 12 et 17 : pp. 212 et 213

MÉTHODE 10

Comment déterminer, à l'aide d'un tableur, une somme de termes consécutifs d'une suite ?

Soit (u_n) une suite définie par son terme initial et sa raison.

1. On entre dans la colonne A les rangs n successifs.
2. On détermine dans la colonne B les termes u_n correspondants.
   - Si (u_n) est une suite arithmétique, on utilise la définition $u_{n+1} = u_n + a$ ou le terme général $u_n = u_0 + na$ ou $u_n = u_1 + (n - 1)a$.
   - Si (u_n) est une suite géométrique, on utilise la définition $u_{n+1} = u_n \times b$ ou le terme général $u_n = u_0 \times b^n$ ou $u_n = u_1 \times b^{n-1}$.
3. On détermine dans une cellule la somme des termes avec la formule =somme(.......:.......).

Exercices 12 et 17 : pp. 212 et 213

Méthode 11

Comment calculer la dérivée d'une fonction ?

On considère une fonction f définie sur un intervalle I.

1. On identifie la forme de la fonction f : $u + v$, $u - v$, ku, $\frac{u}{v}$, en précisant ses différents éléments.
2. On énonce la formule à appliquer et on calcule la dérivée des éléments formant f : $u'(x) = \ldots$, $v'(x) = \ldots$, etc.
3. On calcule $f'(x)$ en utilisant les formules du cours :

$(u + v)' = u' + v'$, $(u - v)' = u' - v'$, $(ku)' = ku'$ et $\left(\frac{u}{v}\right)' = \frac{u'v - uv'}{v^2}$.

Exercice 20 : p. 213

Méthode 12

Comment étudier le sens de variation d'une fonction en utilisant sa dérivée ?

On considère une fonction f définie sur un intervalle I.

1. On calcule la dérivée $f'(x)$.
2. On étudie le signe de $f'(x)$.
3. On en déduit le sens de variation de f ; on dresse son tableau de variation.
4. On précise les éventuels extremums locaux de f à l'aide du tableau de variation.

Exercice 21 : p. 214

Méthode 13

Comment représenter graphiquement le nuage de points d'une série $(x_i ; y_i)$ à partir d'un tableau de données ?

1. Le plan étant rapporté à un repère orthogonal, on choisit une unité adaptée pour chaque axe :
   - en repérant dans le tableau de données la plus petite et la plus grande des valeurs prises par chacune des variables x et y ;
   - en précisant si nécessaire les coordonnées du point d'intersection des axes.
2. On place sur une figure, l'ensemble des points de coordonnées $(x_i ; y_i)$ donnés par le tableau.

Exercice 26 : p. 215

MÉTHODE 14

Comment effectuer un ajustement affine graphique d'une série $(x_i ; y_i)$ à partir de la représentation graphique du nuage de points ?

1. On vérifie qu'un ajustement affine apparaît envisageable, c'est-à-dire que les points du nuage sont sensiblement alignés.
2. On trace une droite passant le plus près possible de tous les points du nuage en suivant les indications fournies par l'énoncé.

Exercice 27 : p. 215

MÉTHODE 15

Comment déterminer l'équation de la droite d'ajustement obtenue par la méthode des moindres carrés ?

1. • **Pour les calculatrices de modèle CASIO**

Dans le menu, choisir STAT, taper (EXE) et entrer les valeurs x_i dans List 1 et y_i dans List 2. (Le curseur étant situé sur le nom d'une liste, appuyer sur DEL-A YES pour effacer toutes les données précédentes de la liste.) Taper CALC SET, puis sur la ligne 2Var X :, sélectionner List 1 et sur la ligne 2Var Y:, sélectionner List 2. (EXE) REG (X) ax+b donne les coefficients *a* et *b*.

• **Pour les calculatrices de modèle TI**

Taper (stats) 1 : Edite... et entrer les valeurs x_i dans L1 et y_i dans L2. (Le curseur étant situé sur le nom d'une liste, appuyer sur (annul) (entrer) pour effacer toutes les données.) Taper (stats) CALC 4 : RegLin(ax+b), puis 2nde (1) (,) 2nde (2). (entrer) donne les coefficients *a* et *b*.

• **Sur tableur**

Entrer les valeurs x_i et les valeurs y_i dans les colonnes A et B.
Entrer dans une cellule la formule =droitereg(B1:B...;A1:A...) pour obtenir *a* et entrer dans une autre cellule la formule =ordonnee.origine(B1:B...;A1:A...) pour obtenir *b*.

2. On en déduit une équation de la droite d'ajustement de la forme $y = ax + b$.

Exercice 28 : p. 215

MÉTHODE 16

Comment effectuer des estimations ?

1. À partir d'un ajustement affine réalisé graphiquement : pour estimer y_0 à partir d'une valeur donnée x_0, on lit l'ordonnée y_0 du point de la droite d'abscisse x_0 ; pour estimer x_0 à partir d'une valeur donnée y_0, on lit l'abscisse x_0 du point de la droite d'ordonnée y_0.
2. À partir d'une équation de la droite d'ajustement, on calcule une estimation de la valeur y_0 correspondant à la valeur x_0 donnée.

Exercice 29 : p. 215

MÉTHODE 17

Comment calculer une probabilité conditionnelle ?

On considère deux événements A et B tels que $P(A) \neq 0$.

1. On détermine $P(A)$ et $P(A \cap B)$ à l'aide de l'énoncé.

2. On utilise l'égalité $P_A(B) = \dfrac{P(A \cap B)}{P(A)}$.

Exercice 31 : p. 216

MÉTHODE 18

Comment calculer, avec une probabilité conditionnelle, la probabilité de l'intersection de deux événements ?

On considère deux événements A et B tels que $P(A) \neq 0$.

1. On traduit les données de l'énoncé par des probabilités pour déterminer $P(A)$ et $P_A(B)$.

2. On utilise l'égalité $P(A \cap B) = P(A) \times P_A(B)$.

Exercice 32 : p. 216

MÉTHODE 19

Comment calculer, à l'aide d'un arbre pondéré, la probabilité d'un événement *A* ?

1. On traduit les données de l'énoncé par des probabilités.

2. On représente la situation par un arbre pondéré.

3. On repère les chemins aboutissant à A et on calcule la probabilité de l'événement associé à un chemin (qui est le produit des probabilités portées sur ses branches).

4. On calcule la probabilité de A en additionnant les probabilités des événements de tous les chemins menant à A.

Exercice 36 : p. 217

MÉTHODE 20

Comment utiliser la calculatrice pour calculer une probabilité avec une loi normale ?

1. On repère les paramètres μ et σ de la loi normale et la ou les bornes a et b de la variable.

2. On obtient directement les probabilités $P(X \leqslant a)$ et $P(a \leqslant X \leqslant b)$ avec la calculatrice.

Pour obtenir $P(X > a)$, on calcule $1 - P(X \leqslant a)$.

• **Pour $P(X \leqslant a)$ ou $P(X < a)$**

Modèle CASIO GRAPH 35+
MENU STAT EXE
DIST NORM Ncd
Lower : (-) 1 0 ^ 9 9
Upper : a
σ : σ
μ : μ
CALC

Modèle TI-82 Stats.fr
distrib DISTRIB 2:
normalFRép(entrer puis
taper : (-) 1 0 ^ 9 9 , a , μ , σ) entrer.

• **Pour $P(a < X < b)$**

Modèle CASIO GRAPH 35+
MENU STAT EXE
DIST NORM Ncd
Lower : a
Upper : b
σ : σ
μ : μ
CALC

Modèle TI-82 Stats.fr
distrib DISTRIB 2:
normalFRép(entrer puis
taper : a , b , μ , σ) entrer.

Remarque : on peut aussi calculer directement $P(X > a)$ ou $P(X \geqslant a)$ en entrant :
Lower : a
Upper : 1 0 ^ 9 9

Exercices 37 à 42 : pp. 217 et 218

MÉTHODE 21

Comment utiliser un tableur pour calculer une probabilité avec une loi normale ?

1. On repère les paramètres μ et σ de la loi normale.

2. Pour $P(X \leqslant a)$, on entre dans une cellule du tableur la formule =LOI.NORMALE(a;μ;σ;1).

Exercices 37 à 42 : pp. 217 et 218

MÉTHODE 22

Comment exploiter un intervalle de fluctuation pour accepter ou rejeter une hypothèse sur une proportion p ?

Principe : on cherche à vérifier, à partir d'un échantillon de taille n, si une hypothèse sur une proportion p est acceptable.

1. On repère la valeur de p pour laquelle on doit prendre une décision et l'effectif n de l'échantillon.
2. On détermine l'intervalle de fluctuation $\left[p - \frac{1}{\sqrt{n}} ; p + \frac{1}{\sqrt{n}}\right]$.
3. On calcule la fréquence f correspondant à l'échantillon.
4. On accepte l'hypothèse (à au moins 95 % ou encore au risque de 5 %) si $f \in \left[p - \frac{1}{\sqrt{n}} ; p + \frac{1}{\sqrt{n}}\right]$, on la rejette si $f \notin \left[p - \frac{1}{\sqrt{n}} ; p + \frac{1}{\sqrt{n}}\right]$.

Exercices 43 et 44 : p. 218

MÉTHODE 23

Comment estimer, par intervalle de confiance, une proportion p inconnue ?

Principe : on cherche, à partir d'un échantillon de taille n, à déterminer l'intervalle dans lequel on a au moins 95 % de « chance » de trouver la proportion p inconnue.

1. On calcule la fréquence f correspondant à l'échantillon de taille n.
2. On détermine l'intervalle de confiance $\left[f - \frac{1}{\sqrt{n}} ; f + \frac{1}{\sqrt{n}}\right]$, puis on conclut par une phrase.

Exercices 45 et 46 : p. 218

MATHÉMATIQUES

Exercice 1 voir Fiche Savoir 1

Indice

Soit v_1, v_2, v_3 et v_4 les nombres respectifs de vélos vendus dans un magasin au cours des 4 semaines écoulées.

1. On sait que $v_1 = 15$ et $I_{2/1} = 180$. **Calculez v_2.**

2. On sait que $v_4 = 21$ et $I_{4/3} = 70$. **Calculez v_3.**

FAIT ☐ REVU ☐

Exercice 2 voir Fiche Savoir 1

Équation de la forme $x^n = a$

Résolvez, dans $[0 ; +\infty[$, chacune des équations suivantes (solution arrondie à 10^{-4} près si nécessaire).

a) $x^2 = 36$; **b)** $x^3 = 1\,000$; **c)** $x^4 = 2{,}9$;
d) $x^5 = \frac{7}{4}$; **e)** $x^6 = 18$; **f)** $x^{12} = 0{,}68$.

FAIT ☐ REVU ☐

Exercice 3 voir Fiche Savoir 1

Taux d'évolution global

Calculez le taux d'évolution global (arrondi à 0,1 % près) des évolutions successives suivantes.

a) Hausses successives de 15 %, 10 %, puis 7 %.

b) Baisses successives de 47 %, 28 %, puis 11 %.

c) Hausses de 8 %, puis de 5 % et baisse de 13 %.

d) Baisse de 9 %, puis hausses de 6 % et de 3 %.

FAIT ☐ REVU ☐

Exercice 4 voir Fiche Savoir 1

Taux d'évolution global

Calculez le taux d'évolution global (arrondi à 0,01 % près) des évolutions successives suivantes.

a) Trois hausses successives de 19 %.

b) Trois baisses successives de 4 %.

FAIT ☐ REVU ☐

Exercice 5 voir Fiche Savoir 1

Taux d'évolution moyen

Calculez le taux d'évolution moyen (arrondi à 0,1 % près) des évolutions successives suivantes.

a) Hausses successives de 100 %, 10 %, puis 1 %.

b) Baisses successives de 50 %, 5 %, puis 0,5 %.

c) Hausse de 8 %, puis baisses de 30 % et de 8 %.

d) Baisses de 45 %, puis de 4,5 % et hausse de 54 %.

FAIT ☐ REVU ☐

Exercice 6 voir Fiche Savoir 1

Taux d'évolution moyen

Calculez le taux d'évolution annuel moyen (arrondi à 0,1 % près) des évolutions suivantes.

a) Hausse de 50 % sur 5 ans.

b) Baisse de 60 % sur 12 ans.

FAIT ☐ REVU ☐

Exercice 7 voir Fiche Savoir 1

Taux d'évolution

Depuis sa création, le directeur d'un parc d'attraction calcule l'évolution, en pourcentage, du nombre de ses visiteurs d'une année à la suivante.

Les résultats sont consignés dans le tableau suivant.

ANNÉE	TAUX D'ÉVOLUTION
1	–
2	+ 4,4 %
3	+ 6,4 %
4	+ 7 %
5	+ 10,3 %
6	+ 13,6 %

1. a) Calculez, arrondi à 10^{-3} près, le coefficient multiplicateur du nombre de visiteurs de l'année 1 à l'année 6.

b) Le nombre de visiteurs l'année 6 s'élevait à 134 000. Quel était le nombre de visiteurs à la fin de la première année ?

c) Calculez le nombre de visiteurs les années 2, 3, 4 et 5.

2. a) Calculez le taux d'évolution annuel moyen du nombre de visiteurs de l'année 1 à l'année 6 (résultat arrondi à 0,01 % près).

b) Utilisez ce taux pour prévoir le nombre de visiteurs la 7e année, puis la 11e année.

FAIT ☐ REVU ☐

Exercice **8** voir Fiche Savoir 2

Terme général d'une suite arithmétique

Soit (u_n) une suite arithmétique de terme initial u_0 ou u_1 et de raison a. **Écrivez l'expression du terme général de cette suite dans les cas suivants.**

a) $u_0 = -2$ et $a = 3$. **b)** $u_0 = 5$ et $a = 0,5$.

c) $u_1 = 8$ et $a = -10$. **d)** $u_1 = -5$ et $a = -3$.

FAIT ☐ REVU ☐

Exercice **9** voir Fiche Savoir 2

Terme général d'une suite arithmétique

Soit (u_n) la suite arithmétique de terme initial $u_0 = 80$ et de raison -6.

1. **Écrivez l'expression du terme général de cette suite.**
2. **Calculez u_{10}.**
3. **Calculez le 10e terme de cette suite.**

FAIT ☐ REVU ☐

Exercice **10** voir Fiche Savoir 2

Termes consécutifs d'une suite arithmétique sur tableur

1. Soit (u_n) la suite arithmétique de terme initial $u_0 = 8$ et de raison $-4,5$.

Créez sur tableur une feuille de calcul permettant d'obtenir la liste des 11 premiers termes de cette suite.

2. Soit (u_n) la suite arithmétique de terme initial $u_1 = -15$ et de raison 7. **Créez sur tableur une feuille de calcul permettant d'obtenir la liste des termes de rangs 1 à 9 de cette suite.**

FAIT ☐ REVU ☐

Exercice **11** voir Fiche Savoir 2

Terme général d'une suite arithmétique

1. On considère la suite arithmétique (u_n), de terme initial $u_0 = -2$ et de raison 5. **Calculez u_{10}.**
2. On considère la suite arithmétique (v_n), de terme initial $v_1 = 5$ et de raison -3. **Calculez v_{10}.**

FAIT ☐ REVU ☐

Exercice **12** voir Fiche Savoir 2

Somme des termes consécutifs d'une suite arithmétique sur calculatrice ou tableur

(u_n) est la suite arithmétique de terme initial $u_0 = 4$ et de raison 25.

À l'aide d'une calculatrice ou d'un tableur, déterminez les sommes suivantes.

a) $u_0 + u_1 + ... + u_{17}$. **b)** $u_1 + u_2 + ... + u_{18}$.

c) $u_8 + u_9 + ... + u_{45}$. **d)** $u_{54} + u_{55} + ... + u_{60}$.

FAIT ☐ REVU ☐

Exercice **13** voir Fiche Savoir 2

Terme général d'une suite géométrique

1. On considère la suite géométrique (u_n), de terme initial $u_0 = 4$ et de raison 1,5. **Calculez u_5.**
2. On considère la suite géométrique (v_n), de terme initial $v_1 = 0,1$ et de raison 7. **Calculez v_5.**

FAIT ☐ REVU ☐

Exercice **14** voir Fiche Savoir 2

Terme général d'une suite géométrique

Soit (u_n) une suite géométrique de terme initial u_0 ou u_1 et de raison b.

Écrivez l'expression du terme général de cette suite dans les cas suivants.

a) $u_0 = 1$ et $b = 3$. **b)** $u_0 = 4$ et $b = 0,9$.

c) $u_1 = 0,5$ et $b = 2$. **d)** $u_1 = 10,2$ et $b = 1,4$.

FAIT ☐ REVU ☐

Exercice **15** voir Fiche Savoir 2

Termes consécutifs d'une suite géométrique sur tableur

Soit (u_n) la suite géométrique de terme initial $u_0 = 3$ et de raison 0,25.

Créez sur tableur une feuille de calcul permettant d'obtenir la liste des termes de rangs 0 à 8 de cette suite.

FAIT ☐ REVU ☐

Exercice 16 voir Fiche Savoir 2

Termes consécutifs d'une suite géométrique sur tableur

Soit (u_n) la suite géométrique de terme initial $u_1 = 140$ et de raison 0,05.

Créez sur tableur une feuille de calcul permettant d'obtenir la liste des 7 premiers termes de cette suite.

FAIT ☐ REVU ☐

Exercice 17 voir Fiche Savoir 2

Somme des termes consécutifs d'une suite géométrique sur calculatrice ou tableur

(v_n) est la suite géométrique de terme initial $v_0 = 5$ et de raison 0,6.

À l'aide d'une calculatrice ou d'un tableur, déterminez les sommes suivantes.

a) $v_0 + v_1 + ... + v_7$.
b) $v_1 + v_2 + ... + v_{11}$.
c) $v_4 + v_5 + ... + v_9$.
d) $v_2 + v_3 + ... + v_8$.

FAIT ☐ REVU ☐

Exercice 18 voir Fiche Savoir 2

Étude d'une suite arithmétique

La 1re année d'exploitation, le bénéfice d'une entreprise est de 3 000 €. Ses bénéfices augmentent chaque année de 15 000 €. On suppose que cette évolution va se poursuivre les années suivantes.

1. Calculez le bénéfice de l'entreprise la 2e année.

2. On note b_1 le bénéfice de la 1re année et b_n le bénéfice de la n-ième année.

a) Montrez que (b_n) est une suite arithmétique ; précisez son terme initial et sa raison.

b) Exprimez b_n en fonction de n.

3. Déterminez l'année à partir de laquelle le bénéfice sera pour la première fois supérieur à 200 000 €.

FAIT ☐ REVU ☐

Exercice 19 voir Fiche Savoir 2

Étude d'une suite géométrique

Une entreprise spécialisée dans la vente d'articles de bureautique a ouvert ses portes, il y a deux ans.

Le responsable réalise une étude sur le coût de revient des locaux de la société. Son étude porte sur les six premières années de vie de son entreprise. La première année, le loyer annuel a été fixé à 27 600 € ; le responsable se base sur une augmentation annuelle du loyer de 3 % pendant 6 ans.

On note l_1 le loyer de la 1re année et l_n le loyer de la n-ième année.

1. Montrez que (l_n) est une suite géométrique ; précisez son terme initial et sa raison.

2. a) Écrivez l'expression du terme général de (l_n).

b) À l'aide d'une calculatrice ou d'un tableur, déterminez le montant du loyer la 6e année, puis le montant total du loyer payé les 6 premières années.

FAIT ☐ REVU ☐

Exercice 20 voir Fiche Savoir 3

Dérivée d'une fonction

Déterminez, pour chaque cas la dérivée f' de la fonction f définie sur I.

a) $f(x) = x^3 - x^2 + \frac{1}{x} - 5$; $I =]0 ; 10]$.

b) $f(x) = -2x^4$; $I = \mathbb{R}$.

c) $f(x) = \frac{6}{x}$; $I =]0 ; 4]$.

d) $f(x) = 1{,}5x^4 - 2x^3 + 10x + \frac{3}{2}$; $I = \mathbb{R}$.

e) $f(x) = 1 - 0{,}5x^2 + 4x$; $I = \mathbb{R}$.

f) $f(x) = \frac{1}{3}x^3 - \frac{4}{x}$; $I =]0 ; +\infty[$.

g) $f(x) = (0{,}5x - 4)(2x^2 - 0{,}25)$; $I = \mathbb{R}$.

h) $f(x) = (2x - 3)^2$; $I = \mathbb{R}$.

i) $f(x) = \frac{2x}{x + 1}$; $I = [0 ; 10]$.

j) $f(x) = \frac{3x + 1}{-x - 1}$; $I =]-1 ; 10]$.

k) $f(x) = \frac{5 - 2x}{x}$; $I =]0 ; 5]$.

l) $f(x) = \frac{4x}{x^2 + 1}$; $I = \mathbb{R}$.

m) $f(x) = \frac{3 - x}{x^2}$; $I =]0 ; 5]$.

n) $f(x) = \frac{2 - x}{x^2 - 1}$; $I =]1 ; +\infty[$.

o) $f(x) = \frac{1 - 4x}{x^2 + 2}$; $I = [0 ; 5]$.

FAIT ☐ REVU ☐

MATHÉMATIQUES

Exercice 21 voir Fiche Savoir 3

Étude du signe de la dérivée d'une fonction

Déterminez, pour chaque cas, la dérivée f' de la fonction f définie sur I, puis étudiez le signe de $f'(x)$ en présentant les résultats dans un tableau.

a) $f(x) = 0,5x^2 - 2x + 1$; $I = [0 ; 5]$.

b) $f(x) = -4x^2 + 4x - 1$; $I = [-5 ; 5]$.

c) $f(x) = 2x^3 + x + 1$; $I = [-4 ; 5]$.

d) $f(x) = -4x^3 - 1$; $I = [-5 ; 5]$.

e) $f(x) = -0,5 + \frac{1}{x}$; $I = [0,5 ; 5]$.

f) $f(x) = 4x - \frac{2}{x}$; $I = [1 ; 4]$.

g) $f(x) = \frac{4x + 1}{-2x + 1}$; $I = [1 ; 5]$.

h) $f(x) = \frac{-2x + 1}{5 - x}$; $I = [0 ; 4]$.

FAIT ☐ REVU ☐

Exercice 22 voir Fiche Savoir 3

Tableau de variation d'une fonction ; Extremum local

Étudiez, pour chaque cas, le sens de variation de la fonction f définie sur I en utilisant sa dérivée, dressez son tableau de variation et précisez ses éventuels extremums locaux.

a) $f(x) = 2x^2 - 6x + 1$; $I = [-1 ; 5]$.

b) $f(x) = -x^2 - 4x - 1$; $I = [-5 ; 5]$.

c) $f(x) = x^3 - 3x^2 + 5$; $I = [-1 ; 5]$.

d) $f(x) = -x^3 + x^2 + x + 1$; $I = \mathbb{R}$.

e) $f(x) = 2x^3 + 3x^2 + 1,5x - 0,5$; $I = \mathbb{R}$.

f) $f(x) = \frac{-2x}{x + 3}$; $I = [0 ; 6]$.

FAIT ☐ REVU ☐

Exercice 23 voir Fiche Savoir 3

Équation réduite de la tangente à une courbe au point d'abscisse x_p

Le plan est rapporté à un repère, $\mathscr{C}$ est la courbe représentative de la fonction f définie sur I. Déterminez, pour chaque cas, l'équation réduite de la tangente $\mathscr{T}$ à $\mathscr{C}$ au point d'abscisse a et vérifiez la cohérence du résultat en traçant $\mathscr{C}$ et $\mathscr{T}$ sur l'écran d'une calculatrice ou sur tableur.

a) $f(x) = -x^3 - 2x^2 + 1$; $I = [-1 ; 5]$; $a = 1$.

b) $f(x) = \frac{1}{x + 1}$; $I = [-0,5 ; 5]$; $a = 0$.

c) $f(x) = x - 1 + \frac{2}{x - 1}$; $I =]1 ; 5]$; $a = 2$.

d) $f(x) = -2x - 1 - \frac{1}{x^2 - 1}$; $I =]-1 ; 1[$; $a = 0$.

FAIT ☐ REVU ☐

Exercice 24 voir Fiche Savoir 3

Étude d'une fonction polynôme

Un artisan fabrique des vases qu'il met en vente. On suppose que tous les vases fabriqués sont vendus. L'artisan veut faire une étude sur la production d'un nombre de vases compris entre 0 et 60. Il estime que le coût de production de x vases fabriqués est modélisé par la fonction c dont l'expression est $c(x) = x^2 - 10x + 500$, où x appartient à l'intervalle $[0 ; 60]$.

Chaque vase est vendu 50 euros.

On note $r(x)$ la recette, en euros, correspondant à la vente de x vases fabriqués.

1. Exprimez $r(x)$ en fonction de x.

2. a) Tracez les courbes représentatives des fonctions c et r sur l'écran d'une calculatrice.

b) Pour quel nombre de vases fabriqués et vendus, le bénéfice semble-t-il être maximal ?

3. a) Montrez que le bénéfice, en euros, réalisé par la fabrication et la vente de x vases, est donné par la fonction b dont l'expression est $b(x) = -x^2 + 60x - 500$, où x appartient à l'intervalle $[0 ; 60]$.

b) Calculez $b'(x)$.

c) Déterminez le signe de $b'(x)$ sur l'intervalle $[0 ; 60]$.

d) Dressez le tableau de variation de la fonction b sur l'intervalle $[0 ; 60]$.

e) Déduisez-en le nombre de vases à fabriquer et à vendre pour réaliser un bénéfice maximal.

FAIT ☐ REVU ☐

Exercice 25 voir Fiche Savoir 3

Étude d'une fonction rationnelle

Soit f la fonction définie sur l'intervalle $[5 ; 50]$ par $f(x) = x + 30 + \frac{400}{x}$. On note $\mathscr{C}$ la courbe représentative de f dans le plan rapporté à un repère.

Partie A

1. a) Tracez $\mathscr{C}$ sur l'écran d'une calculatrice ou sur tableur.

b) Ajoutez sur l'écran la droite d'équation $y = 80$.

2. a) Conjecturez le sens de variation de f.

b) Quel semble être le minimum de f ?

c) Résolvez graphiquement l'inéquation $f(x) < 80$.

Partie B

1. Calculez $f'(x)$.

2. Étudiez le signe de $f'(x)$.

3. Déduisez-en le sens de variation de f ; dressez son tableau de variation.

4. Quel est le minimum de f sur $[5 ; 50]$?

Partie C

Une entreprise fabrique des sacs (entre 5 et 50 sacs chaque jour). Le coût unitaire moyen pour x sacs fabriqués chaque jour est modélisé par la fonction f. Chaque sac est vendu 80 €.

1. Combien de sac l'entreprise doit-elle fabriquer pour que le coût unitaire moyen soit minimal ? Indiquez ce coût.

2. Pour quelle quantité de sacs fabriqués l'entreprise réalise-t-elle un bénéfice ?

FAIT ☐ REVU ☐

Exercice 26 voir Fiche Savoir 4

Nuages de points

Représentez le nuage de points de la série statistique suivante.

VARIABLE x_i	1	2	3	4
VARIABLE y_i	100	95	105	110

FAIT ☐ REVU ☐

Exercice 27 voir Fiche Savoir 4

Ajustement affine graphique

On considère le tableau de données suivant.

VARIABLE x_i	10	20	30	40	50
VARIABLE y_i	50	46	40	34	30

1. Représentez le nuage de points de cette série.

2. Tracez une droite d'ajustement passant par les premier et dernier points du nuage.

FAIT ☐ REVU ☐

Exercice 28 voir Fiche Savoir 4

Méthode des moindres carrés sur calculatrice ou tableur

Pour chacune des séries statistiques $(x_i ; y_i)$, $(x_i ; z_i)$ et $(z_i ; t_i)$, on admet qu'un ajustement affine est justifié.

À l'aide de la calculatrice ou du tableur, déterminez, pour chaque série statistique, une équation de la droite d'ajustement obtenue par la méthode des moindres carrés (arrondissez si nécessaire les valeurs de a et de b à 0,01 près).

x_i	1	2	3	4	5	6	7	8	9	10
y_i	10	9,7	9,5	9	8,6	8,3	8	7,5	7,6	7,1
z_i	150	160	155	170	180	200	220	215	200	250
t_i	0,2	0,4	0,8	0,7	1,6	2,8	3,5	4,5	6	9

FAIT ☐ REVU ☐

Exercice 29 voir Fiche Savoir 4

Estimation

La série statistique est représentée par un nuage de points sur lequel figure un tracé d'une droite d'ajustement.

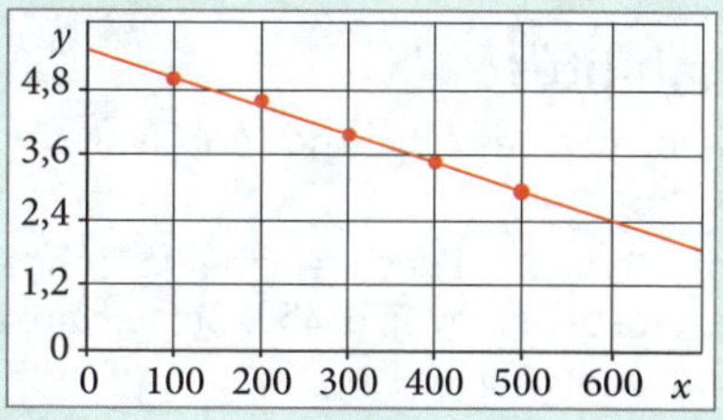

1. Déterminez graphiquement une estimation de y pour $x = 600$.

2. La droite d'ajustement tracée a pour équation $y = -0{,}0052x + 5{,}56$.

Utilisez cette équation pour vérifier le résultat obtenu à la question 1.

FAIT ☐ REVU ☐

Exercice 30 voir Fiche Savoir 4

Étude d'une série statistique

L'évolution, en pourcentage, du nombre d'individus d'une population d'oiseaux en période de reproduction est donnée dans le tableau suivant.

JOUR	1	2	3	4	5
ÉVOLUTION EN % D'UN JOUR À L'AUTRE	30 %	27 %	19 %	16 %	9 %

1. Calculez, pour chaque jour, le nombre d'oiseaux de la population étudiée sachant que leur nombre initial était 1 000 (arrondissez au nombre entier le plus proche).

2. a) Représentez le nuage de points de cette série statistique à deux variables *x* et *y*, où *x* désigne le jour et *y* l'évolution en pourcentage.

b) Un ajustement affine apparaît-il envisageable ?

3. À l'aide de la calculatrice ou du tableur, déterminez une équation de la droite d'ajustement obtenue par la méthode des moindres carrés.

4. En supposant que l'évolution constatée se poursuive :

a) quel serait le taux d'évolution du nombre d'oiseaux du 5e au 6e jour ?

b) quel serait le nombre d'oiseaux correspondant ?

FAIT ☐ REVU ☐

Exercice 31 voir Fiche Savoir 5

Probabilités

On a interrogé des élèves de Terminale sur leurs goûts musicaux.

55 % d'entre eux ont déclaré aimer la techno, 78 % ont déclaré aimer le rap et 45 % ont déclaré aimer la techno et le rap.

Pour l'un de ces élèves rencontré au hasard, on considère les événements T : « l'élève aime la techno » et R : « l'élève aime le rap ».

1. Donnez les probabilités des événements T, R et $T \cap R$.

2. Quelle est la probabilité que l'élève aime la techno sachant qu'il aime le rap ?

3. Quelle est la probabilité que l'élève aime le rap sachant qu'il aime la techno ?

FAIT ☐ REVU ☐

Exercice 32 voir Fiche Savoir 5

Probabilités

Dans un lycée, 72 % des élèves s'intéressent au football et parmi eux 20 % le pratique en club.

On interroge au hasard un élève de ce lycée.

On note F l'événement « l'élève s'intéresse au football » et C l'événement « l'élève pratique le football en club ». **Calculez la probabilité que l'élève s'intéresse au football et le pratique en club.**

FAIT ☐ REVU ☐

Exercice 33 voir Fiche Savoir 5

Calcul de probabilités

Les 160 employés d'une entreprise se répartissent de la façon suivante.

	HOMMES	FEMMES
CADRES	15	17
TECHNICIENS	52	76

Au cours de la fête de fin d'année, le comité d'entreprise offre un séjour à la montagne à une personne choisie au hasard parmi les 160 personnes de cette entreprise.

On définit les événements suivants.

C : « la personne choisie fait partie des cadres » ;

T : « la personne choisie fait partie des techniciens » ;

F : « la personne choisie est une femme » ;

H : « la personne choisie est un homme ».

1. Calculez $P(T \cap H)$, puis $P(F)$.

2. Calculez $P_C(F)$ et $P_F(C)$ (arrondissez à 0,01 près).

FAIT ☐ REVU ☐

Exercice 34 voir Fiche Savoir 5

Arbre pondéré de probabilités

Reproduisez et complétez l'arbre pondéré de probabilités suivant, en portant sur ses branches les probabilités manquantes.

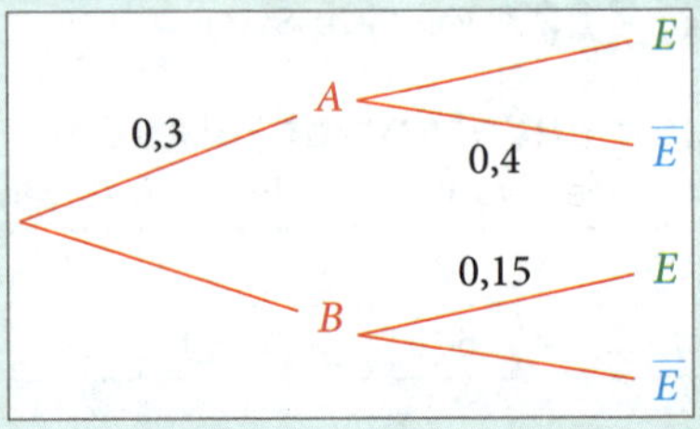

FAIT ☐ REVU ☐

Exercice 35 voir Fiche Savoir 5

Calcul de probabilités à l'aide d'un arbre pondéré

On considère l'arbre pondéré de probabilités suivant.

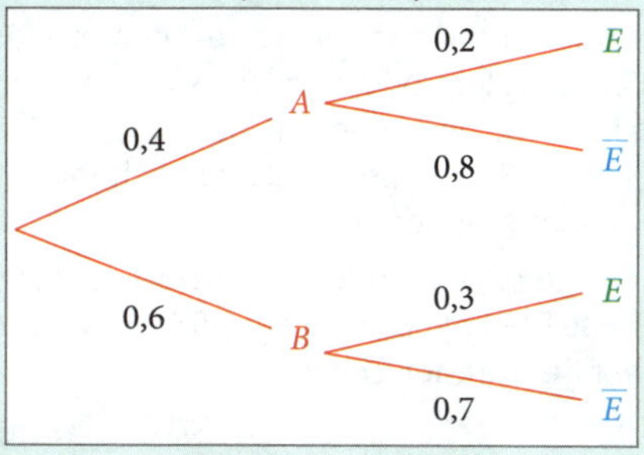

1. **Donnez $P(A)$, $P(B)$, $P_A(E)$ et $P_B(E)$.**

2. **Déduisez-en $P(A \cap E)$ et $P(B \cap E)$, puis $P(E)$.**

FAIT ☐ REVU ☐

Exercice 36 voir Fiche Savoir 5

Calcul de probabilités à l'aide d'un arbre pondéré

Dans un lycée, on interroge les élèves de Terminale STMG sur leurs intentions d'orientation post-bac après le conseil de classe du troisième trimestre.

On compte parmi ces élèves 45 % de filles.

95 % des filles souhaitent s'inscrire en BTS ou en DUT et 90 % des garçons souhaitent cette même orientation.

On choisit une fiche de renseignements d'un élève au hasard.

On note A, B et E les événements suivants.

A : « l'élève est une fille » ;

B : « l'élève est un garçon » ;

E : « l'élève souhaite s'inscrire en BTS ou en DUT ».

1. **Complétez l'arbre de probabilités suivant illustrant la situation.**

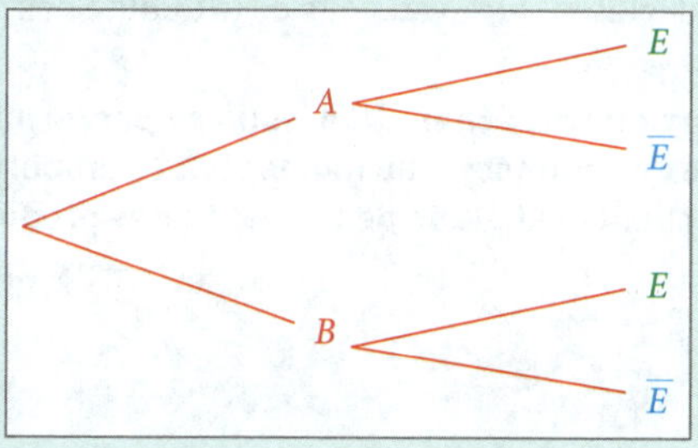

2. **Calculez $P(A \cap E)$ et $P(B \cap E)$.**

3. **Déduisez-en la probabilité que l'élève souhaite s'inscrire en BTS ou en DUT.**

FAIT ☐ REVU ☐

Exercice 37 voir Fiche Savoir 5

Calcul d'une probabilité avec une loi normale

On considère une variable aléatoire X qui suit la loi normale $N(10\,;\,2)$.

1. **Calculez $P(X < 12{,}5)$, puis $P(X \geqslant 12{,}5)$.**

2. **Calculez $P(X > 7{,}8)$.**

FAIT ☐ REVU ☐

Exercice 38 voir Fiche Savoir 5

Calcul d'une probabilité avec une loi normale

On considère une variable aléatoire X qui suit la loi normale $N(-5\,;\,2)$.

1. **Calculez $P(X < -2)$, puis $P(X \geqslant -2)$.**

2. **Calculez $P(X > -6{,}5)$.**

FAIT ☐ REVU ☐

Exercice 39 voir Fiche Savoir 5

Calcul d'une probabilité avec une loi normale

On considère une variable aléatoire X qui suit la loi normale $N(0{,}4\,;\,0{,}01)$.

1. **Calculez $P(0{,}42 < X < 0{,}435)$.**

2. **Calculez $P(0{,}391 < X < 0{,}43)$.**

FAIT ☐ REVU ☐

Exercice 40 voir Fiche Savoir 5

Calcul d'une probabilité avec une loi normale

On considère une variable aléatoire X qui suit la loi normale $N(-110\,;\,7)$.

1. **Calculez $P(-111 < X < -109{,}5)$.**

2. **Calculez $P(-112{,}5 < X < -110)$.**

FAIT ☐ REVU ☐

Exercice 41 voir Fiche Savoir 5

Calcul d'une probabilité avec une loi normale

Une machine produit des boutons pour l'industrie textile. Le diamètre de ces boutons correspond à une variable aléatoire D qui suit la loi normale de moyenne 15 mm et d'écart type 1,1 mm.

Un bouton est jugé défectueux si son diamètre est supérieur à 16,5 mm. On prend un bouton au hasard dans la production.

Calculez, à l'aide de la calculatrice ou du tableur, la probabilité que le bouton soit défectueux.

FAIT ☐ REVU ☐

Exercice 42 voir Fiche Savoir 5

Calcul d'une probabilité avec une loi normale

La durée de vie d'un certain type d'appareil est modélisée par une variable aléatoire V qui suit une loi normale de moyenne 2 200 jours et d'écart type 300 jours.

On considère un appareil choisi au hasard.

Quelle est la probabilité d'avoir un appareil dont la durée de vie est comprise entre 2 500 jours et 2 700 jours ?

FAIT ☐ REVU ☐

Exercice 43 voir Fiche Savoir 5

Intervalle de fluctuation

Le maire d'une ville affirme : « 70 % des habitants sont favorables à la construction d'une médiathèque ».

On interroge 200 habitants de la ville ; 128 sont favorables à la construction de la médiathèque (on assimilera cet échantillon à un prélèvement au hasard et avec remise).

À partir de cet échantillon, peut-on accepter au risque de 5 % l'affirmation du maire ?

FAIT ☐ REVU ☐

Exercice 44 voir Fiche Savoir 5

Intervalle de fluctuation

Un producteur de poires affirme que 80 % de sa production est de premier choix.

On teste son affirmation sur un échantillon de 320 poires de la production (on assimile ce prélèvement à un prélèvement au hasard et avec remise) ; 28 % des poires de cet échantillon ne sont pas de premier choix.

À partir de cet échantillon, peut-on accepter au risque de 5 % l'hypothèse que 80 % de la production est de premier choix ?

FAIT ☐ REVU ☐

Exercice 45 voir Fiche Savoir 5

Estimation d'une proportion inconnue par intervalle de confiance

Un sondage est effectué auprès d'un échantillon de 150 personnes d'une ville (on assimilera cet échantillon à un prélèvement au hasard et avec remise) ; 40 % d'entre elles sont favorables à l'action du maire.

À partir de cet échantillon, estimez par un intervalle de confiance à au moins 95 % la proportion des citoyens de la ville qui sont favorables à l'action du maire.

FAIT ☐ REVU ☐

Exercice 46 voir Fiche Savoir 5

Estimation d'une proportion inconnue par intervalle de confiance

On interroge 120 clients à la sortie d'une grande surface (on assimile ce prélèvement à un prélèvement au hasard et avec remise) ; 72 % d'entre eux déclarent être satisfaits de la qualité des produits vendus.

À partir de cet échantillon, estimez par un intervalle de confiance à au moins 95 % la proportion des clients satisfaits de la qualité des produits.

FAIT ☐ REVU ☐

Corrigés

Exercice 1

1. $I_{2/1} = 100 \times \frac{v_2}{v_1}$, soit $v_2 = \frac{I_{2/1} \times v_1}{100} = \frac{180 \times 15}{100} = 27$; soit 27 vélos vendus la 2e semaine.

2. $I_{4/3} = 100 \times \frac{v_4}{v_3}$, soit $v_3 = \frac{100 \times v_4}{I_{4/3}} = \frac{100 \times 21}{70} = 30$; soit 30 vélos vendus la 3e semaine.

Exercice 2

a) La solution, dans $[0\,;+\infty[$, de l'équation $x^2 = 36$ est $36^{\frac{1}{2}} = 6$.

b) La solution, dans $[0\,;+\infty[$, de l'équation $x^3 = 1\,000$ est $1\,000^{\frac{1}{3}} = 10$.

c) La solution, dans $[0\,;+\infty[$, de l'équation $x^4 = 2{,}9$ est $2{,}9^{\frac{1}{4}} \approx 1{,}3050$.

d) La solution, dans $[0\,;+\infty[$, de l'équation $x^5 = \frac{7}{4}$ est $\left(\frac{7}{4}\right)^{\frac{1}{5}} \approx 1{,}1184$.

e) La solution, dans $[0\,;+\infty[$, de l'équation $x^6 = 18$ est $18^{\frac{1}{6}} \approx 1{,}6189$.

f) La solution, dans $[0\,;+\infty[$, de l'équation $x^{12} = 0{,}68$ est $0{,}68^{\frac{1}{12}} \approx 0{,}9684$.

Exercice 3

a) $1{,}15 \times 1{,}10 \times 1{,}07 - 1 = 0{,}35355 \approx 35{,}4\,\%$.

b) $0{,}53 \times 0{,}72 \times 0{,}89 - 1 = -0{,}660376 \approx -66{,}0\,\%$.

c) $1{,}08 \times 1{,}05 \times 0{,}87 - 1 = -0{,}01342 \approx -1{,}3\,\%$.

d) $0{,}91 \times 1{,}06 \times 1{,}03 - 1 = -0{,}006462 \approx -0{,}6\,\%$.

Exercice 4

a) $1{,}19^3 - 1 \approx 0{,}6852 \approx 68{,}52\,\%$.

b) $0{,}96^3 - 1 \approx -0{,}1153 \approx -11{,}53\,\%$.

Exercice 5

a) $(2 \times 1{,}1 \times 1{,}01)^{\frac{1}{3}} - 1 \approx 0{,}305 \approx 30{,}5\,\%$.

b) $(0{,}5 \times 0{,}95 \times 0{,}995)^{\frac{1}{3}} - 1 \approx -0{,}221 \approx -22{,}1\,\%$.

c) $(1{,}08 \times 0{,}7 \times 0{,}92)^{\frac{1}{3}} - 1 \approx -0{,}114 \approx -11{,}4\,\%$.

d) $(0{,}55 \times 0{,}955 \times 1{,}54)^{\frac{1}{3}} - 1 \approx -0{,}068 \approx -6{,}8\,\%$.

Exercice 6

a) $1{,}5^{\frac{1}{5}} - 1 \approx 0{,}084 \approx 8{,}4\,\%$.

b) $0{,}4^{\frac{1}{12}} - 1 \approx -0{,}074 \approx -7{,}4\,\%$.

Exercice 7

1. a) Le coefficient multiplicateur du nombre de visiteurs de l'année 1 à l'année 6 est :
$1{,}044 \times 1{,}064 \times 1{,}07 \times 1{,}103 \times 1{,}136 \approx 1{,}489$.

b) $\frac{134\,000}{1{,}489} \approx 89\,993$.

Le nombre de visiteurs à la fin de la première année était environ 89 993.

c) Les nombres de visiteurs les années 2, 3, 4 et 5 sont respectivement 93 953, 99 966, 106 963 et 117 980.

2. a) Le taux d'évolution annuel moyen est :
$(1{,}044 \times 1{,}064 \times 1{,}07 \times 1{,}103 \times 1{,}136)^{\frac{1}{5}} - 1 \approx 8{,}29\,\%$.
Le nombre de visiteurs a augmenté en moyenne d'environ 8,29 % par an.

b) $134\,000 \times 1{,}0829 \approx 145\,109$, soit 145 visiteurs la 7e année.
$134\,000 \times 1{,}0829^5 \approx 199\,548$, soit 199 548 visiteurs la 11e année.

Exercice 8

a) Pour tout nombre entier naturel n, $u_n = -2 + 3n$.

b) Pour tout nombre entier naturel n, $u_n = 5 + 0{,}5n$.

c) Pour tout nombre entier naturel n non nul, $u_n = 8 - 10\,(n-1) = 18 - 10n$.

d) Pour tout nombre entier naturel n non nul, $u_n = -5 - 3\,(n-1) = -2 - 3n$.

Exercice 9

1. Pour tout nombre entier naturel n, $u_n = 80 - 6n$.

2. $u_{10} = 80 - 6 \times 10 = 20$.

3. Le 10e terme est $u_9 \cdot u_9 = 80 - 6 \times 9 = 26$.

MATHÉMATIQUES

Exercice 10

1. Sur tableur.

	A	B
1	Rang n	u_n
2	0	8
3	1	3,5
4	2	-1
5	3	-5,5
6	4	-10
7	5	-14,5
8	6	-19
9	7	-23,5
10	8	-28
11	9	-32,5
12	10	-37

2. Sur tableur.

	A	B
1	Rang n	u_n
2	1	-15
3	2	-8
4	3	-1
5	4	6
6	5	13
7	6	20
8	7	27
9	8	34
10	9	41

Exercice 11

1. Pour tout nombre entier naturel n, $u_n = -2 + 5n$, donc $u_{10} = -2 + 5 \times 10 = 48$.

2. Pour tout nombre entier naturel n non nul, $v_n = 5 + (n-1) \times (-3) = -3n + 8$, donc $v_{10} = -3 \times 10 + 8 = -22$.

Exercice 12

a) $u_0 + u_1 + ... + u_{17} = 3897$.

b) $u_1 + u_2 + ... + u_{18} = 4347$.

c) $u_8 + u_9 + ... + u_{45} = 25327$.

d) $u_{54} + u_{55} + ... + u_{60} = 10003$.

Exercice 13

1. Pour tout nombre entier naturel n, $u_n = 4 \times 1{,}5^n$, donc $u_5 = 4 \times 1{,}5^5 = 30{,}375$.

2. Pour tout nombre entier naturel n non nul, $v_n = 0{,}1 \times 7^{n-1}$, donc $v_5 = 0{,}1 \times 7^{5-1} = 0{,}1 \times 7^4 = 240{,}1$.

Exercice 14

a) Pour tout nombre entier naturel n, $u_n = 3^n$.

b) Pour tout nombre entier naturel n, $u_n = 4 \times 0{,}9^n$.

c) Pour tout nombre entier naturel n non nul, $u_n = 0{,}5 \times 2^{n-1}$.

d) Pour tout nombre entier naturel n non nul, $u_n = 10{,}2 \times 1{,}4^{n-1}$.

Exercice 15

Sur tableur.

	A	B
1	Rang n	u_n
2	0	3
3	1	0,75
4	2	0,1875
5	3	0,046875
6	4	0,01171875
7	5	0,00292969
8	6	0,00073242
9	7	0,00018311
10	8	4,5776E-05

Exercice 16

Sur tableur.

	A	B
1	Rang n	u_n
2	1	140
3	2	7
4	3	0,35
5	4	0,0175
6	5	0,000875
7	6	0,00004375
8	7	2,1875E-06

Exercice 17

a) $v_0 + v_1 + ... + v_7 \approx 12{,}29$.

b) $v_1 + v_2 + ... + v_{11} \approx 7{,}47$.

c) $v_4 + v_5 + ... + v_9 \approx 1{,}54$.

d) $v_2 + v_3 + ... + v_8 \approx 4{,}37$.

Exercice 18

1. Bénéfice de l'entreprise la 2e année : 18000 €.

2. a) Pour tout nombre entier naturel n non nul, $b_{n+1} = b_n + 15000$. La suite (b_n) est arithmétique, de terme initial $b_1 = 3000$ et de raison 15000.

b) Pour tout nombre entier naturel n non nul, $b_n = 3000 + 15000(n-1) = -12000 + 15000n$.

3. On résout l'inéquation $b_n > 200\,000$, équivalente à $-12\,000 + 15\,000n > 200\,000$, soit $n > 14{,}13...$
Le bénéfice sera supérieur à 200 000 € à partir de la 15e année.

Exercice 19

1. Pour tout nombre entier naturel n non nul, $l_{n+1} = 1{,}03\, l_n$. La suite (l_n) est géométrique, de terme initial $l_1 = 27\,600$ et de raison 1,03.

2. a) Pour tout nombre entier naturel n non nul, $l_n = 27\,600 \times 1{,}03^{n-1}$.

b) $l_6 \approx 31\,996$ € et $l_1 + l_2 + ... + l_6 \approx 178\,528$ €.

Exercice 20

a) $f'(x) = 3x^2 - 2x - \dfrac{1}{x^2}$.

b) $f'(x) = -8x^3$.

c) $f'(x) = -\dfrac{6}{x^2}$.

d) $f'(x) = 6x^3 - 6x^2 + 10$.

e) $f'(x) = -x + 4$.

f) $f'(x) = x^2 + \dfrac{4}{x^2}$.

g) $f(x) = (0{,}5x - 4)(2x^2 - 0{,}25)$;
$f(x) = x^3 - 8x^2 - 0{,}125x + 1$.
$f'(x) = 3x^2 - 16x - 0{,}125$.

h) $f(x) = (2x - 3)^2 = 4x^2 - 12x + 9$.
$f'(x) = 8x - 12$.

i) $f'(x) = \dfrac{2}{(x+1)^2}$.

j) $f'(x) = \dfrac{-2}{(-x-1)^2}$.

k) $f'(x) = -\dfrac{5}{x^2}$.

l) $f'(x) = \dfrac{-4x^2 + 4}{(x^2+1)^2}$.

m) $f'(x) = \dfrac{x - 6}{x^3}$.

n) $f'(x) = \dfrac{x^2 - 4x + 1}{(x^2 - 1)^2}$.

o) $f'(x) = \dfrac{4x^2 - 2x - 8}{(x^2+2)^2}$.

Exercice 21

a) $f'(x) = x - 2$.
Tableau de signes.

x	0		2		5
$f'(x)$		–	0	+	

b) $f'(x) = -8x + 4$.
Tableau de signes.

x	–5		0,5		5
$f'(x)$		+	0	–	

c) $f'(x) = 6x^2 + 1 > 0$.
Tableau de signes.

x	–4		5
$f'(x)$		+	

d) $f'(x) = -12x^2 < 0$.
Tableau de signes.

x	–5		5
$f'(x)$		–	

e) $f'(x) = -\dfrac{1}{x^2} < 0$.
Tableau de signes.

x	0,5		5
$f'(x)$		–	

f) $f'(x) = 4 + \dfrac{2}{x^2} > 0$.
Tableau de signes.

x	1		4
$f'(x)$		+	

g) $f'(x) = \dfrac{6}{(-2x+1)^2} > 0$.
Tableau de signes.

x	1		5
$f'(x)$		+	

h) $f'(x) = -\dfrac{9}{(5-x)^2} < 0$.
Tableau de signes.

x	0		4
$f'(x)$		–	

Exercice 22

a) $f'(x) = 4x - 6$.
Tableau de variation.

x	–1		1,5		5
$f'(x)$		–	0	+	
$f(x)$	9	↘	–3,5	↗	21

$f(1{,}5) = -3{,}5$ est un minimum local.

b) $f'(x) = -2x - 4$.

Tableau de variation.

x	-5		-2		5
$f'(x)$		$+$	0	$-$	
$f(x)$	-6	↗	3	↘	-46

$f(-2) = 3$ est un maximum local.

c) $f'(x) = 3x^2 - 6x = 3x(x - 2)$.

$f'(x) > 0$ à l'extérieur de ses racines 0 et 2 ;

$f'(x) < 0$ entre ses racines 0 et 2.

Tableau de variation.

x	-1		0		2		5
$f'(x)$		$+$	0	$-$	0	$+$	
$f(x)$	1	↗	5	↘	1	↗	55

$f(0) = 5$ est un maximum local et $f(2) = 1$ est un minimum local.

d) $f'(x) = -3x^2 + 2x + 1$.

$f'(x)$ est un polynôme du second degré ; $\Delta = 16$,

$x_1 = \dfrac{-2 - 416}{2 \times (-3)} = 1$ et $x_2 = \dfrac{-2 + 416}{2 \times (-3)} = -\dfrac{1}{3}$.

$f'(x) < 0$ à l'extérieur de ses racines $-\dfrac{1}{3}$ et 1 ;

$f'(x) > 0$ entre ses racines $-\dfrac{1}{3}$ et 1.

Tableau de variation.

x	$-\infty$		$-\dfrac{1}{3}$		1		$+\infty$
$f'(x)$		$-$	0	$+$	0	$-$	
$f(x)$		↘	$\dfrac{22}{27}$	↗	2	↘	

$f\left(-\dfrac{1}{3}\right) = \dfrac{22}{27}$ est un minimum local et $f(1) = 2$ est un maximum local.

e) $f'(x) = 6x^2 + 6x + 1{,}5$.

$f'(x)$ est un polynôme du second degré ; $\Delta = 0$,

$x_0 = -0{,}5$. $f'(x) > 0$ (signe de a).

Tableau de variation.

x	$-\infty$		$-0{,}5$		$+\infty$
$f'(x)$		$+$	0	$+$	
$f(x)$		↗		↗	

f n'a pas d'extremum local.

f) $f'(x) = -\dfrac{6}{(x+3)^2} < 0$.

Tableau de variation.

x	0		6
$f'(x)$		$-$	
$f(x)$	0	↘	$-\dfrac{4}{3}$

f n'a pas d'extremum local.

Exercice 23

a) $T : y = -7x + 5$.

b) $T : y = -x + 1$.

c) $T : y = -x + 5$.

d) $T : y = -2x$.

Exercice 24

1. $r(x) = 50x$.

2. a) Tracé des courbes représentatives des fonctions c et r sur l'écran d'une calculatrice.

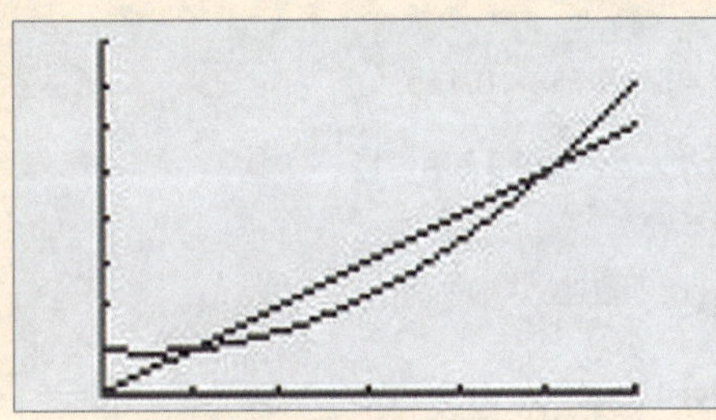

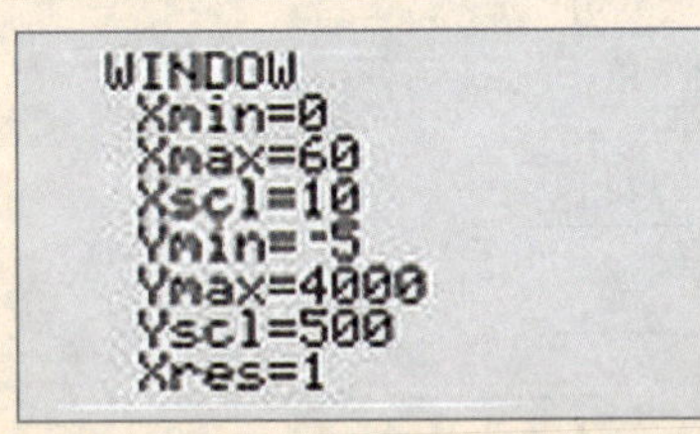

b) Le bénéfice semble être maximal pour $x = 30$ (écart maximal entre la courbe et la droite).

3. a) $b(x) = r(x) - c(x) = 50x - (x^2 - 10x + 500)$
$= -x^2 + 60x - 500$.

b) $b'(x) = -2x + 60$.

c) Tableau de signes.

x	0		30		60
$b'(x)$		$+$	0	$-$	

d) Tableau de variation.

x	0	30	60
$b(x)$	–500 ↗	400	↘ –500

e) Le bénéfice est maximal pour 30 vases fabriqués et vendus.

Exercice 25

Partie A

1. Tracé de $\mathscr{C}$ et de la droite d'équation $y = 80$ sur l'écran d'une calculatrice.

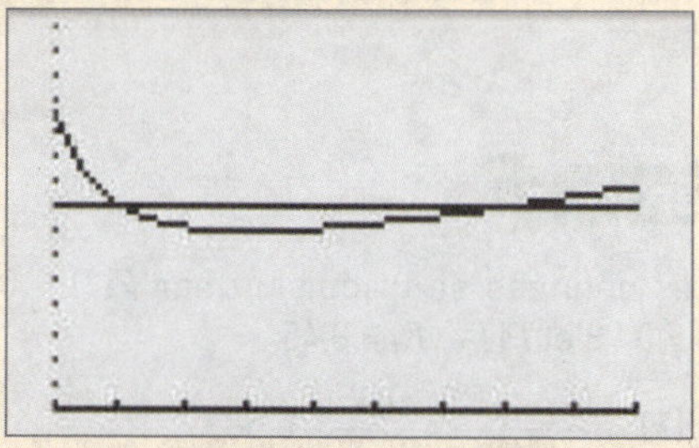

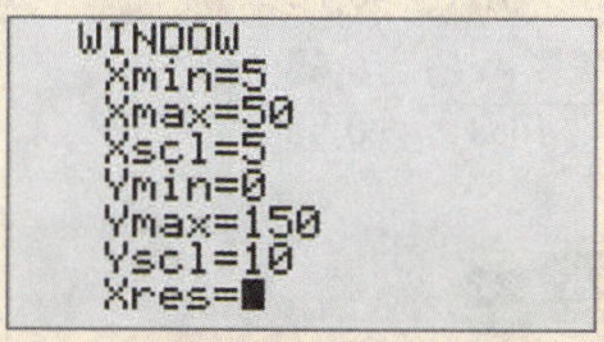

2. a) f semble être strictement décroissante sur [5 ; 20[et strictement croissante sur]20 ; 50].

b) Le minimum de f semble être 70.

c) L'ensemble des solutions de l'inéquation $f(x) < 80$ est l'intervalle]10 ; 40[.

Partie B

1. $f'(x) = 1 - \dfrac{400}{x^2}$.

2. $f'(x) = 1 - \dfrac{400}{x^2} = \dfrac{x^2 - 400}{x^2} = \dfrac{(x + 20)(x - 20)}{x^2}$.

Sur $I = [5 ; 50]$, $x^2 > 0$ et $x + 20 > 0$, donc $f'(x)$ a le même signe que $x - 20$.

Tableau de variation.

x	5		20		50
$f'(x)$		–	0	+	
$f(x)$	115	↘	70	↗	88

3. Le minimum de f sur [5 ; 50] est 70, atteint en $x = 20$.

Partie C

1. Pour que le coût unitaire moyen soit minimal, l'entreprise doit fabriquer 20 sacs ; ce coût est 70 €.

2. L'entreprise réalise un bénéfice lorsqu'elle fabrique entre 11 et 39 sacs (le coût unitaire moyen est inférieur au prix d'un sac).

Exercice 26

1. Dans un repère orthogonal du plan, on choisit :

- 1 graduation pour 1 unité sur l'axe des abscisses (en commençant à l'abscisse 0) ;
- 1 graduation pour 5 unités sur l'axe des ordonnées (en commençant à l'ordonnée 90).

2. On place sur la figure les quatre points de coordonnées (1 ; 100), (2 ; 95), (3 ; 105) et (4 ; 110).

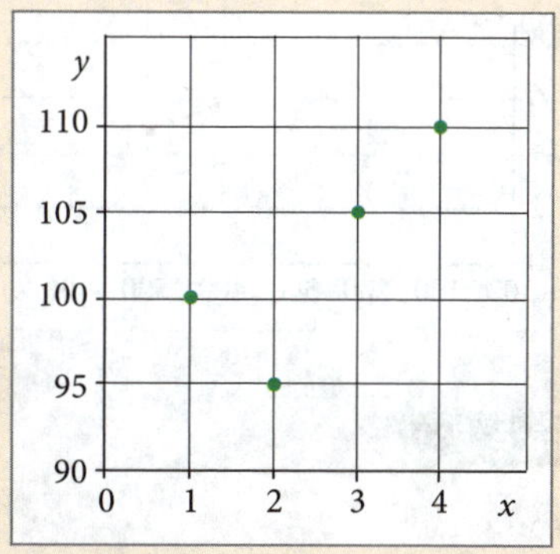

Exercice 27

1. Nuage de points : on place les cinq points sur une figure.

2. Les points du nuage étant sensiblement alignés, un ajustement affine apparaît envisageable.

On trace la droite passant par les points de coordonnées (10 ; 50) et (50 ; 30).

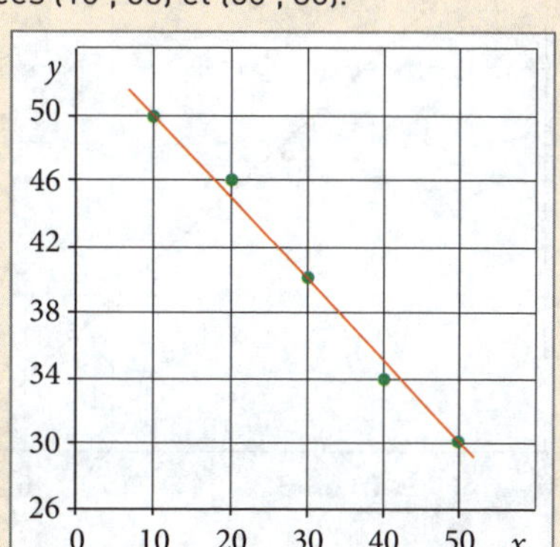

MATHÉMATIQUES

Exercice 28

- La droite d'ajustement de la série $(x_i\,;\,y_i)$ a pour équation $y = -0{,}33x + 10{,}33$.
- La droite d'ajustement de la série $(x_i\,;\,z_i)$ a pour équation $z = 10x + 135$.
- La droite d'ajustement de la série $(z_i\,;\,t_i)$ a pour équation $t = 0{,}08z - 12{,}32$.

Exercice 29

1. Pour $x = 600$, on lit $y \approx 2{,}4$. La valeur de y peut être estimée à 2,4.

2. Pour $x = 600$, $y = -0{,}0052 \times 600 + 5{,}56 = 2{,}44$. On retrouve bien le résultat du **1.**

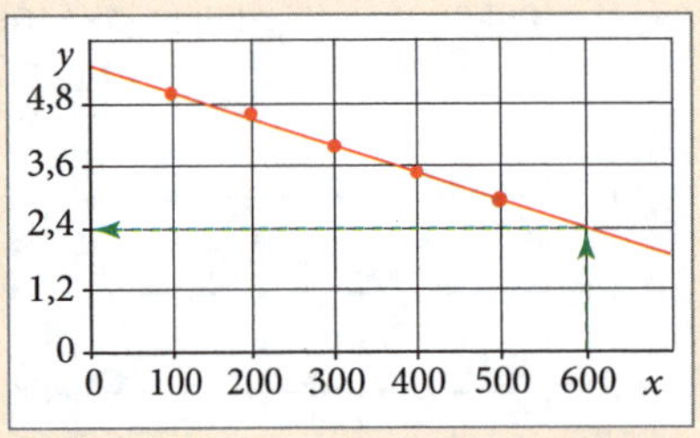

Exercice 30

1. Tableau.

JOUR	1	2	3	4	5
NOMBRE D'OISEAUX	1 300	1 651	1 965	2 279	2 484

2. a) Nuage de points.

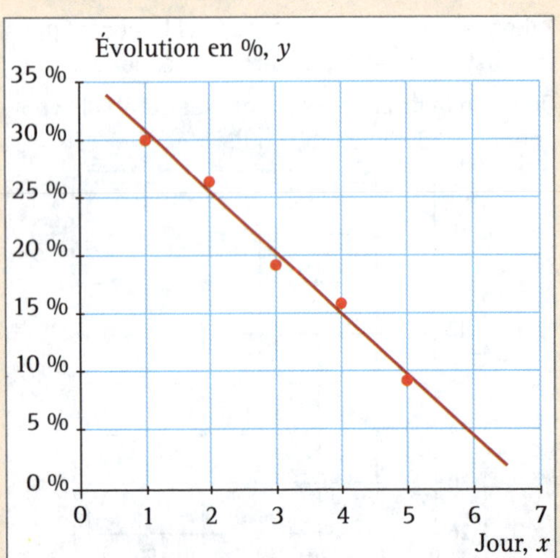

b) Un ajustement affine apparaît envisageable, car les points du nuage sont sensiblement alignés.

3. La droite d'ajustement de la série $(x\,;\,y)$ obtenue par la méthode des moindres carrés a pour équation $y = -0{,}053x + 0{,}361$.

4. a) Pour $x = 6$,
$y = -0{,}053 \times 6 + 0{,}361 = 0{,}043 = 4{,}3\,\%$.
Le taux d'évolution du nombre d'oiseaux du 5ᵉ au 6ᵉ jour serait 4,3 %.

b) $2484 \times 1{,}043 \approx 2591$.
Le nombre d'oiseaux le 6ᵉ jour serait environ 2591.

Exercice 31

1. Les données se traduisent par $P(T) = 0{,}55$, $P(R) = 0{,}78$ et $P(T \cap R) = 0{,}45$.

2. $P_R(T) = \dfrac{P(T \cap R)}{P(R)} = \dfrac{0{,}45}{0{,}78} \approx 0{,}58$.

3. $P_T(R) = \dfrac{P(T \cap R)}{P(T)} = \dfrac{0{,}45}{0{,}55} \approx 0{,}82$.

Exercice 32

72 % des élèves s'intéressent au football signifie que $P(F) = 0{,}72$; parmi eux 20 % le pratiquent en club signifie $P_F(C) = 0{,}2$.
L'élève s'intéresse au football et le pratique en club est l'événement $F \cap C$.
On a $P(F \cap C) = P(F)P_F(C) = 0{,}72 \times 0{,}2 = 0{,}144$.

Exercice 33

	HOMMES	FEMMES	TOTAL
CADRES	15	17	32
TECHNICIENS	52	76	128
TOTAL	67	93	160

1. $P(T \cap H) = \dfrac{52}{160} = 0{,}325$ et $P(F) = \dfrac{93}{160} = 0{,}58125$.

2. $P_C(F) = \dfrac{17}{32} \approx 0{,}53$ et $P_F(C) = \dfrac{17}{93} \approx 0{,}18$.

Exercice 34

Arbre pondéré de probabilités.

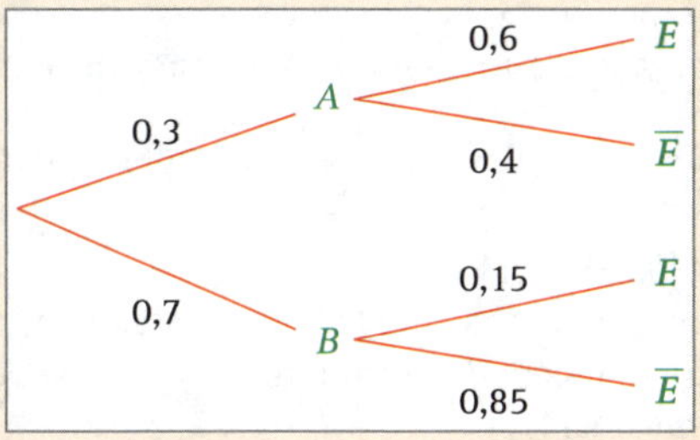

Exercice 35

1. $P(A) = 0{,}4$, $P(B) = 0{,}6$, $P_A(E) = 0{,}2$ et $P_B(E) = 0{,}3$.

2. $P(A \cap E) = 0{,}4 \times 0{,}2 = 0{,}08$ et
$P(B \cap E) = 0{,}6 \times 0{,}3 = 0{,}18$.
$P(E) = P(A \cap E) + P(B \cap E) = 0{,}26$.

Exercice 36

1. Arbre pondéré de probabilités.

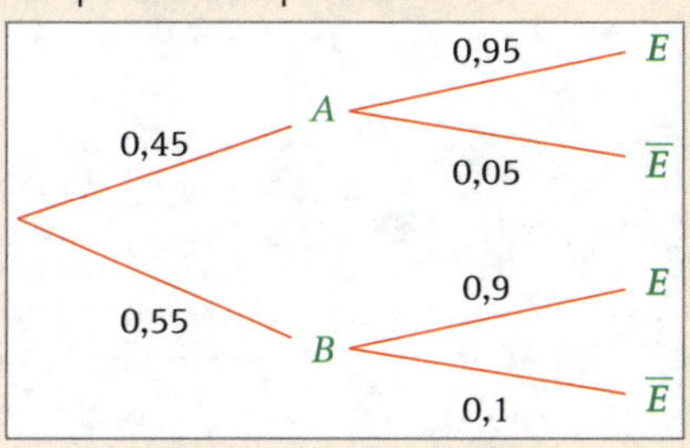

2. $P(A \cap E) = 0{,}45 \times 0{,}95 = 0{,}4275$ et
$P(B \cap E) = 0{,}55 \times 0{,}9 = 0{,}495$.

3. La probabilité que l'élève souhaite s'inscrire en BTS ou en DUT est $P(E)$.
$P(E) = P(A \cap E) + P(B \cap E) = 0{,}9225$.

Exercice 37

1. $P(X < 12{,}5) \approx 0{,}8943$;
$P(X \geqslant 12{,}5) \approx 0{,}1056$.

2. $P(X > 7{,}8) \approx 0{,}8643$.

Exercice 38

1. $P(X < -2) \approx 0{,}9332$;
$P(X \geqslant -2) \approx 0{,}0668$.

2. $P(X > -6{,}5) \approx 0{,}7734$.

Exercice 39

1. $P(0{,}42 < X < 0{,}435) \approx 0{,}0225$.

2. $P(0{,}391 < X < 0{,}43) \approx 0{,}8146$.

Exercice 40

1. $P(-111 < X < -109{,}5) \approx 0{,}0853$.

2. $P(-112{,}5 < X < -110) \approx 0{,}1395$.

Exercice 41

La probabilité que le bouton soit défectueux est $P(D > 16{,}5) \approx 0{,}0863$.

Exercice 42

La probabilité d'avoir un appareil dont la durée de vie est comprise entre 2 500 jours et 2 700 jours est $P(2500 \leqslant X \leqslant 2700) \approx 0{,}1109$.

Exercice 43

L'intervalle de fluctuation à au moins 95 % est

$\left[0{,}7 - \dfrac{1}{\sqrt{200}} ; 0{,}7 + \dfrac{1}{\sqrt{200}}\right]$, soit approximativement

[0,629 ; 0,771].
La fréquence de l'échantillon est $f = \dfrac{128}{200} = 0{,}64$.
$0{,}64 \in [0{,}629 ; 0{,}771]$, donc on peut accepter au risque de 5 % l'affirmation du maire.

Exercice 44

L'intervalle de fluctuation à au moins 95 % est

$\left[0{,}8 - \dfrac{1}{\sqrt{320}} ; 0{,}8 + \dfrac{1}{\sqrt{320}}\right]$, soit approximativement

0,744 ; 0,856].
28 % des poires de cet échantillon ne sont pas de premier choix, donc 1 – 28 % = 72 % des poires de cet échantillon sont de premier choix.
$72\,\% = 0{,}72 \notin [0{,}744 ; 0{,}856]$, on ne peut donc pas accepter au risque de 5 % l'hypothèse selon laquelle 80 % de la production est de premier choix.

Exercice 45

La taille de l'échantillon est 150 ; la fréquence est $f = 0,4$.

L'intervalle de fluctuation à au moins 95 % est

$\left[0,4 - \frac{1}{\sqrt{150}} ; 0,4 + \frac{1}{\sqrt{150}}\right]$, soit approximativement [0,318 ; 0,482].

La proportion des citoyens de la ville qui sont favorables à l'action du maire est dans cet intervalle au niveau de confiance 95 %.

Exercice 46

La taille de l'échantillon est 120 ; la fréquence est $f = 0,72$.

L'intervalle de fluctuation à au moins 95 % est

$\left[0,72 - \frac{1}{\sqrt{120}} ; 0,72 + \frac{1}{\sqrt{120}}\right]$, soit approximativement [0,629 ; 0,811].

La proportion des clients satisfaits de la qualité des produits est dans cet intervalle au niveau de confiance 95 %.

Savoir

1

LU ☐
SU ☐
REVU ☐

L'épreuve écrite

L'épreuve écrite se divise en deux parties. Une épreuve de compréhension composée de deux documents à partir desquels des questions vous seront posées. Elle se termine généralement par une confrontation des documents.
Ensuite vient l'épreuve d'expression écrite.

1. Méthodologie : comment aborder l'épreuve écrite ?

a) Étape 1 : compréhension générale

Lisez le texte en entier au moins une fois en repérant où l'action se passe, quand elle se passe et qui sont les personnages principaux, le thème principal. Il faut repérer / souligner / entourer / surligner les dates, les noms propres, pronoms personnels et possessifs (noms géographiques, noms de personnes).
N'oubliez pas de lire le paratexte qui vous permet de noter de précieuses informations : auteur, date, nature du document...

b) Étape 2 : compréhension détaillée

Relisez le texte en repérant :
- les actions des différents personnages et ce qui motive leur actions ;
- les verbes et formes verbales ;
- le vocabulaire qui vous est inconnu pour essayer de trouver le sens d'après le contexte.

Il existe plusieurs typologie de questions. Il faut bien les identifier pour y répondre correctement.

- *Choose the right answer.* → Choisissez la bonne réponse.
- *Say whether the following statements are TRUE or FALSE. Justify your choice by quoting from the text and give the line numbers.* → Dites si les phrases suivantes sont VRAIES ou FAUSSES, justifiez votre choix en citant le texte et en donnant le numéro de la ligne.
- *Pick out three different examples showing that...* → Choisissez trois exemples différents qui montrent que...
- *Match each element with the corresponding definition.* → Reliez chaque élément avec la définition qui lui correspond.
- *Complete the sentences by using one of the following adjectives.* → Complétez les phrases en utilisant l'un des adjectifs suivants.

c) Étape 3 : confronter les documents

La dernière partie de l'épreuve de compréhension porte sur les deux documents. Ces documents ont nécessairement un thème en commun, mais ils comportent également un point de divergence.

- *What theme do document 1 and 2 have in common?* → Quel est le thème commun à ces deux documents ?
- *Which sentence best describes the differences between the two texts?* → Quelle est la phrase qui décrit le mieux les différences entre les deux textes ?
- *Write down the two titles that correspond to both documents 1 and 2.* → Choisissez les deux titres qui conviennent aux deux documents.
- *Write down the 5 adjectives that can apply to both.* → Choisissez les 5 adjectifs qui conviennent aux deux documents.

Exemple sur le document 1

In the month of July 1947, having saved about fifty dollars from old veteran benefits, I was ready to go to the West Coast. My friend Remi Boncœur had written me a letter from San Francisco, saying I should come. [...] My aunt was all in accord with my trip to the West; she said it would do me good. [...] Folding back my comfortable home sheets for the last time one morning, I left with my canvas bag in which a few fundamental things were packed and took off for the Pacific Ocean with the fifty dollars in my pocket.

I'd been poring over maps of the United States in Paterson for months, even reading books about pioneers and savoring names like Platte and Cimarron and so on, and on the road-map was one long red line called Route 6 that led to the tip of Cape Cod clear to Ely, Nevada, and 10 there dipped down to Los Angeles. I'll just stay on 6 all the way to Ely, I said to myself and confidently started. To get to 6 I had to go up to Bear Mountain. [...] Five scattered rides took me to Bear Mountain Bridge. It began to rain in torrents when I was left off there. It was mountainous. Route 6 came over the river, wound around a traffic circle and disappeared into the wilderness. Not only was there no traffic but the rain came down in buckets and I had n° 15 shelter. I had to run under some pines to take cover; this did no good; I began crying and swearing and socking myself on the head for being such a damn fool. I was forty miles north of New York; all the way up I'd been worried about the fact that on this, my big opening day, I was only moving north instead of the so-longed-for west. Now I was stuck on my northernmost hangup. [...] 'What the hell am I doing up here?' I cursed. I cried for Chicago.

Jack Kerouac, *On the Road*, 1957.

a) Étape 1 : compréhension générale

– Les dates sont surlignées en jaune, en rose les personnages et en vert les lieux. Avec ce relevé, vous repérez, dès les trois premières lignes du document, que l'action se déroule en juillet 1947, que le narrateur est à la première personne (I/me/my), que le narrateur est en partance pour la côte ouest des États-Unis (San Francisco) probablement pour rejoindre son ami Rémi Boncœur

– En prenant connaissance du paratexte (source, date), Jack Kerouac, *On the Road*, 1957, on s'aperçoit qu'il y a un décalage entre la date de publication et la date du récit : c'est un piège à éviter lorsque la question de la date du récit vous sera posée.

b) Étape 2 : compréhension détaillée

• Repérez les formes verbales

Dans le document vous pouvez repérer les phrases suivantes :

– ... **I left** *with my canvas bag in which a few fundamental things* ***were packed*** *and* ***took off*** *for the Pacific Ocean with the fifty dollars in my pocket...*

– ... ***I'd been poring*** *over maps of the United States in Paterson for months, even* ***reading*** *books about pioneers and* ***savoring*** *names like Platte*

– ...*Five scattered rides* ***took me to*** *Bear Mountain Bridge*.

Ces verbes nous indiquent tout ce que le narrateur a entrepris/fait jusqu'à son arrivée à Bear Mountain bridge.

I left → j'ai quitté – *a few things were packed* → quelques affaires avaient été emportées
I'd been poring over... → J'avais passé du temps à étudier des cartes
Reading books about pioneers → à lire des livres sur les pionniers
savoring names like Platte → à me régaler de noms comme Platte.
... *took me to Bear Mountain Bridge* → me conduisirent jusqu'à Bear Mountain Bridge

ANGLAIS

- **Aborder le vocabulaire difficile**

– Quand le vocabulaire est inconnu, il faut essayer d'en déduire le sens :

EX 1 : *I'd been poring over* ***maps****.*

– Si on comprend le mot *maps* (cartes routières) on peut penser que le narrateur n'a guère pu faire autre chose que de les regarder. Par conséquent, on en déduit que *to pore over something* est proche du verbe regarder. (définition du dictionnaire : étudier de près.)

EX 2 : *I began crying and swearing and* ***socking*** *myself on the head for being such a* ***damn fool***

– Si l'on comprend le verbe *crying* (pleurer) et *swearing* (jurer, proférer des jurons), on peut facilement imaginer que *socking myself on the head* ne peut être qu'une action liée au désespoir du narrateur; on peut donc en déduire qu'il se frappe la tête de dépit.
Le verbe *sock* signifie (définition du dictionnaire) : « flanquer un gnon » (registre familier).
Attention, certains mots peuvent être pris pour des verbes.
Par exemple, *five scattered* ***rides*** *took me to Bear Mountain Bridge*. Ici ***rides*** est un nom, sujet du verbe *took*.

Exemple sur le document 2

The three Alaskans dynamited the offending stick dams and drained the ponds. Then they motored onward, up a rocky creek bed and through dense alder thickets. It was late afternoon by the time they finally arrived at the bus. When they got there, according to Thompson, they found "a guy and a girl from Anchorage standing fifty feet away, looking kinda spooked." ...Handwritten in neat block letters on a page torn from a novel by Nikolay Gogol, it read:

S.O.S. I NEED YOUR HELP. I AM INJURED, NEAR DEATH, AND TOO WEAK TO HIKE OUT OF HERE. I AM ALL ALONE, THIS IS NO JOKE. IN THE NAME OF GOD, PLEASE REMAIN TO SAVE ME. I AM OUT COLLECTING BERRIES CLOSE BY AND SHALL RETURN THIS EVENING. THANK YOU, CHRIS MCCANDLESS. AUGUST?

McCandless's signature had been penned at the bottom of the SOS note, and the photos, when developed, included many self-portraits. But because he had been carrying no identification, the authorities didn't know who he was, where he was from, or why he was there.

Excepted from Jon Krakauer, *Into the Wild* by, 1996.

c) Étape 3 : confronter les deux documents

Les documents 1 et 2 ont un thème en commun : le voyage initiatique aux États-Unis. Dans le document 1, le héros est découragé mais vivant alors que le héros du document 2 a trouvé la mort au bout de son périple en solitaire.

2. Méthodologie : expression écrite

a) Des textes de nature différente

On pourra vous demander de produire :
– un texte narratif (une lettre / une suite à l'histoire / un dialogue / d'une conversation entre deux personnages / un article de journal)
– un texte argumentatif. Vous devez défendre un point de vue : problématiques possibles (toujours en lien avec les documents proposés).

EXEMPLES DE PROBLÉMATIQUES

a. *Would you leave your home and friends with 50 dollars in your pocket to explore the world?*
b. *Do you think human beings can survive all by themselves?*

ANGLAIS

b) Comment rédiger un texte narratif ?

– Si c'est une lettre, le texte doit respecter la mise en page d'une lettre avec les formules de salutation d'usage.
– Si c'est un dialogue, il faut veiller dans votre texte à poser des questions et à y répondre.
– S'il s'agit d'imaginer une suite à l'histoire, il faut utiliser les temps grammaticaux qui conviennent. Le temps de la narration en anglais est généralement le prétérit. Veillez à respecter la tonalité du texte, évitez les anachronismes (pas de téléphone portable avant les années 1995, etc.).

c) Comment rédiger un texte argumentatif

– Il faudra obligatoirement une introduction, un développement en deux ou trois parties et une conclusion.
– Le développement doit être organisé : vos idées doivent s'enchaîner, pour cela utilisez des connecteurs logiques, donnez des exemples.
– Dans la conclusion, vous récapitulez l'essentiel de ce qui a été écrit afin de faire avancer la réflexion en amorçant des pistes encore inexplorées.

EXEMPLE À PARTIR DU SUJET : ***Would you leave your home and friends with 50 dollars in your pocket to explore the world?***

Introduction

Young people usually want to experience life abroad after graduating from high school. Yet, they do not realize that leaving home is no easy task as it requires a lot of self – assurance and an ability to adapt to a new environment, a new culture.
First, I will examine the advantages of travelling abroad at a young age, and second, I will have a closer look at some of the mishaps and hurdles that can make life more difficult than expected.

Développement

In favour
– Socializing: meeting new people can be fun and rewarding.
– Getting acquainted with new habits is eye opening.
– Travelling on your own builds up your character.

Against
– You might meet dangerous people/be the victim of prejudices.
– You can be homesick/have troubles adapting to the local food.
– You may find it difficult to communicate with the local population (language barrier).

– You might be the victim of prejudices.
Indeed, an American friend of mine spent six months in France and she had a hard time getting used to being told all the time that Americans spent all their time at Mc Donald's.
She was extremely upset because she's a vegan.

– Travelling on your own builds up your character.
Once I found myself in a deserted train station in the middle of the night; I was scared to death but I had to find my way to the hotel. For some reason, I managed to pull myself together that I could do it. It was a real turning point, I was a grown up at last!

Conclusion

There is no straight answer to this question; some people are nurtured by their travel experience, other find it disheartening and cannot cope with the cultural gap they come across.

L'épreuve orale (1re partie)

LU ☐
SU ☐
REVU ☐

L'épreuve a lieu en cours d'apprentissage, ce qui signifie que vous serez évalué en cours d'année de terminale, vers le mois de mars dans votre établissement.

1. Comment l'épreuve se déroule-t-elle ?

– L'épreuve consiste en trois écoutes d'un document audio en langue anglaise ou en trois visionnages d'un document vidéo en langue anglaise d'une longueur d'1 minute 30.
– Pendant l'écoute ou le visionnage, vous devez prendre des notes dans la langue de votre choix.
– Chaque écoute est suivie d'une pause de 2 minutes, temps que vous devez utiliser pour rassembler et compléter vos idées.
– Après les trois écoutes/visionnages, il vous reste environ 15 minutes pour rédiger un compte rendu du document en français.
Pour vous aider, le document est présenté avec un titre qui doit vous permettre d'anticiper sur son thème.

2. Comment se préparer à cette épreuve ?

– Votre oreille doit s'habituer à tous les accents rencontrés dans les pays anglophones. Cela passe par l'écoute et le visionnage de films en version originale. Grâce à internet vous avez accès à des documents sonores authentiques récents.
– La compréhension passe également par la pratique de la langue: un mot que vous utilisez est un mot que vous comprenez.
– Le compte rendu de l'écoute étant en français, il faut veiller à ne pas mélanger les deux langues.

3. Méthodologie de la compréhension orale

a) Comment prendre des notes

– Soyez extrêmement concentré sur l'écoute pour éviter les contre-sens.

EX.: *Mark Obama's autobiography.*

L'anticipation vous permet de savoir de qui va parler le document : *Mark Obama* (un membre de la famille du Président des États-Unis) et de repérer le genre : une autobiographie, ce qui signifie qu'il va parler de son enfance, de ses parents, de ses souvenirs personnels qui seront présentés de façon chronologique. Il ne s'agit en aucun cas de raconter la vie de Barack Obama.
– Évitez de rédiger des phrases complètes.
– Notez les noms propres, les chiffres dès que vous les repérez à l'écoute.
– Lors de la dernière écoute vous devez savoir à quoi ces noms et chiffres se rapportent.

Conseils

- Utilisez des stylos de couleurs différentes correspondant à chaque écoute.
- Prenez vos notes en divisant votre feuille de brouillon en trois parties : début / milieu / fin.

L'épreuve orale (2e partie)

LU ☐
SU ☐
REVU ☐

Vous devrez tirer au sort une des 4 notions au programme et vous en rendrez compte à l'oral pendant 10 minutes.

1. Comment l'épreuve se déroule-t-elle ?

L'épreuve dure 20 minutes en tout : 10 minutes de préparation et 10 minutes de passage devant l'examinateur.
À l'issue des 10 minutes de préparation, l'épreuve elle-même est divisée en 2 temps :
– 5 minutes d'exposé de votre notion problématisée,
– 5 minutes en interaction avec l'examinateur.

2. Comment se préparer à cette épreuve ?

– Pendant les 10 minutes de préparation, vous mettez au clair la problématique concernant la notion dont vous allez parler. Soyez confiant, vous connaissez la problématique que vous allez exposer.
– Notez au brouillon un plan cohérent et pensez à citer les documents étudiés en cours.

3. Un exemple

a) Introduction possible

The notion I will talk about today is heroes and myths. Let me define what a hero is. In my eyes, a hero is someone that people admire. It can be somebody famous or somebody who is not famous at all. A hero can also be a real person like Mother Teresa or a fictitious character such as Wonderwoman.

b) Problématique choisie

Now I want to discuss the following theme: Do we need heroes whatever our age? Or do we especially need heroes when we grow up?

c) Début de développement

First, I strongly believe that we have more heroes when we are little. As we saw in class when studying "Road to Perdition", the little boy looks up to his father. What is interesting here is that the father is a hitman, a killer who works for the mafia. The boy understands at a later stage what type of job his father has... In this document, on the trailer we can see 'Every father is a hero to his son"...
We may wonder if it is true especially when fathers are killers. But may be the father has redeeming qualities...
Second, I know myself that I strongly admire my swimming instructor. She won many medals and she makes me want to improve myself. Physically she is strong and self-confident and she can be trusted. In a second document we studied there was this young girl who started doing charity work...

d) Exemple de conclusion possible

As I said our heroes do help us grow up. But once we are grown-up, we still admire football players or brave women and men. However they play a lesser role in our life...

Conseils

Que devez-vous retenir de ce que vous venez de lire ?
- **Toujours avoir un plan.**

Votre présentation orale est organisée: *The notion... Let me define / Let us define / Let me give a definition...*
- **Puis vous annoncez votre problématique :** *I would like to ask the following question...*
- **Montrez que vous avez préparé votre oral.**

Mythes et héros

LU ☐
SU ☐
REVU ☐

Un héros / une héroïne peut être soit une personne d'un grand courage, d'une grande bravoure, soit le personnage d'une histoire, d'un film, d'un livre qui se distingue par ses actions.

1. Qui sont les héros ?

- Le héros dépasse la condition humaine par des hauts faits moraux ou physiques. C'est la raison pour laquelle nous applaudissons les sportifs et les sportives qui accomplissent des exploits physiques qui nous éblouissent.
- Notre admiration va aussi à des hommes ou des femmes qui s'engagent dans une lutte par conviction, pour le bien de l'humanité, dans un complet désintéressement au risque même d'en mourir. Cet éblouissement, cette admiration sont semblables aux sentiments éprouvés pour les personnages des mythes comme Ulysse, David avec Goliath qui ont des dons de force, de rapidité, de courage, de ruse, etc.
- Aujourd'hui, nos héros s'appellent Nelson Mandela, Rosa Parks ou encore Malala Yousafzai. Leur courage, leur abnégation forcent notre admiration et nous invitent à leur ressembler.

2. Quelques expressions pour parler des héros

a) Generality

– *A man distinguished by exceptional courage, nobility, fortitude, etc.*
– *A man who is idealized for possessing superior qualities in any field.*

b) To worship heroes

– *The chief character in a book, play, or film, who is typically identified with good qualities, and with whom the reader is expected to sympathize.*
– *Heroes are heroic. They help saving people or society from villains or natural disasters, like Superman or Batman.*

c) Extraordinary achievements

– *To be regarded/considered as a model, an example, a hero…*
– *To achieve something great, unbelievable, a real feat…*

3. Quelques problématiques liées à la notion de héros

– *A child needs models to grow up: Heroes are essential to grow up.*
– *How can heroes and myths change our life?*
– *Can we do without heroes?*
– *Do we always have the same heroes or do we get rid of our childhood's heroes?*
– *Do heroes change the course of history?*
– *Why does society create myths and heroes?*
– *Are there not national heroes and international heroes?*

4. Méthodologie : exemple guidé

La lecture amène nécessairement le lecteur à se poser des questions, et c'est le but. Ici, par exemple, le lecteur doit tout d'abord comprendre les liens qui existent entre les protagonistes, dont le narrateur/trice fait partie ici et joue un rôle fondamental.

From embarrassment to admiration

The next day, **Mama** comes to pick **me** up on her way home. [...] Her hair is particularly poofy, with the hairpiece done in this cascade of waves. She has that anything-can-happen Saturday afternoon look and her arm is propped on the partially rolled-down window with a cigarette dangling between her fingers. **Mrs. Williams** comes out of the house, wiping her hands on a dishtowel, and walks to the end of the driveway to be polite. [...]

Mrs. Williams says, Oh **Mrs. Walker**, your hair always looks so pretty.

Mama smiles generously. Thank you, darling, she purrs. You don't know what I go through to get it like this! I only have three hairs on my entire head, you know – the whole thing is done with mirrors.

Mama loves to put herself down when she's feeling all superior to someone. It's how you can tell something is coming. She lifts up her sunglasses and then French-inhales while she stares at Mrs. Williams' hair. This is the first time I notice how oily and stringy it is. It has no luster to it whatsoever. It looks like the kind of hair that if you sniffed it, it would just smell too human to bear.

Mama says, You know, **Antoinette**, you really ought to get yourself on over to the House of Beauty. Talk to **Jeannine**. She's my girl. Tell her I sent you.

Rebecca Wells, *From Little Altars Everywhere*, 1992.

a) Compréhension générale : *Who? Where? When? What?*

– *Who?* : les personnages

Repérage : *Mama* et *me* (l. 1); Mrs Williams (l.4-5) ; Mrs Walker (l. 7) ; Antoinette (l. 16) ; Jeannine (l. 17).

Une première indication : *Me* est le narrateur ou la narratrice.

Une deuxième indication : on comprend que *Mrs Walker*, c'est *Mama* (*Mama smiles generously* (l.6)).

Une troisième indication : on comprend que Jeannine est *my girl* de *House of Beauty* donc une coiffeuse.

– *What?* : le sujet du dialogue

Un mot ou un champ lexical éclaire sur les deux personnages principaux.

Mrs Walker / Mama: *hair, hairpiece* (l. 2); *cascade of waves* (l. 2); *your hair looks pretty* (l. 7); *three hairs* (l. 9).

Mrs Williams/Antoinette: *dishtowel* (l. 5); *Mrs Williams'hair* (l. 13); *oily and stringy* (l. 13-14).

b) Compréhension détaillée

Les adjectifs décrivent les deux personnages ou les adverbes et les verbes utilisés par le narrateur.

En rouge : Mama est décrite comme *superior* avec *sunglasses* et qui fume à la manière de *french inhale.*

Conclusion : les deux personnages féminins sont très différents.

c) À quelle(s) notion(s) ce texte peut-il être associé ?

d) Proposition d'élargissement sur la notion à partir du texte

– To which extent can we say that Mama is a heroine?

– Is telling the truth a quality required to be a hero or heroine?

– Is being good-looking necessary to be a hero?

e) Pour conclure

There are no real heroines here.

Remarque

Les documents ne traitent pas toujours directement de l'une des 4 notions.

Le progrès

LU ☐ SU ☐ REVU ☐

La notion de progrès est une idée moderne que l'on pense souvent en lien avec la révolution industrielle.

1. Qu'est ce que le progrès ?

- Si nous nous accordons à dire que le progrès est l'action d'aller vers l'avant, de s'accroître (*a movement toward a goal or to a further or higher stage*), d'être meilleur (*to get better*), c'est souvent dans les domaines techniques, technologiques, médicaux (*it is often applied to technical, medical fields*) que nous l'appliquons ou l'évoquons.
- Pourtant le terme peut être pensé pour décrire une amélioration dans la société (*the notion can also describe a more equal society*) dans le sens où il y a plus d'égalité, de bonheur soit parce que les régimes politiques (*political regimes*) sont plus démocratiques, soit qu'il y a une meilleure répartition des richesses (*a better distribution of wealth*), soit qu'il y a accès à la connaissance (*an access to education*).
- Le progrès étant lié à l'économie et à la science, il est quantifiable car l'amélioration des techniques de production entraîne une avancée sociétale.
- Alors, la conclusion qui semble s'imposer (*the conclusion is self-evident*), c'est d'un côté (*on the one hand*) que le progrès technique entraîne une amélioration de nos conditions de vie et de l'autre (*on the other hand*), une amélioration liée à un accès à l'éducation, à la connaissance qui nous permet d'embrasser (*to embrace the world from a more sensible point of view*) le monde d'un point de vue plus rationnel. Par conséquent, cela nous donne la capacité de mieux comprendre les désastres naturels et humains et d'essayer d'y remédier.

2. Quelques expressions pour parler du progrès

– Developmental activity in science, technology, etc., especially with reference to the commercial opportunities created thereby or to the promotion of the material well-being of the public through the goods, techniques, or facilities created.
– Advancement in general.
– Growth or development; continuous improvement:
– He shows progress in his muscular coordination.
– The development of an individual or society in a direction considered more beneficial than and superior to the previous level.

3. Méthodologie : exemple guidé

[Part 1]

'We can't breathe': Eric Garner's protesters use his last words in anger

The Guardian,
Thursday 4 December 2014.

PROTESTS IN NEW YORK OVER THE DANIEL PANTALEO GRAND JURY DECISION

The last words of Eric Garner became the rallying cry for protests that swirled in New York after a grand jury refused to indict a police officer who placed the unarmed black man in a chokehold, reigniting racial tensions that have been simmering for months in the US.

"I can't breathe," protesters chanted, in mostly peaceful demonstrations that brought longstanding strains over race to the heart of America's most populous city. Earlier in the day, prosecutors announced the jury's decision not to charge Daniel Pantaleo, one of the New York police department officers who had confronted Garner for selling loose cigarettes on Staten Island in July. /...

/...

[Part 2]

The protesters' anger echoed the tensions in Ferguson, Missouri, the scene of violence and rioting after another grand jury declined to bring charges against a white police office in the killing of Michael Brown, an unarmed black teenager suspected of robbing a convenience store. His death sparked hundreds of protests across the country and snapped into focus seething race issues.

Garner, who was black, died in July after being put in a chokehold by Pantaleo. Police had stopped the heavy-set father of six on suspicion of selling untaxed "loose" cigarettes. Garner had been arrested previously for selling untaxed cigarettes, marijuana possession and false impersonation.

A video shot by a bystander shows Garner resisting arrest as a plainclothes officer attempts to handcuff him. Backing away from the officer, Garner tells him: "This stops today," which has become a rallying cry for protesters in New York. After a struggle during which Garner is wrestled to the ground by several officers, he gasps "I can't breathe" until his 350lb body goes limp.

Barack Obama, criticised for his response to unrest in Ferguson, suggested the Garner case had reaffirmed his determination to ensure all Americans are treated equally in the criminal justice system.

a) Compréhension générale

– ***What?* : le sujet du texte**

Comme nous abordons un article de presse, nous commençons par examiner le titre.
Dans le titre, on observe des guillemets. On peut en déduire que les manifestants ont repris la phrase d'Eric Garner en transformant le « *I* » en « *we* ».
Avant le début de l'article, on trouve des indications sur le journal *The Guardian* et la date de parution.
Questions à se poser après ce premier repérage :

→ *Who is Eric Garner?*
→ *Who are the protesters?*
→ *What is the meaning of "We can't breathe"?*

– ***Who?* : les personnes impliquées**

Repérez les personnes citées dans le texte : *Daniel Pantaleo, Eric Garner, one of the New York Department police officers, the grand jury, prosecutors, an unarmed black man, protesters.*

b) Compréhension détaillée

– La liste de protagonistes vous permet de connaître toute l'histoire :

Eric Garner is an unarmed black man who was arrested by one police officer from the New York Department, Daniel Pantaleo. The grand jury in a court or tribunal decided that Daniel Pantaleo had not discriminated against Eric Garner, a black man.

– Il faut maintenant chercher les raisons de l'arrestation et ce que veut dire "*We can't breathe*".
Collectez les termes qui appartiennent à la même thématique : *reigniting racial tensions, Strains over race.*
– Vous avez le sujet de l'article : la persistance de la discrimination raciale aux États-Unis au XXIe siècle au sein de la police et du système judiciaire.
– Quels autres événements signalent une discrimination raciale ?

c) À quelle(s) notion(s) ce texte peut-il être rattaché ?

Lieux et formes de pouvoir

LU ☐
SU ☐
REVU ☐

La notion « Lieux et formes de pouvoir » peut englober de nombreux thèmes. Il faut aussi définir le type de pouvoir : politique, économique, ou/et culturel.

1. Les lieux du pouvoir

Le pouvoir s'exerce dans de nombreux lieux :
– les institutions politiques (Congrès, Parlement, etc.)
– la rue (rôle des manifestations, grèves)
– une salle de rédaction d'un journal, la télévision.
– internet par les tweets ou les blogs.
– les livres aussi dans une autre mesure.

2. Les formes de pouvoirs

– Le pouvoir, c'est la capacité de certain(e)s à être écouté : Martin Luther King, Mandela, Sœur Theresa, etc.
Quelles qualités sont nécessaires pour avoir le pouvoir de convaincre ?
– Le pouvoir, c'est aussi le savoir, la connaissance : les spécialistes, universitaires, savants diplômés possèdent des arguments pour questionner, mettre en doute, faire réfléchir.

3. À tout pouvoir, il y a un contre-pouvoir

Le champ est vaste, aussi vous devez vous poser des questions à chaque document que vous étudiez.

Power can be political, economic or cultural. Of course, we are very much aware that we entrust power to our representatives when we vote. They represent the people. However, there are countries where you cannot vote or not everybody has the right to vote. Think of North Korea or the USA in the 1960s or South Africa. When people are not citizens, their political regime is a dictatorship or a totalitarian regime. But people can also fight to gain power. This is what happened with Mandela who was imprisoned for 27 years and in 1994 was elected president of South Africa. People protested also against the Vietnam war and in the civil rights movement alongside people like MLT, Rosa Parks, or Mr Young or Harry Bellafonte.
In the newsroom, journalists are there to inform people to make sure that they are not taken for a ride. The press, TV, the internet now play a major role in informing us rapidly and exposing flaws or twisted deals between politicians and business people.
So power and where it is exercised is a large topic that needs to be understood and analysed.

4. Quelques expressions pour parler des lieux et formes de pouvoir

– *Censorship versus freedom*
– *News media: the death of the American newspaper; the birth of new interactive ways and means of exchanging.*
– *Political regimes: democracy, dictatorship, etc.*
– *Readers are gullible, naïve, informed, credulous, candid, aware.*
– *The coming of news websites.*
– *Exercising your right to voice your opinion on the comment box.*
– *People can put pressure on politicians. They can struggle, threaten decisions to secure freedom.*
– *Opinions are valuable/valueless or worthwhile/worthless or meaningful/meaningless or pointless or insignificant.*

5. Méthodologie : exemple guidé

Avant d'aborder un texte, rappelez-vous :
– Toutes les informations ne sont pas de même importance.

– Chaque paragraphe forme un tout.
– Questionnez la fonction des informations données.

And there is also the question of space, Yola broods, studying the new girl as she makes her way past the men's caravan and up the field. Although there are more women than men, the women's caravan is the smaller. [...] that you might tow behind when you go off on holiday to the Baltic. Yola, as the supervisor, is a person of status, and although petite she is generously proportioned, so naturally she has a single bunk to herself. Marta, her niece, has the other single bunk. The two Chinese girls – Yola can never get the hang of their names – share the fold-out double bed, which, when extended takes up the whole floor space. That's it. There is no room for anyone else.

The four of them have done their best to make their caravan seem bright and homely. The Chinese girls have stuck pictures of baby animals and David Beckham on the walls. Marta has stuck a picture of the Black Virgin of Krakow beside David Beckham. Yola, who likes things to smell nice, has set a bunch of wild flowers in a cup, hedge roses, campion and white-gold honeysuckle, to sweeten the air. [...].

Yola likes things to be neat. The four women have become skilled at avoiding each other, skirting around each other in the small space with womanly delicacy, unlike men, who are defective creatures prone to be clumsy and take up unnecessary room, though of course they can't help it and they do have some good points, which she will tell you about later.

This new girl – she skips straight up to the caravan and drops her bag down right in the middle of the floor. She has come from Kiev, she says, looking around her with a smile on her face. Irina is her name. She looks tired and disheveled with a faint whiff of chip fat about her. Where does she think she is going to keep that bag? Where does she think she's going to sleep? What does she have to smile about? That's what Yola wants to know.

Extracted from Marina Lewycka, *Two Caravans*, 2007.

a) Compréhension globale

– *Who? Where? When?*

– 1er contresens à éviter : les mots *caravan* et *holiday* peuvent être trompeurs. En réalité il s'agit d'un habitat de fortune où de nombreuses nationalités sont mélangées et où les hommes et les femmes sont séparées.

– 2e contresens à éviter : le mot *Baltic* nous donne des indications sur la région d'origine de Yola et Marta.

b) Ce que vous devez retenir du texte

Vous devez aboutir à la conclusion que les personnages sont des migrants, peut-être clandestins. Même si le nom du Royaume-Uni n'apparaît pas, l'indice de David Beckham, répété à deux reprises, n'est pas une coïncidence.

Vous devez choisir une problématique en relation avec les 4 notions. Le thème « espace et échange » est le plus évident mais pas le seul.

Voici quelques questions possibles pour problématiser :

– *What makes people leave their country?*
– *Is it always for economic reasons?*
– *Are they welcome when they arrive?*
– *What is the UK's point of view regarding immigration?*
– *Is hierarchy legitimate among immigrants? Yola is the supervisor: she has more power.*
– *What makes the other women accept Yola's domination?*
– *Why is the UK an attractive destination for immigrants?*
– *Can we speak of a British dream?*

Espace et échange

LU ☐
SU ☐
REVU ☐

La notion d'espace et échange évoque autant les mouvements migratoires, que les étudiants qui prennent une année sabbatique. Il s'agit donc de tous les thèmes en lien avec les voyages, les déplacements de personne et/ou de marchandises, en un mot la mondialisation. Mais les échanges peuvent aussi être pensés par l'intermédiaire d'internet. Les déplacements ici ne sont plus réels mais virtuels.

1. Quelles raisons aux déplacements des hommes et des marchandises ?

- De tout temps, les hommes ont quitté leur village, région, pays. Il y a ceux qui sont partis de leur plein gré, pour visiter, explorer un autre pays. Et il y a ceux et celles qui sont forcés de partir. La guerre, la révolution, la misère ou la persécution religieuse peuvent amener des hommes à tout quitter pour trouver une meilleure situation ailleurs. C'est le cas des nombreux Syriens, Erythréens qui fuient la guerre ou la dictature. Ou encore, les migrants qui quittent d'autres régions d'Afrique pour l'Europe espérant de meilleures conditions de vie.
- Dans un tout autre domaine, l'échange de marchandises et de services amène les hommes à se côtoyer et à mieux se connaître. La mondialisation a accentué un processus qui a toujours existé et l'usage d'internet et des téléphones portables semblent avoir réduit les distances et l'étranger.
- Les déplacements qu'ils soient réels ou virtuels grâce aux nouvelles technologies sont très nombreux.

2. Quelques expressions pour évoquer les déplacements virtuels et réels

- *People travel abroad or to a foreign country to get to know a different culture, a foreign language.*
- *People might decide to leave their fatherland or native country to escape political or religious persecutions.*
- *People might have to pay a smuggler to get into a country illegally.*
- *People might believe in the American Dream or the French Dream and cross the Mediterranean Sea at the cost of their life. They might be willing to die for an ideal to fulfill their dream of a better life in a richer country.*
- *Exchanges of services or goods have become global or globalized but it is far from being recent.*

3) Quelques problématiques

– Migrating to a different country is no easy decision to make : you do not know the language, you leave your family and friends behind.

→ So why do people take so many risks?

– Exchanging with China or developing countries is mostly done at the expense of the poorest. So trading is based on unfair principles.

→ Should we keep promoting it as the WTO does?

– Asylum seekers are forced to leave their country if they do not want to die. But it might traumatized them all their life.

→ Should totalitarian political regimes be erased so as to prevent asylum seekers?

4. Méthodologie : exemple guidé

October 22, 2011

A Silicon Valley School That Doesn't Compute

By MATT RICHTEL

LOS ALTOS, Calif. – The chief technology officer of eBay sends his children to a nine-classroom school here. So do employees of Silicon Valley giants like Google, Apple, Yahoo and Hewlett-Packard.

But the school's chief teaching tools are anything but high-tech: pens and paper, knitting needles and, occasionally, mud. Not a computer to be found. No screens at all. They are not allowed in the classroom, and the school even frowns on their use at home.

a) Compréhension

- On étudie le paratexte du texte : source, date, titre.
- On peut en conclure qu'il s'agit d'un article de presse qui aborde un sujet d'actualité.
- Que peut on déduire à partir du titre *"A Silicon Valley School That Doesn't Compute"* ?

– It's about a school in the Silicon Valley (California, US).
– It might be about computers as we recognize the word "compute".
– A school that doesn't compute might be a school without computers. You will check if it's true or not by reading the article.

- Silicon Valley fait référence au berceau emblématique de la nouvelle technologie.

Ici un paradoxe doit vous sauter aux yeux : comment le temple de la nouvelle technologie peut-il abriter des écoles sans technologie ?
Dans le cas présent vous vous apercevrez que la thématique entière de l'article se trouve résumée dans le titre.

- On vérifie l'hypothèse trouvée d'après le titre.

b) Conclusion

- Une notion possible pour ce texte est celle du progrès.
- Une problématique possible :

→ *Are computers a tool to improve education? Or do new technologies represent progress?*

LES PRINCIPAUX MOTS DE LIAISON

EXPRIMER LE DÉBUT, LA FIN, LA CONTINUITÉ

- **As long as:** *du moment que*
  (As long as you call me back within 3 days : *du moment que vous me rappelez...*)
- **At the same time (as):** *en même temps que*
- **Every time:** *à chaque fois que...*
- **Since:** depuis
  (We have been marketing this product **since** 2011. : *Nous commercialisons ce produit depuis 2011.*)
- **The first / second / next / last time:** *la première / deuxième /prochaine /dernière fois*
- **Whenever**: *quand vous voulez / à n'importe quel moment*
- **While**: *tandis que*
- **By the time:** *le temps que...*
  (By the time you think it over, the product may be sold out.: *Le temps que vous réfléchissiez, il se peut que le produit ne soit plus disponible.*)
- **Until**: *jusqu'à*
- **At first:** *tout d'abord*
- **Meanwhile**: *pendant ce temps là*
- **Eventually :** *en fin de compte, finalement, enfin*
- **As soon as**: *aussitôt que/dès que*
- **Following**: *suite à* (**following** our conversation)
- **Then / Next:** *ensuite*
- **First:** *premièrement, tout d'abord*
- **To begin:** pour commencer
- **Second / Secondly:** *ensuite, deuxièmement*
- **Third/ Thirdly/ Finally/ Last/Lastly**

CONCLUSION

- **So :** *donc / par conséquent*
- **In conclusion / to conclude:** en conclusion, pour conclure

CONTRASTE / CONCESSION

- **But:** *mais*
- **Yet:** *pourtant*
- **Although / Even though :** *bien que*
- **Despite / In spite of:** *malgré (+nom)*
- **Instead of:** *au lieu de*
- **Whereas:** *alors que*
- **While:** *tandis que*
- **By comparison:** *en comparaison*
  (ex: **by comparison** the price on the internet in much lower)
- **However:** *cependant*
- **In contrast:** *par opposition*
- **Nevertheless / Nonetheless:** *néanmoins*
- **On the contrary:** *au contraire*
- **On the one hand / on the other hand:** *d'une part/d'autre part*
- **Otherwise**: *autrement, sinon*

SIMILITUDE

- **Neither... nor :** *ni... ni*
- **Either... or:** *soit... soit... (ou bien... ou bien)*
- **In other words:** *en d'autres termes, autrement dit*
- **Likewise:** *de la même manière/façon*

ILLUSTRER PAR DES EXEMPLES

- **Besides**: *d'ailleurs*
- **Furthermore / Moreover / In addition** : *de plus*
- **For instance / for example**: *par exemple*
- **Such as**: *tel que*

CAUSE

- **Because of:** *à cause de*
- **Thanks to :** *grâce à*
- **In order to... :** *de manière à*

CONSÉQUENCE

- **Accordingly / Consequently / As a result** : *en conséquence (de quoi)*
- **Therefore**: *par conséquent*
- **Thus**: *ainsi*

CONDITION

- **Even if**: *même si*
- **In case**: *au cas où*
- **Provided that / Providing**: *du moment que*
- **Unless** : *à moins que*

D'AUTRES EXPRESSIONS À L'ORAL

- **By the way**: *au fait*
- **Actually**: *en réalité*
- **To be frank / to be honest**: *pour être franc*
- **In a nutshell**: *en bref, en résumé*
- **As a matter of fact**: *d'ailleurs*
- **If I understand well/ If I get it right:** *si je comprends bien*

POUR ÉVITER LES BLANCS...

- **well...**
- **you know...**
- **let me think...**
- **I mean...**

Sujet du bac

Document 1

Thor actress teams with Marvel on new contest to connect girls with the most successful women in science, technology, engineering and mathematics

To celebrate the new Thor sequel coming out in November 2013, Marvel and Natalie Portman have partnered on a fantastic initiative/contest designed to inspire young girls to consider future careers in science. Titled the 'Ultimate Mentor Adventure,' the project aims to "empower girls ages 14 and up in grades 9-12 to embark on a journey that will allow them to explore their 5 potential in the world of STEM: Science, Technology, Engineering and Mathematics."

Portman, who plays astrophysicist Jane Foster in the Thor films, says in a short video that she loves science. "Today, I'm here to tell you about a life-changing opportunity for girls like you. Marvel has created a program that will give you a chance to explore science, meet amazing scientists and mentors, and even get some time in front of the camera yourself." 10 Entries will be accepted through Oct. 20. Jump here to learn more and apply!

TO ENTER:

STEP 1: Download, Complete, and Submit Your Form.

STEP 2: Go On Your Own Hometown Mentor Adventure!

Interview a successful woman working in a STEM field in your hometown. This is your chance to go out into the real world and ask successful women in STEM fields about what they do, how they got where they are today, and how you might follow in their footsteps.

STEP 3: Create a Video About Yourself.

Next, create a 5-minute, unedited video of yourself so that we can learn a little about you! You may use a Smartphone, computer, tablet, or a camera to make your video. Tell us about your interview. Whom did you meet? What does she do? How is her career related to STEM? What inspired you?

STEP 4: Upload your video.

Finalists of MARVEL's THOR: The Dark World: ULTIMATE MENTOR ADVENTURE will be notified by Thursday, October 24, 2013. Each winner and one legal guardian will travel to Los Angeles, California on or about Sunday, November 3, 2013 and will return home on or about Saturday, November 9, 2013 (the "Trip"). All winners must be available to travel to Los Angeles during this period and must be available to participate in the premiere screening of the MARVEL's THOR: The Dark World ULTIMATE MENTOR ADVENTURE documentary short at 4:20 PM on November 8, 2013. Questions? Click Here.

Adapted from: http://www.mnn.com/green-tech/
Wed, Oct 02 2013 at 12:42 PM

ANGLAIS

Document 2

Brian Cox says TV shows inspire a new generation of children to study science

Presenter cites BBC series as a big factor in the popularity of biology and physics

By Daniel Boffey (Policy Editor) He conquered the pop charts with 1990s band D:Ream, explained the intricacies of gravity to a confused nation and even appeared in a magazine list of the sexiest men alive. Now Professor Brian Cox, one of the BBC's star turns, has laid claim to a new achievement: inspiring a generation of children to take up biology, chemistry and
physics in school.

In an interview in the Observer Magazine, Cox – who has been a ubiquitous présence on the BBC in recent years – says he believes there can be little doubt that science on television has been a factor in an upward trend in the number of children taking up the subjects at GCSE and A-levels.

Cox said he believed that the series of science programmes, including his Wonders of the Solar System, aired during the BBC's year of science in 2010, had had a major impact.

In 2012, there was a 36.1% increase in the number of students doing GCSE science exams, compared with the previous year. Biology and chemistry were two of the three A-level subjects, including ICT, where attainment rates at A*/A3 rose in 2012.

Cox, who is currently filming a new show about man's growing understanding of the universe, said: "It's kind of obvious when you think about it. A public service broadcaster in my view is part of the education system, as it does change behaviour."

"I think the year of science did that. There has been an upswing in the number of students applying to university to do scientific subjects. It's difficult to say why, as there are many factors. It's important to say that. But one of the factors is the popularity of science on television."

The presenter and academic, a graduate of Manchester University who is regarded by many as the BBC's successor to David Attenborough, said the success of the programmes in 2010 had also made it easier than ever to pitch science to channel controllers.

The Observer, 05.05.13

I. COMPRÉHENSION DE L'ÉCRIT

Documents 1 and 2

A. Choose the right answer.

Both documents are about :

1) girls choosing scientific studies.

2) famous people promoting science.

3) criticising the entertainment industry.

Document 1

B. Match each element with the corresponding definition from the following list. Some definitions will not be used.

a scientist in a film – a media corporation – a competition – a film – a science laboratory – an actress – a film director

1) Thor: ....

2) Ultimate Mentor Adventure: ....

3) Natalie Portman: ....

4) Jane Foster: ....

C. The people who enter the competition.

1) Who are they? Pick out the three necessary conditions to enter the competition.

2) What do they have to do? Complete the following summary with words from

Document 1 (one blank = one word).
To participate, the applicants must :

a) fill in and send a .... on-line;

b) make a .... which should contain information about the .... they did with a famous .... who works in the domain of ....

D. What is the prize of the competition? (2 elements).

Document 2

E. Copy the following table onto your paper and complete it.

NAME	Brian Cox
AGE	–
PLACE OF STUDY	–
JOBS IN THREE DIFFERENT DOMAINS	– – –

F. Match and write out the appropriate dates with the sentences in the list below.

1) 1990s	a) British pupils got better results in science exams.
2) 2010	b) Brian Cox and his group of musicians had a hit.
3) 2010	c) More pupils took science degrees.
4) 2012	d) Brian Cox's first show about our universe was broadcast.
5) 2012	e) The national TV channel dedicated this year to science.

G. Pick out one sentence in the text for EACH statement showing that

1) according to Brian Cox, TV has an obligation to help people to learn.

2) Brian Cox thinks there will be more science on TV in the future.

H. Complete the sentence by using one of the following adjectives.
complicated – useful – unprofitable – elitist

→ As a conclusion, we can say that science programmes are ....

Documents 1 and 2

I. The following sentences are right. Justify by quoting the text.

1) Natalie Portman thinks her action can transform girls'destinies. (Document 1)

2) Brian Cox thinks the media can transform the way people think and react. (Document 2)

II. Expression écrite

Choose ONE of the following subjects (150 words minimum).

A. Write about a television programme that you find particularly inspiring. Choose any domain : arts, sports, travel, science, technology, cooking, etc.

OR

B. Here are the profiles of three successful scientists. You have interviewed ONE of them. Write out the interview.

① **NAME:** R. Rodriguez
JOB: Aerospace Engineer
ADDRESS: Phoenix, Arizona
OTHER INFORMATION:
took a trip to Space Center in Houston at the age of 11; 2 years at International Space University in Strasbourg; fluent in French & Japanese.

② **NAME:** G. Knopf
JOB: Professor of Biomedical Science
ADDRESS: Eagle, Idaho
OTHER INFORMATION:
High school dropout but ultimately got a PhD in physical chemistry; active in research in stem cell biology, diabetes, and blood vessel disease.

③ **NAME:** E. Sky
JOB: App developer for smartphones
ADDRESS: Franklin, Georgia
OTHER INFORMATION:
writes articles about video games for computer magazines and science fiction novels.

I. Compréhension de l'écrit

Documents 1 & 2

A. Both documents are about famous people promoting science

Document 1

B. 1) Thor : a film

2) Ultimate Mentor Adventure: a competition

3) Natalie Portman: an actress

4) Jane Foster : a scientist in a film

C. 1) You have to be a girl, aged 14 or more, in grades 9-12.

2) To participate, the applicants must

a) Fill in and send a form on-line;

b) Make a video/document which should contain information about the interview they did with a famous woman who works in the domain of STEM (Science, Technology, Engineering and Mathematics).

D. The winner travels to Los Angeles, California and participates to the première screening of the Ultimate Mentor Adventure documentary.

Document 2

NAME	Brian Cox
AGE	45
PLACE OF STUDY	Manchester University
JOBS IN THREE DIFFERENT DOMAINS	– was part of a band in the 1990's, D : Ream – was a BBC presenter (science programmes) – is a University Professor

F. 1) 1990's / b. Brian Cox and his group of musicians had a hit

2) 2010 / d. Brian Cox's first show about our universe was broadcast

3) 2010 / e. The national TV channel dedicated this year to science

4) 2012 / a. British pupils got better results in science exams

5) 2012 /c. More pupils took science degrees

G. 1) line 31 : « A public service broadcaster in my view is part of the education system »
2) line 45 : « the success of the programmes in 2010 had also made it easier than ever to pitch science to channel controllers ».

H. As a conclusion, we can say that science programmes are useful.

Documents 1 & 2

I. 1) line 7 : « I'm here to tell you about a life-changing opportunity for girls like you ».
2) line 33/34 « as it does change behaviour ». Line 20 "...had had a major impact » pouvait également convenir.

II. Expression écrite

Quelques conseils – Sujet A

Conseil 1
Choisissez un programme TV et donnez l'heure, le jour, etc. et décrivez ce qui se passe et les raisons de votre goût pour cette émission. Dites s'il y a des invités, si ces invités sont connus, ce qu'ils apportent à cette émission.
Ces éléments factuels vous permettront d'utiliser des phrases simples comme :
– *It is scheduled at 4 in the afternoon.*
– *It is broadcast on TV5*
– *The moderator is ....*
– *It is a programme about cooking where viewers learn new recipes.*
– *I like it because ... I am keen on this programme because... I do not like it but my mother watches it so I watch it with her.*

Conseil 2
Utilisez des mots de liaison : *in addition*, *finally*, *in fact*, etc.

Corrigé – SUJET A

TV can be boring but it can also be life-inspiring especially if it has good programmes about topical issues, books or documentaries. I do not watch much TV but I have a favourite radio programme entitled The Why Factor. It is a programme which is broadcast on Radio 4 on BBC World Service. It only lasts about 17 or 18 minutes. When I miss it, I download from the BBC website.

The Why Factor is presented by Mike Williams and is also about a concept that is analysed and examined from different points of view. I have listened to the ones on loyalty, honour or memorialization recently.
My favourite was on memorialization or memorial mania or the fact that people are keener and keener to pay tribute to their dead. Two people were invited: a stone-cutter, Eric and a Cambridge professor from the UK, Dr Rose who has specialized in cultural heritage or the politics of the past. Eric said that graveyards and the name on tombs satisfy a need to leave traces of our loved ones. Dr Rose mentioned that there are more and more memorials after traffic accidents, natural disasters or violent act such as September 11 in New York. In her eyes, the reasons that explain more and more memorials are due to a need we have to have ties to event or places. She talked of roots.
I like this programme very much because I always feel more intelligent after listening to the programme and there are people with great ideas and I love ideas.

Quelques conseils – Sujet B

Vous étiez très guidé et des idées vous étaient fournies donc il faut utiliser des éléments qui doivent faciliter la rédaction.
Ici vous pouvez utiliser du discours direct ou indirect.
– I would like to know why you have chosen this job.
– I am interested in knowing how long you spent in Strasbourg.
– Can you tell me why you speak Japanese?
– Why did you decide to be an engineer?

SUJET B

An interview with a famous scientist:
– Hello Mrs Rodriguez. Thank you for speaking to me.
– Hello Sarah. It is a real pleasure to be here
– Well, first I would like to know why you became an aerospace engineer.
– This started when I was a little girl. My mum would spend a lot of time looking at the sky and telling us about the planets and constellations and it was incredibly beautiful. We would even sleep outside in the summer my brother and I. These memories are very dear to me and made me choose to have something to do with planets.
– But you speak French and Japanese. How do you explain that?
– Well, I spent a few months in Strasbourg and that's why I learned French and there were a lot of Japanese engineers with me and that is how I got to know people from Japan and then worked in Japan.
– You must have had an amazing life, mustn't you?
– Yes, I must say I was a lucky woman who was influenced by my mum and my trip to the Space Center in Houston.
– Thank you for answering me. This interview will stay with me.

Compréhension orale

LU ☐
SU ☐
REVU ☐

Vous devrez rendre compte, en français, d'un document sonore d'1 min 30 énoncé dans un espagnol courant que vous écouterez 3 fois.

CONSEIL Soyez très attentif au titre du document, s'il y en a un, avant la première écoute, cela vous permet de mobiliser les connaissances que vous avez sur le sujet.

1. Première écoute

CONSEIL Écoutez l'enregistrement jusqu'à la fin lors de la première écoute car les mêmes idées sont souvent reprises plusieurs fois de manière différente.

• **Repérez** l'idée principale, ne prenez pas de notes.
• **Ne traduisez pas,** vous comprenez l'ensemble sans traduire et un seul mot ne doit pas vous empêcher de comprendre.
• **Repérez :**
– le type de document : émission de radio, flash d'information, dialogue, interview, débat ;
– qui parle ? : des hommes, des femmes, des enfants, des jeunes... ;
– combien de personnes parlent ;
– les indices sonores : les bruits, la musique, les accents, les sons des voix, les cris, les applaudissements, etc.

2. Écoutes suivantes

• **Notez les mots-clés** : ce sont ceux qui doivent éclairer l'idée principale. La suite de l'écoute vous permettra de préciser ce que vous avez compris.
Si des mots ou des expressions se répètent il y a forcément une raison, cherchez-la et expliquez-la.
• **Écoutez les indicateurs de temps** pour savoir quand se déroule l'action.

3. Préparation

Posez-vous les questions *¿Quién? ¿Qué? ¿Cuándo? ¿Cómo? ¿Dónde? ¿Por qué?* pour rendre compte de ce que vous avez écouté. Les réponses que vous y apporterez vous permettront de retrouver le sens du document.
• **Classez vos informations** en fonction de l'importance qu'elles ont par rapport au type de document dont vous avez à rendre compte.
• **Revenez** sur ce que vous n'avez pas bien compris, mais qui peut vous sembler important.
Cette écoute active vous permet de comprendre les faits présentés, mais aussi le problème qu'ils posent ou l'issue possible de la situation exposée.

4. Rédaction

• Vous avez maintenant **10 minutes pour rédiger** votre compte rendu en français.
• **Faites un plan** en respectant le déroulement de l'enregistrement.
• **Donnez les idées essentielles** que vous mettrez en relief grâce aux détails que vous avez compris.
• **Définissez** le type de document et le thème.
• **Concluez**.

Savoir 2

LU ☐
SU ☐
REVU ☐

Oral en continu

L'oral en continu se prépare pendant chaque cours, aussi travaillez régulièrement toute l'année.
Vous tirez au sort en entrant dans la salle une des 4 notions du programme : « Mythes et héros » ; « Espaces et échanges » ; « Lieux et formes de pouvoir » ; « L'idée de progrès ».

1. Déroulement de l'épreuve

• Vous devrez faire un exposé de 5 minutes pour développer différents aspects de la notion en fonction des documents vus en classe ou au cours de vos lectures.
• Vous dialoguerez 5 minutes avec votre examinateur. Pour vous aider durant ces 5 minutes, apprenez les expressions ci-dessous et habituez-vous à les utiliser.
• Vous avez 10 minutes pour préparer votre exposé.

CONSEIL L'examinateur attend que vous vous exprimiez en espagnol avec **précision** et **clarté** et non pas que vous récitiez un texte que vous aurez préparé pendant 10 minutes.
Vous démontrerez que vous savez **décrire**, **expliquer**, **commenter** et **défendre** votre point de vue.
Cette épreuve est un test oral très rapide, soignez particulièrement l'**intonation**, la **prononciation**, le **plan** de votre présentation, le **vocabulaire** choisi ainsi que la **grammaire** et la **conjugaison**. En outre, même si vous êtes, dans la première partie, seul à prendre la parole, n'oubliez pas votre interlocuteur, regardez-le, appuyez vos propos par des gestes, soyez dynamique et essayez d'être convaincant et d'intéresser votre auditoire.

2. Liste non exhaustive de mots et expressions utiles

Lo siento	Je suis désolé(ée)
No sé decir	Je ne sais pas dire
¿Cómo se dice por favor?	S'il vous plaît, comment dit-on?
En primer lugar	Tout d'abord. En premier lieu. Premièrement
Tambien podemos imaginar...	Nous pouvons aussi imaginer que...
Sin embargo	Cependant
Por lo tanto	Par conséquent
En segundo lugar	Deuxièmement
Luego, después	Ensuite
Así que	Ainsi donc
Por eso	Pour cela. Pour cette raison
Lo más importante	Ce qu'il y a de plus important
Para acabar	Pour finir
Si nos fijamos bien	Si nous prêtons bien attention
La verdad es que...	À vrai dire, en réalité
Muy bien	Très bien, bien sûr
Claro	Bien sûr
¡Como no!, Por supuesto	Évidemment
¡Verdad! ¡Verdad que sí!	N'est-ce pas ?

ESPAGNOL

Oral en interaction

LU ☐
SU ☐
REVU ☐

Cette épreuve de 5 minutes est une brève conversation avec un hispanophone sur un thème que vous êtes censé connaître.
Pour réussir cet oral, la meilleure préparation est un travail régulier toute l'année. Apprenez et retenez 2 exemples pour illustrer chacune des notions du programme (8 au total).
Révisez ou apprenez le vocabulaire, la conjugaison et la grammaire dont vous n'êtes pas sûr.

CONSEILS Vous devez comprendre ce que vous demande votre interlocuteur, réagir à ses propos et répondre avec assurance. Vous devez bien observer ses gestes, ses expressions.
Écoutez-le attentivement : un mot répété est souvent la clé de la question.
Montrez que vous écoutez en réagissant.
Parlez assez fort et clairement, corrigez-vous spontanément si vous pensez avoir fait une faute.
Ne vous exprimez qu'en espagnol.
Vous devez convaincre votre interlocuteur, c'est en maîtrisant bien les 4 notions du programme que vous parviendrez à élargir le sujet et à enrichir votre propos.

1. N'hésitez pas à ponctuer vos phrases

bueno	bon
pues	eh bien
mire	regardez
por supuesto	bien sûr
estoy seguro(a) de que	je suis sûr(e) que
parece obvio	il semble évident

2. Sachez exprimer votre accord ou votre désaccord

Estoy de acuerdo	Je suis d'accord
Comparto su opinión	Je suis de votre avis
No estoy de acuerdo	Je ne suis pas d'accord

3. Que vous soyez d'accord ou pas, justifiez votre position

No comparto su opinión porque... Je ne partage pas votre avis parce que...
Para concluir, quisiera decir que este tema es interesante ya que... pour conclure je voudrais dire que ce thème est intéressant puisque...

4. Utilisez des périphrases

Apprenez régulièrement le vocabulaire courant, n'inventez rien. Le cas échéant, utilisez une périphrase.
ex : si le mot «mi casa» ne vous revient pas dites «El sitio donde vivo»...
Si l'examinateur vous demande de répéter, ne stressez pas et corrigez la faute que vous avez certainement faite.

CONSEIL
Apprenez par cœur une liste de mots de liaison qui donneront de la fluidité à votre réponse.

Compréhension écrite

Pour cette épreuve, vous aurez un ou plusieurs (maximum 3) documents en espagnol en rapport avec les 4 notions du programme.

CONSEIL
Travaillez méthodiquement :
– premièrement lisez jusqu'au bout tous les documents ;
– deuxièmement répondez aux questions.

1. Première lecture

- **Lisez** très attentivement le ou les documents proposés en totalité.
- **Repérez** le (ou les) titre(s) et reportez-vous aux notes qui sont là pour vous aider.
- **Identifiez** le type du ou des document(s) : lettre, article de presse, etc.
- **Repérez** l'auteur, la date, les personnages, le lieu, etc.
- **Repérez** les thèmes présentés et le ton employé.
- **Recherchez** les informations principales sans vous attarder sur les mots inconnus et en étant attentif au contexte, il éclaire souvent ce qui ne vous paraît pas évident.
- **Déterminez** à quelle notion ces documents font référence.

2. Deuxième lecture

La bonne compréhension de cette lecture vous permettra de répondre facilement aux questions.
Dans le cas où vous êtes face à plusieurs documents, **identifiez** leurs points communs, leurs liens, leurs différences.
Expliquez pourquoi vous pensez qu'ils sont présents ensemble (rappelez-vous la notion).

3. Réponse aux questions

- **Traitez** les questions dans l'ordre où elles sont posées, elles suivent le déroulement du texte et souvent une réponse vous aide à mieux comprendre la question suivante.
- Après avoir bien lu et bien compris la question, **repérez** le passage qui vous a permis de répondre et **surlignez** dans le texte les mots, expressions ou phrases qui justifient votre réponse.

CONSEIL
Visuellement, utilisez des couleurs différentes vous facilitera la tâche.
Exemple : si la question 2 est surlignée en jaune, les éléments qui y répondent dans le texte seront aussi surlignés en jaune.

- **Sachez** bien situer vos citations dans le document :
- *"En la línea (x...) la palabra (...) /la frase (...) justifica..."*
- **Introduisez** toujours votre réponse en reprenant les termes de la question.
- **Utilisez** dans la réponse le temps utilisé dans la question.
- **Apprenez** par cœur une liste de mots de liaison qui donneront de la fluidité à votre réponse.

Savoir 5

Expliquer – Argumenter – Décrire

LU ☐
SU ☐
REVU ☐

Vous allez trouver ci-dessous des listes non exhaustives de mots de liaison ou d'expressions.
Ils vous aideront :
– à expliquer un comportement ou les sentiments d'une personne, un problème d'actualité, le fonctionnement d'un objet ou ce qu'il y a d'implicite dans un document ;
– à défendre votre point de vue et discuter des arguments présentés ;
– à commenter des textes ;
– à décrire des documents iconographiques.

CONSEIL
Choisissez dans ces listes les mots et expressions qui vous correspondent le mieux, ceux que vous utilisez le plus souvent en français et **forcez-vous** à les introduire fréquemment en espagnol tant à l'écrit qu'à l'oral pour que cela devienne naturel . Cette stratégie est à mettre en place tout au long de l'année.

1. Les connecteurs

a) On présente des idées ou des événements en ordre

primero	tout d'abord
para empezar	pour commencer
en primer lugar	en premier lieu
en segundo lugar	en second lieu
segundo	deuxièmement
por un lado, por otro lado	d'une part, d'autre part
a continuación	pour continuer
luego, después	ensuite, après
a lo largo del texto	au cours du texte
por fin	enfin
en último lugar	en dernier lieu
para terminar	pour finir

b) On ajoute une idée

claro	bien sûr
por cierto, a propósito	à propos
en lo que respecta a	quant à
incluso	même
además	de plus
en realidad	en réalité, en fait
por ejemplo	par exemple

c) On exprime une notion de temps

dentro de una hora	dans une heure
desde hace tiempo	depuis longtemps
antes de	avant de
después de	après
a veces	parfois
durante (una hora)	pendant (+ durée)
mientras (duermo)	pendant que (+ verbe), (ici : pendant que je dors)

d) On exprime une conséquence

por eso	pour cela
por lo tanto	par conséquent
por consiguiente	par conséquent
así pues	ainsi donc

e) On s'oppose ou on approuve

en cambio	en revanche
más bien	plutôt
sin embargo	cependant
a pesar de eso	malgré cela
mientras que	tandis que
desde luego	bien sûr
eso es	c'est cela
vale, de acuerdo	d'accord
ahora bien	cela dit
por el contrario	au contraire

f) On récapitule

en conclusión	en conclusion
al fin y al cabo	en fin de compte
se puede deducir	on peut déduire que

2. Les relateurs

dado que + indicatif	étant donné que
puesto que ; ya que	puisque
igual que + nom, pronom ou verbe	tout comme ; aussi bien que
a pesar de + nom	malgré
aunque + indicatif	bien que
aunque + subjonctif	même si
de modo que + indicatif	de telle sorte que
con el fin de + infinitif	afin de ; dans le but de
así es como + indicatif	c'est ainsi que
basta que + indicatif ou subjonctif	jusqu'à ce que

Commenter un document iconographique

LU ☐
SU ☐
REVU ☐

Un document iconographique peut se présenter sous différentes formes : une photographie, une publicité, un dessin humoristique, un tableau de maître, etc.
Quel que soit le document iconographique que vous aurez à commenter, vous procéderez de la même façon : décrire, analyser et conclure.

1. Décrire

• **Indiquez la nature du document.** *Se trata de una fotografía, un cómic, un cartel publicitario, un cuadro, etc.*
• **Annoncez le thème.** *El documento trata / habla de la educación, la inmigración, el turismo, el comercio, etc.*
• **Présentez** de façon ordonnée en allant toujours du général au particulier.
• **Situez les éléments :** *en primer plano (au premier plan), en segundo plano (au second plan), en el fondo (au fond), a la derecha (à droite), a la izquierda (à gauche), en medio (au milieu), al lado de (à côté), etc.*
• **Commentez les couleurs** *(los colores)*, ou s'il s'agit d'une image en noir et blanc *(blanco y negro)*.
• **Décrivez les personnages**, leur place les uns par rapport aux autres, s'il y en a plusieurs, etc.
Cette partie de description permet de mettre en relief les éléments qui créent la première impression, qui justifient l'importance d'un élément par rapport à un autre.
• **Terminez** cette description par l'impression générale qui se dégage du document :
Se desprende una impresión de... tristeza, alivio, miedo... (tristesse, soulagement, peur...).
Este documento me parece interesante porque ilustra la noción... (Mitos y Heroes o Espacios e Intercambios o...)

2. Analyser

• Le peintre, le dessinateur, le photographe etc. veut **montrer, critiquer, dénoncer, ridiculiser...**
Quels procédés utilise-t-il pour cela : espace, couleurs, lumière etc. ?
Se vale para eso de la luz, espacio, tonos oscuros o chillones, si es una pintura o una foto en picado (en plongée) *o en contra picado* (en contre-plongée) *un plano americano*, etc.
• **Émettez des hypothèses :**
Quizás quiere : peut-être qu'il veut..
Quizás no pueda : peut-être qu'il ne peut pas...
Es posible que no admita : il est possible qu'il n'admette pas ...
Se puede suponer que : on peut supposer que ...
• **Donnez votre avis** et justifiez-le :
me extraña , me sorprende, me molesta, me interesa, me gusta... (cela m'étonne, me surprend, me gêne, m'intéresse, me plaît...) porque...

3. Conclure

Terminez par **une ouverture** en rapprochant le document de l'actualité et en **élargissant** le thème : *este documento se refiere a..., se puede relacionar con...*

4. Vocabulaire

un cómic, una historieta	une bande dessinée
el dibujante	le dessinateur
el fotógrafo	le photographe
un cuadro	un tableau
conmovedor	émouvant
sorprendente	surprenant
caricaturizar	caricaturer
mostrar	montrer
criticar	critiquer
denunciar	dénoncer
potenciar	dynamiser
en el centro, en medio	au centre
en la parte alta, baja	dans le haut, bas
más lejos	plus loin
constar de	se composer de
hacer hipótesis	formuler une hypothèse
una escena	une scène
fijarse en	porter son attention sur
darse cuenta de	se rendre compte de
el propósito	le propos
incitar a reflexionar	amener à réfléchir
el artista se vale de	l'artiste utilise
el enfoque	le point de vue
en picado	en plongée
en contrapicado	en contreplongée
a contra luz	à contrejour
¿Cuál será la intención de...?	Quelle doit être l'intention de ...?
¿Quién será el blanco?	Qui sera la cible de... ?
se desprende una impresión de...	il se dégage une impression de
respecto a	par rapport à
el decorado	le décor
en negrilla	en caractères gras
lo insólito estriba en	ce qui est insolite provient
facilitar datos	donner des informations.
experimentar una emoción	éprouver une émotion
plantear el problema de	poser le problème de
revelar un aspecto positivo, negativo	révéler un aspect positif, négatif .
el artista quiere que tomemos conciencia de	l'artiste veut nous faire prendre conscience de.
este documento produce un efecto	ce document produit un effet
tiene un interés documental, artístico	il a un intérêt documentaire, artistique.
Si tuviera que proponer un título sería... ya que	Si je devais proposer un titre ce serait... étant donné que...
cambiar el punto de vista inicial	changer d'avis
la técnica	la technique
la intención	l'intention
las actitudes	les attitudes

ESPAGNOL

Lire un graphique, un diagramme, un camembert

LU ☐
SU ☐
REVU ☐

1. Décrire

Identifiez la nature du document. Définissez son origine, son objet, la date et le contexte géographique ou social de l'étude.

camembert : *gráfico circular*
courbe : *curva*
graphique : *gráfico*
tableau : *cuadro*
histogramme : *histograma*
organigramme : *organigrama*
statistiques : *estadísticas*

2. Donner du sens

Les chiffres donnés aboutissent à des constations sur les évolutions (*tendencias*).

a) augmenter : *aumentar, subir*

atteindre un sommet : *alcanzar un nivel máximo*
s'envoler : *dispararse*
se redresser : *recuperarse*
une augmentation : *un aumento, un incremento, una subida*

b) diminuer : *disminuir, caer, bajar*

chuter : *bajar en picado*
décliner : *rechazar, disminuir*
dégringoler : *hundirse*
s'effondrer : *hundirse, desmoronarse*
atteindre un creux : *alcanzar un mínimo*
une diminution : *un descenso, una disminución*

c) stagner : *estabilizarse, estancarse, permanecer estable*

atteindre un palier, se stabiliser : *nivelarse, estabilizarse*
varier, fluctuer : *variar, fluctuar*
être au même niveau que : estar al mismo nivel que

d) Attention aux prépositions :

augmenter de : *aumentar en*
augmenter/diminuer jusqu'à : *aumentar/caer hasta*
fluctuer entre… et… : *fluctuar entre… y …*

e) Nuancer les tendances avec des adjectifs ou des adverbes :

brutal : *brusco, a*
important : *considerable, importante*
léger : *ligero*
petit à petit : *poco a poco, gradualmente*
soudain : *repentino, repentinamente*
spectaculaire : *espectacular, dramático*
environ : *aproximadamente*

f) Utiliser des chiffres, des comparatifs ou des superlatifs :

el, la más alto(a) - cifras más bajas -más, menos… que - mayor, menor en… que en…

3. Interpréter

Mettez les données en perspective : les statistiques décrivent un phénomène mais n'en donnent pas l'analyse. À vous de formuler :
Le graphique paraît indiquer… : *El gráfico parece indicar…*
À en juger par… : *A juzgar por…*
Cela signifierait que : *Esto significaría que…*
Nous pouvons en déduire que : *Podemos inferir que…*

LU ☐
SU ☐
REVU ☐

Les nombres et les dates

1. Les nombres

a) Nombres cardinaux de 0 à 50

0 *cero*, 1 *uno*, 2 *dos*, 3 *tres*, 4 *cuatro* , 5 *cinco*, 6 *seis*, 7 *siete*, 8 *ocho*, 9 *nueve*, 10 *diez*, 11 *once*, 12 *doce*, 13 *trece*, 14 *catorce*, 15 *quince*, 16 *dieciséis*, 17 *diecisiete*, 18 *dieciocho*, 19 *diecinueve*, 20 *veinte*, 21 *veintiuno*, 22 *veintidós*, 23 *veintitrés*, 24 *veinticuatro*, 25 *veinticinco*, 26 *veintiséis*, 27 *veintisiete*, 28 *veintiocho*, 29 *veintinueve*, 30 *treinta*, 31 *treinta y uno*, 32 *treinta y dos*, 33 *treinta y tres*, 34 *treinta y cuatro*, 35 *treinta y cinco*, 36 *treinta y seis*, 37 *treinta y siete*, 38 *treinta y ocho*, 39 *treinta y nueve*, 40 *cuarenta*, 41 *cuarenta y uno*, 42 *cuarenta y dos*, 43 *cuarenta y tres*, 44 *cuarenta y cuatro*, 45 *cuarenta y cinco*, 46 *cuarenta y seis*, 47 *cuarenta y siete*, 48 *cuarenta y ocho*, 49 *cuarenta y nueve*, 50 *cincuenta*.

• À partir de 16, l'espagnol dit : *dieciséis* (le « z » de *die**z*** devient « c » et le « y » devient « i »). Il en est de même pour 17, 18 et 19.
• Pour les chiffres de 21 à 29, le même type de modification a lieu: 21 s'écrira *veintiuno*.
• Pour les autres dizaines, il n'y a aucune contraction. On écrit donc *treinta y uno*...
• On n'emploie pas la conjonction **y** entre les centaines et les dizaines ni entre les centaines et les unités. *Ciento treinta, ciento dos.*
• Devant un nom masculin, ***uno*** devient ***un***. *Veintiún días.* Au féminin, *una* ne varie pas. *Veintiuna chicas.*
• Il n'y a que *uno* et les centaines qui peuvent être masculin ou féminin : 400 *cuatrocientos(as)*, 500 *quinientos(as)*, 600 *seiscientos,(as)*, 700 *setecientos(as)*, 800 *ochocientos(as)*, 900 *novecientos(as)*.
• ***Ciento*** devient ***cien*** devant un nom masculin ou féminin ou un nombre qu'il multiplie. *Cien casas, cien mil euros.*
• ***Mil*** est invariable : 2 000 *dos mil*, 5 000 *cinco mil*.
• Au pluriel, ***miles*** est synonyme de ***millares*** : des milliers. *Miles de músicos, millares de músicos* : des milliers de musiciens.
• **milliard se dit *mil millones*.**

b) Les nombres ordinaux

1° *primero(a)*, 2° *segundo(a)*, 3° *tercero(a)*, 4° *cuarto(a)*, 5° *quinto(a)*, 6° *sexto(a)*, 7° *séptimo(a)*, 8° *octavo(a)*, 9° *noveno(a)*, 10° *décimo(a)*, 11° *undécimo(a)*, 12° *duodécimo(a)*.
On notera que deux de ces adjectifs, *primero* et *tercero*, subissent le phénomène de l'apocope lorsqu'ils sont placés devant des noms masculins singuliers.
En el primer párrafo... Dans le premier paragraphe...

2. Les dates

Estamos en el siglo veintiuno, hoy es lunes, once de mayo de dos mil quince.

Quel jour sommes-nous ?	*¿Á qué día estamos?*
Quelle est la date d'aujourd'hui?	*¿Qué fecha es hoy?*
Le jour de son anniversaire.	*El día de su cumpleaños.*

Attention ! *un aniversario:* une commémoration

Savoir 9

Le vouvoiement, les possessifs, les démonstratifs

LU ☐
SU ☐
REVU ☐

1. Le vouvoiement

Quand on dit « vous » en espagnol, il faut déterminer à qui on parle.

• **Si l'on vouvoie une seule personne,** on emploie ***Usted* + verbe à la 3e personne du singulier** :
Usted tiene cuatro hijos. Vous avez quatre enfants.

• **Si l'on vouvoie plusieurs personnes**, on emploie ***Ustedes* + verbe à la 3e personne du pluriel** :
Ustedes no han hecho las compras. Vous n'avez pas fait les courses.

N'oubliez pas d'employer, en cas de vouvoiement, les possessifs (*su, sus*), le pronom réfléchi (*se*) et les pronoms personnels COD et COI correspondants (*lo, la, los, las le, les*) :
Sus preguntas son muy complejas. Vos questions sont très complexes.
Se interesan por los idiomas. Vous vous intéressez aux langues.
Se lo dije dos veces. Je vous l'ai dit deux fois.

• **Si vous vouvoyez plusieurs personnes que vous tutoyez individuellement**, utilisez la **2e personne du pluriel** (*vosotros, vosotras, vuestros, vuestras, os*).
Habéis perdido vuestros documentos. Vous avez perdu vos documents.

2. Les possessifs

Leur forme dépend de leur position dans la phrase.

a) Placés avant l'objet possédé

mi	*mis*	*nuestro/a*	*nuestros/nuestras*
tu	*tus*	*vuestro/a*	*vuestros/vuestras*
su	*sus*	*su*	*sus*

Mi amigo es muy alto. Mon ami est très grand.

b) Placés après l'objet possédé

mío/a	*míos/as*	*nuestro/a*	*nuestros/as*
tuyo/a	*tuyos/as*	*vuestro/a*	*vuestros/as*
suyo/a	*suyos/as*	*suyo/a*	*suyos/as*

¡Vida mía! Mon amour!

c) Pour indiquer la possession, après le verbe *ser*

Lo tuyo es más importante. Ton problème est plus important.
¿Es suyo? C'est à lui/vous ? (politesse)

3. Les démonstratifs

• **Trois types** de démonstratifs selon qu'on parle de quelque chose de très proche, de proche, ou d'éloigné.

este/a	*estos/estas (aquí)*
ese/a	*esos/esas (ahí)*
aquel/lla	*aquellos/aquellas (allí)*

Su amiga es aquella que tiene el pelo largo. Son amie est celle qui a les cheveux longs.
Démonstratifs neutres : *esto; eso; aquello.*
Esto es tuyo. Cela est à toi.

Savoir 10

Les adverbes

LU ☐
SU ☐
REVU ☐

Les adverbes donnent des informations, apportent de la précision aux propos.

1. Les adverbes simples

así	ainsi
bien	bien
mal	mal
mejor	mieux
peor	pire
aprisa	vite
despacio	lentement
adrede	exprès

2. Les adverbes en *-mente*

• Ils sont formés à partir de l'adjectif qualificatif au féminin auquel on ajoute la terminaison *–mente.*
lento/lenta/lentamente
alto/alta/altamente

Attention aux adjectifs terminés par « e » qui ont la même forme pour les deux genres (*inteligente* > *inteligentemente*) et aux adjectifs qui se terminent par une consonne (*fácil* > *facilmente*).

• Quand deux ou plusieurs adverbes se suivent, seul le dernier porte la terminaison *–mente*, ceux qui précèdent gardent simplement la forme d'adjectifs au féminin singulier :
Este joven, que habla confusa y lentamente, debe estar medio dormido. Ce jeune, qui parle confusément et lentement, doit être moitié endormi.

Attention ! *Poco* (peu), *mucho* (beaucoup), *bastante* (assez) et d*emasiado* (trop) placés devant des noms deviennent des adjectifs et s'accordent avec le mot qu'ils quantifient :
Hay poca gente en la calle. Il y a peu de gens dans la rue.

3. Les locutions adverbiales

por otra parte	d'autre part
dondequiera	n'importe où
a propósito	exprès
de buena gana	volontiers
de mala gana	à contrecœur
de veras	vraiment
a medias	à moitié
cada vez más	de plus en plus
cada vez menos	de moins en moins
hasta, incluso, inclusive	même
por/en todas partes	partout
a continuación	suivant, à la suite
a diario	tous les jours
ahora mismo	maintenant
por/en todas partes	partout
ahora bien	*cependant, néanmoins*

ESPAGNOL

Prépositions

LU ☐
SU ☐
REVU ☐

Les prépositions sont fondamentales, elles lient les mots entre eux et peuvent leur donner un sens différent.

A

• **S'emploie devant tous les COD représentant une personne.**
Veo a *Mercedes en la tienda.* Je vois Mercedes (une fille) dans la boutique.
Veo un Mercedes en el garaje. Je vois une Mercedes (voiture) dans le garage.

• **Dans les tournures affectives avec les verbes :** *gustar, doler, encantar, importar, apetecer, dar pena...* etc.
A Diego, le duelen las muelas.
Diego a mal aux dents.
A su abuela, ya, nada le apetece.
Sa grand mère, maintenant, plus rien ne lui fait envie.

• **Après les verbes de mouvement.**
El año que viene iremos a Irún. L'année prochaine nous irons à Irún.

DE

• **Indique la provenance, l'origine.**
Los Sevillanos vienen de Andalucía. / Les Sévillans viennent d'Andalousie.

• **Une caractéristique.**
La señora de gafas rojas / La dame aux lunettes rouges.

• **La matière.**
Un abrigo de piel. / Un manteau en cuir.

• **La propriété, l'appartenance.**
El cuadro Las Meninas *de Velázquez.* / Le tableau *Les Ménines* de Velázquez.

• ***De* peut marquer la cause.**
Partirse de risa. / Se tordre de rire.

EN

• **Indique l'endroit où l'on se trouve.**
Los pasajeros esperan en la estación.
Les passagers attendent dans la gare.

POR

• **Indique le lieu par où l'on passe.**
El tren París-Irún pasa por Dax.
Le train Paris-Irún passe par Dax.

• **La durée**
Salimos de vacaciones por quince días.
Nous partons en vacances pour quinze jours.

• **La périodicité**
Salimos de viaje una vez por año. Nous partons en voyage une fois par an.

• **S'emploie dans les locutions de temps :** *por la mañana* /le matin, *por la tarde*/ l'après-midi, *por la noche*/ dans la soirée, *por el momento*/ pour le moment.
Viajamos a San Sebastián mañana por la mañana y volvemos por la noche.
Nous partons à San Sebastián demain matin et nous revenons dans la soirée.

• **La cause**
Los esquiadores no van a Baqueira este invierno por falta de nieve. Les skieurs ne vont pas à Baqueira cet hiver à cause du manque de neige.
Por se place devant le complément d'agent :
El programa fue adaptado por famosos informáticos. Le logiciel a été adapté par des informaticiens célèbres.

PARA

• **Indique une destination**
Este AVE sale para Sevilla.
Ce TGV part pour Séville.

• **Une échéance précise**
Hay que estar listo para las tres.
Il faut être prêt pour 3 heures.

• **L'attribution**
Este regalo es para tí.
Ce cadeau est pour toi.

• **Le but**
Emigra para encontrar trabajo.
Il émigre pour trouver du travail.

• **Le point de vue**
Para mí, esto es lo de menos.
Pour moi, cela n'a pas la moindre importance.

Dans la plupart des cas **POR** marque la cause **PARA** marque le but.

Savoir 12

LU ☐
SU ☐
REVU ☐

Les pronoms

1. Les pronoms personnels sujets

yo – tú - él/ella/usted – nosotros/as – vosotros/as – ellos/ellas/ustedes

Les pronoms sujets sont peu utilisés, la terminaison du verbe suffit à identifier celui qui parle.

On les emploie pour insister :

Yo trabajo mientras que tú descansas. Moi, je travaille pendant que toi, tu te reposes.

On les emploie également si la terminaison du verbe prête à confusion :

Yo, sí lo decía mientras que él, no lo decía. Moi, oui, je le disais alors que lui, non, il ne le disait pas.

2. Les pronoms COD

me – te – lo, la – nos – os – los, las

On peut dire ***le, les*** au lieu de ***lo, los*** si le pronom se réfère à une personne de sexe masculin :

Elle attend Juan. *Espera a Juan* / Elle l'attend. *Lo espera* ou *Le espera.*

Attention ! Elle attend l'autobus = *Lo espera.*

3. Les pronoms COI

me –te – le – nos – os – les

Le hablo. Je lui parle.

Les doy la carta. Je leur donne la lettre.

• En espagnol le pronom COI se place toujours devant le pronom COD :

Me lo dices. Tu me le dis.

• Lorsque deux pronoms de la 3e personne se suivent, le premier (donc *le* COI ou *les*) devient toujours *se* :

Les doy su regalo. Je leur donne leur cadeau → *Se lo doy.* Je le leur donne.

• Lorsque le verbe est à l'impératif, à l'infinitif ou au gérondif, le pronom est placé à la fin du verbe et se soude à lui, c'est **l'enclise** :

Donne moi la main. *Dame la mano. / Dámela.*

Tu vas me donner la main. *Vas a darme la mano. /Vas a dármela.*

En me donnant la main. *Dándome la mano. / Dándomela.*

4. Le pronom neutre *lo*

lo remplace une phrase :

Lo que hablamos no lo sabe nadie. Ce dont on a parlé, personne ne le sait.

5. Les pronoms réfléchis

me – te – se – nos – os – se

Me miro al espejo. Je me regarde dans le miroir.

Nos cepillamos los dientes todas las noches. Nous nous brossons les dents tous les soirs.

6. Pronoms précédés d'une préposition

a/de/para/por... mí – a/de/para/por... ti – a/de/para/por... él/ella/usted – a/de/para/por... nosotros - a/de/para/por... vosotros - a ellos/ellas/ustedes

Mais avec la préposition *con* :

Conmigo : avec moi / *Contigo* : avec toi / *Consigo* : avec soi-même, avec lui, avec elle, avec vous

Le vocabulaire des notions du programme

LU ☐
SU ☐
REVU ☐

Idée de progrès

las nuevas tecnologías	les nouvelles technologies
la investigación científica	la recherche scientifique
la paradoja	le paradoxe
la red	la toile
el inconveniente, la desventaja	l'inconvénient
un suceso	un événement
el exceso	l'excès
el balance	le bilan
el aislamiento	l'isolement
rechazar	repousser / refuser
el reciclaje	le recyclage
el ecoturismo	l'écotourisme
el turismo ecológico	le tourisme vert
el rumbo del turismo	l'orientation du tourisme
el mercado laboral	le marché du travail
el desarrollo	le développement
el logro /el éxito	la réussite
el auge	l'essor
desconfiar	se méfier de
las redes sociales	les réseaux sociaux
el cambio climático	le changement climatique
la sequía	la sécheresse
los abonos	les engrais
la capa de ozono	la couche d'ozone
un aerogenerador	une éolienne
la ganancia	le gain
el coste/el costo	le coût
el medio ambiente	l'environnement.
la toma de conciencia	la prise de conscience
el riesgo	le risque

Espaces et échanges

la frontera	la frontière
el desarrollo	le développement
enriquecer	enrichir
une inversión redituable	un investissement lucratif
el paro	le chômage
la ayuda mutua	l'entraide
comprometerse	s'engager
dedicarse a	se consacrer à
huir de la miseria	fuir la misère
mandar/enviar dinero	envoyer de l'argent
la esperanza	l'espoir, l'illusion
una temporada	une période
el afán, el deseo	le désir
trabajar de	travailler comme
el presupuesto	le budget

el encuentro	la rencontre
compartir	partager
añorar	avoir la nostalgie de
favorecer	favoriser
la apertura	l'ouverture
ser responsable de	être responsable de
el comercio justo	le commerce équitable
la empresa	l'entreprise
el mercado	le marché
el poder de compra	le pouvoir d'achat
la emigración	l'émigration
la deslocalización	la délocalisation
estar indocumentado	être sans papiers

Lieux et formes de pouvoir

el gobierno	le gouvernement
la prensa	la presse
los medios de comunicación	les médias
un evento, un acontecimiento	un événement
aludir a	traiter de, parler de
lograr	obtenir
desconfiar	se méfier
calar, propagarse	se propager
un impulso	un élan
una queja	une plainte
conseguir un dato	obtenir un renseignement
influyente	influant
acechar	guetter
el peligro	le danger
una trampa	un piège
una herramienta	un outil
las manipulaciones	les manipulations
un asunto	une affaire
la prensa sensacionalista	la presse à scandale
investigar	enquêter
la opinion pública	l'opinion publique
la protesta	la protestation
la corrupción	la corruption
oponerse a	s'opposer à
unirse a, unirse contra	s'unir à, s'unir contre
aguantar	supporter
un artista comprometido	un artiste engagé
influenciar	influencer
un partido	un parti
la democracia	la démocratie
la dictadura	la dictature
el poder	le pouvoir
las elecciones	les élections
la ley	la loi
un sondeo	un sondage d'opinion

Mythes et héros

tomar por modelo	prendre pour modèle
una referencia	une référence
un ideal	un idéal
idealizar	idéaliser
identificarse	s'identifier
superarse	se surpasser, donner son maximum
simbolizar	symboliser
encarnar	incarner, représenter
luchar por	lutter pour
combatir	combattre
tener ganas de	avoir envie de
dar ganas de	donner envie de
soñar con	rêver de
las cualidades	les qualités
las hazañas	les prouesses
la leyenda	la légende
heróico(a)	héroïque
idealista (masc. y fem.)	idéaliste
la fuerza	la force
valiente	courageux
el valor	le courage
altruista	altruiste
egoísta	égoïste
generoso(a)	généreux(-euse)
honesto(a), honrado(a)	honnête, honorable
leal	loyal
el sentido del honor	le sens de l'honneur
sensato(a)	sensé(e), raisonnable
ejemplar	exemplaire
cobarde	peureux, vil
corromper	corrompre
famoso(a)	célèbre, fameux(-euse)
la fama	la réputation, la célébrité
tener fama	être célèbre
rico(a), adinerado(a)	riche, fortuné(e)
el dinero	l'argent
un(a) deportista	un sportif, une sportive
un(a) cantante	un chanteur, une chanteuse
un personaje ficticio	un personnage fictif
juegos televisivos	des jeux télévisés
el éxito	le succès
valores superficiales	des valeurs superficielles
hacer soñar	faire rêver

Documento 1

La narradora, Patricia, es modelo en una agencia.

Antonio Magistrelli, el presidente de la empresa era encantador. Al principio de entrar en la agencia de modelos llegué a pensar que se había enamorado de mí. Me sonreía de una forma que creía que era solo para mí, con una comprensión que creía solo para mí; parecía que me protegería ante la adversidad, que me defendería ante cualquiera que deseara atacar mi trabajo. Me llenaba de euforia cuando me invitaba a comer o a las fiestas de alto copete[1]. Mostrarse en público a su lado era como estar a la diestra del padre, todo el mundo me respetaba inmediatamente de una manera exagerada. Los diseñadores se fijaban en mí solo porque antes se había fijado Antonio. Su despacho era famoso por no albergar un solo papel, solo ordenadores, una pantalla gigante y fotos de chicas y chicos. [...] Algunos decían que era un genio negociando y a mí alguna vez también me lo había parecido. [...] – ¿Qué tal están Karim y su esposa? – preguntó nada más verme entrar en su despacho, al día siguiente de mi ajetreado viaje de Nueva Delhi.
Todo había ido bien. Por supuesto no le conté que casi nos estrellamos[2] en el viaje de vuelta porque a Antonio le aburrían las pequeñeces y las anécdotas, le distraían de los grandes planes que tenía en la cabeza para todos nosotros. [...]
– Bien. Tengo mucho que hacer. Tienes un nuevo desfile en Berlín, un pase[3] privado muy importante. Si les gustas, te llevarán a Nueva York. Ya sabes que el trabajo no está como hace dos años, ahora hay que pelearlo todo con uñas y dientes[4]. Irina os acompañará a Manuela y a ti y os dará todos los detalles. [...]
Un coche nos recogió a Manuela y a mí en el aeropuerto de Berlín. Íbamos directamente a la pasarela. Por las ventanillas desfilaba toda la nieve del mundo. Irina había llegado en un vuelo anterior para prepararlo todo y nos había advertido de que por mucho frío que hiciese no se nos ocurriera llevar unas de esas botas enormes forradas de piel de cordero porque quizá alguien nos fotografiase al bajar del avión o al entrar en el hotel, en cuyo caso debíamos parecer modelos y no leñadoras[5]. Una modelo, en cuanto sale de su casa, ya está en una pasarela, repetía una y mil veces. Una modelo no siente frío ni suda[6]. Una modelo es como una bailarina del Bolshoi: jamás se le debe notar el sufrimiento. Una modelo es una flor que puede marchitarse[7] al día siguiente y por lo tanto ha de aprovechar su esplendor al máximo, y más cosas por el estilo. Imaginaba el esfuerzo que debía de haber hecho Antonio para que me contrataran con Manuela. La agencia me estaba muy agradecida[8] y yo a la agencia por lo bien que nos había ido juntos durante estos años, pero ahora todo el mundo quería a Manuela.

Clara Sánchez, *El cielo ha vuelto*, 2013

1. De alto copete : *huppées, chics*
2. Estrellarse: *s'écraser*
3. Un pase : un desfile demodelos : una pasarela
4. Pelearlo todo con uñas y dientes: *se battre bec et ongles pour tout*
5. Una leñadora : *une bûcheronne*
6. Sudar : transpirar
7. Marchitarse : *se faner*
8. Estar agradecido : *être reconnaissant*

Documento 2

El triunfo de las modelos 'reales'

Carla Trujillo [...] a sus 17 años, con una cara preciosa y un cuerpo proporcionado y esbelto, pero curvilíneo (el sueño de cualquier mujer), ha comenzado a despuntar[1] como modelo... de tallas grandes.
Sí, de tallas grandes, o XXL, o Plus, que así se conoce en las pasarelas a quienes no son capaces de embutirse en una 36. Porque Carla tiene hechuras[2] de mujer y eso es algo ante lo que los popes de la moda, que diseñan para modelos[4] andróginas, tuercen el gesto[3]. Y hoy con más recelo, porque se afianza4 una tendencia que busca devolver[5] su lugar de privilegio a la mujer con curvas, real.

MUJER HOY/ María Borja,3/11/2010
http://www.mujerhoy.com/moda/modelos/triunfo,modelos,reales,129125,3,2010.html

1. Despuntar = distinguirse
2. Hechuras = formas
3. Torcer el gesto: *faire la grimace*
4. Se afianza = se confirma
5. Devolver: *rendre*

ESPAGNOL

Documento 3

Carmen Dell'Orefice, modelo de ochenta años

* El palacio de Hierro: tienda online en México.

I - Compréhension de l'écrit

Contesta en español.

Document 1

1. Cita dos elementos que revelan el poder de Antonio en la agencia.

2. La narradora se sentía en seguridad gracias a Antonio. Cita la frase que lo evidencia.

3. Irina es:
a) una modelo de la agencia
b) una clienta de la agencia
c) la ayudante de Antonio
Elige la respuesta correcta y justifica con un elemento del texto.

4. Manuela es:
a) una modelo de la agencia
b) la esposa de Karim
c) la secretaria de Antonio
Elige la respuesta correcta y justifica con un elemento del texto.

5. Di si las afirmaciones siguientes son verdaderas o falsas y justifica cada respuesta citando el texto.
a) Ahora ser modelo es más fácil que antes.
b) Una modelo tiene que viajar mucho.
c) Manuela se ha convertido en la rival de la narradora.

6. Apunta cuatro elementos que evidencian las difíciles condiciones de trabajo de una modelo.

Documents 1, 2 et 3

7. Répondre en français : en quoi les documents 2 et 3 s'opposent-ils au document 1 ? (environ 5 lignes).

II - Expression écrite

Le candidat traitera l'un des trois sujets au choix.

1. Relaciona los tres documentos con la noción "Mitos y héroes" y/o "Lugares y formas de poder". (unas 12 líneas)

OU

2. Carmen Dell'Orefice (documento 3) cuenta en una revista su vida de modelo. Imagina su relato en unas 12 líneas.

OU

3. ¿Te parece ideal la vida de los modelos? Argumenta en unas 12 líneas.

I. Compréhension de l'écrit

1) « Antonio Magitrelli, el presidente de la empresa era encantador » « Algunos decían que era un genio negociando... ».

2) « Me sonreía de una forma que creía que era solo para mí, con una comprensión que creía solo para mí ; parecía que me protegería ante la adversidad, que me defendería ante cualquiera que deseara atacar mi trabajo ».

3) La ayudante de Antonio. "Irina os acompañará a Manuela y a ti y os dará todos los detalles".

4) Una modelo de la agencia. "Imaginaba el esfuerzo que debía de haber hecho Antonio para que me contrataran con Manuela".

5) a) Falso. "Ya sabes que el trabajo no está como hace dos años, ahora hay que pelearlo todo con uñas y dientes".
b) Verdadero. "...al día siguiente de mi ajetreado viaje de Nueva Delhi" "...tienes un desfile en Berlín..." "... te llevarán a Nueva York".
c) Verdadero. "...pero ahora todo el mundo quería a Manuela".

6) "Una modelo no siente frío ni suda" "Una modelo es como una bailarina del Bolshoi: jamás se le debe notar el sufrimiento" "Una modelo es una flor que puede marchitarse al día siguiente..." "... y nos había advertido de que por mucho frío que hiciese no se nos ocurriera llevar unas de esas botas enormes forradas de piel de cordero..."

7) Dans le document 1, on perçoit la vie que mènent les jeunes mannequins. Pour réussir, ces femmes doivent répondre à des critères très stricts comme être belles et minces tout le temps, ou ne pas montrer leur souffrance. Dans les documents 2 et 3, elles sont plus réelles, car elles peuvent être plus fortes et même très âgées.

II. Expression écrite

N'oubliez pas de présenter vos idées dans l'ordre et d'expliquer votre point de vue avec des arguments clairs et concis.

Savoir 1

Les relations internationales Question obligatoire

LU ☐
SU ☐
REVU ☐

1 Le jeu des puissances dans un espace mondialisé de 1945 à nos jours

1. Durant la guerre froide, un monde bipolaire

a) Après 1945 deux superpuissances. Leur victoire sur l'Allemagne et le Japon marque le triomphe des États-Unis et de l'URSS face aux puissances européennes affaiblies. Grande-Bretagne et France n'ont plus qu'un rôle secondaire dans la conduite des affaires du monde.

b) L'affrontement entre Ouest et Est. Dès 1947, États-Unis et URSS s'opposent pour des raisons idéologiques et stratégiques. Cette guerre « froide » qui oppose les deux blocs est une alternance de moments de détente, ou « dégel », et de crises ou « glaciations ».
Cette période ne comporte pas d'épisode militaire direct, en raison de l'équilibre de la terreur nucléaire, mais de nombreux conflits périphériques (crise de Berlin, de Cuba, guerre du Vietnam).

c) La sortie de la guerre froide. L'organisation bipolaire du monde prend fin avec la chute du mur de Berlin (novembre 1989), puis avec la disparition de l'URSS (décembre 1991).

2. L'émergence de nouveaux acteurs

a) Les vagues de décolonisation. Elles se déroulent pour la plupart entre 1950 et 1970. Les nouveaux États indépendants deviennent des acteurs de la vie internationale (Mouvement des non-alignés, participation à l'assemblée générale des Nations Unies).

b) Le « premier choc pétrolier ». En 1973, les États exportateurs de pétrole qui appartiennent pour beaucoup au Tiers monde augmentent leurs prix, ils découvrent leur puissance et la dépendance des pays consommateurs.

c) Les puissances émergentes. Dans la décennie 1990 de nouvelles puissances économiques connaissent une croissance rapide dans le cadre de la mondialisation des échanges (Chine, Inde, Brésil).

3. Un monde multipolaire et complexe

a) Un nouvel ordre mondial ? Au début des années 1990, après l'effondrement de l'URSS et du bloc de l'Est, l'ONU (Organisation des Nations Unies) retrouve un rôle dans le règlement des conflits et les États-Unis seule hyper puissance assument le rôle de « gendarme mondial ».

b) De nouveaux conflits. Mais les résultats de leurs interventions (Irak 1991 - 2003) sont mitigés. Les guerres locales menées au nom de motifs nationalistes (conflit entre nationalités dans l'ex-Yougoslavie dans les années 1990), économiques ou religieux se multiplient.

c) Le choc du 11 septembre 2001. Les attentats du 11 septembre sur le sol des États-Unis mettent fin au mythe de leur invincibilité. Au début du XXIe siècle, le monde doit désormais compter avec le terrorisme. Il semble de plus en plus multipolaire, complexe et instable.

Notions ◆ Guerre froide ◆ Monde bipolaire/multipolaire ◆ Nationalités ◆ Terrorisme

HISTOIRE

Les relations internationales Sujets d'étude

LU ☐
SU ☐
REVU ☐

2 Le Moyen-Orient et le pétrole

1. De la domination à l'inversion des rapports de force

a) Depuis les années 1920, le Moyen-Orient riche en pétrole («or noir») et en gaz est dominé par les grandes compagnies pétrolières occidentales. En 1953, le dirigeant iranien Mossadegh qui avait nationalisé le pétrole iranien est renversé par un coup d'état dans lequel les États-Unis (CIA) et le Royaume-Uni sont impliqués.

b) En 1973 lors de la guerre du Kippour entre l'État d'Israël (créé en 1948) et ses voisins arabes, l'OPEP, organisation des pays exportateurs de pétrole (Arabie saoudite) décide l'augmentation du prix du baril (159 litres) de pétrole brut (premier choc pétrolier). Les pays pétroliers du Moyen-Orient reçoivent une énorme rente financière (pétrodollars) qu'ils réinvestissent dans le monde où qu'ils utilisent pour engager de gigantesques travaux dans les villes (Doha au Qatar, Bahreïn, Abou Dhabi).

2. Un arc de crises

a) Les tensions internes au Moyen-Orient s'expriment dans de multiples conflits : 1980-1988 guerre entre Iran-Irak qui provoque un deuxième choc pétrolier.

b) 1990 : invasion du Koweït riche en pétrole par l'Irak ; une coalition internationale menée par les États-Unis intervient sous mandat du Conseil de Sécurité de l'ONU.

c) En 2003 une nouvelle intervention aboutit au renversement de Saddam Hussein.

d) Depuis, l'Irak est profondément désorganisé ; l'Iran cherche à se doter de l'arme nucléaire et la Syrie est en proie à une guerre interne opposant de multiples acteurs.

3 L'Amérique latine : entre domination des États-Unis et retour à l'autonomie

1. L'arrière cour des États-Unis

a) Au XIXe siècle l'Amérique latine devient progressivement une zone réservée pour les États-Unis qui y protègent leurs intérêts géopolitiques et économiques (Doctrine de Monroe), ils utilisent à la fois la force (interventions militaires) et l'aide financière aux régimes qui leur sont favorables.

b) Pendant les années 1950-1980 (guerre froide), les États-Unis, craignant l'extension du communisme, renforcent leur tutelle. La crise de Cuba (1962) porte la tension à son maximum : en 1962, l'URSS prépare l'installation de fusées à tête nucléaire à Cuba dirigée par Fidel Castro. Dans les années 1960-1980, les États-Unis soutiennent les dictatures (Plan Condor, assassinats d'opposants politiques) et participent au renversement de régimes jugés hostiles (Chili 1973, Grenade 1983).

2. Une autonomie retrouvée

a) De 1975 à 1991, les États-Unis relâchent leur pression permettant le retour de la démocratie en Amérique latine.
En 1991 naît le Mercosur (Marché commun du Sud) qui regroupe 270 millions d'habitants et 80 % de richesse du continent.

b) Le Brésil redevenu démocratie en 1985 est la principale puissance d'Amérique latine (vaste étendue et puissance économique émergente au niveau mondial).

Décolonisation et construction de nouveaux États – Question obligatoire

LU ☐
SU ☐
REVU ☐

1 De la décolonisation à la mise en place de nouveaux États depuis 1945

1. L'accès à l'indépendance

a) L'inversion des rapports de force. Les empires coloniaux résultent de la domination d'une métropole sur des peuples et territoires conquis par la force. Après 1945 cette domination est :
- contestée par les revendications d'indépendance des peuples colonisés ;
- mise en cause par l'affaiblissement des puissances coloniales (Royaume-Uni, France, Pays-Bas) ;
- condamnée par la communauté internationale (ONU, États-Unis, URSS).

b) La lutte pour l'indépendance prend différentes formes. La revendication politique portée par des intellectuels et militants (égalité des droits).
La lutte armée contre les colonisateurs, ou comme en Inde la résistance passive (non-violence, Gandhi).

c) Plusieurs vagues de décolonisation. Après la Seconde Guerre mondiale, des indépendances négociées : Indes Britanniques (1947), Indonésie (Pays-Bas, 1949), Cambodge (France, 1953), Indochine (France, 1954) Maroc et Tunisie (France, 1956).
Au début des années 1960 : indépendance de la plupart des colonies belges, britanniques et françaises d'Afrique noire, Algérie (France, 1962).
1975 : fin de l'empire colonial portugais (Angola, Mozambique, Guinée Bissau).

2. Les nouveaux États face aux défis de l'indépendance

a) Gérer l'héritage colonial. Des frontières tracées par les colonisateurs qui tiennent peu compte des peuples.
Des économies (agriculture de plantation, mines, produits forestiers) tournées vers l'exportation.
Des populations pauvres, en croissance rapide.

b) S'insérer dans le monde. En conservant des liens avec l'ancienne métropole (Afrique noire francophone), ou en se tournant vers L'URSS ou les États-Unis.
Quelques dirigeants, Sukarno (Indonésie), Nehru (République indienne), Nasser (Égypte), Tito (Yougoslavie) refusent la logique des blocs et proposent une troisième voie, le non-alignement (conférences de Bandung en 1955 et de Belgrade en 1961).
Des conflits aux raisons locales (Inde/Pakistan, Afrique) ou liés à l'affrontement des blocs (Vietnam de 1954 à 1975) se développent.

c) Quels choix de développement ? Les nouveaux États appartiennent globalement au « tiers-monde », peu développé.
Dans les années 1960-1970, les situations se diversifient :
- certains pays bénéficient de ressources en pétrole, gaz ou minerais qui leur fournissent une rente financière.
- quelques uns cherchent à s'industrialiser (Algérie, Inde, NPI d'Asie).
- d'autres stagnent dans la pauvreté, principalement en Afrique.

Le pluriel s'impose (les tiers-monde, les Suds) pour rendre compte de la diversité des situations (Nouveaux pays industriels, pays en développement, pays les moins avancés).

Notions
- Anticolonialisme
- Décolonisation
- Développement
- Impérialisme
- Non-alignement
- Tiers monde/Sud

Décolonisation et construction de nouveaux États - Sujets d'étude

LU ☐
SU ☐
REVU ☐

2 L'Algérie de 1954 à 1962

1. La guerre sans nom

a) L'Algérie française. Vers 1950, l'Algérie compte 9 millions de musulmans (arabes et berbères) et 1 million de Français d'Algérie inégaux en droits. Le 8 mai 1945, le massacre de Sétif (armée française) fait plusieurs milliers de morts.

b) Insurrection et lutte armée. Le 1er novembre 1954 (Toussaint rouge), plusieurs attentats marquent le début d'un affrontement entre armée française et combattants algériens dirigé par le FLN.
La « Guerre de libération nationale » pour le FLN ou « opération de maintien de l'ordre » du côté français, d'abord guérilla dans les campagnes et montagnes, se déplace vers les villes (attentats à la bombe, Bataille d'Alger en 1957). Elle est marquée par des violences, des tortures, des déplacements forcés de population côté français et des massacres qui visent à rallier les populations par la terreur côté FLN.

2. L'indépendance

a) La France négocie. Début 1958, la France est critiquée au niveau international et la IVe République est affaiblie (instabilité ministérielle, Putsch des généraux d'Alger du 13 mai 1958).
De Gaulle, premier président de la Ve République, engage la marche vers l'indépendance de l'Algérie (principe d'autodétermination).

b) Un nouvel État. L'Algérie est indépendante le 5 juillet. La guerre prend fin en mars 1962 (accords d'Évian). Un million de pieds noirs arrivent en métropole.
Les nouveaux dirigeants de la République algérienne, (Ahmed Ben Bella, Houari Boumediene) engagent le pays dans la voie d'un socialisme d'État.

3 L'Union indienne à partir de 1947

1. Les défis du nouvel État indien

a) Une naissance dans la violence. La République indienne naît le 15 août 1947 dans un contexte difficile : partition Inde/Pakistan sur une base religieuse (Indouisme/Islam), déplacements et massacres de population).

b) Des choix originaux. Malgré les difficultés (croissance démographique rapide, pauvreté, famines, système des castes), l'Inde fait le choix de la démocratie politique (suffrage universel) et du non-alignement entre blocs Ouest/Est.
Économiquement, le socialisme indien ou développement auto centré fait face à la croissance de population (de 450 millions à l'indépendance à 1,3 milliard) : limitation des naissances, « Révolution verte » agricole, capitalisme industriel national (famille Tata).

2. Une puissance émergente

a) Le décollage économique. La République indienne connaît des succès : autosuffisance alimentaire, classe moyenne (100 millions de personnes) qui accède à la consommation.
Les groupes industriels indiens (Mittal) deviennent des FTN. Mumbaï (Bombay) où se trouve le centre de production de films (Bollywood) est devenue une ville mondiale.

b) Un acteur géopolitique. L'Inde accède à l'arme nucléaire en 1998. C'est une puissance régionale, (importante diaspora indienne, « diplomatie de proximité »).

Savoir 3

La France sous la Vᵉ République Question obligatoire

LU ☐
SU ☐
REVU ☐

1 L'évolution politique sous la Vᵉ République

1. Une République nouvelle

a) De nouvelles institutions. Revenu au pouvoir en juin 1958, le général de Gaulle fait rédiger une nouvelle **constitution** que les Français approuvent par référendum (28 septembre 1958), la Vᵉ République est née.

Afin d'éviter l'instabilité ministérielle, le poids de l'exécutif (Président, Premier ministre, Gouvernement) est renforcé par rapport au législatif (Assemblée nationale, Sénat).

b) Le président, personnage central. La présidentialisation du régime est accentuée par la personnalité du général de Gaulle (Président de 1958 à 1969), et par l'élection au suffrage universel direct, décidée en 1962. En 1965, Charles de Gaulle l'emporte au second tour sur François Mitterrand.

2. La République au fil du temps

a) La république gaullienne. De 1958 à 1981, les majorités électorales (droite républicaine) s'inscrivent dans la continuité des orientations voulues par de Gaulle.

b) L'alternance. Aux présidentielles de mai 1981, François Mitterrand l'emporte sur le président sortant Valéry Giscard d'Estaing. Pour la première fois sous la Vᵉ République, le pouvoir est exercé par la gauche.

c) Les cohabitations. En 1986, la défaite de la **gauche** aux élections législatives ouvre une première période de cohabitation : le président de gauche doit travailler avec une majorité parlementaire et un Premier ministre de **droite** (Jacques Chirac). La situation se reproduit en 1993 (Édouard Balladur). En 1997, c'est le président Chirac qui doit cohabiter avec Lionel Jospin, Premier ministre de gauche.

3. Des adaptations nécessaires

a) Un nouveau contexte. Avec le choix de l'intégration à L'Europe (Politique agricole commune, monnaie unique, espace Schengen), la France délègue une partie de sa souveraineté aux institutions communautaires (Parlement européen, Commission, Banque centrale).

À partir du milieu des années 1970, le contexte économique et social devient plus difficile : chômage structurel, déficit des finances publiques, mise en cause du modèle français de protection sociale.

b) Plusieurs révisions constitutionnelles

- **1999 :** parité homme/femme dans l'accès aux fonctions électives et mandats électoraux.
- **2005 :** adoption du quinquennat, modification du calendrier électoral pour limiter les risques de cohabitation.
- **2008 :** le Président ne peut exercer plus de 2 mandats consécutifs, il ne préside plus le Conseil supérieur de la magistrature ; mise en place d'une procédure de référendum d'initiative populaire.
- **2014 :** loi sur le non cumul des mandats électifs.

Notions : Alternance ◆ Cohabitation ◆ Constitution ◆ Droite-gauche ◆ Parti politique.

La France sous la Ve République Sujets d'étude

LU ☐
SU ☐
REVU ☐

2 Les femmes dans la société française

1. Principes et réalités

a) L'égalité des droits entre hommes et femmes dans tous les domaines est affirmée dans le préambule de la Constitution de 1946, le droit de vote est accordé aux femmes en 1944.

b) L'infériorité juridique de la femme remonte au Code civil de 1804. Elle prend fin en 1965 : possibilité de travailler sans l'autorisation du mari, de détenir un compte en banque, de disposer de ses biens et revenus.

c) Le taux d'activité des femmes atteint 50 % vers 1970. Majoritaires dans les emplois peu qualifiés et peu rétribués, elles se heurtent au « plafond de verre » dans l'accès aux postes de responsabilité.

2. Des luttes et des conquêtes

a) La maîtrise de la maternité est un des terrains de lutte des femmes. La loi Neuwirth (1967) et la loi défendue par Simone Veil (1974) légalisent la contraception et facilitent l'accès à l'IVG.

b) La loi impose l'égalité de salaire à fonction égale en 1971 et l'interdiction de toute discrimination professionnelle homme / femme en 1983.

c) Le principe de parité dans les fonctions électives est adopté en 1999 ; mais la France reste en retard pour l'accès des femmes à la vie politique.

3 L'élection présidentielle, un enjeu majeur de la vie politique française

1. Le Président, personnage central de la Ve République

a) Il préside le conseil des ministres à l'Élysée, peut dissoudre l'assemblée nationale. Depuis 1962, il est élu au suffrage universel (scrutin uninominal à deux tours).

b) Démocratie parlementaire, la Ve République évolue vers une forme de régime présidentialiste ou de « monarchie présidentielle ». En 2000, le septennat est remplacé par le quinquennat, qui correspond à la durée d'élection des députés (législature).

2. La vie politique rythmée par les élections présidentielles

a) Le poids des médias

Depuis 1965, les médias (télévision, sondages d'opinion) prennent une place croissante dans les campagnes. En 1974, le premier débat télévisé en direct entre les candidats du second tour (Valéry Giscard d'Estaing et François Mitterrand) est suivi par 25 millions de téléspectateurs (sur 29 millions d'électeurs).

b) À chaque élection ses enjeux

En 1965, De Gaulle est réélu au second tour face à François Mitterrand. Il démissionne en 1969 et Georges Pompidou est élu après un intérim. Valéry Giscard d'Estaing est élu en 1974 puis battu en 1981 par François Mitterrand. Jacques Chirac est élu en 1995 et en 2002 et reélu en 2002 pour un quinquennat au second tour (82 %) face à Jean-Marie Le Pen (Front national). Les élections de 1981 (gauche), 1995 (droite), 2012 (gauche) provoquent des alternances politiques.

Savoir 4

Les territoires dans la mondialisation Question obligatoire

LU ☐
SU ☐
REVU ☐

1 Centres d'impulsion et inégale intégration

1. La hiérarchisation des territoires

a) Les différenciations territoriales. Elles existent à différentes échelles : entre pays aux niveaux de richesse différents, entre grandes régions mondiales plus ou moins connectées, dans les aires urbaines entre hyper centres (CBD) où se concentrent pouvoir et décision et leurs périphéries.

b) Aires de puissance et pôles d'impulsion. Souvent proches des côtes, (façades maritimes), les aires de puissance réunissent des villes bien reliées entre-elles qui constituent les **mégalopoles**.

Au cœur des aires de puissance le pouvoir se concentre dans les grandes villes (métropolisation). New York, Londres, Tokyo, Paris ont un statut de **villes mondiales** (*global cities*) grâce à la concentration d'activités de haut niveau.

c) Des mondes à l'écart. Certains pays et territoires sont peu intégrés au système mondial d'échanges. Les populations y sont pauvres (IDH défavorable). L'Afrique concentre nombre de pays les moins avancés (PMA) qui cumulent les handicaps (risques naturels, guerres).

2. Les centres d'impulsion mondiaux

a) L'Amérique du Nord. L'aire de puissance nord-américaine est centrée sur les États-Unis, ouverts sur deux façades maritimes. Au Nord-est une mégalopole s'étire sur 800 km (Boston, New York, Washington, Baltimore, Philadelphie). À l'ouest des États-Unis, la Californie (Los Angeles, San Francisco), constitue le premier pôle informatique et numérique mondial.

b) L'Europe. La puissance de cette aire se concentre dans la mégalopole étirée de Londres à Milan, et dans deux pôles, Londres et Paris ; elle est reliée au monde par la façade maritime de la mer du Nord (Rotterdam).

c) Du Japon à l'Asie. La puissance industrielle de l'Asie d'abord centrée sur le Japon s'est diffusée dans les NPI (nouveaux pays industriels) : Corée du Sud, Hong Kong, Singapour. Avec l'essor de la Chine, la notion d'aire de puissance asiatique s'élargit à un vaste ensemble s'étirant de Tokyo et de Pékin au Nord jusqu'à Singapour au Sud.

3. Des évolutions en cours

a) Développement et émergence. À partir des années 1970, la diversification des « suds » se diversifie, certains pays s'industrialisent. Les notions de développement puis d'émergence s'appliquent à des pays qui connaissent des formes de développement économique et social.

b) Des puissances émergentes. La croissance rapide de grands États (Chine, Brésil, Inde, Afrique du Sud), en fait de nouvelles puissances à l'échelle du monde.

c) Un monde de plus en plus polycentrique. L'espace mondial se modifie. Europe et Amérique du Nord doivent désormais compter avec les nouveaux pôles et aires de puissance, asiatiques surtout.

Notions : Aire de puissance ◆ Centre d'impulsion ◆ Interface ◆ Intégration/Marginalisation ◆ Mégalopole.

Savoir 4

Les territoires dans la mondialisation Sujet d'étude

LU ☐
SU ☐
REVU ☐

2 Londres

1. Une ville et une aire urbaine

a) Une ville et un port. Le cœur historique de Londres est situé sur les rives de la Tamise à 60 km de l'estuaire, le port s'étire en direction de la mer. L'aire urbaine de Londres (14 millions d'habitants) s'étend largement au sud-est de l'Angleterre.

b) Les héritages historiques. Capitale du Royaume-Uni, Londres a été le centre de l'empire colonial britannique et de la première puissance maritime du monde. Le *Commonwealth*, qui a succédé à l'empire britannique (54 États) contribue à son rayonnement mondial.

2. Des fonctions internationales

a) Une ville connectée au monde. Londres est tournée vers l'Europe, (2 heures de Bruxelles, 2h15 de Paris avec l'Eurostar) et reliée au monde (aéroport d'Heathrow, 3e rang mondial). Elle est au cœur des circuits de financiers internationaux : le *London Stock Exchange* est la 3e place boursière mondiale derrière New York et Tokyo.

b) Des activités de métropole mondiale. Au 2e rang des villes mondiales derrière New York, Londres concentre des activités tertiaires supérieures (quartiers de la *City*, des *Docklands*) : sièges sociaux, banques, sociétés de bourse et d'assurance (la *Lloyd*), d'origine britannique ou étrangère.
Le rayonnement de Londres tient aussi à son patrimoine culturel (British Museum) à son caractère multiculturel et au rôle de la langue anglaise dans le monde.

3 Shanghai

1. Un essor rapide

a) De l'ouverture coloniale au repli. En 1842, Angleterre, États-Unis et France imposent l'ouverture du port au commerce international (boulevard du Bund). De 1949 à 1990, la Chine communiste se replie sur elle-même.

b) Le réveil. À partir de 1990, la ZEE de Pudong, en aval de Shanghai, favorise l'essor économique de la ville dont la population passe de 5 millions d'habitants en 1950, à plus de 18 millions en 2012.

c) Un pôle économique majeur. Première métropole économique chinoise elle accueille 50 % des investissements étrangers en Chine, plusieurs centaines de sièges sociaux de FTN et environ
50 000 personnels étrangers d'entreprises installées sur place. Le trafic portuaire est le plus important du monde.

2. Une métropole à différentes échelles

a) Un pôle de développement régional. Au débouché de la vallée du Yangzi, Shanghai est à la tête d'un axe de développement pénétrant profondément dans l'intérieur du territoire chinois.

b) Un pôle économique chinois. Shanghai est situé en position intermédiaire entre le pôle du nord (Pékin, Tianjin) et celui du sud (Guangdong, Hong Kong).

c) Un statut international. Shanghai se situe aux alentours du 20e rang des villes mondiales et son rayonnement s'accroît.

HISTOIRE

Savoir

5

La mondialisation : acteurs, flux et réseaux – Question obligatoire

LU ☐
SU ☐
REVU ☐

1 Mondialisation et firmes transnationales

1. Les FTN acteurs majeurs de la mondialisation

a) Les firmes transnationales. Ce sont des entreprises qui possèdent bureaux de vente, filiales, ateliers d'assemblage dans plusieurs pays. Elles gardent des attaches avec le pays où elles ont leur siège social.

b) Des acteurs puissants. Elles contribuent à ¼ du PIB mondial et alimentent ⅔ du commerce international ; 80 000 d'entre-elles contrôlent 800 000 filiales dans le monde. Quelques dizaines de FTN ont des chiffres d'affaire supérieurs aux PIB de nombreux pays de taille moyenne.

c) Des stratégies mondialisées. Pour la production, elles utilisent les avantages comparatifs de chaque localisation : réglementations souples, fiscalités avantageuses, salaires faibles.
Pour la vente, elles développent des campagnes destinées à faire connaître leur produits, et à en créer le besoin à l'échelle mondiale (Coca-Cola, Nike, Apple ; etc.).

2. Des échanges mondialisés

a) Ouverture économique et déréglementation. Les 3/4 des États sont membres de l'OMC (Organisation mondiale du commerce). Dans les années 1980-2000, la libéralisation des échanges s'est étendue aux capitaux (globalisation financière).

b) Transports et communications. Le mer assure 90 % des échanges internationaux de marchandises, en vrac (pétroliers, céréaliers) ou en conteneurs. Les transports aériens servent au fret léger (FeDex, UPS) et aux déplacements de personnes. Les réseaux de câbles terrestres et sous-marins, les réseaux satellitaires, permettent la transmission quasi-instantanée d'informations (téléphone, Internet, télévision).

c) Des flux de toute nature. Les flux de marchandises sont des produits bruts (miniers, agricoles, énergie), et surtout des composants semi-finis transitant d'une usine à l'autre avec l'éclatement des lieux de production.
Depuis la déréglementation des années 1980, la circulation financière est amplifiée, en revanche la plupart des pays cherchent à limiter l'immigration sur leur sol.

3. D'autres acteurs

a) Les États. Ils gardent un pouvoir de réglementation et peuvent attirer capitaux et entreprises (zones franches, fiscalité).

b) La mondialisation grise. Elle résulte d'activités illégales et souvent criminelles condamnées par l'ONU : trafics (stupéfiants, armes, produits toxiques), traite d'êtres humains, contrefaçons.

c) Des contestations. Depuis les années 1990, l'alter mondialisme dénonce et combat les excès de la mondialisation : pillage des ressources naturelles, concentration des richesses aux mains d'une minorité, exploitation du plus grand nombre.

Notions Acteurs spatiaux ◆ Division internationale du travail ◆ Flux ◆ FTN ◆ Mondialisation ◆ Réseaux.

GÉOGRAPHIE

La mondialisation : acteurs, flux et réseaux – Sujet d'étude

LU ☐
SU ☐
REVU ☐

1 Les migrations internationales

1. Des courants migratoires complexes

a) Des migrations croissantes mais limitées. Autorisées ou clandestines, elles représentent environ 3 % de la population mondiale chaque année (250 millions). Les principaux motifs sont la recherche de meilleures conditions de vie et la fuite devant une menace de famine ou de guerre (réfugié).

2. Des courants migratoires partagés en 3 tiers

a) Du Sud vers le Nord. Ils sont liés à la proximité géographique ou aux liens historiques entre anciennes colonies et métropoles (Afrique francophone vers la France, Inde et Pakistan vers le Royaume-Uni).

b) Dans le Sud. Les pays pétroliers du Golfe persique, peu peuplés et avec de grands chantiers de construction constituent une destination en provenance de l'Océan indien ou d'Asie.

c) Entre pays du nord. Amérique du Nord – Europe – Japon échangent principalement des cadres ou des techniciens d'entreprises transnationales.

3. Des effets différents

a) Dans les pays de départ. Les transferts financiers des travailleurs expatriés constituent une ressource importante mais l'émigration de personnes qualifiées est un appauvrissement.

b) Dans les pays d'accueil. On cherche à freiner l'immigration, sauf pour les personnes diplômées et qualifiées (*brain drain*).
Quelques pays (Australie, Canada) accueillent des immigrants sélectionnés avec soin.

2 Transports et routes maritimes

1. La mer, un trait d'union

c) Routes et façades maritimes. Les routes maritimes relient les grandes façades maritimes du monde Nord-est de l'Amérique du Nord, Europe occidentale, Asie orientale (littoralisation).
Les zones littorales et les arrières pays bien reliés aux ports constituent des territoires favorisés par rapport aux régions intérieures continentales.

d) Le transport maritime, techniques et acteurs. Les navires sont spécialisés (vraquiers, porte-conteneurs). La conteneurisation permet de conditionner les produits fabriqués dans les ateliers de production et de les livrer directement à l'utilisateur.
Les navires des grandes entreprises d'armement : Maersk Line (Danemark) ; CMA-CGM (France) sont en partie immatriculés dans de petits États aux fiscalités faibles (Panama, Libéria, Bahamas).

2. Des enjeux économiques et géopolitiques

a) Un rôle essentiel dans le mondialisation des échanges. Les transports maritimes dominent le transport des marchandises (90 %).

b) Menaces et lieux critiques. La navigation maritime est exposée aux risques naturels (tempêtes) et accidentels (collisions) susceptibles d'entraîner naufrages ou marées noires, et sous la menace de la piraterie maritime.

Savoir 6

La France dans le monde Question obligatoire

LU ☐
SU ☐
REVU ☐

1 La présence française dans le monde

1. Les moyens de la puissance

a) Le territoire et ses prolongements. Pays de dimensions modestes à l'échelle du monde (550 000 km² soit 1 % de la population), la France dispose avec les territoires d'outre-mer de la deuxième ZEE du monde.

b) L'économie. Les points forts de la 5e économie mondiale sont l'agriculture, l'aéronautique, le BTP et l'économie de services (banque assurance). Une dizaine de FTN françaises se classent dans les 100 premières mondiales.

c) Diplomatie et présence militaire. Membre du Conseil de sécurité de l'ONU, la France a une diplomatie active qui défend ses intérêts géostratégiques et joue un rôle de conciliation dans les situations de tension ou de crise. L'AFD agence française de développement, finance des actions dans les pays pauvres et accorde des aides aux ONG. Ses capacités militaires lui permettent d'assurer sa sécurité et de conduire des opérations extérieures (OPEX).

2. Un rayonnement culturel

a) La francophonie. La communauté francophone compte environ 220 millions de personnes (3 % de la population mondiale), en Europe, Amérique du Nord (Québec, Haïti) et Afrique où elle croît rapidement.
L'OIF (Organisation internationale de la francophonie) réunit 77 pays et gouvernements. RFI, F24 et TV5 monde diffusent, dans le monde entier, des images et des informations en français.

b) Une image de marque. L'image de la France dans le monde est globalement positive : attrait touristique, patrimoine historique, architectural et culturel (Châteaux de la Loire, musée du Louvre), événements internationaux (Festival de Cannes), industrie du luxe, gastronomie.
Les musées français s'exportent. Le cinéma français est l'un de ceux qui résiste le mieux au cinéma hollywoodien, quelques films français (*Intouchables* en 2012) connaissent une diffusion mondiale.

3. Une puissance en question

a) Des signes de fragilité. La place de la France est contestée par la montée des pays émergents et par ses propres faiblesses : balance commerciale déficitaire, endettement de l'État, désindustrialisation, chômage. Le rôle du français comme langue internationale s'affaiblit.

b) L'ancrage européen. Dès les années 1950 la France a fait le choix de l'Europe, ce qui permet de résister aux superpuissances : monnaie commune, succès internationaux d'Airbus industries ou de l'agence spatiale européenne.

c) Tenir son rang dans le monde. La France dispose d'atouts qu'elle peut valoriser dans la compétition internationale : territoire attractif, agriculture performante.

Notions Francophonie ◆ Géostratégie ◆ Puissance ◆ ZEE.

GÉOGRAPHIE

La France dans le monde Sujets d'étude

LU ☐
SU ☐
REVU ☐

1 Les engagements militaires et humanitaires de la France dans le monde

1. Une puissance militaire

a) Assurer sa défense. La France, puissance nucléaire, dispose d'un éventail complet de forces armées (Armée de terre, Marine nationale, Armée de l'air) destinées à la défense du territoire (métropole et outre-mer).

b) Jouer son rôle dans le monde. Dans le cadre d'accords internationaux, la France mène des opérations militaires extérieures (OPEX) dans plusieurs parties du monde : Océan indien (lutte contre la piraterie) Côte d'Ivoire, Liban, Centrafrique, Mali, afin d'assurer la sécurité des intérêts français, ou de participer à des opérations de maintien ou de restauration de la paix.

2. Une présence importante dans l'humanitaire

a) Origines et objectifs de l'humanitaire. Les ONG à but humanitaire ont pour objectif d'aider les populations civiles : nourriture, soins médicaux et chirurgicaux, aide au développement.
Les ONG utilisent les médias pour faire connaître les situations de crise, mobiliser l'opinion publique et rassembler les fonds nécessaires à leurs actions.

b) Les ONG humanitaires françaises. Elles sont reconnues pour leurs compétences dans le monde : Secours populaire français, Secours catholique, MSF (Médecins sans frontières), Médecins du monde, Pharmaciens sans frontière, CCFD-Terre Solidaire (Comité catholique contre la faim et pour le développement), ACF (Action contre la faim).

2 Les Français dans le monde, de nouvelles mobilités

1. Les Français à l'étranger

a) Une mobilité croissante. Le nombre de Français à l'étranger augmente régulièrement (2,3 millions, 1,5 % de la population).
Ce sont principalement des actifs, expatriés temporaires avec ou sans leur famille.

b) Des destinations diversifiées. La moitié des expatriés sont installés en Europe, (droit de libre installation dans l'UE). L'Amérique du Nord (États-Unis et Canada) est la 2e zone d'accueil. L'Afrique a tendance à stagner ou régresser ; l'Asie et le Moyen-Orient sont en très forte progression.

2. Un rôle important pour l'influence et l'image de la France

a) Différentes catégories d'expatriés. Le corps diplomatique, et les militaires des opérations extérieures dépendent directement de l'État. Les personnels de l'AEFE assurent un service d'enseignement français dans 130 pays.
Les cadres et personnels techniques d'entreprises transnationales d'origine française sont les plus nombreux : BTP (Bouygues ou Vinci), pétrole (Total), automobile (Renault, Citroën).

b) L'image de la France. Par leurs fonctions, ou par leurs métiers les Français de l'étranger font connaître leur pays, ses productions et spécialités dans le monde : gastronomis, architecture avec des réalisations à Abu Dhabi, en Chine ou au Brésil.

1. LES RELATIONS INTERNATIONALES

◆ **Guerre froide :** de 1947 à 1989 période d'affrontement entre blocs de l'Est (URSS) et de l'Ouest (États-Unis).

◆ **Monde bipolaire :** organisation du monde en deux blocs, chacun dominé par une super puissance.

◆ **Monde multipolaire :** orgnisation du monde caractérisée par la multiplicité des acteurs (États, FTN, ONG, etc.)

◆ **Nationalité :** un groupe national est composé de personnes se reconnaissant dans une histoire, une langue, une tradition et une culture commune. Cette nationalité peut souhaiter vivre dans un État-nation indépendant ; c'est un droit reconnu par le principe du « droit des peuples à disposer d'eux-mêmes » énoncé par le président américain Wilson en 1918.

◆ **Terrorisme :** action violente se manifestant ponctuellement par des attentats ou des prises d'otages. L'action terroriste s'inscrit dans une stratégie du faible au fort. Elle peut s'exercer dans le cadre d'un État ou dans le cadre international.

2. DÉCOLONISATION ET CONSTRUCTION DE NOUVEAUX ÉTATS

◆ **Anticolonialisme :** courant de pensée opposé à la domination coloniale d'un pays sur d'autres peuples et territoires.

◆ **Décolonisation :** processus pacifique ou conflictuel à l'issue duquel les métropoles reconnaissent l'indépendance de leur colonie.

◆ **Développement :** processus de sortie du « sous-développement » économique et social.

◆ **Impérialisme :** volonté pour un État d'étendre sa domination sur d'autres territoires.

◆ **Non-alignement** : voie politique des pays nouvellement indépendants qui pendant la guerre froide refusent de se ranger dans les camps des États-Unis (Ouest) ou de l'URSS (Est).

◆ **Tiers monde/Sud : Tiers monde** désigne les parties du monde n'appartenant ni aux pays industrialisés ni aux pays du camp communiste. L'expression sera remplacée par celle de **Sud** regroupant les pays pauvres situés surtout dans la zone intertropicale.

3. LA FRANCE SOUS LA Vᵉ RÉPUBLIQUE

◆ **Alternance :** succession au pouvoir de tendances politiques opposées (gauche ou droite).

◆ **Cohabitation :** situation dans laquelle les deux têtes de l'exécutif, (Président et Premier ministre) appartiennent à des courants politiques opposés.

◆ **Constitution :** loi fondamentale d'un pays qui définit les principes de la République, l'organisation des pouvoirs publics et les rapports entre gouvernants et gouvernés.

◆ **Droite-Gauche :** organisation de la vie politique française autour de deux grandes orientations républicaines : la droite d'inspiration libérale et conservatrice, la gauche plus ouverte aux questions sociales.

◆ **Parti politique :** organisation regroupant des adhérents partageant les mêmes opinions et valeurs politiques, et les défendant lors des élections. L'existence de plusieurs partis est une condition nécessaire à l'existence de la démocratie politique.

4. LES TERRITOIRES DANS LA MONDIALISATION

- **Aire de puissance :** portion d'espace, d'étendue variable où se concentrent les moyens permettant d'agir sur le monde (pouvoir, décision, innovation, etc.).

- **Centre d'impulsion :** région qui réunit des activités décisionnelles, de recherche et d'innovation.

- **Interface :** zone de contact terrestres ou façades maritimes entre deux systèmes spatiaux différenciés.

- **Intégration/Marginalisation :** termes caractérisant la place des pays et territoires dans la mondialisation.

- **Intégration :** se fait par une forte connexion aux autres régions (réseaux de transport et communication, flux commerciaux).

- **Marginalisation :** s'applique à l'inverse à des territoires à l'écart ou à ceux qui s'intègrent « par le bas » aux échanges mondiaux, en fournissant par exemple des matières premières.

- **Mégalopole :** vaste ensemble urbain constitué de villes reliées entre-elles par de multiples réseaux de transport et de communication.

5. LA MONDIALISATION : ACTEUR, FLUX ET RÉSEAUX

- **Acteurs spatiaux :** individus, FTN, ONG, des États, médias, organisations criminelles, etc. dont les actions ont des effets sur les territoires et leurs populations.

- **Division internationale du travail** : spécialisation des pays dans certains secteurs pour lesquels ils présentent un avantage comparatif (ressources, main-d'œuvre, niveau de développement, stabilité politique, etc.).

- **Flux :** déplacement de personnes, de marchandises, de données immatérielles (flux financiers ou d'informations). Les flux circulent à différentes échelles, du local à l'international, en empruntant des réseaux.

- **FTN :** (firme transnationale) entreprise qui, en gardant une attache dans un État, exerce ses activités dans plusieurs autres pays, directement ou par l'intermédiaire de filiales. Les FTN réalisent des IDE (investissements directs à l'Étranger).

- **Mondialisation :** processus d'intensification des échanges matériels, immatériels et humains, entre les territoires à l'échelle du monde.

- **Réseaux :** infrastructures qui mettent en relation des territoires, par exemple réseaux ferré, routier ou aérien ou satellitaire. Les réseaux sont faits de nœuds d'où partent des routes irriguant les territoires.

6. LA FRANCE DANS LE MONDE

- **Francophonie :** ensemble de la communauté linguistique de langue française dans le monde. C'est aussi une organisation réunissant les pays de langue française.

- **Géostratégie :** moyens d'action par lesquels un pays cherche à défendre ou a étendre ses zones d'influence dans le monde.

- **Puissance :** pour un pays, capacité à exercer une influence (économique, culturelle, diplomatique, etc.) hors de son territoire.

- **ZEE :** zone maritime de 200 miles (370 km) au-delà des côtes dans laquelle le pays riverain peut se réserver l'exploitation exclusive des ressources économiques.

LE MOYEN-ORIENT

• **Qu'est ce que le Moyen-Orient ?**
- **Une région** qui s'étend de la rive orientale de la Méditerranée jusqu'à l'Asie centrale. Elle occupe un milieu climatique aride avec de vastes zones désertiques (Péninsule arabique, Golfe persique).
- **Des populations** qui sont pour l'essentiel arabes, Farsi (Perse) en Iran, ou appartiennent à des minorités ethniques (Kurdes) ou religieuses (chrétiens d'Orient).
- **Des États** : Liban, Syrie, Israël, Palestine, Égypte, Jordanie, Turquie, Arabie saoudite, Koweït, Qatar, Bahreïn, Émirats arabes unis, Oman, Yémen, Irak, Iran.

• **Le Moyen-Orient c'est :**
- 60 % des réserves mondiales de pétrole conventionnel ;
- 40 % des réserves mondiales de gaz.

L'AMÉRIQUE LATINE

• **Amérique latine :** désigne les États de taille très inégale issus de la colonisation espagnole et portugaise. Le Brésil est le plus vaste (8,5 millions de km² et le plus peuplé (194 millions d'habitants). L'Amérique latine comprend le continent sud américain, l'isthme d'Amérique centrale et l'espace caraïbe. Elle est caractérisée par un mélange de cultures : celle des Indiens, celle des colonisateurs espagnols et portugais, celle des descendants d'esclaves noirs (Brésil, Cuba).

L'ALGÉRIE DE 1954 À 1964

• **FLN (Front de libération nationale algérien) :** organisation principale de lutte contre la colonisation, qui lance les attentats du **1er novembre 1954** et conduit une lutte armée avec l'**ALN** (Armée de libération nationale).

• **Bataille d'Alger** : lutte menée par les parachutistes et le général Massu, en 1957, contre les « terroristes », avec un recours généralisé à la torture.

• **OAS (Organisation armée secrète) :** organisation clandestine extrémiste refusant l'indépendance de l'Algérie. En 1961 pour empêcher les négociations, elle lance des attentats en France métropolitaine et souhaite une politique de « terre brûlée » (destructions) en Algérie.

• **5 juillet 1962 :** proclamation de l'indépendance de l'Algérie.

L'UNION INDIENNE

Quelques figures de l'Inde contemporaine

• **Gandhi** : 1869-1948 surnommé le Mahâtma (la grande âme) inspirateur et leader de la résistance non violente contre le colonisateur britannique ; assassiné.

• **Nehru :** négociateur de l'indépendance et premier ministre de 1947 à 1964, il est l'un des leaders du mouvement des non-alignés.

• **Indira Gandhi :** fille de Nehru, Premier ministre de 1975 à 1984 ; assassinée.

• **Tata group :** plus grand groupe industriel indien fondé en 1868, il possède depuis 2008 Jaguar et Land Rover, anciens fabricants automobiles anglais.

L'ÉLECTION PRÉSIDENTIELLE

• **Intérim** : période de vacance de la Présidence, suite à une démission ou à un décès. Avant de nouvelles élections, le pouvoir présidentiel est assuré par le président du Sénat.

• **François Mitterrand** est le seul président de la Ve République à effectuer deux septennats complets (1981-1995).

• **Ségolène Royal** a été la première femme présente au second tour de la présidentielle.

• **Dates des élections présidentielles au suffrage universel :** 1965, 1974, 1981, 1988, 1995, 2002, 2007, 2012.

Repères de géographie

LONDRES ET SHANGHAÏ

• ***City*** **:** quartier d'affaires du centre de Londres ; c'est historiquement le premier CBD (Central Business District)

• **Ville mondiale :** ou ville globale expression forgée en 1991 par la sociologue Saskia Sassen pour désigner des villes réunissant des fonctions supérieures leur permettant d'organiser le monde, par exemple New York, Londres, Tokyo, Paris, Francfort.

LES MIGRATIONS INTERNATIONALES

• **Émigré :** personne ayant quitté son pays d'origine pour un autre.

• **Expatrié :** personne résidant de manière temporaire à l'étranger généralement pour exercer une activité professionnelle.

• **Immigré :** personne vivant dans un pays de manière temporaire ou définitive, tout en étant née à l'étranger.

• **Réfugié :** personne ayant quitté son pays sous l'effet d'une menace (11 millions dans le monde).

TRANSPORTS ET ROUTES MARITIMES

• **Conteneurisation :** technique de transport des marchandises dans des caisses métalliques fermées empilables, et aux dimensions normalisées.

• **Fret :** terme désignant selon les cas les marchandises transportées ou le coût du transport.

• **Littoralisation :** phénomène géographique de concentration des activités près des côtes et des ports, en lien avec le transport maritime.

LA FRANCE DANS LE MONDE

• **AEFE :** Agence française pour l'enseignement à l'étranger (310 000 élèves scolarisés).

• **Humanitaire :** domaine d'action visant à venir en aide à des populations mises en danger par des catastrophes naturelles (séismes, inondations, sécheresse), des raisons sanitaires ou médicales (épidémies) ou des faits de guerre (réfugiés, blessés).

• **ONG :** organisation non gouvernementale ; elles ne dépendent pas des États pour leur financement, elles peuvent avoir des actions indépendantes.

• **OPEX** (opération extérieure) : désigne l'intervention des forces armées françaises hors du territoire national.

Exercice 1 voir Fiche Savoir 1.1

Le jeu des puissances dans un espace mondialisé de 1945 à nos jours

1. Caractérisez la période de la guerre froide.
2. Citez les principaux acteurs de la crise de Berlin.
3. Justifiez l'affirmation suivante : « depuis la fin de la guerre froide le monde est devenu multipolaire ».
4. Datez les événements suivants : chute du Mur de Berlin ; 1er choc pétrolier ; crise des fusées de Cuba.
5. Complétez la légende de la carte de l'Allemagne en 1946.

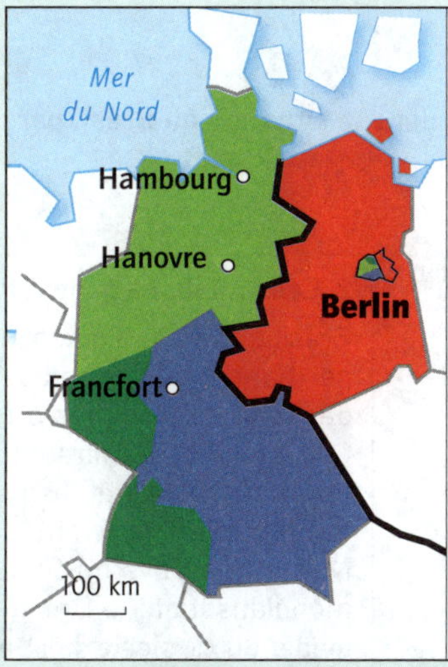

FAIT ☐ REVU ☐

Exercice 2 voir Fiche Savoir 1.2

Le Moyen-Orient et le pétrole

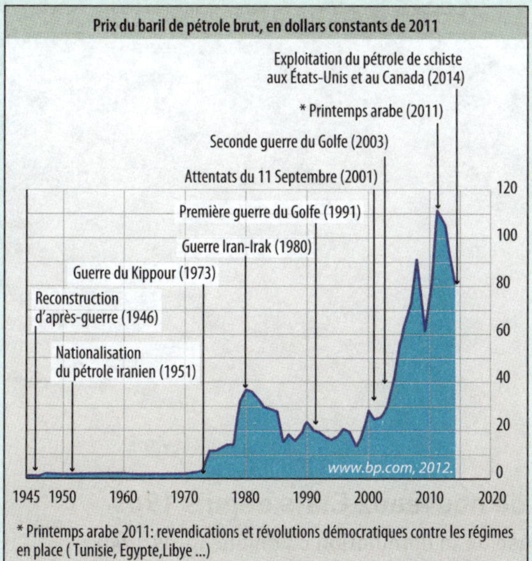

* Printemps arabe 2011: revendications et révolutions démocratiques contre les régimes en place (Tunisie, Egypte,Libye ...)

L'évolution des prix du pétrole depuis 1945

1. Présentez le document (nature, informations apportées, tendance générale de l'évolution).
2. En faisant appel à vos connaissances, montrez l'importance du Moyen-Orient pour le marché mondial du pétrole depuis 1945.
3. En vous appuyant sur trois situations historiques, précisez le lien existant entre événements au Moyen-Orient et variation du prix du pétrole.
4. L'évolution récente des prix du pétrole reflète-t-elle un affaiblissement ou un renforcement du rôle du Moyen-Orient sur le marché du pétrole ?

FAIT ☐ REVU ☐

Exercice 3 voir Fiche Savoir 1.3

L'Amérique latine : entre domination traditionnelle des États-Unis et remise en cause du leadership nord-américain

1. Précisez quels sont les différents types d'intervention des États-Unis en Amérique latine (doc. 1).
2. Montrez en quoi le contexte de guerre froide contribue à expliquer l'interventionnisme des États-Unis (doc. 1).
3. Présentez les acteurs de la Crise de Cuba (doc. 1).
4. Donnez un titre à la carte (doc.1).
5. Que signifie « Brasilia » dans ce texte (doc. 2).
6. Montrez quels changements sont intervenus dans la situation du Brésil par rapport à la situation représentée sur le document 1.

FAIT ☐ REVU ☐

1 ....

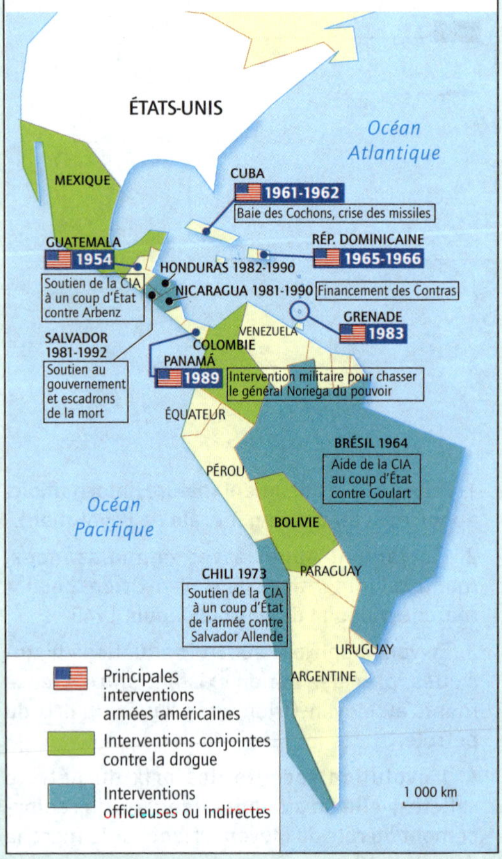

2. Les ambitions géopolitiques du Brésil

Brasilia cherche à obtenir un siège de membre permanent au Conseil de sécurité de l'ONU, dépêche ses troupes à Haïti, appartient au G20, aux BRICS. Héraut (celui qui défend une cause) du multilatéralisme, désendetté envers le FMI, médiateur entre les puissances du Nordet les pays du Sud, « gagnant » de la mondialisation, le Brésil se pose comme un leader du XXIe siècle. (...) L'émergence du Brésil contribue au basculement du monde, les lignes bougent en sa faveur, le Brésil est en passe d'obtenir une meilleure place dans l'architecture mondiale, sans pour autant rechercher un leadership que ni les grandes puissances occidentales, ni la Chine ne sont prêts à lui laisser.

A. Degans, « Le Brésil émergent, un géant du XXIe siècle ?

Exercice 4 voir Fiche Savoir 2.1

De la décolonisation à la mise en place de nouveaux États depuis 1945

1. Citez trois éléments contribuant à la mise en cause de la domination coloniale après 1945.
2. Datez les indépendances suivantes : Algérie ; Angola ; Inde.

3. Expliquez la notion de « non-alignement ».

4. Justifiez l'affirmation suivante « Il n'est plus possible aujourd'hui de parler au singulier *du Tiers-monde* ou *du Sud* ».

5. Donnez un exemple de décolonisation négociée.

6. Complétez la légende de la carte et nommez un exemple de pays pour chacune des étapes de la décolonisation.

7. Indiquez sur la carte deux exemples de guerres d'indépendance.

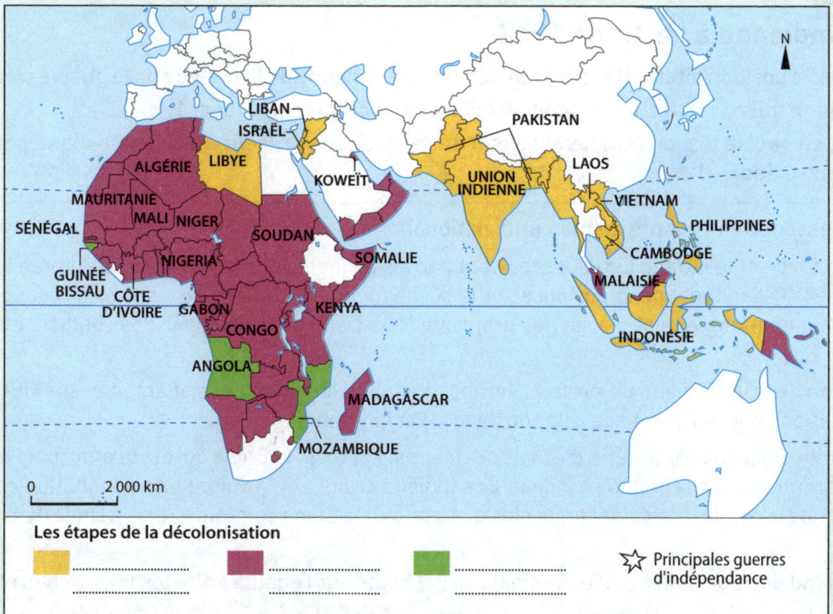

Les étapes de la décolonisation

FAIT ☐ REVU ☐

Exercice 5 voir Fiche Savoir 2.2

L'Algérie de 1954 à 1962

Appel du FLN au peuple algérien, le 1er novembre 1954

« Nous retraçons ci-après les grandes lignes de notre programme politique.

But : L'indépendance nationale par :

1. La restauration de l'État algérien souverain, démocratique et social dans le cadre des principes islamiques.

2. Le respect de toutes les libertés fondamentales sans distinction de race et de confession.

Moyens de lutte : conformément aux principes révolutionnaires et compte tenu des situations intérieure et extérieure, la continuation de la lutte par tous les moyens jusqu'à notre but. (...)

En contrepartie :

1. Les intérêts français, culturels et économiques, honnêtement acquis, seront respectés ainsi que les personnes et les familles.

2. Tous les Français désirant rester en Algérie auront le choix de leur nationalité. (...)

Algérien ! Nous t'invitons à méditer notre Charte ci-dessus. Ton devoir est de t'y associer pour sauver notre pays et lui rendre sa liberté. Le Front de libération nationale est ton front. Sa victoire est la tienne. Quant à nous, résolus à poursuivre la lutte, sûrs de tes sentiments anti-impérialistes, forts de ton soutien, nous donnons le meilleur de nous-mêmes à la patrie. »

1. Précisez le contexte historique dans lequel s'inscrit le document.
2. Qui s'exprime ?
3. Qu'annonce cet appel ?
4. Quel a été l'avenir de cet appel dans l'Algérie des années 1954 à 1962 ?

FAIT ☐ REVU ☐

Exercice 6 voir Fiche Savoir 2.3

L'Union indienne à partir de 1947

1. Présentez la position internationale de la République indienne de la période de la guerre froide. (doc. 1)
2. De quelle manière s'est-elle adaptée aux évolutions du monde ? (doc. 1)
3. Montrez en quoi la diaspora indienne assure à cet État une présence, régionale d'une part, et mondiale de l'autre. (doc. 2)

1. Une puissance émergente au plan international

La guerre froide et le clivage Est-Ouest avaient permis à l'Inde d'occuper une place comme leader des non-alignés, lui donnant une importance sur la scène mondiale supérieure à son poids économique ou militaire. Ce non-alignement n'avait pas empêché New Delhi de développer des contacts étroits avec l'URSS. (...)

L'implosion de l'URSS, dans un premier temps, déstabilisait l'Inde qui s'adaptait assez vite à la nouvelle situation en améliorant ses relations avec Washington. (...)

En 1998, elle procédait à une série d'essais nucléaires. (...) C'est la Chine qui est la principale motivation du programme nucléaire militaire indien. Les Indiens craignent la volonté de domination chinoise et déplorent que le monde occidental prête plus d'attention à la Chine communiste qu'à l'Inde démocratique. (...)

L'Inde défend la vision d'un monde multipolaire (...) fondé sur l'égalité entre les pays riches et pauvres. Elle revendique un siège de membre permanent au Conseil de sécurité de l'ONU.

D'après P. Boniface, *Le Monde contemporain : grandes lignes de partage*, PUF, 2003.

2. L'Inde dans la mondialisation : la diaspora indienne

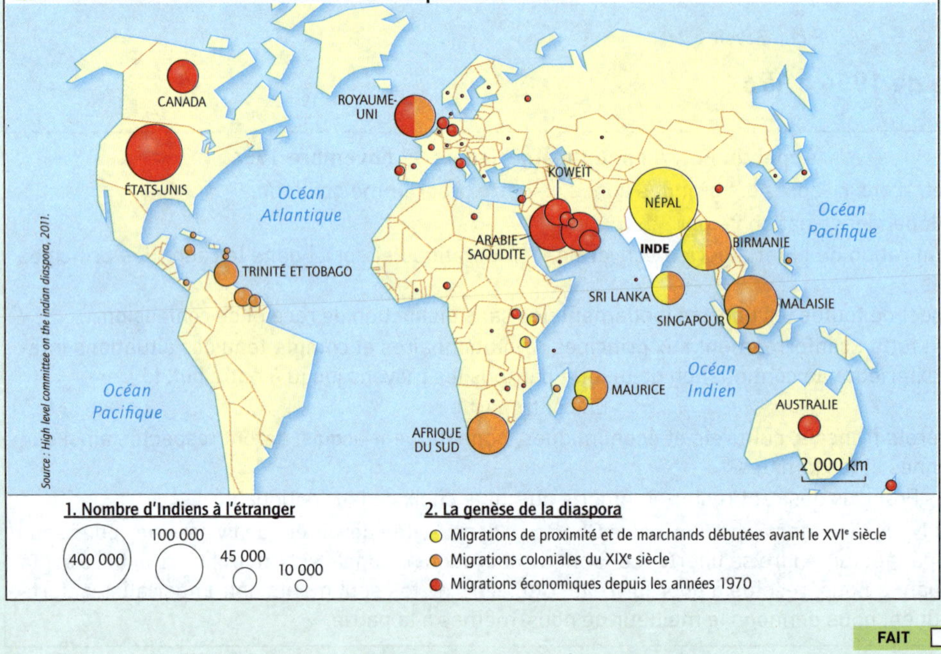

FAIT ☐ REVU ☐

Exercice 7 voir Fiche Savoir 3.1

L'évolution politique de la Ve République

1. Choisissez parmi les affirmations suivantes celle qui correspond le mieux à la Ve République et justifiez votre choix.

a. La Ve République est un régime principalement parlementaire ;

b. La Ve République est un régime principalement présidentiel ;

c. La Ve République est un régime à la fois parlementaire et présidentiel.

2. Citez un épisode de cohabitation entre Gauche et Droite sous la Ve République.

3. Donnez un exemple d'alternance politique à la tête du pays.

4. Citez deux modifications de la constitution concernant l'élection du Président de la République.

5. Parmi les éléments suivants quels sont ceux qui composent le pouvoir exécutif : Gouvernement, Président de la République, Sénat, Premier ministre, Assemblée nationale.

6. Attribuez les rôles suivants au personnage correspondant (Président ou Premier ministre).

– préside le conseil des ministres – assure l'exécution des lois – dirige l'action du Gouvernement – peut prononcer la dissolution de l'Assemblée nationale – est le chef des armées – est responsable de la défense nationale.

FAIT ☐ REVU ☐

Exercice 8 voir Fiche Savoir 3.2

Les femmes dans la société française

1. Relevez deux formes d'inégalités femmes-hommes présentées dans le document 1.

2. Quel lien pouvez-vous établir entre niveau de formation et niveau de revenu ? (doc. 2)

3. Comment évolue l'écart de revenu femmes-hommes depuis 1989 ? (doc. 2)

4. Quelle est la date de cette loi, et quel est son objet ? (doc. 1)

5. Expliquez le sens du titre de la loi en mettant en relation les documents 1 et 2.

1. Loi du 4 août 2014 pour l'égalité réelle femmes-hommes

– Article 1

L'État et les collectivités territoriales, ainsi que leurs établissements publics, mettent en œuvre une politique pour l'égalité entre les femmes et les hommes selon une approche intégrée. Ils veillent à l'évaluation de l'ensemble de leurs actions.

– **Titre Ier :** Dispositions relatives à l'égalité entre les femmes et les hommes dans la vie professionnelle

– Article 2

Lorsqu'un écart moyen de rémunération entre les femmes et les hommes est constaté, les organisations liées par une convention de branche ou, à défaut, par des accords professionnels font de sa réduction une priorité.

[...] les critères d'évaluation retenus dans la définition des différents postes de travail sont analysés afin d'identifier et de corriger ceux d'entre eux susceptibles d'induire des discriminations entre les femmes et les hommes et afin de garantir la prise en compte de l'ensemble des compétences des salariés.

2. L'égalité femmes-hommes, entre principes et réalités sociales

L'écart du revenu salarial femmes-hommes

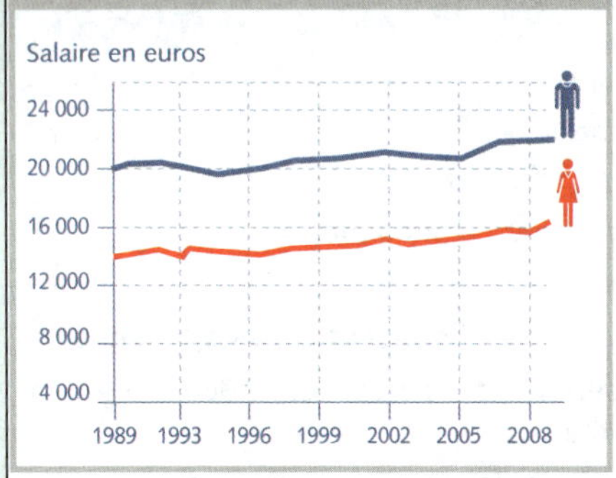

Proportion des diplômés du supérieur de 25 à 29 ans (en 2010)

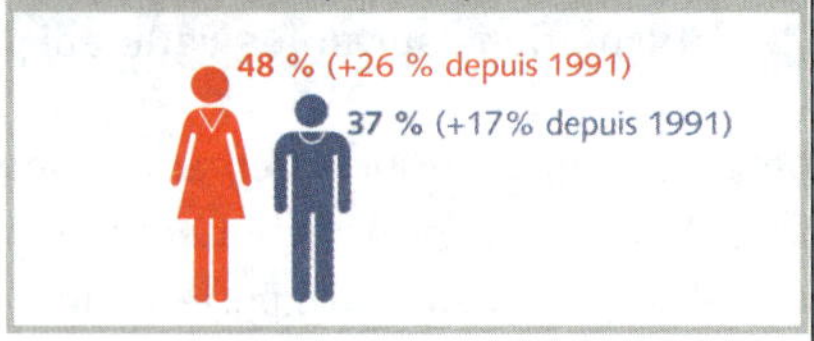

Tâches domestiques quotidiennes

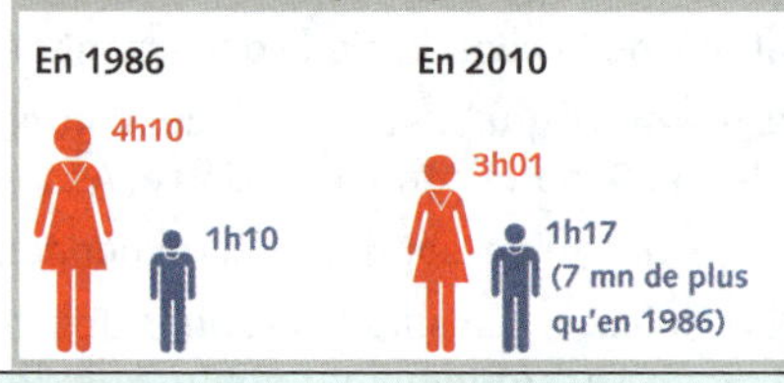

FAIT ☐ REVU ☐

Exercice 9 voir Fiche Savoir 3.3

L'élection présidentielle, un enjeu majeur de la vie politique française

1. Quelles sont les modifications apportées en 1965 et en 2000 à l'élection présidentielle ? (doc. 1)
2. Précisez quelle est, selon l'auteur, la place de l'élection présidentielle dans la vie politique française. (doc. 1)
3. Quelles évolutions l'auteur du texte mentionne-t-il et dénonce-t-il ? (doc. 1)
4. Comment expliquer que la participation électorale soit en général plus forte au 1er tour qu'au 2nd tour ? (doc. 2)
5. Peut-on, au vu du document, parler d'une désaffection des citoyens pour la vie politique ? (doc. 2)

1. Le rituel de l'élection présidentielle

L'élection présidentielle au suffrage universel est un trait essentiel du système politique français. Elle réunit un consensus. Elle est structurante, en amenant les partis d'opposition à se rapprocher pour défendre leur chance face à la majorité. Mais avec le quinquennat, mis à l'étude déjà par Georges Pompidou et ratifié par référendum du 24 septembre 2000, elle rapproche les échéances, aiguise les ambitions, crée selon certains les conditions d'une « campagne électorale permanente ». D'une manière générale, depuis 1965, s'est produite une professionnalisation des techniques de campagne : télévision, sondages d'opinion, Internet, techniques de publicité et de marketing. Depuis le moment où les candidat(e)s se décident et annoncent leur participation, tout contribue à la personnalisation maximum de cette élection.

H. Néant, *La politique en France du XIXe siècle à nos jours*, Hachette, 2010.

2. Les abstentions aux élections présidentielles depuis 1965

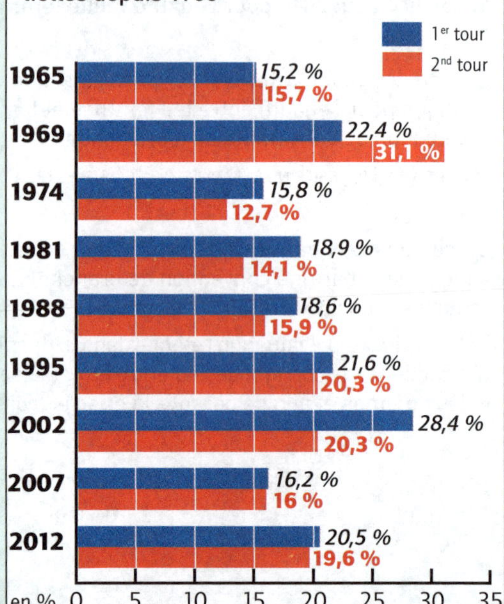

FAIT ☐ REVU ☐

Exercice 10 voir Fiche Savoir 4.1

Centres d'impulsion et inégale intégration

1. Proposez une définition pour aire de puissance.
2. Citez deux mégalopoles.
3. Parmi les affirmations suivantes relevez celles qui vous paraissent justifiées :
   - les PMA sont des pays dont l'économie se développe ;
   - les PMA souffrent de marginalisation dans le système mondial d'échanges ;
   - les PMA ont les indicateurs de développement humain défavorables ;
   - les PMA ont réussi leur intégration au système mondial d'échanges.
4. Citez les fonctions caractéristiques d'une ville mondiale.
5. Complétez le croquis et sa légende en indiquant :
   - les 3 principales aires de puissance ;
   - 2 puissances émergentes ;
   - 3 « villes mondiales ».

FAIT ☐ REVU ☐

Exercice 11 voir Fiche Savoir 4.2

Londres

1. Nommez le phénomène évoqué dans les premières lignes du document.
2. Justifiez le passage du texte qui affirme que : « Londres est une ville-capitale de rang global » en citant deux fonctions de la ville.
3. Quels sont d'après le document les « savoir-faire » historiques de Londres ?
4. Relevez dans le document les secteurs d'activité qui fondent le rôle de métropole mondiale de Londres.

• **Londres**

Depuis les années 1970, à mesure que l'économie s'internationalisait, les fonctions de contrôle des grandes firmes s'aggloméraient dans un petit nombre de sites, nichés au cœur des pays les plus avancés (...). Les plus grandes métropoles des pays d'Europe, d'Asie et d'Amérique ont ainsi pu, par accumulation de compétences, d'infrastructures et par une masse critique, concentrer ces activités d'encadrement de l'économie mondialisée. Les savoir-faire dans les domaines du commerce, du négoce et de l'assurance assurent à Londres un rôle de marché mondial, outre son rôle de commandement économique (sièges sociaux), d'innovation, culturelle, scientifique et d'administration nationale. Londres est une ville-capitale de rang global avec pour *hinterland* (arrière pays) le monde et non plus seul le Royaume-Uni. (...) La confirmation du rôle global de Londres a relancé le dynamisme de la région et a précipité une restructuration économique interne. Espace de production de services sophistiqués, les services spécialisés nécessaires aux entreprises multinationales (assurances, droit, comptabilté et fiscalité, conception, publicité et relations publiques) et les nouveaux instruments financiers indispensables au management planétarisé y ont connu une expansion rapide. La présence de grands groupes a été centrale dans la floraison de ces activités.

FAIT ☐ REVU ☐

Exercice 12 voir Fiche Savoir 4.3

Shanghai

1. Présentez la situation de Shanghai dans l'espace chinois. (doc. 1)
2. Justifiez à l'aide du document l'affirmation « Shanghai est un des trois pôles de développement chinois ». (doc. 1)
3. Précisez l'importance de Shanghai à l'échelle du monde. (doc. 2)
4. Selon le document Shanghai est-elle une métropole ? (doc. 2)
5. Montrez à l'aide des documents que Shanghai est en position d'interface entre le territoire chinois et le reste du monde. (docs 1 et 2).

1. La façade littorale d'Asie orientale

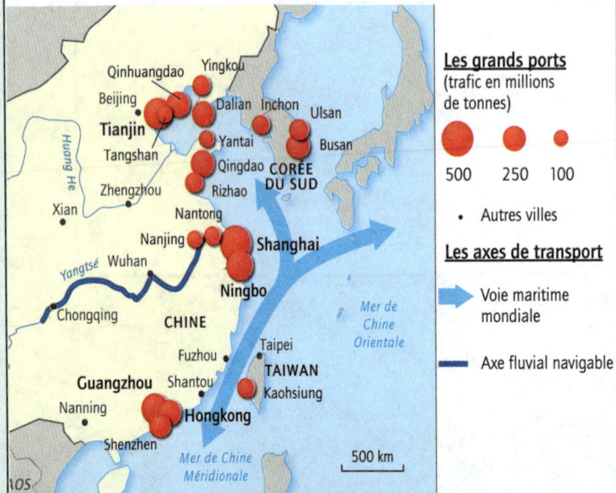

2. Shanghai

Shanghai est la neuvième mégapole du monde (...) et la première métropole économique chinoise. Entre 15 et 20 millions de citadins sont agglomérés entre l'ancienne ville de 1950 et la mer. (...)

L'activité tertiaire y est désormais dominante (...) avec un tertiaire supérieur important (finance, conception, formation, communication).

Shanghai accueille 424 sièges régionaux de FTN en 2005.

Elle demeure la principale destination des investissements étrangers en Chine frôlant les 50 %.

P. Pelletier, V. Thébault, Géopolitique de l'Asie, Nathan, 2014.

FAIT ☐ REVU ☐

HISTOIRE GÉOGRAPHIE

Exercice 13 voir Fiche Savoir 5.2

Les migrations internationales

1. Expliquez les termes « immigration », « émigration » et « migration » en vous appuyant sur la carte pour donner des exemples.
2. D'après la carte, proposez trois grandes catégories permettant de différencier les régions d'arrivée.
3. Donnez deux exemples de migrations :
• Sud/Nord • Nord/Nord • Sud/Sud
4. En vous appuyant sur vos connaissances dites quelle est la part de chacun de ces mouvements dans les migrations internationales.

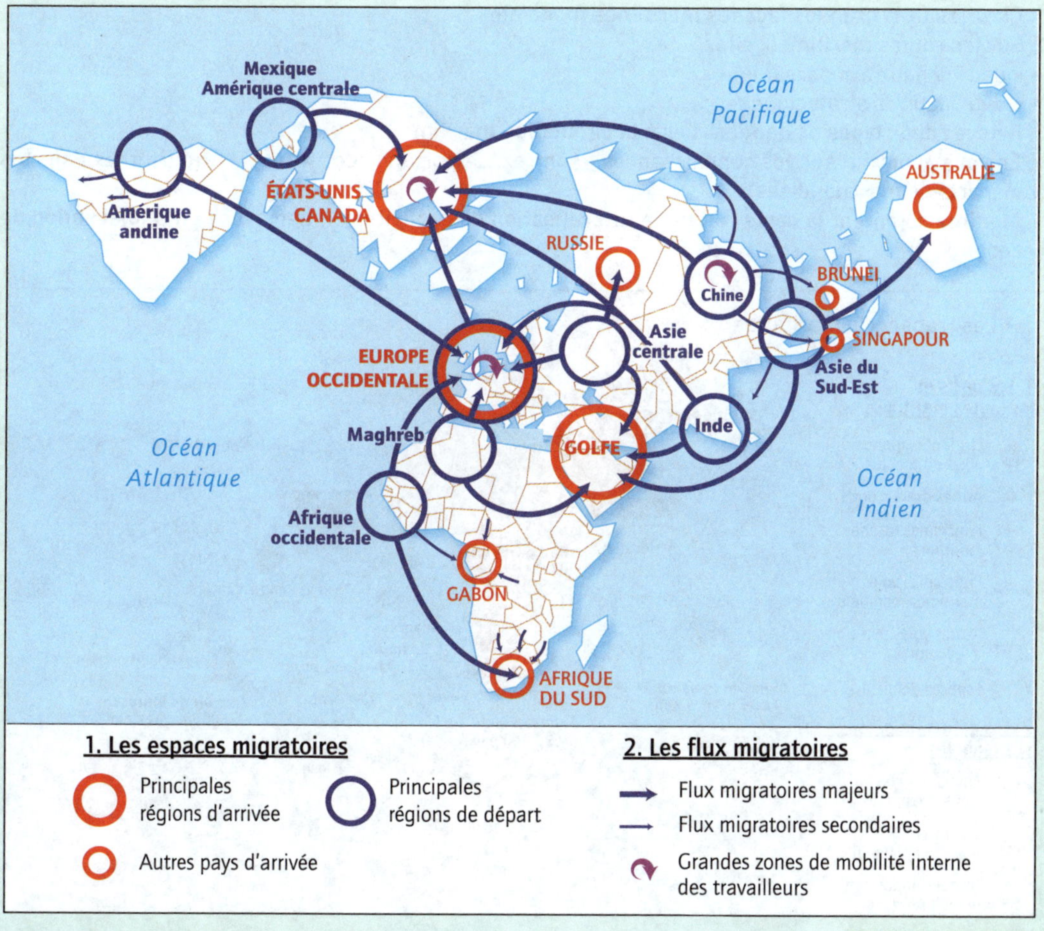

FAIT ☐ REVU ☐

Exercice 14 voir Fiche Savoir 5.1

Mondialisation et firmes transnationales

1. Expliquez ce qu'est une firme transnationale.
2. Donnez une définition de la division internationale du travail.
3. Les firmes transnationales assurent :
   a) un quart du PIB mondial
   b) la moitié du PIB mondial
   c) un quart des échanges mondiaux
   d) les deux tiers des échanges mondiaux

4. **L'affirmation suivante est-elle justifiée ?**
« Avec la mondialisation les États ont perdu tout pouvoir face aux FTN. »
5. **Citez différents types de flux circulant sur les réseaux.**
6. **Expliquez l'affirmation :**
« Les FTN ont des stratégies mondialisées. »

FAIT ☐ REVU ☐

Exercice 15 voir Fiche Savoir 5.3

Transports et routes maritimes

1. **Citez les trois grandes façades maritimes mondiales.**
2. **Sur les routes maritimes, citez :**
- deux canaux transocéaniques ;
- deux détroits stratégiques.

3. **Relevez deux types de dangers liés à la circulation maritime.**
4. **En vous appuyant sur vos connaissances, montrez l'importance des transports maritimes dans les transports de marchandises.**
5. **Montrez comment la carte reflète la littoralisation des activités en lien avec la mondialisation de l'économie.**

• Les transports maritimes

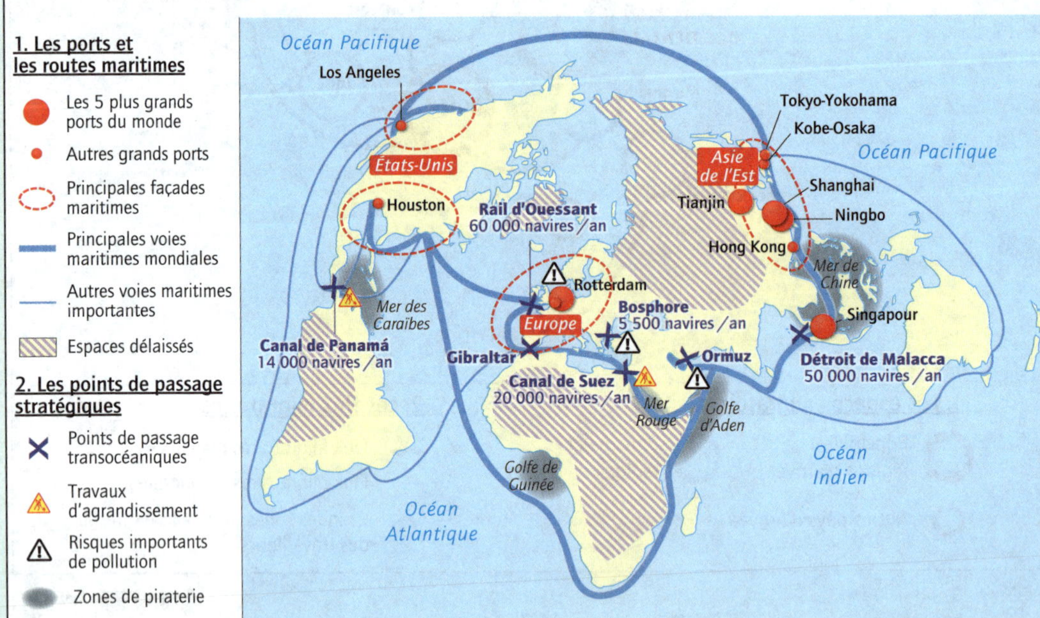

FAIT ☐ REVU ☐

Exercice 16 voir Fiche Savoir 6.1

La présence de la France dans le monde

1. Choisissez l'affirmation qui convient le mieux pour définir la notion de francophonie :
   - ensemble des pays qui ont en commun l'utilisation de la langue française pour la totalité ou une partie de la population ;
   - ensemble des anciennes colonies françaises ;
   - ensemble des pays dont le français est la langue maternelle de toute la population.
2. Justifiez l'affirmation suivante :
   « La France est une puissance moyenne aux ambitions mondiales. »
3. Citez trois grandes firmes transnationales françaises opérant dans des secteurs d'activité différents.
4. Définissez « ZEE » et montrez l'importance de celle-ci pour la France.
5. Indiquez sur la carte les noms des départements et territoires de l'outre-mer français.

FAIT ☐ REVU ☐

Exercice 17 voir Fiche Savoir 6.2

Les engagements militaires et humanitaires de la France dans le monde

1. À quels domaines appartiennent les interventions évoquées dans les documents 1 et 2 ?
2. Quels sont les acteurs de ces interventions ? (docs 1 et 2)
3. Relevez les informations sur l'origine de Médecins sans Frontières. (doc. 1)
4. Présentez le financement et le statut de l'organisation Médecins sans Frontières (doc. 1).
5. Montrez en quoi les interventions présentées dans les documents contribuent à une image positive de la France dans le monde.

1. Médecins Sans Frontières

Le 21 décembre 1971, un groupe de médecins et journalistes [français] crée l'association Médecins Sans Frontières. Les uns sont des « anciens » du Biafra*, les autres se situent dans la mouvance du journal médical *Tonus* qui lance un appel aux médecins pour porter secours aux victimes d'inondations au Pakistan oriental** [...] Depuis quarante ans, Médecins Sans Frontières apporte une assistance médicale à des populations dont la vie ou la santé est menacée : principalement en cas de conflits armés, mais aussi d'épidémies, de pandémies, de catastrophes naturelles ou encore d'exclusion des soins. Toutes ces situations nécessitent des ressources médicales et logistiques adaptées. Indépendante de tous pouvoirs politiques, militaires ou religieux, MSF agit en toute impartialité, après évaluation des besoins médicaux des populations. La garantie de l'indépendance de l'association s'enracine dans son financement, assuré par la générosité de ses donateurs privés. En France, en 2010, 96,7 % des ressources de MSF étaient d'origine privée. Aucun fonds n'est accepté du gouvernement français.

http://www.msf.fr, consulté le 25 septembre 2012.

* En Afrique, province de la République démocratique du Congo alors ravagée par la guerre civile qui provoque une famine dévastatrice pour les populations.

** Aujourd'hui État du Bangladesh, situé sur le delta de deux fleuves, le Gange et la Brahmapoutre, à une altitude proche du niveau de la mer, il est fréquemment soumis à des inondations dues aux fleuves ou aux cyclones tropicaux.

FAIT ☐ REVU ☐

2. Le réseau de l'Agence pour l'enseignement français à l'étranger

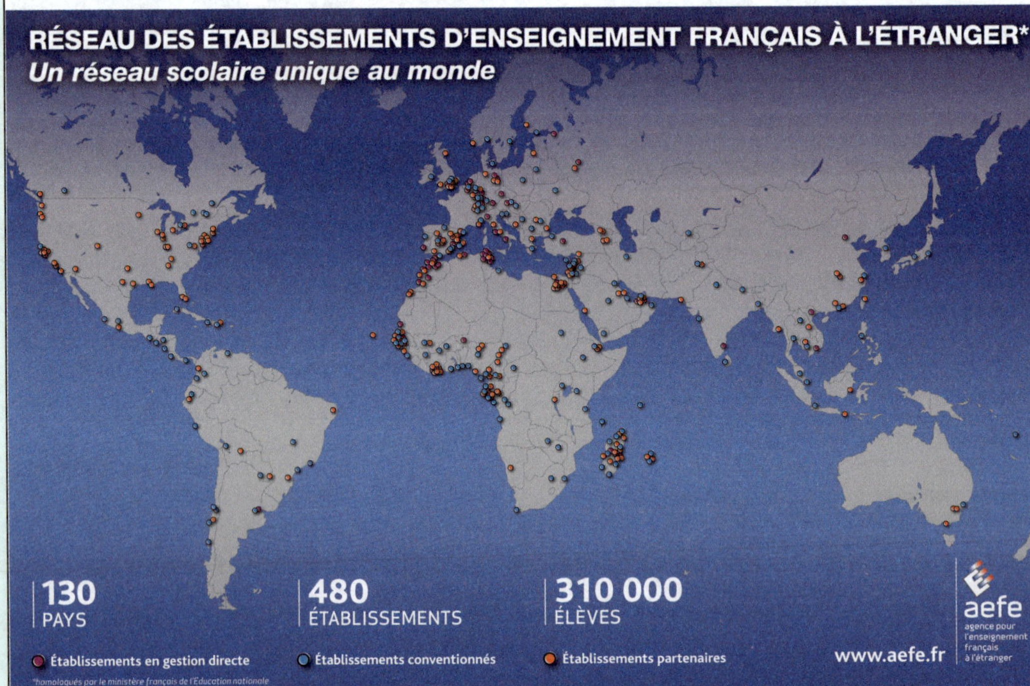

Le réseau d'établissements français à l'étranger a été créé à l'origine pour la scolarisation des enfants d'expatriés français, il est également ouvert aux enfants des populations locales. L'AEFE en chiffres : 310 000 élèves dont près de 115 000 Français, 480 établissements (de niveau primaire ou secondaire) implantés dans 130 pays ; environ 13 000 bacheliers chaque année, plus de 6 500 personnels titulaires de l'Éducation nationale et environ 20 000 personnels recrutés localement (données 2012).

FAIT ☐ REVU ☐

Corrigés

Exercice 1

1. De 1947 à 1989, les deux super puissances (États-Unis et URSS) s'opposent dans un conflit de puissance à la fois idéologique, et géopolitique. En raison de l'équilibre de la terreur lié à l'arme nucléaire, il n'y a pas de guerre directe entre les deux grands mais des crises (Cuba, Berlin) et des affrontements indirects dans le Tiers-monde.

2. Les principaux acteurs de la crise de Berlin : l'URSS et ses alliés du Pacte de Varsovie, les États-Unis et leurs alliés de l'OTAN, les berlinois et Allemands dont les familles sont séparées par le Mur.

3. Depuis la fin de l'affrontement bipolaire entre EU et URSS, de nouveaux acteurs sont apparus au niveau international (puissances économiques émergentes, terrorisme, etc.).

4. Chute du Mur de Berlin : 1989 ; 1er choc pétrolier : 1973 ; crise des fusées de Cuba : 1962.

5. Sur la légende de la carte : en rouge : URSS, en bleu : États-Unis, en vert-clair : Royaume-Uni, en vert-foncé : France.

Exercice 2

1. Courbe retraçant l'évolution du pétrole brut en dollars de 1945 à nos jours. Après un palier à très bas prix jusqu'en 1970, la courbe se redresse pour culminer dans les années 2010.

2. Le Moyen-Orient recèle 60 % des réserves mondiales de pétrole conventionnel et 40 % des réserves mondiales de gaz. Tout événement dans cette région a des répercussions mondiales.

3. La guerre du Kippour en octobre 1973 provoque le premier choc pétrolier avec le redressement de la courbe. Puis, la guerre Iran-Irak en 1980, fait baisser l'offre de pétrole et monter les prix. Enfin le printemps arabe (Tunisie, Égypte, Libye) provoque une inquiétude dans les États du Golfe et une hausse des prix.

4. L'exploitation du pétrole de schiste aux États-Unis et au Canada fait baisser la demande de pétrole du Moyen-Orient et entraîne une baisse des cours.

Exercice 3

1. Des interventions armées directes, des interventions contre la drogue, des interventions officieuses (CIA).

2. Les interventions armées destinées à lutter contre l'expansion du communisme sont nombreuses jusqu'en 1989.

3. Les acteurs de la crise de Cuba : l'URSS (N. Krouchtchev) qui souhaite installer des fusées à ogives nucléaires pouvant atteindre les États-Unis, Fidel Castro nouveau dirigeant de Cuba soutenu par l'URSS, les États-Unis (J. F. Kennedy).

4. Titre de la carte : L'Amérique latine sous la tutelle des États-Unis pendant la guerre froide.

5. Dans ce texte, Brasilia signifie le pouvoir politique brésilien ; Brasilia étant le siège de la présidence et du gouvernement.

6. De pays soumis aux États-Unis (coup d'État de 1964 renversant le président démocratiquement élu) le Brésil, puissance économique émergente, cherche à devenir une puissance géopolitique en Amérique latine et dans le monde (BRICS, G 20, etc.).

Exercice 4

1. Les revendications des peuples colonisés ; la condamnation de la colonisation (ONU, États-Unis, URSS) ; l'affaiblissement des métropoles européennes.

2. Indépendance de l'Algérie : 1962
– Indépendance de l'Angola : 1975
– Indépendance de l'Inde : 1947.

3. C'est le refus de certains pays du Tiers-monde d'entrer dans l'opposition Est-Ouest en s'alignant sur l'une des deux super puissances (URSS ou EU).

4. Les situations des pays du « Tiers-monde » ou « Sud » se sont diversifiées, on y trouve à la fois des puissances émergentes et des PMA (Pays les moins avancés).

5. L'Inde, L'Afrique noire francophone, le Maroc, la Tunisie.

6. Légende de la carte : Jaune : la fin des années 1940 ; violet : Les années 1950-1960 ; vert : 1975, fin de l'empire portugais.

– Un exemple de pays pour chacune des étapes de la décolonisation : Inde, Algérie, Angola.

7. Exemples de guerre d'indépendance : L'Algérie, l'Angola, le Mozambique.

Exercice 5

1. Le 1er novembre 1954 « Toussaint rouge » plusieurs attentats ont lieu sur le sol algérien, le même jour ce communiqué annonce qui en sont les auteurs et quels sont leurs buts.

2. Le FLN, front de libération nationale algérien, organisation politique et militaire qualifiée de « terroriste » par la France.

3. L'appel annonce l'objectif de la lutte (indépendance nationale), sa forme (lutte armée), des garanties données à la population et il incite les Algériens à rejoindre ce combat.

4. La lutte menée par le FLN se développe dans les campagnes puis dans les villes, à partir de 1960, le FLN est militairement très affaibli, mais politiquement vainqueur. La France engage la processus d'autodétermination qui aboutit à l'indépendance en 1962, le FLN s'installe alors au pouvoir en Algérie.

Exercice 6

1. Elle est l'un des leaders du mouvement des non-alignés.

2. Après la déstabilisation liée à la fin de l'URSS, elle devient une puissance nucléaire, et défend la vision d'un monde multipolaire dont elle veut être un acteur.

3. Les effectifs de la diaspora sont importants dans l'espace régional proche, dans l'Océan indien, en Amérique du Nord et en Europe, c'est-à-dire pratiquement dans l'ensemble du monde.

Exercice 7

1. La Ve République est un régime à la fois parlementaire et présidentiel.

2. Trois exemples possibles de cohabitation sous la Ve République : En 1986 : Mitterrand/Chirac, en 1993 : Mitterrand/ Balladur, en 1997 : Chirac/Jospin.

3. En 1981, la gauche remporte les élections présidentielles et législatives pour la première fois depuis 1958.

4. L'élection su suffrage universel direct (1962) Le quinquennat (2005).

5. Président de la République, Gouvernement dirigé par le Premier ministre.

6. Président : préside le conseil des ministres ; peut prononcer la dissolution de l'Assemblée nationale ; est le chef des armées.
Premier ministre : dirige l'action du Gouvernement ; est responsable de la défense nationale ; assure l'exécution des lois.

Exercice 8

1. L'écart de rémunération – les discriminations liées à la définition des différents postes de travail.

2. Les femmes sont plus nombreuses à être diplômées du supérieur, mais l'écart de revenu femmes/hommes persiste.

3. L'écart reste pratiquement constant, avec un léger rattrapage depuis 2008.

4. La loi date de 2014, elle cherche à obtenir une réelle amélioration de la situation des femmes pour que le principe d'égalité soit enfin appliqué.

5. L'égalité réelle femmes/hommes suppose que les inerties sociales soient surmontées (niveau de rémunération au travail, et répartition des charges quotidiennes du foyer.

Exercice 9

1. 1965 : élection au suffrage universel direct et 2000 : instauration du quinquennat.

2. C'est un trait essentiel du système politique, elle est structurante avec une forte personnalisation de l'élection.

3. Avec le quinquennat : risque d'être en « campagne électorale permanente », professionnalisation des techniques de campagne.

4. L'abstention est moins forte au 1er tour dans la mesure où l'offre politique (diversité des candidats) est plus variée.

5. Les abstentions les plus fortes s'observent en 1969 (2nd tour) et en 2002 (1er tour) ; pour l'élection présidentielle, il est difficile de parler d'une désaffection croissante des citoyens.

Exercice 10

1. C'est un espace de dimension variable, qui regroupe des pôles de puissance (villes, réseaux de transport et communication), des fonctions de commandement et d'impulsion (politique, économique, financier, culturel), et des fonctions de recherche et de production dans les secteurs de haute technologie.

2. Mégalopolis (Nord-Est des États-Unis), Europe (de Londres à Milan).

3. Les affirmations justifiées :
– les PMA souffrent de marginalisation dans le système mondial d'échanges ;
– les PMA ont les indicateurs de développement humain défavorables.

4. Les fonctions caractéristiques d'une ville mondiale : commandements financier et économique, rayonnement culturel, recherche et enseignement.

5. Croquis et légende :
– Principales aires de puissance : Nord-Est des États-Unis, Europe du Nord-Ouest, façade maritime de l'Asie y compris Japon.
– Puissances émergentes : Afrique du Sud, Brésil, Chine, Inde.
– « Villes mondiales » : New York, Londres, Paris, Tokyo.

Exercice 11

1. C'est le phénomène de métropolisation.

2. Fonctions : rôle de commandement économique, marché mondial, innovation, rôle culturel.

3. Le commerce, le négoce, l'assurance.

4. Production de services sophistiqués, services aux entreprises multinationales, instruments financiers, présence de grands groupes internationaux.

Exercice 12

1. Situation de Shanghai : position littorale en bordure de la mer de Chine, au débouché du fleuve Yangtsé.

2. La Chine comporte 3 pôles économiques principaux : région nord (Beijong/Tianjin) région sud (Hong Kong/Guangzhou) et pôle de Shanghai.

3. Shanghai : 9e mégapole mondiale, 424 sièges de FTN, 50 % des investissement étrangers en Chine.

4. Oui, Shanghai est une métropole, par l'importance de sa population et surtout par ses activités (tertiaire supérieur).

5. Shanghai est en façade littorale (port, ouverture sur le monde), elle accueille des entreprises et capitaux en provenance du reste du monde, elle est reliée à l'intérieur du pays par la vallée du Yangtsé.

Exercice 13

1. – Immigration : arrivée dans un pays autre que son pays d'origine (par exemple pays d'Europe occidentale ou pays du Golfe arabo-persique).
– Émigration : départ de son pays d'origine (pays d'Afrique, Inde).
– Migration : mouvement de déplacement à longue (Asie du Sud-Est/Golfe) ou plus courte (Asie du Sud-Est/Chine) distance.

2. Pays riches et développés du Nord (Europe, Amérique du Nord),
Pays du Golfe riches et peu peuplés
Pays du Sud (Par exemple Gabon).

3. Sud/Nord : Mexique/États-Unis, Afrique/Europe.
Nord/Nord : Europe/Amérique du Nord
Sud/Sud : migrations internes entre pays d'Afrique (Gabon)

4. 1/3 pour chacun de ces grands mouvements.

Exercice 14

1. Entreprise exerçant ses activités (recherche, production, vente) dans plusieurs pays.

2. Localisation des activités d'une entreprise en fonction des avantages procurés par les différents pays (personnels qualifiés pour la recherche/développement, main-d'œuvre bon marché pour la production).

3. Les firmes transnationales assurent :
– un quart du PIB mondial ;
– les deux tiers des échanges mondiaux.

4. Les États sont affaiblis, mais ils gardent du pouvoir en matière de législation (travail, environnement, normes...) et de fiscalité.

5. Flux matériels (marchandises brutes ou produits manufacturés), flux financiers, décisions et flux d'informations).

6. Elles utilisent les différenciations mondiales pour répartir leurs activités de recherche, de production et la vente de leurs produits (marketing mondialisé).

Exercice 15

1. Amérique du Nord, Europe, Asie de l'Est.

2. – Deux canaux transocéaniques : Suez, Panama
– Deux détroits stratégiques : Ormuz, Malacca

3. La piraterie qui menace les navires et les risques de pollution en cas d'accident ou naufrage.

4. Ils assurent 90 % des transports internationaux de marchandises, en vrac ou en conteneurs (produits fabriqués).

5. En lien avec l'importance des transports maritimes, les façades maritimes sont les espaces les mieux reliés au monde ; elles sont avantagées par rapport à l'intérieur des continents et sont les aires les plus dynamiques.

Exercice 16

1. Ensemble des pays qui ont en commun l'utilisation de la langue française pour la totalité ou une partie de la population.

2. La France se situe environ au 6e rang des puissances économiques, elle est ouverte aux échanges commerciaux, elle a un rôle diplomatique et militaire important, son territoire (outre-mer) lui assure une présence sur les 3 grands océans.

3. Total (pétrole), GDF-Suez (énergie) Carrefour (commerce), PSA (automobile) Danone (agro alimentaire)...

4. Tout pays peut se réserver l'exploitation des ressources de sa zone économique exclusive (environ 180 km au-delà des côtes). Avec ses nombreuses îles en outre-mer la France dispose du 2e domaine maritime mondial.

5. Saint Pierre et Miquelon, Martinique, Guadeloupe, Guyane, Réunion, Mayotte, Terres australes françaises, Polynésie française, Nouvelle Calédonie. (Vous pouvez vérifier à l'aide d'un atlas.)

Exercice 17

1. Des interventions humanitaires, des activités d'enseignement.

2. Une ONG (Médecins sans Frontières), l'État (Ministères des affaires étrangères et de l'Éducation nationale).

3. ONG créée en 1972 pour secourir les populations victimes de la Guerre du Biafra (province du Nigeria en Afrique).

4. C'est une association (loi de 1901) totalement indépendante de l'État dont plus de 96 % des ressources financières sont d'origine privée.

5. Dans un cas, il s'agit d'une initiative privée (*French doctors*) destinée à secourir des populations en danger, dans l'autre d'une action de l'État pour instruire et éduquer sur le modèle de l'enseignement français (les établissements de l'AEFE accueillent les enfants d'expatriés français et plus de 50 % d'élèves du pays d'implantation).

1

La culture

LU ☐
SU ☐
REVU ☐

La culture désigne toutes les productions humaines. Elle semble d'emblée s'opposer à la nature. N'est-il pas naturel chez l'homme d'avoir une culture ? N'est-ce pas ce qui fonde son essence ?

1. La nature et la culture sont-elles opposées ?

La nature et la culture semblent s'opposer dans la nature même de leurs définitions.

a) La culture n'est pas une simple accumulation de connaissances. Elle est la capacité qu'a l'homme de comprendre le monde et de le modifier par son travail. Étymologiquement, culture vient du latin *colere* : le travail de la terre.

b) La culture est donc ce par quoi l'homme transforme le monde pour le rendre conforme à sa volonté, elle est ce qui permet à l'humanité de faire des progrès. Par la culture, l'homme s'éloigne de ses instincts animaux innés et acquiert de nouvelles capacités.

c) La culture distinguerait l'homme de l'animal. Elle fonde notre humanité.

2. Une culture ou des cultures ?

La culture est attachée à une société donnée. Existe-t-il une pluralité de cultures ou une seule culture de l'humanité ?

a) Toute société possède une culture : la culture est universelle.

CITATION *« Toutes les nations, quoiqu'ayant été fondées séparément, éloignées qu'elles étaient les unes des autres par d'immenses distances d'espace et de temps, gardent les trois coutumes humaines suivantes : toutes ont quelque religion, toutes contractent des mariages solennels, toutes ensevelissent leurs morts. »* Giambattista Vico, *La Science Nouvelle*, 1725.

b) Mais chaque société possède une culture singulière qui semble parfois si éloignée de ce que l'on connaît qu'on ne la considère plus comme une culture à part entière.

CITATION *« Chacun appelle barbarie ce qui n'est pas conforme à ses usages. »*
Montaigne, *Essais*, 1580.

3. Peut-on juger une culture ?

On a souvent tendance à considérer notre culture comme la seule culture valable, comme un absolu.

a) On confond souvent culture et civilisation. Ceux qui ne partagent pas notre culture seraient moins civilisés. Leurs traditions nous semblent inhumaines et primitives.

b) C'est l'ethnocentrisme, qui consiste à considérer que la culture à laquelle on appartient est la meilleure, la seule véritable culture. Les autres civilisations seraient alors qualifiées de sauvages.

c) Mais la culture consiste justement à savoir voir que chaque individu nous ressemble en tant qu'il est un être humain. En considérant l'autre comme un barbare, nous nous comportons nous-mêmes de manière inhumaine.

CITATION *« Le barbare, c'est d'abord celui qui croit à la barbarie*, 1952. *»*
Lévi-Strauss, *Race et histoire*, 1952.

Repères — Essence ◆ Absolu/relatif ◆ Progrès ◆ Inné/acquis ◆ Universel/singulier ◆ Barbarie ◆ Ethnocentrisme

Savoir 2

L'art et la technique

LU ☐
SU ☐
REVU ☐

On a l'habitude d'opposer art et technique. L'art produirait le beau, tandis que la technique produirait l'utile. L'art inventerait, créerait, tandis que la technique se contenterait d'exécuter et de reproduire. Cependant, l'opposition est-elle si radicale entre l'art et la technique ?

1. L'art et la technique : à la recherche de définitions

Il n'existait pas d'opposition entre art et technique jusqu'au XVIIIe siècle.

a) Sous la Grèce antique, l'art et la technique étaient confondus. D'un point de vue étymologique, les deux termes désignent alors tout ce qui résulte d'une production humaine, tout ce qui n'est pas naturellement présent dans la nature. L'art désignait donc aussi bien l'art (la manière) de faire quelque chose, que la réalisation d'œuvres esthétiques.

b) On oppose depuis le XVIIIe siècle et l'apparition du terme « technique » dans le vocabulaire, la technique et l'art. Tandis que la technique vise l'utile, l'art vise le beau.

c) Aujourd'hui, l'art et la technique se confondent dans le design, qui vise à produire des objets qui ont à la fois une utilité pratique et une dimension esthétique.

2. Un rapprochement entre art et technique : artiste, artisan et technicien

Il existe en fait de nombreux points communs entre les artistes et les artisans.

a) L'artiste et l'artisan ont cela en commun qu'ils travaillent tous deux la matière, ils la transforment pour créer une œuvre.

b) Cependant on peut penser que l'artisan ne fait que produire un objet utile, là où l'artiste crée une œuvre esthétique et désintéressée. L'artisan aurait alors un certain talent dans l'exécution et l'artiste, lui, du génie. Ce génie résiderait dans cette apparente facilité de la création. Alors que pour Nietzsche, tout le génie de l'artiste réside dans sa capacité à faire croire à son génie, à faire oublier son travail.

> CITATION *« Personne ne peut voir dans l'œuvre de l'artiste comment elle s'est faite ; c'est là son avantage, car partout où l'on peut observer une genèse on est quelque peu refroidi. »*
> Friedrich Nietzsche, *Humain, trop humain*, 1878.

3. L'art, le révélateur d'une autre réalité

La technique produit des objets utiles qui nous font parfois perdre de vue le sens même de la vie. L'art est alors peut-être ce qui nous permet de redécouvrir le monde.

a) L'art est révélateur d'une autre réalité, car il n'est pas simplement reproduction du réel. Il nous permet de découvrir une autre vérité sur le monde.

b) L'art est désintéressé. Il ne doit servir au sens strict à rien. Il ne doit rien viser d'autre que le beau qui est quelque chose qui s'éprouve et qui ne se prouve pas. Il est subjectif.

> CITATION *« Le beau est ce qui plaît universellement sans concept. »*
> Emmanuel Kant, *Critique de la faculté de juger*, 1790.

c) Par l'art, l'homme retrouve donc sa nature d'être de culture, il s'humanise. Tandis que la technique peut constituer un danger si elle n'est pas maîtrisée. L'homme par la technique apprend que le progrès n'est pas nécessairement positif.

Repères

Universel/particulier ◆ Nécessaire/contingent ◆ Transcendant ◆ Progrès ◆ Fin/finalité

LU ☐
SU ☐
REVU ☐

Les échanges

Les échanges désignent d'abord une action par laquelle on offre ou on reçoit une chose ou une valeur contre une autre considérée comme ayant une valeur équivalente. Ils sont constitutifs de la société, mais peuvent aussi déshumaniser les relations entre les individus s'ils ne se basent que sur un principe marchand.

1. Les échanges fondent la société

La recherche de l'intérêt individuel et commun ainsi que la division du travail font que les échanges se trouvent au fondement de la société.

a) L'homme ne pouvant pas se suffire à lui-même, il a besoin d'échanger avec autrui. Comme l'homme a besoin d'échanger, il doit vivre avec ses semblables.

b) En visant l'intérêt particulier, on augmente le bien être total de la société. Le boulanger a intérêt à fabriquer du bon pain, non pas parce qu'il vise le bien-être de ses clients, mais d'abord pour garder ses clients. Ce n'est pas l'altruisme mais l'égoïsme qui meut les hommes.

CITATION *« Ce n'est pas de la bienveillance du boucher, du boulanger que nous attendons notre dîner mais du soin qu'ils apportent à leurs intérêts. Nous ne nous adressons pas à leur humanité mais à leur égoïsme et ce n'est jamais de nos besoins que nous leur parlons mais toujours de leur intérêt. »*
Adam Smith, *Recherches sur la nature et les causes de la richesse des nations*, 1776.

c) Par les échanges et par le commerce, l'intérêt rapproche les hommes et on pourrait même soutenir qu'il engendre la paix.

2. Les échanges comme source de destruction du lien social

Pour les utilitaristes, les échanges économiques se trouveraient donc au fondement de la société. Mais l'intérêt individuel ne peut à lui seul construire un véritable lien social.

a) La poursuite de l'intérêt individuel seul risque de conduire à une destruction de la société. L'échange, s'il n'est qu'économique, reste instable, et le lien qu'il entraîne également.

CITATION *« Si l'intérêt rapproche les hommes, ce n'est jamais que pour quelques instants. »*
Émile Durkheim, *De la division du travail social*, 1893.

b) L'échange économique ne fait que favoriser l'absence de conflit. Le lien social ainsi établi n'est pas un véritable lien. Sans lien qui transcende l'intérêt individuel, on peut réellement se demander si c'est bien une société qui est constituée et non une simple communauté d'intérêt.

3. Des échanges humanisés créateurs de liens

Il faudrait donc retrouver une dimension autre qu'économique aux échanges, afin que ceux-ci puissent être porteurs d'humanité.

a) Il ne faut pas réduire les échanges à leur dimension économique.

b) L'échange suppose la réciprocité. Il est surtout ce qui doit permettre à chacun d'être reconnu dans son individualité. Il est ce par quoi nous devons reconnaître autrui pour ce qu'il est et non comme un simple objet utilisable. C'est là toute la dimension de l'amitié qui repose sur des échanges réciproques et désintéressés.

Repères

Transcender ◆ Utilitarisme ◆ Division du travail

La vérité

LU ☐
SU ☐
REVU ☐

Opposée à l'opinion et à la croyance, la vérité nous permettrait de posséder une connaissance parfaite, certaine, du monde et de nous-mêmes. Mais existe-t-il seulement une vérité unique, absolue et universelle ? La vérité pourrait-elle être relative à chacun ?

1. Quels sont les critères pour affirmer : « c'est la vérité » ?

Les critères qui constituent la vérité sont multiples.

a) La première forme de vérité est ce que l'on nomme la « vérité correspondance ». Serait vrai ce qui correspondrait à la réalité.

CITATION *La vérité est « l'adéquation de la chose et de l'esprit. »*
Thomas d'Aquin, *Somme théologique*, 1266-1273.

b) Par la « vérité cohérence » on admet que la vérité n'existe qu'au sein des propositions que nous émettons à propos du monde qui nous entoure. La vérité tiendrait donc à la cohérence de nos raisonnements et de nos énoncés.

c) Cependant, nous pouvons ne pas percevoir la réalité telle qu'elle est vraiment et produire des énoncés en apparence cohérents mais finalement faux. Le critère le plus « certain » pour atteindre la vérité serait donc l'évidence.

CITATION *« Est vrai ce qui se présenterait si clairement et distinctement à mon esprit que je n'eusse aucune occasion de la mettre en doute. »*
René Descartes, *Discours de la méthode*, 1637.

2. La recherche de la vérité

Il existe différentes méthodes pour rechercher la vérité.

a) Le rationalisme postule que nous ne pouvons atteindre la vérité que par la force de la raison car l'expérience sensible serait source d'illusions. La vérité ne peut être qu'une construction rigoureuse de la pensée. C'est le cas du *cogito* de Descartes, vérité première et issue d'un raisonnement purement logique.

CITATION *« Je pense, donc je suis. »* René Descartes, *Méditations métaphysiques*, 1641.

b) L'empirisme postule au contraire qu'une connaissance vraie ne peut provenir que de l'expérience sensible, c'est-à-dire de nos sensations.

CITATION *« L'expérience est le fondement de toutes nos connaissances, et c'est de là qu'elles tirent leur première origine. »* John Locke, *Essai sur l'entendement humain*, 1689.

c) Cependant on peut penser que la vérité absolue n'existe pas, et qu'il serait donc inutile de la rechercher. La vérité serait propre à chacun. C'est le relativisme.

3. Faut-il toujours rechercher la vérité ?

Croire en la vérité pourrait s'avérer chose dangereuse. N'est-elle qu'un idéal ?

a) Croire en la vérité serait constitutif de comportements dangereux comme le dogmatisme et le fanatisme qui nous pousseraient à l'intolérance.

b) C'est pourquoi il ne faudrait pas perdre de vue qu'un des premiers critères de la vérité serait sans doute de pouvoir être remise en question. C'est l'objet du falsificationnisme (Popper) qui permettrait le progrès.

Repères **Rationalisme ◆ Empirisme ◆ Scepticisme ◆ Relativisme ◆ Opinion ◆ Dogmatisme ◆ Fanatisme ◆ Falsificationnisme**

Savoir 5

La raison et la croyance

LU ☐
SU ☐
REVU ☐

La raison est la capacité de penser, de juger. Elle permet la connaissance. On lui oppose la croyance, qui relèverait de l'opinion et qui ne mènerait pas à une vérité certaine. Faut-il opposer la raison qui mènerait à la vérité et la croyance qui mènerait à la superstition ?

1. La raison, fondement de la vérité

La raison mènerait à l'évidence d'une vérité certaine.

a) La raison est le propre de l'homme, elle est une qualité innée et universelle.

CITATION « *La raison est la chose la mieux partagée au monde.* »
René Descartes, *Discours de la méthode*, 1637.

b) La raison donne des règles de pensée et de vie c'est-à-dire un pouvoir de contrôler et de justifier nos convictions et nos actions.

c) La raison serait la source de la pensée scientifique. Elle nous permet de comprendre la réalité grâce à des lois. Elle nous donne donc une connaissance théorique du monde.

2. Les différentes formes de croyance

A priori, la croyance relève de la superstition et serait source d'erreur ou en tous cas de dogmatisme. Il existe différentes formes de croyances.

a) La croyance relèverait tout d'abord de l'opinion. C'est celle qui s'exprime par : « je crois à ». C'est une croyance qui n'exprime pas un doute prudent, mais une affirmation propre à un préjugé. Elle est l'obstacle à la connaissance en effet, la recherche de la vérité impose une « conversion », un arrachement au préjugé.

CITATION « *Allégorie de la caverne dans laquelle Socrate cherche à faire sortir ses interlocuteurs de leur ignorance.* »
Platon, *La République*, 380 av. J.-C.

b) La croyance est aussi ce qui dénote de l'incertitude. Elle s'exprime alors par : « je crois que ». Pour les sceptiques, cette croyance constitue en fait le plus haut degré de vérité que nous puissions atteindre.

c) La croyance relève aussi de la foi. Elle s'exprime alors par : « je crois en ». La foi n'est ni une certitude, ni une simple opinion, ni une croyance consciente de son caractère incertain. La foi postule l'existence d'un ordre de vérité au-delà des vérités de raison et d'expérience : non démontrable et non constatable. C'est ce que Pascal nomme les « connaissances du cœur ».

3. Raison et croyance fondatrices de deux ordres de vérités différents

L'opposition entre raison et croyance semble simpliste.

a) La raison n'est peut-être pas capable de tout démontrer. La croyance serait alors une adhésion à ce qui serait évident mais indémontrable comme les premiers principes, qui ont pour conséquences d'autres savoirs.

CITATION « *Nous connaissons la vérité, non seulement par la raison, mais encore par le cœur ; c'est de cette dernière sorte que nous connaissons les premiers principes.* »
Blaise Pascal, *Pensées*, 1670.

b) La croyance serait de plus une nécessité à notre humanité, ce qui nous permettrait de nous questionner sur le monde.

Repères **Principe/conséquence ◆ Scepticisme ◆ Dogmatisme ◆ Loi ◆ En théorie/en pratique ◆ Inné/acquis**

L'expérience

LU ☐
SU ☐
REVU ☐

L'expérience concerne la perception et la sensation. On peut considérer que c'est nécessairement par l'expérience que l'on peut parvenir à la vérité. Mais est-ce vraiment le cas ?

1. Les caractéristiques de l'expérience

L'expérience concerne l'ensemble des données que nos cinq sens nous apportent.

a) L'expérience est pratique. Elle est concrète et s'oppose à la théorie qui est une construction abstraite issue d'un travail de la raison.

b) L'expérience est particulière, elle est vécue par un individu, à un instant dans certaines circonstances. Elle ne fonde donc en elle-même aucune loi générale. Elle ne semble pas suffire à fonder la vérité.

c) On peut aussi penser que l'expérience sensible relève d'une certaine passivité. Les informations proviennent en effet à nos sens sans que nous le décidions. Dans ce cas, l'expérience pourrait-elle réellement mener à une connaissance certaine ?

2. L'expérience mène à la connaissance

Pour les empiristes, l'expérience est au fondement de toute connaissance.

a) Les seuls principes de la raison ne peuvent constituer un réel savoir pour les empiristes, car cela resterait trop abstrait, et trop éloigné de la réalité. De plus, on ne pourrait les vérifier par l'expérimentation.

b) C'est seulement à partir des données sensibles que nous pouvons construire un savoir certain. La connaissance ne s'acquiert qu'à partir de l'expérience. Les données de l'expérience sont donc irremplaçables.

CITATION « *Puisqu'il semble bien ne pas y avoir d'idées dans l'esprit avant que les sens n'en aient introduit, je conçois que les idées dans l'entendement sont contemporaines de la sensation.* »
John Locke, *Essai sur l'entendement humain*, 1689.

3. L'expérience ne suffit pas pour aboutir à une connaissance certaine

Mais l'expérience seule ne semble pas pouvoir constituer un savoir certain.

a) Nos sensations sont parfois trompeuses et peuvent être source d'illusion. C'est ce qui arrive par exemple lors des illusions d'optique.

b) L'expérience est ce qui permet de constater un fait. Mais elle ne permet pas, seule, de construire une théorie scientifique certaine. L'expérience est nécessaire pour fonder la connaissance mais elle n'est pas suffisante. Il faut que la raison ordonne les informations de l'expérience pour parvenir à la connaissance. C'est l'objet de la *méthode expérimentale* mise en place par Claude Bernard qui est constituée de trois étapes : l'observation d'un phénomène, l'élaboration d'une hypothèse et sa vérification par l'expérimentation.

CITATION « *Il y a dans toute connaissance expérimentale trois phases : observation faite, comparaison établie et jugement motivé.* »
Claude Bernard, *Introduction à l'étude de la méthode expérimentale*, 1865.

c) Il existe donc une différence entre expérience commune et expérience scientifique, l'expérimentation qui est la vérification d'une hypothèse dans un cadre scientifique et raisonné. Cette vérification d'une théorie par l'expérimentation peut constituer le critère de la vérité.

Repères **Théorie/pratique ◆ Général/particulier ◆ Expérimentation ◆ Empirisme ◆ Nécessaire/contingent ◆ Abstrait/concret ◆ Entendement**

Savoir 7

La liberté

LU ☐
SU ☐
REVU ☐

Notre liberté nous apparaît souvent comme une évidence : notre qualité d'être humain implique que l'on soit libre. Mais si la liberté n'était pas innée chez l'homme ?

1. La liberté est limitée

La liberté n'est peut-être qu'une illusion. En effet, est-on absolument libre ?

a) La liberté est limitée par les lois de la nature. Le déterminisme entrave également potentiellement la liberté. Il est possible que nos actes et nos pensées soient déterminés par avance.

CITATION *« Homme faible et vain ! tu prétends d'être libre ; [...] ? Ne vois-tu pas [...] que ce sont des circonstances indépendantes de toi qui modifient ton être et qui règlent ton sort ? »* Paul-Henri Thiry d'Holbach, *Système de la nature*, 1770.

b) La liberté est limitée par les désirs. Peut-être n'a-t-on pas conscience que ce sont nos désirs et nos instincts qui nous poussent à agir ?

CITATION *« Les hommes se croient libres pour cette seule cause qu'ils sont conscients de leurs actions et ignorants des causes par où ils sont déterminés. »* Spinoza, *Éthique*, 1677.

c) La liberté est limitée par la présence d'autrui avec lequel on vit.

CITATION *« L'homme est né libre, et partout il est dans les fers. »* Jean-Jacques Rousseau, *Du contrat social*, 1762.

2. Les contraintes, conditions de la liberté

L'homme est libre, mais cette liberté ne peut être totale au risque de détruire la liberté.

a) Le déterminisme et les désirs ne sont pas fatals à la liberté. Le stoïcisme nous invite à maîtriser nos désirs afin d'atteindre l'ataraxie.

CITATION *« Ce n'est pas par la satisfaction des désirs que s'obtient la liberté, mais par la destruction du désir. »* Épictète, *Manuel*, 125 ap. J.-C.

b) La loi est une autre condition à la liberté. Elle est la condition de la liberté collective. Sans loi, impossible de vivre en société.

CITATION *« Une fois la société civile constituée, chaque citoyen ne conserve qu'autant de liberté qu'il lui en faut pour vivre bien et vivre en paix, de même les autres perdent de leur liberté juste ce qu'il faut pour qu'ils ne soient plus à redouter. »* Thomas Hobbes, *Le Citoyen*.

c) Pour être réellement libre on ne doit obéir qu'à soi-même. On doit donc être autonome, c'est-à-dire être capable de suivre sa propre loi.

CITATION *« L'obéissance à la loi qu'on s'est prescrite est liberté. »* Jean-Jacques Rousseau, *Du contrat social*, 1762.

3. La conquête de la liberté

La liberté n'est pas innée. Elle se conquiert.

a) La liberté consiste donc à avoir le choix et à être capable de choisir en connaissance de cause. C'est le libre arbitre.

b) Pour l'existentialisme, nous sommes libres par essence ce qui implique que nous devons assumer l'ensemble de nos choix. Ce qui peut entraîner une angoisse face à la liberté.

Repères **Libre arbitre ◆ Existentialisme ◆ Autonomie ◆ Contrainte/obligation ◆ Stoïcisme ◆ Déterminisme ◆ Ataraxie**

La justice et la loi

LU ☐
SU ☐
REVU ☐

Il semble que nous ayons naturellement l'intuition de ce qui est juste ou non. La loi est-elle nécessairement pourvoyeuse de justice ?

1. La loi et la justice : des définitions multiples

La loi et la justice sont des termes polysémiques. Quelles définitions peut-on leur donner ?

a) La justice est tout à la fois un idéal, une vertu, mais aussi un ensemble d'institutions que met en place un État afin de faire respecter les lois.

b) La loi peut se comprendre comme loi positive ou loi naturelle.

c) La loi positive désigne les lois mises en place par un gouvernement. La loi naturelle désigne cet idéal de justice dont nous avons spontanément l'instinct.

d) Qu'est-ce qu'être juste ? Est-ce simplement respecter les lois et les institutions ou est-ce plutôt poursuivre un idéal de justice que nous dicte la loi naturelle ?

2. Il n'y a pas de justice sans loi

Pour établir la justice dans la société, il semble nécessaire de mettre en place des règles.

a) Une société sans loi est une société où règne nécessairement l'injustice. Il faut donc qu'une puissance supérieure, l'État, fasse naître des lois qui s'appliquent à tous afin de permettre la vie en communauté.

CITATION *« Là où il n'est pas de pouvoir commun, il n'est pas de loi ; là où il n'est pas de loi, il n'est pas d'injustice. »* Thomas Hobbes, *Léviathan*, 1651.

b) À l'état de nature, c'est donc la loi du plus fort qui règne. La loi, pour être juste, et pour être fondée, doit reposer sur la loi naturelle afin que chacun comprenne qu'il est dans son intérêt comme dans celui de la communauté d'y obéir. La force ne peut être le fondement de la loi.

CITATION *« S'il faut obéir par force on n'a pas besoin d'obéir par devoir, et si l'on n'est plus forcé d'obéir on n'y est plus obligé. On voit donc que ce mot de droit n'ajoute rien à la force ; il ne signifie ici rien du tout. »* Jean-Jacques Rousseau, *Du contrat social*, I, 3, 1762.

3. L'égalité des lois.

Obéir aux lois ne suffit pas à être juste. Ce qui est légal n'est pas légitime.

a) La loi, pour être juste, doit d'abord être générale, elle doit s'appliquer à tous. Pourtant, si la loi est générale, elle ne sert à traiter que des cas particuliers. Il ne faudrait donc pas faire preuve de stricte égalité mais bien d'équité.

CITATION *« Telle est la nature de l'équitable : c'est d'être un correctif de la loi, là où la loi a manqué de statuer à cause de sa généralité. »* Aristote, *Éthique à Nicomaque*, V, 14, 350 av. J.-C.

b) Quand la loi ne semble pas légitime, il est du devoir du citoyen de lui désobéir, afin ne pas se retrouver lui-même agent de l'injustice. L'idéal de la loi naturelle doit toujours être à l'origine de la loi positive pour que celle-ci soit juste.

CITATION *« Le respect de la loi doit venir après celui du droit. »*
Henry-David Thoreau, *La Désobéissance civile*, 1849.

Repères

Loi positive ◆ Loi naturelle ◆ Légal/légitime ◆ Général/particulier ◆ Égalité/équité ◆ État de nature

Le bonheur

LU ☐
SU ☐
REVU ☐

Le bonheur semble être le moteur de nos vies. Pourtant, le bonheur a toujours tendance à se dérober à nous. Est-il quelque chose d'humain ?

1. Plaisir, joie, bonheur : des notions à ne pas confondre

Il ne faut pas confondre le bonheur avec le plaisir et la joie.

a) Le plaisir est un sentiment lié au corps, à la satisfaction du désir. Ce sentiment est passager.

b) La joie est un peu plus durable que le plaisir. Elle est procurée par le sentiment d'un travail accompli et nous sommes donc les artisans de ces moments de joie.

c) Le bonheur, au sens philosophique du terme, est éternel, et est un état où plus aucune douleur ne se fait sentir. Il apparaît donc que le bonheur ne peut être qu'un idéal vers lequel nous tendons car rien chez l'homme ne semble durer éternellement.

2. Des recettes pour atteindre le bonheur ?

Le bonheur se trouverait dans l'absence de troubles, ce que les grecs nomment l'ataraxie.

a) Pour les stoïciens, la clé du bonheur se trouve dans la maîtrise de nos désirs. Il faut savoir refuser ce qui ne dépend pas de notre volonté.

CITATION « *Ne désire pas que les choses arrivent comme tu le désires, mais désire qu'elles arrivent comme elles arrivent et tu seras heureux.* » Épictète, *Manuel*, 125 ap. J.-C.

b) Pour les épicuriens, le bonheur se trouve dans les choses simples de la vie. Il faut savoir faire le tri entre ses désirs pour ne conserver que ceux qui nous rendront assurément heureux : les désirs naturels et les désirs nécessaires.

CITATION « *Parmi nos désirs, les uns sont naturels, les autres vains. Parmi les désirs naturels, les uns sont nécessaires et les autres naturels seulement.* » Épicure, *Lettre à Ménécée*.

c) On peut penser que le bonheur se trouve dans la connaissance de soi et du monde qui nous entoure. La vérité nous permettrait de réellement goûter au bonheur qui ne serait sans elle qu'illusion.

CITATION « *Il vaut mieux être moins gai et avoir plus de connaissances.* »
René Descartes, *Lettres à Élizabeth*, 1645.

3. Le bonheur, un idéal inatteignable et inhumain ?

L'homme est-il voué au malheur par essence ?

a) L'homme n'est pas capable d'être au présent, de se rendre compte de son bonheur au moment où il l'effleure. Nous semblons rester éternellement insatisfaits.

CITATION « *Nous ne vivons jamais, mais nous espérons de vivre ; et nous disposant toujours à être heureux, il est inévitable que nous ne le soyons jamais.* » Blaise Pascal, *Pensées*, 1670.

b) C'est à nous de savoir nous rendre compte de ces moments précieux constitutifs de notre bonheur, et de nous rendre compte que nous devons être les artisans de ce bonheur.

CITATION « *Il est impossible que l'on soit heureux si on ne veut pas l'être ; il faut donc vouloir son bonheur et le faire.* » Alain, *Propos sur le bonheur*, 1923.

Repères

Désir naturel ◆ Désir nécessaire ◆ Ataraxie ◆ Hédonisme ◆ Pessimisme

Exercice 1 voir Fiche savoir 1

La culture

1. Que signifie cette citation de Giambattista Vico : *« Toutes les nations, quoiqu'ayant été fondées séparément, éloignées qu'elles étaient les unes des autres par d'immenses distances d'espace et de temps, gardent les trois coutumes humaines suivantes : toutes ont quelque religion, toutes contractent des mariages solennels, toutes ensevelissent leurs morts. »* **?**

a) Tous les hommes n'ont pas la même culture.
b) Tous les hommes partagent le fait d'avoir une culture.
c) Tous les hommes ont la même culture.

2. Que veut dire Montaigne lorsqu'il écrit : *« Chacun appelle barbarie ce qui n'est pas conforme à ses usages. »* **?**

a) Il est difficile de comprendre une culture éloignée de la nôtre.
b) La barbarie, c'est ne pas avoir de culture.
c) Ceux qui ont une culture différente sont des sauvages.

3. Qu'est-ce que l'ethnocentrisme ?

a) Croire que toutes les cultures se valent.
b) Croire que sa culture est supérieure à celle des autres.
c) Croire qu'il existe une culture commune.

FAIT ☐ REVU ☐

Exercice 2 voir Fiche savoir 2

L'art et la technique

1. Qu'est-ce que le progrès au sens philosophique ?

a) L'accroissement des connaissances.
b) L'amélioration des techniques.
c) L'amélioration de l'humanité.

2. Quelle différence fait-on aujourd'hui entre art et technique ?

a) L'art produit des objets esthétiques tandis que la technique produit des objets utiles.
b) Aucune.
c) L'art produit des œuvres coûteuses tandis que la technique produit des objets abordables.

3. Quel est le point commun entre l'artiste et l'artisan ?

a) Ils travaillent tous deux sur la transformation de la matière.
b) Ils utilisent tous les deux la technique.
c) Ils n'ont pas de point commun.

4. Que veut dire Nietzsche quand il écrit : *« Personne ne peut voir dans l'œuvre de l'artiste comment elle s'est faite ; c'est là son avantage, car partout où l'on peut observer une genèse on est quelque peu refroidi. »* **?**

a) L'artiste est un génie, ses créations sont divines.
b) Le talent de l'artiste consiste à faire croire dans la facilité de la réalisation de son œuvre.
c) Il ne faut pas regarder les artistes travailler.

5. Que veut dire Kant quand il écrit : *« Le beau est ce qui plaît universellement sans concept. »* **?**

a) L'art conceptuel n'est pas esthétique.
b) Tout ce qui est beau est de l'art.
c) Le beau s'éprouve, il ne se prouve pas rationnellement.

FAIT ☐ REVU ☐

Exercice 3 voir Fiche savoir 3

Les échanges

1. Qu'est-ce que la division du travail ?

a) L'instauration d'une durée de travail limitée par semaine.
b) La spécialisation des tâches.
c) L'instauration des congés payés.

2. Pourquoi l'homme vit-il en société selon Adam Smith ?

a) Car il ne se suffit pas à lui-même, il a besoin d'échanger.
b) Car l'union fait la force.
c) Car c'est dans sa nature.

3. Que veut dire Durkheim quand il écrit : *« Si l'intérêt rapproche les hommes, ce n'est jamais que pour quelques instants. »* **?**

a) Les échanges sont ce qui permet la paix au sein de la société.
b) Les échanges créent des conflits au sein de la société.
c) Les échanges ne suffisent pas à instaurer la paix au sein de la société.

4. Qu'est-ce que l'utilitarisme ?

a) Une doctrine selon laquelle le but de toute action est le maximum de contentement pour un minimum d'effort.
b) Une doctrine selon laquelle il faut absolument respecter toutes les personnes humaines quelles que soient les circonstances.
c) Une doctrine selon laquelle les personnes qui ne sont pas utiles à la société doivent être éliminées.

FAIT ☐ REVU ☐

Exercice 4 voir Fiche savoir 4

La vérité

1. Quel est le premier critère de la vérité selon cette citation de Descartes : *« Est vrai ce qui se présenterait si clairement et distinctement à mon esprit que je n'eusse aucune occasion de la mettre en doute. »*

a) La démonstration.
b) L'évidence.
c) La preuve.

2. Qu'est-ce que le rationalisme ?

a) Une doctrine philosophique selon laquelle est vrai ce qui est raisonnable.
b) Une doctrine philosophique selon laquelle la raison serait la seule source de la connaissance.
c) Une doctrine philosophique selon laquelle ce qui est vrai se vérifie par l'expérience.

3. Que veut dire Locke lorsqu'il écrit : *« L'expérience est le fondement de toutes nos connaissances, et c'est de là qu'elles tirent leur première origine. »* **?**

a) La connaissance peut se passer de l'expérience.
b) La connaissance doit se passer de l'expérience pour mener à la vérité.
c) L'expérience se trouve au fondement de toute connaissance.

4. Qu'est-ce que le falsificationnisme ?

a) Une théorie selon laquelle la preuve est le critère de la vérité d'une théorie scientifique.
b) Une théorie selon laquelle le fait de pouvoir être réfutée est le critère de la scientificité d'une théorie scientifique.
c) Une théorie selon laquelle est vrai ce qui ne peut pas se prouver.

FAIT ☐ REVU ☐

Exercice 5 voir Fiche savoir 5

La raison et la croyance

1. Que veut dire Descartes lorsqu'il écrit : *« La raison est la chose la mieux partagée au monde. »* **?**

a) La raison est une qualité innée à tous les hommes.
b) Tout le monde n'est pas capable de se servir de sa raison.
c) La raison est une qualité dont seulement certains hommes disposent.

2. Qu'est-ce que le dogmatisme ?

a) Une attitude qui consiste à avoir des certitudes sans les vérifier.
b) Croire que rien n'est vrai.
c) Croire en une religion.

3. Que veut dire Pascal lorsqu'il écrit : *« Nous connaissons la vérité, non seulement par la raison, mais encore par le cœur ; c'est de cette dernière sorte que nous connaissons les premiers principes. »* **?**

a) Il existe des vérités qui ne se démontrent pas mais qui s'éprouvent, dont nous avons l'intuition.
b) La vérité ne peut provenir que de la raison.
c) La raison ne nous apporte aucune connaissance.

4. Qu'est-ce que le scepticisme ?

a) Une doctrine philosophique selon laquelle il faut douter de tout, rien n'est absolument certain.
b) Une doctrine philosophique selon laquelle la vérité n'existe pas.
c) Une doctrine philosophique selon laquelle tout est vrai.

FAIT ☐ REVU ☐

Exercice 6 voir Fiche savoir 6

L'expérience

1. Qu'est-ce que l'empirisme ?

a) Une doctrine philosophique selon laquelle toute connaissance provient de la raison.
b) Une doctrine philosophique selon laquelle toute connaissance provient de l'expérience.
c) Une doctrine philosophique selon laquelle toute connaissance est innée.

2. Que veut dire Locke lorsqu'il écrit : *« Puisqu'il semble bien ne pas y avoir d'idées dans l'esprit avant que les sens n'en aient introduit, je conçois que les idées dans l'entendement sont contemporaines de la sensation. »* **?**

a) Toutes les idées sont innées.
b) Il n'y a pas d'idées qui soient innées.
c) Toutes nos idées ont pour fondement l'expérience sensible.

3. Quelle différence existe-t-il entre l'expérience commune et l'expérience scientifique ?

a) Il n'y en a pas.
b) L'expérience scientifique nécessite une réflexion et est donc active, tandis que l'expérience commune est passive.
c) L'expérience commune est théorique alors que l'expérience scientifique est pratique.

4. Qu'est-ce que l'entendement ?

a) La faculté d'entendre, l'ouïe.
b) L'ensemble de nos connaissances.

c) La faculté de comprendre et de connaître grâce à l'intelligence.

FAIT ☐ REVU ☐

Exercice 7 voir Fiche savoir 7

voir Fiche savoir 7

La liberté

1. Le déterminisme est une théorie selon laquelle :

a) nous sommes absolument libres de nos choix.

b) l'homme ne serait pas libre car l'ensemble de nos choix seraient les conséquences de faits antérieurs.

c) tout est écrit à l'avance.

2. Que veut dire Spinoza lorsqu'il écrit : *« Les hommes se croient libres pour cette seule cause qu'ils sont conscients de leurs actions et ignorants des causes par où ils sont déterminés. » ?*

a) Les hommes sont conscients des causes qui les poussent à agir.

b) Les hommes ont une conscience.

c) Les hommes se pensent libres alors qu'ils ne connaissent pas les raisons qui les poussent à agir.

3. Qu'est-ce que le stoïcisme ?

a) C'est maîtriser ses désirs afin d'atteindre une liberté intérieure.

b) C'est rester indifférent à tout ce qui nous arrive.

c) C'est assouvir l'ensemble de ses désirs.

4. Qu'est-ce que l'autonomie au sens philosophique ?

a) La capacité de se donner à soi-même sa propre loi.

b) La capacité de vivre seul.

c) L'indépendance.

FAIT ☐ REVU ☐

Exercice 8

voir Fiche savoir 8

La justice et la loi

1. Qu'est-ce que la loi naturelle ?

a) La loi de la jungle qui règle les rapports entre les individus.

b) La loi écrite par le gouvernement.

c) La loi qui est issue de la morale et qui doit constituer le principe de toute loi.

2. Qu'est-ce que l'équité selon Aristote ?

a) C'est être juste en étant parfaitement égal.

b) C'est être juste en prenant en compte la valeur de chacune des parties.

c) C'est être injuste car on fait des différences selon les individus.

3. Que veut dire Thoreau quand il écrit : *« Le respect de la loi doit venir après celui du droit. » ?*

a) On doit d'abord respecter la loi naturelle avant la loi positive.

b) On doit d'abord respecter la loi positive avant la loi naturelle.

c) On ne doit pas respecter la loi quelle qu'elle soit.

4. Que veut dire Hobbes lorsqu'il écrit : *« Là où il n'est pas de pouvoir commun, il n'est pas de loi ; là où il n'est pas de loi, il n'est pas d'injustice. » ?*

a) Une société sans loi est une société où il ne peut pas y avoir d'injustice.

b) Le pouvoir du gouvernement est créateur d'injustices.

c) Une société sans loi est une société où règne nécessairement l'injustice.

FAIT ☐ REVU ☐

Exercice 9

voir Fiche savoir 9

Le bonheur

1. Qu'est-ce que l'ataraxie ?

a) Vouloir toujours plus que ce que l'on possède.

b) Un détachement des plaisirs matériels.

c) L'absence de troubles, la tranquillité de l'âme.

2. Qu'est-ce que l'épicurisme ?

a) Une doctrine selon laquelle il faut satisfaire tous ses désirs pour être heureux.

b) Une doctrine selon laquelle le bonheur se trouve dans la simplicité.

c) Une doctrine selon laquelle le bonheur n'existe pas.

3. Que veut dire Pascal lorsqu'il écrit : *« Nous ne vivons jamais, mais nous espérons de vivre ; et nous disposant toujours à être heureux, il est inévitable que nous ne le soyons jamais. » ?*

a) Nous ne savons pas profiter du bonheur à l'instant où il nous arrive.

b) Nous ne pouvons pas être heureux car nous avons conscience que nous sommes mortels.

c) Il est illusoire de chercher à être heureux.

4. Qu'est-ce que le pessimisme ?

a) Une doctrine philosophique selon laquelle le pire arrive toujours.

b) Une doctrine philosophique selon laquelle le bonheur n'existe pas.

c) Une doctrine philosophique selon laquelle l'homme n'est pas destiné à être heureux.

FAIT ☐ REVU ☐

Exercice 10 Explication de texte

La *loi* ne consiste pas tant à limiter un agent *libre* et *intelligent* qu'à le *guider* vers ses propres intérêts, et elle ne prescrit pas au-delà de ce qui conduit au bien général de ceux qui sont assujettis à cette loi. S'ils pouvaient être plus heureux sans elle, la *loi* s'évanouirait comme une chose inutile : et ce qui nous empêche seulement de tomber dans les marais et les précipices mérite mal le nom de contrainte. De sorte que, quelles que soient les erreurs commises à son propos, la *finalité de la loi* n'est pas d'abolir ou de restreindre mais de *préserver et d'élargir la liberté* ; et, dans toutes les conditions des êtres créés qui sont capables de vivre d'après des lois, *là où il n'y a pas de lois, il n'y a pas de liberté*. Car la *liberté* consiste à être délivré de la contrainte et de la violence exercées par autrui, ce qui ne peut être lorsqu'il n'y a point de loi ; mais la liberté n'est pas ce que l'on nous dit, à savoir une *liberté, pour tout homme, de faire ce qui lui plaît* (car qui peut être libre quand n'importe quel homme peut nous imposer ses humeurs ?). Mais c'est une *liberté* de disposer et d'ordonner comme on l'entend sa personne, ses actions, ses biens et l'ensemble de sa propriété, dans les limites de ce qui est permis par les lois auxquelles on est soumis ; et, dans ces limites, de ne pas être assujetti à la volonté arbitraire de quiconque, mais de suivre librement sa propre volonté.

Locke.

Questions de l'explication

1. Dégagez la thèse de ce texte et mettez en évidence les étapes de son argumentation.

2. a) Précisez la conception de la liberté à laquelle Locke s'oppose dans ce texte.

b) En vous appuyant sur l'image de la ligne 4, expliquez : « *guider* [un agent *libre et intelligent*] vers ses propres intérêts ».

c) Comment Locke définit-il la liberté ? Expliquez cette définition en vous appuyant précisément sur le texte.

3. La loi est-elle la condition de la liberté ?

Pour répondre à ces questions, suivez la démarche guidée, étape par étape.

Démarche guidée

Étape 1 (question 1) : dégager la thèse et le plan du texte

Dégagez la thèse de ce texte et mettez en évidence les étapes de son argumentation.

1. Quelle est l'idée principale du texte ?

a) La loi empêche la liberté de s'exercer.

b) La loi s'oppose à la liberté.

c) La loi est la condition de la liberté.

2. Dans quelle phrase du texte la thèse est-elle présente ?

a) « La *loi* ne consiste pas tant à limiter un agent *libre* et *intelligent* qu'à le *guider* vers ses propres intérêts. »

b) « *Là où il n'y a pas de lois, il n'y a pas de liberté.* »

c) « La *liberté* consiste à être délivré de la contrainte et de la violence exercées par autrui. »

3. Remettez les étapes de l'argumentation dans l'ordre.

a) **1 :** Locke rappelle le préjugé selon lequel la loi s'oppose à la liberté, elle en serait destructrice, puisqu'elle la limite par définition

2 : La loi est ce qui nous permet de préserver nos droits face à autrui. Elle est la garante de la liberté.

3 : La liberté se trouve donc dans la reconnaissance de la légitimité de la loi, dans une certaine forme d'autonomie.

b) **1 :** Locke nous dit que la loi est un obstacle à la liberté.

2 : Il ne faut pas suivre la loi pour pouvoir survivre face à autrui.

3 : La liberté consiste donc à faire tout ce que l'on veut.

c) **1 :** Dans un premier temps Locke rappelle le principe selon lequel la loi est la condition de la liberté.

2 : Il faut alors se méfier de la croyance selon laquelle la loi est un obstacle à la liberté.

3 : La liberté ne consiste donc pas dans le pouvoir de faire ce que l'on veut.

Étape 2 (question 2) : expliciter le sens d'un extrait du texte

2. a) Précisez la conception de la liberté à laquelle Locke s'oppose dans ce texte.

b) En vous appuyant sur l'image des lignes 1-2, expliquez : « *guider* [un agent *libre et intelligent*] vers ses propres intérêts ».

c) Comment Locke définit-il la liberté ? Expliquez cette définition en vous appuyant précisément sur le texte.

Étape 3 (question 3) : rédiger la réponse

La loi est-elle la condition de la liberté ?

La réponse à la question 3 de l'explication de texte répond aux mêmes critères que la dissertation, différence faite qu'elle s'appuie sur le texte étudié et que vous devez donc citer le texte.

Les questions précédentes sont là pour vous aider à construire votre réflexion à propos du texte.

1. Quelle phrase parmi les propositions suivantes pourrait constituer le point de départ de l'introduction ?

a) Locke remet en question le préjugé selon lequel la liberté est le pouvoir de faire tout ce que l'on veut sans aucune limite.

b) La liberté est un problème que de nombreux philosophes ont traité.

c) Tout le monde souhaite être libre. Mais comment atteindre cette liberté alors que nous vivons sous des lois ?

2. Quelle est la problématique la plus adaptée à la question posée ?

a) La loi est-elle la condition de la liberté ?

b) Peut-on être libre libre et soumis aux lois en même temps ?

c) Qu'est-ce que la liberté ?

3. Quel est le plan le plus adapté pour répondre au sujet ?

a) I. La loi est la condition de la liberté
  II. Qu'est-ce que la liberté ?

b) I. Définition de la liberté
  II. Ce que n'est pas la liberté

c) I. La loi est un obstacle à la liberté
  II. Pourtant, sans loi la liberté n'existerait pas

Exercice 11 Dissertation

Sujet

Peut-on connaître ce dont on n'a pas l'expérience ?

Démarche guidée

Étape 1 : comprendre le sens du sujet

– À quoi vous invite à réfléchir l'intitulé de ce sujet ?

a) Savoir si l'expérience sensible est une condition de la connaissance.

b) Savoir s'il faut être expérimenté pour connaître le monde qui nous entoure.

c) Savoir si l'on peut connaître la vérité.

Étape 2 : formuler la problématique

– Quel est le problème que pose véritablement le sujet ?

a) Peut-on connaître sans savoir ?

b) Existe-t-il une connaissance parfaitement a priori ?

c) L'expérience est-elle un frein à la connaissance ?

Étape 3 : élaborer le plan

– Quel plan est le mieux adapté à la question posée par le sujet ?

a) I. Oui, il existe des connaissances a priori.
II. Non, il n'y a pas de connaissance possible sans l'expérience.
III. La connaissance commence par l'expérience mais ne s'y limite pas.

b) I. Oui.
II. Non.

c) I. Il faut de l'expérience pour connaître.
II. Il faut être expérimenté pour connaître
III. L'expérience reste trop subjective pour mener à une connaissance certaine.

Étape 4 : structurer les sous-parties

– Maintenant que vous avez trouvé les grandes étapes du plan, remettez dans l'ordre l'ensemble des arguments qui le composent (un argument par sous-partie).

a) Toute connaissance ne dérive pas nécessairement de l'expérience.

b) Nous possédons certaines idées sans en avoir fait l'expérience.

c) C'est l'activité du sujet qui rend possible à la fois la connaissance et l'expérience.

d) L'origine de certains concepts se trouvent dans nos sens.

e) Nous ne pouvons nous représenter certaines choses qu'après en avoir la connaissance.

f) L'esprit est une table rase (vide de toute représentation).

Étape 5 : rédiger l'introduction

– Quelles sont les étapes à respecter dans une introduction ?

a) Annonce de la problématique et annonce du plan.

b) Accroche qui caractérise le problème, annonce de la problématique et annonce du plan.

c) Rappel du sujet et annonce du plan.

Étape 6 : rédiger la conclusion

– Quelle réponse la réflexion que nous avons construite nous permet-elle d'apporter au sujet ?

a) On ne peut pas connaître ce dont on a n'a pas l'expérience.

b) On peut connaître ce dont on n'a pas l'expérience.

c) Connaître nécessite non seulement l'expérience mais aussi une activité de la raison.

Étape 7 : passez à la rédaction de la dissertation

Exercice 1

1. Réponse b).
2. Réponse a).
3. Réponse b).

Exercice 2

1. Réponse c). Attention, au sens large, le progrès peut être défini par l'ensemble des réponses proposées. Dans le sens de la question, on comprend que tout progrès technique n'est pas forcément un progrès pour l'humanité (exemple de la bombe atomique).
2. Réponse a).
3. Réponses a) et b).
4. Réponse b).
5. Réponse c).

Exercice 3

1. Réponse b).
2. Réponse a). Attention, pour d'autres écoles de pensée, la réponse c) est valable. C'est l'idée d'Aristote lorsqu'il écrit que « l'homme est un animal politique », cela signifie que l'homme ne peut pas réaliser son humanité sans la présence d'autrui.
3. Réponse c).
4. Réponse a).

Exercice 4

1. Réponse b).
2. Réponse b).
3. Réponse c).
4. Réponse b).

Exercice 5

1. Réponse a).
2. Réponse a).
3. Réponse a).
4. Réponse a).

Exercice 6

1. Réponse b).
2. Réponses b) et c).
3. Réponse b).
4. Réponse c).

Exercice 7

1. Réponse b). Attention à ne pas confondre déterminisme et fatalisme (réponse c)
2. Réponse c).
3. Réponse a).
4. Réponse a). Attention à ne pas confondre indépendance et autonomie.

Exercice 8

1. Réponse c).
2. Réponse b).
3. Réponse a).
4. Réponse c).

Exercice 9

1. Réponse c).
2. Réponse b).
3. Réponse a).
4. Réponse c).

Exercice 10

Étape 1 : dégager la thèse et le plan du texte

1. Réponse c).
2. Réponse b).
3. Réponse a).

Étape 2 : expliciter un extrait du texte

2. a) Locke s'oppose ici à la conception de liberté comme indépendance, c'est-à-dire comme pouvoir de faire tout ce que l'on veut. Pour lui, la liberté est obéissance raisonnable aux lois.
2. b) La loi guide un « agent libre » car il n'est pas soumis à la contrainte d'autrui et « intelligent » car il n'est pas soumis à la contrainte de ses désirs. En effet, nous avons tendance à nous laisser guider par nos désirs ce qui nous pousse dans les marais et les précipices. C'est pourquoi la loi existe afin de nous protéger de nos propres décisions que nous pouvons prendre sous l'emprise de nos passions. La loi protège nos intérêts et nous y obéissons donc volontairement.
3. La liberté selon Locke est de ne pas être soumis à autrui, ni aveuglé par ses propres désirs. La

liberté se trouve dans l'autonomie : l'obéissance à la loi que l'on s'est soi-même prescrite.

Étape 3 : rédiger la réponse à la question 3

1. Réponse a). Nous reprenons ici le point de départ du texte de Locke.
2. Réponse b).
3. Réponse c).

Plan détaillé de la réponse à la question 3
Introduction :
Locke remet en question le préjugé selon lequel la liberté est le pouvoir de faire tout ce que l'on veut sans aucune limite. Pour lui, la loi est la condition de la liberté, elle en est la garantie. Mais peut-on être libre libre et soumis aux lois en même temps ? On pourrait penser que la liberté se définit par l'indépendance. Pourtant, la loi garantit l'existence de la liberté qui périt si elle n'est pas limitée.

I. La liberté comme pouvoir de faire ce que l'on veut
A/ La loi limite la liberté
– La liberté se définit comme absence de contraintes. La loi prend l'apparence d'une contrainte en tant qu'elle pose des interdits et des obligations.
– La liberté suppose de pouvoir faire ce que l'on veut. La loi est alors un obstacle à la liberté, contrairement à ce qu'affirme Locke.

B/ La conception anarchiste
– La liberté entre en conflit avec les lois. C'est ce que dénonce le mouvement anarchiste en affirmant qu'il est « interdit d'interdire ».
– « La liberté est indivisible » dit Bakounine. Donc retirer un peu de liberté à l'homme, c'est anéantir toute la liberté pour lui.
– On doit donc contester l'autorité politique qui anéantit la liberté individuelle, essence de l'homme.

C/ De la nécessité des lois positives
– L'homme est un être égoïste qui cherche à garantir son intérêt personnel.
– Parallèle Hobbes « l'homme est un loup pour l'homme ». Sans loi, pas de liberté.
– « La liberté consiste à être délivré de la contrainte et de la violence exercées par autrui. » Locke (l. 8). La loi contraint chacun à respecter les droits inaliénables de tous.
– Mais à quelles conditions concilier loi et liberté ?

II. La loi, condition nécessaire de la liberté
A/ Obligation et contrainte
– Dire que la loi est contrainte, c'est considérer qu'elle va à l'encontre de la volonté de l'homme. Mais ne devons-nous pas vouloir la loi pour pouvoir vivre en société ? Reconnaître la légitimité de la loi, c'est aussi reconnaître qu'on doit lui obéir. La loi doit apparaître comme un guide et non comme une contrainte.
– Obéir à la loi, c'est donc d'abord obéir à soi-même (//démocratie), c'est choisir d'obéir car on reconnaît que c'est dans cette obéissance que se situe notre intérêt.
– La loi n'est donc pas, dans ce sens, obstacle à notre liberté car elle est obligation qui émane de notre propre volonté.

B/ La liberté comme autonomie
– La loi est utile, comme le dit Locke, car les hommes ne peuvent se limiter d'eux-mêmes. « S'ils pouvaient être plus heureux sans elle, la loi s'évanouirait comme une chose inutile. »
– La liberté suppose une obéissance interne à la raison, elle est autonomie. L'homme est libre lorsqu'il agit suivant sa volonté, guidé par la raison.
– Ce n'est pas l'indépendance, mais l'autonomie qui caractérise la liberté (Kant). La liberté est maîtrise de soi, capacité à se limiter soi-même.

C/ Mais toute loi n'est pas source de liberté
– Certaines lois peuvent, être profondément injustes. Les lois arbitraires décrétées par tel ou tel dictateur peuvent ne pas favoriser la liberté.
– Pour que la loi soit source de liberté, elle doit répondre à plusieurs exigences.
– Rousseau (*Du Contrat social*) montre que la loi de l'État vise avant tout à garantir la liberté civile. Souveraineté du peuple. La loi émane de la volonté générale, volonté de tous en vue du bien commun.
– Tous étant soumis aux mêmes lois, chacun n'obéit finalement qu'à lui-même. Les lois, pour permettre la liberté, doivent être légitimes et ne pas aller à l'encontre du droit naturel.
Conclusion :
La liberté ne réside pas dans l'indépendance. La liberté est autonomie. De ce fait, la loi positive est la condition de la liberté tant qu'elle est légitime et qu'elle ne va pas à l'encontre de la loi naturelle.

Exercice 11

Étape 1

Réponse a). Ici le terme expérience est à prendre au sens d'expérience sensible, c'est-à-dire l'ensemble des informations que nous apportent nos cinq sens.

Étape 2

Réponse b). Le sujet invite à se poser la question du rôle de l'expérience dans la connaissance. Peut-on connaître sans se servir des informations que nous apportent nos cinq sens ? Est-il possible de se passer de l'expérience pour connaître le réel ?

Étape 3

Réponse a). Pour traiter le sujet il faut confronter les thèses rationaliste et empiriste. On finira alors par dire que la connaissance nécessite à la fois une part de raison et une part d'expérience. La réponse b) reste trop caricaturale et ne permet pas de répondre au sujet. De plus, ce genre de plan ne montre pas que vous avez réfléchi au problème posé par le sujet. La réponse c) est incorrecte car elle joue sur les différents sens du terme expérience, ce qui mène dans ce cas au hors-sujet.

Étape 4

L'ordre logique des arguments est le suivant : b) e) d) f) a) c).

Étape 5

Réponse b). L'introduction de la dissertation doit montrer que vous avez compris le problème posé par le sujet. Ici, il faut particulièrement montrer que le terme « expérience » est à prendre exclusivement au sens « d'expérience sensible ».

Étape 6

Réponse c). La conclusion doit résumer les étapes de votre argumentation et donner une réponse claire au sujet.

Étape 7

Cette réflexion doit vous mener à rédiger un plan détaillé au brouillon qui vous permettra de construire une dissertation structurée et pertinente qui doit être entièrement rédigée sur votre copie. Le plan ne doit pas apparaître. Les transitions servent à bien faire comprendre au correcteur la logique de votre réflexion.

Introduction :

Toute connaissance ne se réduit sans doute pas à la description d'une expérience réelle, néanmoins il semble raisonnable de poser qu'une connaissance fait systématiquement référence à une expérience au moins possible. Pourtant, il suffit de considérer, par exemple, les sciences dites « dures », et en particulier les mathématiques, pour s'apercevoir que la question est plus complexe. On connaît en effet des objets tels qu'une droite ou une fonction, mais peut-on dire qu'on a l'expérience de tels objets ? Et si nous pouvons nous passer de l'expérience pour certains objets, alors d'où vient la connaissance que nous en avons ? On peut donc se demander si une connaissance parfaitement a priori est possible ?
Il apparaît que répondre à ces questions requiert que l'on définisse ce qu'est la connaissance, car si l'on juge que l'expérience est nécessaire à toute connaissance, alors il faudra rejeter hors du domaine de la connaissance toute proposition à propos d'un objet dont on ne peut avoir l'expérience. Expliciter les conditions qui rendent possibles la connaissance, c'est tenter de se doter d'un critère pour distinguer la connaissance du fantasme.

I. Oui, il existe des connaissances a priori.

A/ Nous possédons certaines idées sans en avoir fait l'expérience.

– Une idée peut-elle être innée, c'est-à-dire se trouver en notre esprit sans avoir été provoquée par un élément extérieur ?

– Descartes donne des exemples de telles idées : « l'idée de Dieu, de l'esprit, du corps, du triangle, et en général toutes celles qui représentent des essences vraies, immuables et éternelles. » Descartes juge ainsi que ces idées sont présentes en tous les esprits, car sinon, il nous serait impossible de les acquérir, puisqu'il n'y en a pas d'expérience possible.

B/ Nous ne pouvons nous représenter certaines choses qu'après en avoir la connaissance.

– Descartes déduit l'existence nécessaire d'idées innées du fait que certaines idées que nous avons ne peuvent pas venir de l'expérience.
Exemple : celui d'une droite. Nous savons qu'une droite n'est pas bornée, contrairement au segment. Autrement dit, elle est infinie. Or nous n'avons jamais l'expérience de l'infini. L'infini est ce qui échappe à toute expérience possible.

– Dès lors, si nous pouvons concevoir ces objets sans en avoir l'expérience, il faut postuler que ce sont des idées innées. Et comme, à partir de ces idées, des connaissances peuvent être élaborées et même des sciences toutes entières (la géométrie pure), on peut en conclure qu'il est possible de connaître ce dont on n'a pas l'expérience.

Transition :
D'où peuvent nous venir ces idées puisque ce n'est pas de l'expérience ? Quelle peut être l'origine de ces idées qui ne s'acquièrent pas ?

II. Non, il n'y a pas de connaissance possible sans l'expérience.

A/ L'origine de certains concepts se trouvent dans nos sens

– D'après les empiristes, affirmer comme le fait Descartes l'existence des idées innées est un postulat arbitraire et non fondé.
– Ainsi, Hume, dans le *Traité de la nature humaine*, montre que « l'idée de causalité est tirée de l'expérience ». Pourtant, l'idée même de l'enchaînement nécessaire de la cause et de l'effet ne peut être l'objet d'une expérience, donc un rationaliste strict pourrait la mettre au rang des idées innées.
– Hume conteste cet état de fait : il ne s'agit selon lui que d'une généralisation abusive à partir de corrélations entre phénomènes que nous observons. Nos sens ne sont capables de nous fournir qu'une information limitée.

B/ L'esprit est une table rase

– L'empirisme suggère que l'entendement est, au départ au moins, comparable à une table rase, c'est-à-dire un vide initial qui se remplit grâce à l'acquisition d'informations provenant des sens.
– Locke, dans l'*Essai sur l'entendement humain*, tente de montrer qu'en considérant que l'esprit est au départ une table rase, on peut reconstruire toutes les idées innées des rationalistes. Ainsi reconstruites, les idées prétendument innées apparaissent tirées de l'expérience et Locke peut conclure : « l'expérience : c'est le fondement de toutes nos connaissances, et c'est de là qu'elles tirent leur première origine ».

Transition :
L'expérience est la seule origine de nos connaissances, celle-ci vient de nos sensations. On pourrait ainsi dire que nous ne connaissons rien, nous ne faisons que sentir.

III. La connaissance commence par l'expérience, mais ne s'y limite pas.

A/ Toute connaissance ne dérive pas nécessairement de l'expérience.

– Kant admet au départ que « toute notre connaissance commence avec l'expérience ». Considérant que l'esprit ne fonctionne pas sans matière sur laquelle réfléchir, il déduit que les premières idées ne peuvent venir que des données de l'expérience sensible.
– Mais il ajoute, dans l'introduction à la seconde édition de la *Critique de la raison pure*, que « si toute notre connaissance débute avec l'expérience, cela ne prouve pas qu'elles dérivent toutes de l'expérience ». Ainsi, lorsque nous émettons des jugements, qui sont autant de connaissances, nous le faisons hors de toute expérience.

B/ C'est l'activité du sujet qui rend possible à la fois la connaissance et l'expérience.

– Pendant une expérience, nous recevons des informations sur la réalité extérieure et nous en conservons la mémoire. Dans le même temps, nous avons conscience de recevoir ces informations.
– Le propre de l'esprit est d'être actif et non purement passif, il n'est pas qu'un simple récepteur des sensations. Il donne du sens, interprète les impressions que nous avons reçues et les rapporte au sujet que nous sommes. Finalement, l'expérience n'est possible que parce que l'esprit est avant tout activité de synthèse.

Conclusion :
Les idées que l'esprit construit hors de toute expérience possible ne sont pas des connaissances. Elles ne correspondent pas à une prise de conscience d'un fait nouveau ou d'une loi nouvelle mais ne sont que le résultat du jeu de l'activité de l'esprit. Néanmoins, cette activité même empêche de réduire la connaissance à l'expérience sensible. Car la condition de possibilité de l'expérience est l'activité de l'esprit, c'est-à-dire de la raison.

Absolu/Relatif : L'absolu se suffit à lui-même. L'absolu est sans limites, et ne dépend de rien d'autre que de lui-même. Par opposition, est relatif ce qui dépend d'autre chose que de lui-même.
Abstrait/Concret : Est abstrait ce qui est vague, que l'on ne retrouve pas dans la réalité. Est concret ce qui est réel, matériel, ce à quoi on peut directement se rattacher dans la réalité.
Acquis : Voir inné/acquis.
Ataraxie : Tranquillité de l'âme, paix intérieure, absence de trouble.
Autonomie : Capacité de se donner à soi-même sa propre loi, de se déterminer par soi-même. Différent de l'indépendance, qui est le fait de suivre l'ensemble de ses désirs sans distinction.
Barbarie : Au sens commun, désigne l'absence de civilisation. Initialement on appelait barbare, sous la Grèce antique, tous ceux qui ne participaient pas de la culture grecque. Aujourd'hui la barbarie désigne des actes inhumains, contraires à la loi naturelle.
Concret : Voir abstrait/concret.
Conséquence : Voir principe/conséquence.
Contingent : voir nécessaire/contingent.
Contrainte/Obligation : La contrainte est une force extérieure qui nous entrave dans notre liberté. L'obligation est une force intérieure qui nous pousse à agir moralement, elle réside dans notre conscience morale.
Désir naturel : Désir en accord avec la nature humaine, dont la réalisation ne causera pas plus de souffrance que de plaisir.
Désir nécessaire : Désir dont la satisfaction constitue un besoin. Exemple : manger, boire...
Déterminisme : Doctrine selon laquelle le monde serait ordonné en fonction d'un principe d'enchaînement de causes et de conséquences nécessaires. De ce fait, l'homme ne serait pas libre, car l'ensemble de ses actions et de ses idées seraient le résultat de causes antérieures.
Division du travail : Repose sur le principe selon lequel un individu ne peut pas être doué dans tous les domaines. Il s'agit donc de répartir les tâches afin de gagner en productivité. C'est la spécialisation des tâches.
Dogmatisme : Attitude qui consiste à considérer que l'on a raison sans pour autant pouvoir prouver ce que l'on avance et sans jamais accepter de remettre son prétendu savoir en question.
Droit : Au sens commun, le droit désigne l'ensemble des lois édictées par un État. Le terme peut prendre un sens moral et renvoie ici aux principes des lois naturelles (ou droit naturel).
Empirisme : Doctrine philosophique notamment représentée par John Locke et David Hume selon laquelle toute connaissance proviendrait de l'expérience sensible. L'expérience serait le socle nécessaire à toute connaissance. On ne pourrait s'affranchir de l'expérience sensible pour parvenir à la vérité. S'oppose au rationalisme.
Entendement : Au sens général, l'entendement est la raison. C'est la capacité de l'homme à connaître et comprendre grâce à l'intelligence. Chez Kant, l'entendement et la raison ont deux fonctions différentes. L'entendement permet d'ordonner et de faire la synthèse des informations qui nous sont apportées par nos cinq sens et la raison est ce qui nous permet de connaître les premiers principes.
Égalité/Équité : L'égalité est un principe juridique selon lequel tous les hommes doivent être traités exactement de la même manière quelque soit leur valeur ou les circonstances. L'équité est un principe juridique selon lequel il faut adapter l'application de la loi en fonction des circonstances et des personnes.
Équité : Voir égalité/équité.
Essence : Nature d'une chose. Ce qui définit une chose, qui fait qu'elle est ce qu'elle est.
État de nature : Hypothèse qui décrit ce qu'aurait été la situation des hommes précédant toute mise en place d'un pouvoir hiérarchiquement supérieur ou d'un gouvernement. S'oppose à l'état civil.
Ethnocentrisme : Attitude qui consiste à considérer sa culture comme étant supérieure, la meilleure, la seule culture valable. Cela amène à considérer ceux qui ne participent pas de cette culture comme des barbares ou des sauvages.
Existentialisme : Doctrine philosophique qui place l'existence humaine au centre de sa réflexion. Pour Jean-Paul Sartre, représentant de cette doctrine, l'homme est libre de choisir son essence tout au long de son existence. Il n'est pas prédéterminé.
Expérimentation : L'expérimentation est différente de l'expérience commune. C'est une expérience scientifique, qui nécessite donc un protocole et un raisonnement préalable. L'expérience scientifique réfléchie s'oppose donc à l'expérience sensible immédiate.
Fanatisme : Attitude qui consiste à considérer que l'on détient la vérité absolue et à chercher à faire adhérer par tous les moyens les autres à cette prétendue vérité.
Falsificationnisme : Théorie philosophique mise en place par Karl Popper. Il considère que la vérité n'est pas absolue mais qu'elle en perpétuelle évolution grâce au progrès scientifique. La possibilité

d'être réfutée constituerait donc le critère de la scientificité d'une théorie.

Fatalisme : Théorie selon laquelle tout serait déterminé par avance, tout serait écrit au préalable. On ne pourrait donc pas échapper à notre destin.

Fin/Finalité : Au sens philosophique, le but, l'objectif, ce vers quoi on tend. S'oppose aux moyens.

Général/Particulier : Est général ce qui correspond à une majorité des cas. Est particulier ce qui ne correspond qu'à une minorité des cas.

Hédonisme : Doctrine selon laquelle le plaisir mène au bonheur.

Immanence : Est immanent ce qui ne relève pas d'une instance extérieure. Ce qui ne peut excéder l'expérience.

Inné/Acquis : Est inné ce dont on dispose dès notre naissance, ce que l'on possède naturellement. Par opposition, est acquis ce que l'on ne possède pas naturellement, ce qui est donc notamment apporté par l'apprentissage et la culture.

Légal/Légitime : Est légal ce qui est conforme à la loi positive. Est légitime ce qui est conforme à la loi naturelle.

Légitime : Voir légal/légitime.

Libre-arbitre : Capacité proprement humaine à choisir de manière rationnelle entre plusieurs possibilités. Concerne le pouvoir de la volonté humaine de se déterminer elle-même sans aucune contrainte extérieure.

Loi : En science, une loi est un rapport universel et constant établi entre deux phénomènes naturels. En droit, la loi est une règle obligatoire établie par les autorités à laquelle nous devons nous conformer et qui permet de réguler les rapports des hommes au sein de la société.

Loi positive/Loi naturelle : La loi positive est la loi attachée à un État ou un à un gouvernement à laquelle nous devons obéir sous peine de sanctions. La loi naturelle concerne les normes que nous devons suivre selon une dimension morale.

Nécessaire/Contingent : Est nécessaire ce qui ne peut pas ne pas être, ou ce qui ne pourrait être autrement. Est contingent ce qui aurait pu ne pas être ou être différent.

Obligation : Voir contrainte/obligation.

Opinion : Au sens commun, avis, jugement qui ne relève pas d'une connaissance rationnelle et vérifiable. En philosophie, on considère que l'opinion est l'ennemie de la vérité, car elle a tendance à se faire passer pour telle.

Pessimisme : Doctrine philosophique selon laquelle le bonheur ne serait qu'une illusion. L'homme ne pourrait jamais atteindre le bonheur.

Particulier : Voir général/particulier.

Pratique : Voir théorie/pratique.

Principe/Conséquence : Le principe est au fondement d'une chose. En ce qui concerne la connaissance, le principe est ce qui se trouve au fondement d'une théorie. Dans le domaine de la morale, un principe est une règle qui commande nos actions. La conséquence est ce qui découle du principe.

Progrès : Le progrès est l'évolution d'un phénomène. Le progrès technique concerne l'accroissement des connaissances et la capacité de l'homme à transformer la nature. Au sens large, le progrès concerne toute amélioration de l'humanité.

Rationalisme : Doctrine philosophique notamment représentée par René Descartes selon laquelle la connaissance ne proviendrait que de la raison. Pour Descartes, la connaissance ne peut pas provenir de l'expérience car nos sens sont source d'illusion.

Relatif : voir absolu/relatif.

Relativisme : En ce qui concerne la philosophie de la connaissance, théorie selon laquelle la vérité est relative aux individus. Il n'y aurait donc pas de vérité absolue.

Scepticisme : Doctrine philosophique selon laquelle nous ne serons jamais certains d'atteindre la vérité. Aucune vérité n'est indubitable, il faut donc douter de tout.

Stoïcisme : Doctrine philosophique antique représentée par Épictète qui enseigne de se libérer de l'emprise de ses désirs. Il faut donc accepter ce qui ne dépend pas de nous pour atteindre l'ataraxie.

Théorie/Pratique : La théorie serait ce qui constituerait le principe abstrait de toute connaissance. La pratique est la mise en application concrète d'une théorie.

Transcendance : Du latin *transcendere* : passer au-delà, surpasser. Idée de supériorité. Est transcendant ce qui est d'une nature supérieure, au-delà de toute expérience possible. Opposé à immanence.

Universel/Singulier : Est universel ce qui est valable dans tous les cas, ce qui concerne tous les êtres humains sans exception quelle que soit l'époque, la région du monde, etc. Est singulier ce qui ne concerne qu'une seule personne à un moment donné, dans des circonstances précises. Est singulier ce qui est unique.

Utilitarisme : Doctrine philosophique mise en place notamment par Jeremy Bentham et John Stuart Mill, qui repose sur le principe que le but de la société doit être le bonheur du plus grand nombre. Pour l'utilitarisme, l'utilité est donc le seul critère de la moralité.

N° d'éditeur : 10215240
Dépôt légal : Août 2015
Imprimé en France par Imprimerie de Champagne